LES

APOLOGISTES CHRÉTIENS

AU IIe SIÈCLE

OUVRAGES DU MÊME AUTEUR

Les Pères Apostoliques et leur époque. (Cours de la Sorbonne en 1857-1858.) 4ᵉ édition. 1 fort vol. in-8°.......	6 ··
Les Apologistes chrétiens au deuxième siècle, 2ᵉ série : Tatien, Hermias, Athénagore, Théophile d'Antioche, Méliton de Sardes, etc.(Cours de la Sorbonne en 1859-1860.) 3ᵉ édition. 1 fort vol. in-8°......................	6 ··
Saint Irénée et l'éloquence chrétienne dans la Gaule, pendant les deux premiers siècles. (Cours de la Sorbonne en 1860-1861.) 3ᵈ édition. 1 fort vol. in-8°.............	6 ··
Tertullien. (Cours de la Sorbonne en 1861-1863.) 2ᵉ édition. 2 vol. in-8°...	12 ··
Saint Cyprien et l'Église d'Afrique au troisième siècle. (Cours de la Sorbonne en 1863-1864.) 2ᵉ édition. 1 vol. in-8°..	6 ··
Clément d'Alexandrie. (Cours de la Sorbonne en 1864-1865.) 1 vol. in-8°..	6 ··
Origène. (Cours de la Sorbonne en 1866 et 1867.) 2 vol. in-8°...	12 ··
Premier et deuxième Panégyriques de Jeanne d'Arc, prononcés dans la cathédrale d'Orléans. 2ᵉ édition. 2 vol. in-8°...	1 60

LES
APOLOGISTES CHRÉTIENS

AU IIe SIÈCLE

SAINT JUSTIN

PAR MONSEIGNEUR FREPPEL

Évêque d'Angers

COURS D'ÉLOQUENCE SACRÉE

FAIT A LA SORBONNE

PENDANT L'ANNÉE 1858-1859

TROISIÈME ÉDITION

PARIS

RETAUX-BRAY, LIBRAIRE-ÉDITEUR

82, RUE BONAPARTE, 82

1885

Droits de reproduction et de traduction réservés.

PRÉFACE

DE LA PREMIÈRE ÉDITION

L'accueil bienveillant que mes études sur *les Pères Apostoliques* ont reçu du public m'engage à lui offrir mon travail sur *les Apologistes du deuxième siècle*. Ce volume fait suite au précédent qui lui sert d'introduction. En effet, les premiers écrivains qui aient surgi dans l'Église après les disciples immédiats des apôtres sont ceux qui ont pris sa défense contre le paganisme.

Le titre de l'ouvrage indique suffisamment le but que je devais me proposer dans ces leçons faites à la Sorbonne pendant l'année 1858-59. Tracer le tableau de l'éloquence chrétienne aux prises avec le polythéisme, déterminer les conditions de l'attaque et celles de la défense, apprécier les doctrines qui viennent se heurter dans cette rencontre des deux sociétés, étudier les hommes qui se succèdent dans ces combats de la parole, leur part d'activité, le mérite de leurs œuvres, suivre enfin dans ses phases diverses cette grande lutte où les destinées du monde se jouent entre la persécution et l'apologie, telle est la tâche que mon sujet m'obligeait à fournir.

Or, à la tête des apologistes du deuxième siècle vient se placer saint Justin. C'est avec ce grand homme que l'éloquence chrétienne se tourne vers le polythéisme, soit pour l'attaquer, soit pour se défendre contre lui. Le nom du philosophe martyr est attaché au commencement de ce grave et solennel débat. De là, l'intérêt tout particulier qu'offrent ses écrits. Nous leur avons fait une large part dans ces études; car rien n'est plus important que de prendre les questions à leur origine, telles qu'elles se présentent pour la première fois au regard de la pensée: alors seulement on peut apprécier les clartés nouvelles qu'elles ont reçues des siècles suivants. Indépendamment de cette priorité dans l'ordre des temps, qui appelle l'attention sur les ouvrages de saint Justin, leur valeur intrinsèque en fait ressortir l'importance. Le premier des apologistes chrétiens a posé les bases de la démonstration évangélique. Avec un mérite égal ou supérieur au sien, ses successeurs n'ont fait que développer les arguments ébauchés par leur devancier. Justin les guide dans leurs travaux comme il les précède par l'exemple. Témoin autorisé par la foi, organe sincère de la tradition, il scelle dans sa personne l'alliance de la philosophie avec la religion. Toutes les grandes controverses de son temps trouvent un écho dans sa vie ou se reflètent dans ses œuvres. Il est avec saint Irénée le représentant le plus complet de l'éloquence chrétienne au deuxième siècle.

Quelques personnes s'étonneront peut-être de trouver des discussions doctrinales dans un cours d'éloquence sacrée. Cette surprise ne saurait provenir, selon nous, que de la manière superficielle dont on envisage trop souvent les monuments de la pensée. L'éloquence n'est pas simplement, à nos yeux, une question de style ou une étude de mots; elle est, avant tout et par-dessus tout, dans le mouvement des idées et dans la force des sentiments. Faire le tableau de l'éloquence dans une période quelconque, c'est se placer au cœur de la société pour en pénétrer la vie intellectuelle et morale, et pour en saisir l'expression dans les luttes de la parole. A une époque comme la nôtre, où la critique ne songe à rien moins qu'à défaire et à refaire le passé de l'humanité, ce serait perdre son temps que de s'épuiser inutilement dans un pur travail de rhétorique, qui sacrifierait l'étude du fond à celle de la forme. Une histoire raisonnée de l'éloquence sacrée ne saurait être que l'histoire même du dogme chrétien, tel qu'il s'est affirmé dans le monde par la bouche de ses défenseurs au milieu des contradictions humaines. C'est pourquoi, tout en conservant à la question littéraire le rang qu'elle mérite, nous plaçons avant elle ce qui est le fond de l'éloquence, l'examen des idées et l'appréciation des doctrines.

C'est une grande consolation pour ceux qui aiment leur siècle et leur pays de voir que les études fortes et sérieuses gagnent journellement du terrain parmi nous. Ce retour prononcé vers une littérature moins frivole est un des symptômes les plus rassurants pour l'avenir. Quant à l'Église, elle ne craint pas l'examen équitable de son passé ; elle n'a jamais redouté que l'indifférence ou la mauvaise foi. Tout ce qui nourrit dans les générations le goût du beau ou développe en elles le sens du vrai la sert et la fortifie, parce qu'elle ne repousse aucune science et qu'elle enseigne toute vérité.

Paris, 1er décembre 1859.

SAINT JUSTIN

PREMIÈRE LEÇON

Objet du cours. — La parole chrétienne aux prises avec le monde païen. — Grandeur et beauté de cette lutte. — L'apologétique, une des formes essentielles de l'éloquence sacrée. — Son point de départ dans l'Évangile, son développement à travers les siècles. — Motifs et caractère de l'opposition du paganisme au christianisme — Les gens d'esprit, les hommes d'État et le peuple. — Attitude des premiers en face de la religion nouvelle. — Orgueil aristocratique des lettres de la Grèce et de Rome. — Leur indifférence ou leur mépris pour une religion populaire. Les littérateurs : Lucien de Samosate. — Les historiens : Tacite, Suétone. — Les philosophes : Épictète, Marc-Aurèle. — Conditions faites à l'apologétique chrétienne par cette première opposition.

Messieurs,

L'an dernier nous avons étudié l'éloquence chrétienne dans les Pères Apostoliques, en groupant autour de leurs écrits ceux de la même époque qui, bien qu'ayant une origine toute différente, se rapportent également aux faits primitifs du christianisme. Exposer les dogmes de la religion, inculquer aux fidèles les préceptes de la morale évangélique, prémunir leur esprit contre les hérésies naissantes, développer les principes de la constitution de l'Église, tel était le thème ordinaire de ces exhortations vives et courtes qui, sous la forme d'épîtres, circulaient dans les communautés chrétiennes, pour y propager ou y maintenir l'enseignement du Christ et des apôtres.

Avec les premières apologies nous quittons en quelque sorte le milieu de la société chrétienne pour suivre l'éloquence sacrée dans la lutte avec le monde païen. Une nouvelle période s'ouvre pour elle : période de combats et de périls, d'épreuves et d'agitations sans nombre, pendant laquelle il s'agira pour l'Église de revendiquer avec sa liberté les droits immortels qu'elle tient de son auteur.

Certes, le moment auquel nous sommes arrivés est solennel dans la vie de l'Église : il n'en est pas de plus grand ni de plus beau dans l'histoire de l'éloquence sacrée. Attaquée dans son dogme, dans sa morale et dans son culte, l'Église se voit en butte à toutes les contradictions. Du tribunal où la citent les pouvoirs humains, elle est obligée de descendre dans l'arène de la discussion pour réfuter les calomnies des sophistes et désarmer la haine des masses. Il faut qu'elle dise aux hommes d'État, aux gens d'esprit et au peuple ligués contre elle, ce qu'elle est, d'où elle vient, où elle va : il faut, en un mot, qu'elle leur présente à tous son apologie.

Là est la grandeur, là est la poésie de cette lutte : dans la parole de vérité aux prises avec la force matérielle et brutale. Dans ce choc de deux mondes, dont l'un résume en lui les puissances du passé, dont l'autre porte dans ses flancs les destinées de l'avenir, ce qui éclate, ce qui frappe, c'est le rôle sublime dévolu à la parole. Pour triompher de l'intolérance des hommes d'État, de la sophistique des gens d'esprit et du fanatisme des masses, l'Église, livrée à sa faiblesse apparente, n'a d'autre ressource, après la grâce divine, que celle de la parole. C'est, armée de la parole, qu'elle combat, se défend, attaque, persuade, entraîne ; c'est par la parole qu'elle réduira ses ennemis sinon au silence, du moins à l'impuissance d'une haine qui ne répond à la vérité que par le supplice et la persécution.

C'est qu'aussi la parole se trouva sur les lèvres d'hommes dignes de la porter. Tandis que les magistrats de l'empire s'ingénient à trouver contre le christianisme des tortures à défaut de raisons, une phalange de défenseurs se forme et s'organise dans le camp de l'Église. Fatigués de ne rencontrer dans les religions comme dans les philosophies anciennes ni repos ni clarté, d'éminents esprits passent dans les rangs de la société nouvelle ; ils y portent cet amour de la vérité et ce sentiment de la justice qui les avaient amenés sur le chemin de la vraie foi. Disciples du Christ sous le manteau du philosophe qu'ils gardent pour la plupart, ils vont retourner contre le paganisme les armes de l'éloquence et de l'érudition. A eux de plaider la cause du christianisme au tribunal de la puissance souveraine comme à celui de l'opinion publique. Chargés de cette mission, ils la rempliront jusqu'au bout sans crainte ni faiblesse. En face d'un pouvoir arbitraire et inique, ils invoqueront sans relâche les principes de la justice et les droits de la conscience : ils en appelleront d'une haine irréfléchie au calme de l'examen, de la passion qui s'aveugle à la raison qui juge, et comme dernier recours, des hommes qui les condamnent à Dieu qui les absout. Pour enlever aux païens tout prétexte à la violence, ils déchireront ce tissu de calomnies dans lequel l'ignorance et la mauvaise foi cherchent à envelopper l'Église, pour la faire apparaître telle qu'elle est, avec la sublimité de son dogme, la pureté de sa morale et la sainteté de son culte. Puis, prenant l'offensive à leur tour, ils s'attaqueront à l'idolâtrie sous toutes ses formes : ils discuteront ses origines, ses croyances, ses pratiques. Dans ce duel à outrance avec le paganisme, ils appelleront à leur secours la science et la dialectique, parfois même l'ironie et le sarcasme, pour mettre à nu le ridicule de ses fables, l'absurdité de son symbole, l'immoralité de ses mystères, le vide et les contradictions de ses systèmes philosophiques. Telle est la tâche imposée à l'apologétique chrétienne dans les trois premiers siècles de l'Église : c'est à l'étudier dans ses premiers monuments que je dois consacrer mon cours pendant l'année qui vient de s'ouvrir devant nous.

D'après ce que je viens de dire, Messieurs, vous comprenez déjà l'intérêt que peuvent offrir ces études. D'abord, comme je le faisais observer tout à l'heure, il n'est pas dans l'histoire de la parole chrétienne de spectacle plus imposant que celui d'une lutte de trois siècles avec toutes les puissances du vieux monde conjurées contre l'Église. Il y a dans ce débat un caractère de solennité propre à frapper ceux-là mêmes qui n'y verraient que le triomphe de la force morale sur la force matérielle, un grand enseignement s'affirmant à la face du monde et revendiquant son droit d'être et de vivre par les seules armes de la libre persuasion ou de la parole. Mais pour nous, qui voyons engagés dans ce combat les intérêts supérieurs de l'humanité et ses destinées finales, cette période de l'éloquence chrétienne est d'une importance bien plus haute. Si de cette vue d'ensemble nous descendons dans le détail, que de questions intéressantes et fécondes l'apologétique chrétienne ne soulève-t-elle pas devant nous ! Je n'en citerai que deux, pour vous montrer que l'actualité elle-même ne leur fait pas défaut. Ainsi, quoi de plus fréquemment agité et, pour ainsi dire, de plus éternellement vivant que la question de la liberté de conscience ? Eh bien ! comment et dans quel sens les apologistes des premiers siècles ont-ils revendiqué cette liberté ? Voilà ce qui ressortira pour nous de l'examen de leurs écrits. De même, s'il est une branche de l'érudition qui, depuis cinquante ans, ait été cultivée avec ardeur en Allemagne et même en France, ce sont les études mythologiques : la critique moderne a su faire de l'idolâtrie un champ de bataille où l'on se dispute la victoire avec un acharnement qui n'est pas près de faiblir. Or, il est évident qu'une des pièces les plus importantes du procès, c'est le jugement qu'ont porté les Pères, dans leur polémique avec les païens, sur l'idolâtrie, son caractère et ses formes. C'est ainsi qu'en creusant le sol de l'antiquité chrétienne, on y trouve des armes de toute sorte, vieillies par le temps, mais qu'il suffit de polir pour les rendre propres à un nouveau genre de combats.

Car, je me hâte de le dire en commençant, l'attaque que le paganisme va diriger contre l'Église n'est qu'un des mille assauts soutenus par elle dans la suite des temps ; et la défense qu'elle lui présentera par l'organe de quelques-uns de ses membres n'est qu'un épisode dans l'histoire de l'apologétique chrétienne. Depuis son origine jusqu'à nos jours, l'Église n'a cessé de refaire son apologie, parce que l'esprit d'erreur n'a jamais discontinué ses attaques. C'est un antagonisme permanent, auquel chaque époque vient prêter un nouveau caractère, une lutte dont les conditions extérieures se modifient, mais qui au fond reste la même. Il n'y a rien là qui doive nous surprendre. C'est le propre de la vérité de rencontrer en face d'elle la négation et la haine. Sans doute, Dieu aurait pu l'imposer à l'esprit de l'homme avec une force qui eût banni toute résistance ; mais le mérite disparaissait avec la liberté de la contradiction. C'est pourquoi la vie militante est l'état normal de l'Église. Son divin fondateur l'a dit : je ne suis pas venu apporter la paix, mais la guerre. Lui-même nous offre dans sa personne l'image de cette lutte qui se prolonge à travers les siècles. Ouvrez l'Évangile : à chaque pas, le Sauveur se voit obligé de faire son apologie. Les reproches les plus divers se croisent dans cette accusation qui n'épargne ni sa conduite ni son enseignement. Pharisiens, sadducéens, hérodiens, tous les partis religieux et politiques se réunissent contre lui pour incriminer sa vie entière, et c'est avec une patience toute divine qu'il descend jusqu'à eux pour justifier ses actes et défendre sa doctrine.

L'apologétique, comme toutes les formes de l'éloquence chrétienne, prend donc son point de départ dans l'Évangile où le Sauveur l'a consacrée par son exemple. L'Église ne retracerait pas l'image de l'Homme-Dieu, elle ne serait pas son expression sociale, son prolongement historique à travers le temps et l'espace, si elle ne partageait avec lui la gloire d'être attaquée et la nécessité de se défendre. Aussi cette lutte perpétuelle est-elle devenue un des traits caractéristiques de son histoire. Voyez plutôt ce qui se passe sous nos yeux. Après le paganisme, le mahométisme, le protestantime, le philosophisme du siècle dernier, on eût dit que toute agression contre l'Église serait désormais à tout le moins chose surannée, et que, pour se défendre, elle n'aurait plus qu'à montrer dix-huit siècles de combats couronnés par la victoire. Eh bien ! l'opposition, qui ne meurt pas, a su prendre un autre nom et trouver de nouvelles armes. Pour la centième fois peut-être, l'Église, menacée par une coalition de forces ennemies, refait à la face du monde son apologie. Ici, c'est l'économie politique qui la déclare hostile au progrès ; là, c'est la critique qui déchire ses livres saints ; plus loin, c'est la philosophie qui l'accuse d'opprimer la raison ; enfin, c'est l'histoire qui dénature son passé. Et cela, avec une passion que nulle autre polémique n'a le privilège d'exciter. C'est, Messieurs, que la religion est la grande préoccupation de l'homme, soit qu'il se l'avoue à lui-même ou qu'il cherche à se le dissimuler. Nul n'est indifférent à l'endroit de l'Église : on l'aime ou on la hait. Entre elle et ses ennemis, la neutralité n'est qu'une chimère : même sans le vouloir, et à notre insu, nous prenons parti pour ou contre elle. C'est ce qui vous explique comment dans un siècle comme le nôtre, qu'on accuse d'indifférence en matière de religion, les questions religieuses sont encore de toutes celles qui passionnent le plus les esprits. On a beau s'enfoncer dans les choses de la matière, se tracer un programme à l'avance et de parti pris, se promettre à soi-même qu'on ne s'occupera plus que de chemins de fer, de bateaux à vapeur, de Banque et de Bourse, la religion reparaît au for de la conscience avec tous les problèmes qu'elle porte à sa suite. Que de fois n'a-t-on pas dit : le temps des controverses religieuses est passé, ces débats et ces discussions sont d'un autre âge ; et il suffit d'ouvrir un journal ou une revue périodique pour voir que la controverse religieuse y tient la première place. Cela est inévitable. Au fond de toute grande question qui agite les esprits, qui divise les individus comme les peuples, il y a une question religieuse qui la prime et la relève. C'est pourquoi, indifférents ou non, tous s'inquiètent de la religion, l'attaquent ou la défendent, la haïssent ou la vénèrent, parce qu'elle est le premier et le seul intérêt immortel de l'humanité.

Mais si, en raison de ce que je viens de dire, l'attaque est permanente comme la défense, l'une et l'autre varient selon les temps et les lieux. Non pas que la différence soit telle qu'on ne puisse observer aucun trait commun aux diverses périodes de cette grande lutte. Ainsi plus d'une arme que le rationalisme contemporain dirige contre l'Église est empruntée à l'arsenal des premiers adversaires de la religion, comme aussi, nous l'avouons hautement, c'est dans les écrits des Pères que l'apologétique moderne trouve ses plus grandes ressources. Toutefois, on ne saurait méconnaître que le terrain sur lequel se déploient de nos jours l'attaque et la défense n'est pas le même à beaucoup près qu'il y a dix-huit siècles. Conséquemment il s'agit pour nous de retracer d'une manière nette et précise les caractères qui distinguent la lutte du christianisme avec le paganisme. Or il est évident que toujours et partout les conditions de la défense sont déterminées par celles de l'attaque. Il faut donc que nous sachions avant tout quel accueil le christianisme avait rencontré dans le monde païen dès son apparition. Et comme dans toute société il y a trois grandes forces dont le jeu réciproque produit la vie sociale, le pouvoir, la science et le peuple, je dois commencer par décrire l'attitude des hommes d'État, des gens d'esprit et des masses populaires en face de la religion nouvelle. Je parlerai d'abord des gens d'esprit, et par là j'entends les littérateurs, les historiens, les philosophes, c'est-à-dire l'aristocratie intellectuelle du monde romain.

Dieu me garde, Messieurs, de médire des gens d'esprit en général. Le sentiment le plus vulgaire des bienséances oratoires suffirait pour m'avertir que je blesserais ici des susceptibilités légitimes. Je ne me sens pas la moindre envie de rabaisser les hommes de talent : ils forment à mes yeux la couronne intellectuelle d'un siècle ou d'un pays. Cependant je n'oserais pas dire que l'esprit ou le talent soit toujours la meilleure disposition à recevoir la vérité du dehors, et surtout par voie d'autorité. Trop souvent il arrive qu'une certaine supériorité d'intelligence produit un contentement de soi-même qui se plie difficilement à une règle extérieure. L'orgueil a été de tout temps et restera pour jamais la grande tentation de la science. Ce langage pourra paraître trop ascétique à quelques-uns ; mais pour expliquer les faits de l'histoire, il faut toujours en revenir aux causes morales qui seules peuvent en rendre compte. C'est pourquoi je ne suis pas surpris que le christianisme ait rencontré une si vive opposition parmi les lettrés du paganisme : il passait le niveau sur toutes les intelligences, il s'imposait à elles comme une révélation d'en haut ; et loin de se borner à un petit nombre d'initiés, il aspirait à devenir la religion de tout le monde.

Ici, Messieurs, je vais droit à la preuve. Savez-vous ce qui révoltait le plus la classe d'esprits dont je parle? Sans doute, la loi évangélique, par son caractère de sévérité, par le soin qu'elle mettait à combattre tous les mauvais instincts de l'homme, devait soulever contre elle la plus forte des répugnances ; mais cette répugnance était commune aux gens d'esprit et au peuple ; et ce n'est pas l'une des moindres preuves de la divinité du christianisme que d'avoir triomphé d'un obstacle humainement invincible. Je ne m'attache en ce moment qu'à ce qu'il y a de caractéristique dans l'opposition des diverses parties de la société païenne. Or ce qui blessait au vif le sens aristocratique des lettrés, c'est qu'on prétendait leur imposer la même foi qu'au peuple, à ceux qu'ils appelaient le vulgaire, la vile multitude[1]. « Quelle religion ! s'écriait Celse vers le milieu du deuxième siècle : ce sont des cardeurs de laine, des cordonniers et des foulons, les plus ignorants et les plus rustiques de tous les hommes, qui l'annoncent, et c'est parmi des femmes et des enfants qu'ils

---

[1] Οἱ πολλοί, φαῦλος ὄχλος, *vulgus*.

cherchent des prosélytes [1] ! » Voilà ce qui révoltait l'orgueil intellectuel des gens d'esprit : être confondus avec la foule dans une croyance commune leur paraissait une condition trop basse pour leur degré de culture et une faiblesse indigne de leur caractère.

C'était, en effet, une maxime reçue depuis longtemps dans les écoles de la Grèce et de Rome, qu'il devait y avoir deux sortes de religions : l'une pour le peuple, l'autre pour les gens d'esprit. Au vulgaire, les traditions mythologiques, le culte officiel ; aux littérateurs et aux philosophes, la liberté de penser sur tout cela à leur guise et sans scrupule. Ce n'est pas que dans la pratique on ne se crût obligé pour bien des motifs de se conformer aux prescriptions de la religion nationale : on les observait comme tout le monde, sauf à en rire après coup et entre amis. Vous connaissez là-dessus la théorie de Cicéron, exposée assez crûment dans plusieurs de ses écrits[2]. Elle ne lui était point particulière. Cette distinction entre les croyances de la foule et celles des hommes instruits se retrouve à peu d'exceptions près chez tous les écrivains du paganisme. Platon lui-même n'admet pas que le peuple puisse jamais, en matière de religion, s'élever au-dessus de la simple opinion, mélange de vrai et de faux; et les alexandrins, comme nous le verrons plus tard, Plotin surtout, sont pleins de mépris pour la classe des artisans et des ouvriers qu'ils excluent à jamais du partage de la vérité[3]. C'est le même sentiment d'orgueil aristocratique qui inspirait Varron, lorsqu'il divisait la théologie en poétique ou civile pour les simples, et en naturelle pour les sages[4]. Aux yeux de Polybe et de Strabon, la religion n'est qu'un instrument de police pour contenir les passions de la multitude, un

---

[1] Orig.: *cont. Cels.*, l. III, 17.
[2] *Divin.*, II, 12, 35, 50; *de Nat. Deorum*, III, 32; *de Inventione*, I, 29, etc.
[3] *Ennead.*, II, l. X, c. 9.
[4] S. Aug.: *de Civit. Dei*, l. VI, c. 5 et ss.

épouvantail dont les gens d'esprit n'ont que faire. « Les législateurs, dit le premier, ont besoin d'employer de pareils moyens pour mettre un frein à la violence du peuple et le dominer par la crainte des choses invisibles[1]. » « Ce n'est point par des leçons philosophiques, écrivait Strabon au temps d'Auguste, qu'on peut amener à la piété les femmes et le simple peuple ; il faut y suppléer par la superstition avec son attirail de fables et de contes merveilleux... Les législateurs y ont eu recours comme à un masque pour effrayer un peuple enfant incapable de réfléchir par lui-même[2]. » Tels étaient les principes d'après lesquels les gens d'esprit se séparaient de la foule pour lui laisser ses croyances et se réserver à eux-mêmes une liberté d'opinion à peu près illimitée. L'idée que jamais les philosophes se rencontreraient avec le peuple dans une foi commune contrarierait toutes leurs manières de voir et de penser : elle leur semblait à tout le moins une folie.

Lors donc que le christianisme sorti des rangs du peuple, prêché par des hommes du peuple, se recrutant plus spécialement, à son origine du moins, parmi le simple peuple, lorsque, dis-je, il vint s'annoncer à la société païenne comme devant réunir et captiver toutes les intelligences, grandes et petites, sous l'empire d'une même foi, vous concevez qu'il dut blesser au vif l'orgueil des lettrés du vieux monde. Quoi! de petites gens de la Palestine, des barbares, étrangers à l'art et à la science des Hellènes, viendraient dicter la loi aux esprits cultivés de la Grèce et de Rome, faire prévaloir une doctrine qui serait la même pour les maîtres et pour les esclaves, pour les philosophes et pour le peuple ? C'est aux genoux d'un Dieu crucifié qu'ils se flattent d'amener le monde entier! Ce sont quelques livres de peu de valeur, d'une antiquité douteuse, composés chez le peuple le plus méprisable de la terre, c'est cela que ces pauvres d'esprit pré-

---

[1] *Hist. gén.*, l. VI, c. 56.
[2] *Géograph.*, l. I, c. 2.

tendent substituer à Homère et à Platon ! Et c'est de la Judée, réceptacle et foyer de toutes les superstitions, qu'est sortie cette secte nouvelle ! Mais cette poignée de fanatiques ne mérite pas l'attention : elle ne serait digne que de mépris si elle n'était dangereuse.

C'est ainsi que raisonnaient ceux qui dans le monde païen passaient pour les privilégiés de l'intelligence. En général, leur attitude en face du christianisme ne fut d'abord qu'une attitude d'indifférence ou de mépris. Du moment que l'Évangile ne s'offrait pas à eux comme un système philosophique, qu'il descendait dans le peuple pour y faire des prosélytes, c'était à leurs yeux chose jugée : une absurdité de plus venait grossir la liste des superstitions humaines. Assurément cette légèreté a de quoi nous étonner. Toutefois, pour comprendre cette maladie incurable des gens d'esprit, non pas de tous, mais d'un certain nombre, nous n'avons qu'à jeter un regard autour de nous. Les lettrés du paganisme distinguaient deux sortes de religions : l'une pour le peuple, éternel mineur incapable d'arriver à l'âge mûr de la liberté ; l'autre pour eux-mêmes, les émancipés de l'esprit. Mais, Messieurs, est-ce qu'après dix-huit siècles de christianisme une semblable prétention, fort peu flatteuse pour la majorité du genre humain, ne s'est pas reproduite de nos jours ? N'avons-nous pas vu une certaine philosophie renvoyer d'un air superbe les croyances positives aux masses pour se réserver le privilège de la libre pensée ? N'y a-t-il pas au milieu de nous quantité de beaux esprits tout disposés à former une petite oligarchie émue d'une compassion très tendre pour la faiblesse intellectuelle du grand nombre ? N'a-t-on pas cherché à établir tout récemment encore qu'il existe une scission nécessaire entre les parties simples et les parties cultivées de l'humanité ; qu'il y a pour elle une haute culture scientifique qui dispense de la foi au dogme révélé et une basse culture qui ne saurait s'en passer ; une élévation intellectuelle qui porte la pensée dans les hautes régions de la critique et une éducation élémentaire rapetissant les esprits qui s'y emprisonnent ; une position exceptionnelle où l'homme, arrivant à la vie réfléchie, s'isole de la grande famille religieuse, et une situation commune où l'homme simple, réduit à ses instincts spontanés, ne voit pas ce qu'il y a dans le dogme établi de mesquin ou même de dangereux [1]? Certes, jamais philosophe païen n'a parlé avec un tel mépris de la capacité religieuse du grand nombre ; et lorsqu'on songe que cette pitié hautaine s'adresse à la religion de Bossuet et de Pascal, on a besoin de sang-froid pour ne pas s'indigner. Non, il n'y a pas de divorce entre la science et la foi : l'une et l'autre ont la vérité pour objet. Non, il n'y a pas deux religions, l'une pour le peuple, l'autre pour les savants : tous ont la même origine, la même nature, la même destinée, et par conséquent doivent arriver à Dieu par la même voie. Non, Dieu n'a pas condamné l'immense majorité du genre humain à des illusions perpétuelles, au profit de quelques privilégiés qui s'adjugent le monopole de la vérité. Si un plus haut degré de culture facilite au savant la connaissance du vrai, il l'expose également aux séductions de l'erreur : le peuple a son bon sens qui lui tient lieu d'esprit, et la vérité est accessible à qui la cherche avec droiture. Donc, pas de ces exclusions, lorsqu'il s'agit du plus grand bien de l'homme ; point de ces catégories qui n'établissent un privilège pour quelques-uns qu'en faisant injure à tous. L'humanité est une : la religion doit l'être comme elle. C'est pourquoi le christianisme est la véritable religion de l'humanité, parce qu'il n'exclut personne de l'héritage de Dieu et qu'il admet tout le monde, grands et petits, savants et illettrés, au même partage de la vérité.

Voilà, Messieurs, ce que les apologistes de la religion chrétienne, Origène entre autres, répondront aux beaux esprits de leur temps. Mais n'anticipons point. J'ai dit qu'en général les lettrés du paganisme n'accueillirent la doctrine nouvelle

---

[1] *Études d'Histoire religieuse*, par M. Ernest Renan : Préface.

à son apparition dans le monde qu'avec un sentiment d'indifférence ou de mépris. Cette attitude explique le silence que plusieurs d'entre eux gardent dans leurs écrits sur un évènement dont la portée leur échappe. On a voulu quelquefois se prévaloir de ce silence ou de cette inattention pour contester la propagation rapide de l'Évangile et la publicité qu'il reçut dès l'origine. Cette prétention est inadmissible. Sulpice Sévère dit avec raison qu'au temps de Néron la multitude des chrétiens était déjà considérable. Ce sont les propres expressions de Tacite racontant le supplice des premiers martyrs [1]. Quelques années plus tard, Pline écrit à Trajan que l'Asie Mineure regorge de sectateurs de la nouvelle religion. Il y en avait un grand nombre dans les villes grecques, de l'aveu de Julien l'Apostat cité par saint Cyrille d'Alexandrie ; à Rome, où saint Paul avait prêché des années entières en toute confiance et sans obstacle, il y en avait jusque dans le palais de Néron. Déjà les apôtres avaient comparu devant les tribunaux de l'empire. Le proconsul de Chypre, Sergius Paulus, avait publiquement embrassé le christianisme. A Corinthe, saint Paul avait été mené devant le proconsul d'Achaïe, Gallion frère de Sénèque. C'est au préfet du prétoire que l'apôtre avait été livré dès son arrivée à Rome : or ce magistrat n'était autre que Burrhus selon toute apparence [2]. Ce serait donc violer toutes les règles de la critique, de supposer que les hommes instruits de ce temps-là n'aient pas connu le christianisme. Si donc quelques-uns d'entre eux, comme Sénèque et Plutarque, n'en ont point parlé dans ceux de leurs écrits qui sont arrivés jusqu'à nous, c'est à d'autres causes qu'il faut attribuer ce silence. Sortie de la Palestine, l'Église leur paraissait une secte juive qu'ils enveloppaient dans le mépris

---

[1] *Multitudo ingens.*
[2] Sulpice Sévère: II ; Tacite : XV, 44 ; Pline : *Ép. à Trajan* ; Cyril. ; *contre Jul.*, I, 10 ; *Actes des Ap.*, XXVIII, 30, et 31 ; *Ép. aux Philip.*, IV, 22 ; *Actes des Ap.*, XIII, 12 ; XVIII, 12, 13 ; *Ép. aux Philip.*, I, 13.

général professé pour un peuple haï de tous. Partant de cette idée, ils voyaient dans le culte nouveau une de ces mille superstitions populaires qui affluaient à Rome de tous les points du globe et dont il ne valait pas la peine de s'occuper. Sénèque en particulier pouvait fort bien goûter la partie morale de la religion chrétienne et profiter des lumières qu'elle répandait autour d'elle, sans voir dans ses croyances et dans ses pratiques autre chose qu'une superstition. Lui, qui dans sa jeunesse avait renoncé au régime pythagoricien pour ne pas s'exposer a être pris pour un Juif, n'était pas homme à manifester une sympathie quelconque pour une secte odieuse au peuple et persécutée par le prince [1]. Ce qui d'ailleurs achève de prouver que ce silence de quelques auteurs païens doit s'expliquer en grande partie par leur dédain pour une religion qu'ils confondaient avec celle des Juifs, c'est le ton de mépris avec lequel se sont exprimés sur le christianisme ceux qui en ont parlé.

Cet air de dédain et ce ton de raillerie s'observent particulièrement chez Lucien de Samosate qui écrivait vers la fin du deuxième siècle. Nous avons remarqué l'année dernière le genre de persiflage dont il use pour tourner en ridicule les martyrs chrétiens. Mais il ne me paraît pas superflu de revenir là-dessus pour caractériser l'attitude hostile des lettrés du paganisme. Certes, à l'époque de Lucien, le christianisme était connu : les écrits du sophiste prouvent qu'il était loin d'ignorer les points principaux de la doctrine évangélique. Je ne veux point parler du dialogue intitulé Philopatris dans lequel le dogme de la Trinité se trouve l'objet d'attaques assez vives, car la critique me semble en avoir rendu l'authenticité à tout le moins douteuse [2]. Mais dans le Pseudomantis, dans l'Aléthès historia, et surtout dans la Lettre à Cronius sur la mort de Pérégrinus, il y a

---

[1] Sénèq. : *Ép.*, 108.
[2] Gessner : *de Ætate dial. Lucianei qui Philopatris inscribitur*, Goettingue 1748 ; Niebuhr : préf. du t. XI des *Historiens de Byzance*, éd. de Bonn.

de fréquentes sorties contre la religion chrétienne. Or, chose étrange ! c'est la partie de l'Évangile qui se recommande d'elle-même à la raison naturelle, le dogme de l'immortalité de l'âme, l'esprit de fraternité qui doit régner parmi les chrétiens, le précepte du renoncement ou de l'abnégation, c'est cela précisément qui excite la verve de Lucien et devient le thème de ses railleries. Avec un peu de réflexion et de bonne foi, il eût pu se convaincre sans peine qu'une religion qui joignait à une morale si parfaite des vérités si élevées ne devait pas être confondue avec les superstitions grossières dont le monde était plein. Eh bien ! non : le sophiste ne daignera pas s'initier davantage à la connaissance d'une doctrine qui n'avait pas laissé de produire sur son esprit une certaine impression. Les chrétiens lui paraîtront des dupes ou des jongleurs ; il rira d'eux comme de ces charlatans vulgaires qui parcouraient le monde romain pour séduire les simples par le prestige de la magie ou de la divination. Lui, qui ne se donne pas la peine de rien examiner, qui effleure tout ce qu'il traite du bout de la plume, déclare magistralement que les disciples du Christ sont des gens crédules qui acceptent ce qu'on leur dit « sans raison suffisante[1]. » Voilà l'esprit de justice qui animait les lettrés du paganisme. Évidemment, de la part de pareils écrivains le christianisme ne pouvait s'attendre à la moindre impartialité.

On me dira : Lucien s'est moqué de tout, de la philosophie comme du paganisme ; il n'est pas étonnant qu'il n'ait cherché à déverser sur la religion chrétienne que le sarcasme et l'ironie. Soit : tournons-nous vers des auteurs plus graves, qu'une trempe d'esprit sérieuse rendait plus propres à comprendre ce que le christianisme avait de noble et d'élevé ; prenons par exemple Tacite et Suétone. A vrai dire, Tacite ne semble pas avoir été un homme très religieux. Tout en parlant des dieux en maint endroit de ses

---

[1] *De Morte Peregrini*, ἄνευ τινός ἀκριβοῦς πίστεως.

écrits, il a trouvé le moyen de ne pas nous apprendre ce qu'il pensait d'eux. Ce qu'il y a de certain, c'est que l'idée d'une Providence qui dirige les choses humaines lui est tout à fait étrangère : il hésite constamment entre le destin et le hasard pour expliquer le cours des événements ; et lorsqu'à la fin de son traité sur les mœurs des Germains il dit que « les Fenni sont protégés contre les dieux par leur pauvreté et leur manque de civilisation, » on ne peut voir dans cette phrase qu'une ironie voisine de l'impiété[1]. Cette absence presque complète du sens religieux dans Tacite n'a pas été suffisamment relevée et tempérerait à coup sûr les éloges exagérés qu'on s'est plu à faire, non pas de son talent d'historien, qui est hors de conteste, mais du caractère moral de ses écrits. Cela étant, et pour peu qu'on soit familier avec les ouvrages de Tacite on ne saurait nier ce que je viens de faire remarquer, nous ne pouvons guère espérer de sa part une appréciation favorable au christianisme. Cependant l'âme de Tacite naturellement droite et honnête, pleine de sensibilité pour la vertu persécutée et d'indignation contre le vice triomphant, eût été capable et digne de juger la religion nouvelle avec impartialité. Quel sujet de réflexion pour un observateur si profond de la nature humaine que cette multitude d'hommes réalisant dans leur vie l'idéal de la justice ! Lui qui, pour échapper aux hontes de son siècle, se réfugiait en esprit dans les forêts de la Germanie pour y chercher des vertus chimériques, n'avait-il pas autour de lui des vertus réelles dont le spectacle observé de près, étudié, compris, eût pu consoler son âme ? Ne valait-il pas la peine à tout le moins de prêter quelque attention à ce phénomène moral qui se produisait sous ses yeux ? Je le dis à regret, de tous les écrivains du paganisme, Tacite est celui qui a jugé le christianisme avec le plus de légèreté et même de cruauté. Le passage qu'il lui consacre au XVe livre de ses Annales prouve qu'il ne s'était nullement cru obligé

---

[1] *Ann.*, XVI, 33 ; VI, 22.

d'examiner ce qu'il s'arrogeait le droit de flétrir. Tout ce qu'il en sait, c'est que la religion nouvelle est sortie de la Judée où le Christ, son fondateur, a été condamné à mort par Ponce Pilate sous le règne de Tibère. Sur cela, et sans rechercher ce qu'elle peut être en soi, il la déclare une superstition pernicieuse [1] ; il se fait l'écho docile des calomnies répandues dans le peuple, et prêtant une foi aveugle aux prétendus crimes des chrétiens, il les appelle « des gens haïs pour leur infamie, des misérables dignes du dernier supplice. » Voilà l'homme qui s'indigne à bon droit de la barbarie de Tibère et de Néron et qui les imite en cette circonstance par la cruauté froide du langage. Car ici, le préjugé ne tient pas lieu d'excuse : l'ignorance aggrave la faute dans celui qui ne fait aucun effort pour la dissiper et qui possède tout moyen de la vaincre.

Tacite s'était servi, pour qualifier la religion chrétienne, d'un terme qui va devenir en quelque sorte le mot d'ordre dans le camp des adversaires de l'Église, celui de superstition. Ce mot, Suétone le répète avec un égal dédain, et une ignorance de la cause encore plus grande. Il ne sait pas même distinguer les chrétiens des Juifs : « C'est sous l'impulsion du Christ, dit-il, que ces derniers excitaient des tumultes dans Rome. » Puis, quand son récit l'amène à mentionner le supplice des premiers martyrs, il appelle les chrétiens « une espèce d'hommes d'une superstition nouvelle et adonnés à la magie [2]. » Pline le Jeune ne porte pas plus d'équité dans ses appréciations que ses deux amis ; son aveuglement est d'autant plus étrange qu'il connaît les chrétiens et qu'après avoir examiné leur conduite avec soin il n'y a rien trouvé de répréhensible. « Tout ce que j'ai pu apprendre sur leur compte, écrit-il à Trajan, c'est qu'ils s'engagent par serment à ne commettre aucun crime, à fuir le vol et l'adultère, à ne jamais violer la foi jurée, à

---

[1] *Exitiabilis superstitio. Ann.*, xv.
[2] Suét. : *in Claud.*, 25 ; *in Neron.*, 16.

rendre fidèlement le dépôt confié, etc. » Certes, une religion qui au milieu de la corruption païenne inculquait de si beaux préceptes et produisait de telles vertus valait bien la peine d'être étudiée de près. Il semblerait donc que Pline le Jeune, naturellement enclin à l'indulgence et à la modération, dût se sentir porté vers une réunion d'hommes dont il venait de tracer un portrait si fidèle. Point du tout : cette religion, dont les membres font profession de pratiquer une morale si pure, n'est à ses yeux qu'une méchante superstition [1]. Tant il est vrai qu'il était dans la destinée du christianisme de soulever contre lui toute cette classe de lettrés qui l'accablaient à l'envi de leur dédain superbe. Le mot de saint Paul aux Corinthiens se vérifiait dans toute son étendue : « Dieu a convaincu de folie la sagesse de ce monde. C'est pourquoi on trouve parmi nous peu de sages selon la chair, peu de puissants et peu de nobles; mais Dieu a choisi les moins sages selon le monde pour confondre les sages ; il a choisi les faibles selon le monde pour confondre les forts ; il a pris ce qu'il y avait de plus vil et de plus méprisable selon le monde, et même ce qui n'était rien, pour détruire ce qui est, afin que nul homme ne se glorifie devant lui. »

Peut-être, Messieurs, en passant des littérateurs et des historiens aux philosophes trouverons-nous dans l'attitude de ces derniers moins d'hostilité au christianisme. Je ne veux point parler des sectes philosophiques qui se moquaient de la vertu ou qui la réduisaient au plaisir, comme celle des épicuriens et des cyniques. Leurs principes formaient un contraste trop évident avec ceux de l'Évangile pour qu'on pût y chercher un point de contact ou un motif de rapprochement. Mais l'école stoïcienne, dans laquelle s'étaient réfugiés les plus grands esprits et les plus nobles caractères de l'époque, le Portique n'irait-il pas servir d'introduction à l'Évangile ? Comment les disciples de Zénon,

---

[1] *Superstitio prava.*

qui plaçaient le souverain bien dans la vertu, qui dans leurs théories morales s'élevaient au-dessus des caprices de la fortune, des séductions de la richesse et du plaisir, qui se faisaient gloire de mépriser les souffrances et la mort, comment pourraient-ils ne pas admirer l'héroïque constance des chrétiens au milieu des plus affreux supplices, leur détachement des biens de ce monde, leurs efforts pour acquérir la véritable sagesse et pour atteindre à la perfection morale? Est-ce un rêve de supposer qu'épris de la beauté de l'Évangile, ils viendraient lui demander ce qui leur avait toujours manqué, un dogme certain qui pût servir de base à leur enseignement? Oui, ce n'est qu'un rêve : bien loin de trouver parmi eux un accueil favorable, c'est dans leurs rangs que le christianisme comptera ses adversaires les plus déclarés.

Cette attitude hostile du stoïcisme semble étrange à première vue, mais pour peu qu'on l'examine de près, elle s'explique d'elle-même. C'est aux partisans de cette doctrine qu'on peut appliquer tout particulièrement ce que nous disions en général de l'orgueil aristocratique des lettrés du paganisme. Ils formaient une faible minorité qui regardait de haut le grand nombre, une petite élite d'esprits supérieurs qui ne parlaient qu'avec mépris de « cette multitude sans philosophie, de ces âmes communes et vulgaires qui forment la grande majorité du genre humain [1]. » Rien n'était moins populaire que cette morale fastueuse qui répondait aux souffrances de l'humanité par des phrases sonores, des déclamations pompeuses, des tirades à effet. Comment s'étonner après cela que le christianisme, religion du peuple non moins que des savants, ait paru à cette classe de moralistes une faiblesse d'esprit, une superstition puérile, indigne de fixer l'attention du sage? D'ailleurs, si la morale

---

[1] Ὄχλος ἀφιλόσοφος, ἰδιῶται. Épictète ne cesse de répéter ces expressions dans son *Enchiridion*, 29, 33, 48, etc. *Prospera in plebem et vilia ingenia deveniant*. Sénèq. : *de Provid.*, 4.

du Portique se trouvait sur bien des points d'accord avec celle de l'Évangile, elle était sur beaucoup d'autres en opposition radicale avec la doctrine chrétienne. Épictète et Marc-Aurèle ne cessent de répéter le grand adage de l'école, « qu'il faut vivre conformément à la nature ; » mais le christianisme venait déclarer au monde que la nature humaine est déréglée et que la sagesse consiste à la redresser sur la règle divine tracée par le Christ. Pour le stoïcisme, l'immortalité de l'âme n'est qu'un beau rêve, tout au plus une notion fort incertaine ; dans le christianisme, tout est basé sur le dogme d'une vie éternelle à laquelle la vie présente sert de passage et d'introduction. Le disciple de Zénon ou de Chrysippe brave, méprise la douleur qui n'a, selon lui, de réalité que dans l'opinion qu'on s'en fait ; le chrétien regarde la souffrance comme une épreuve très réelle qu'il accepte avec une résignation filiale aux volontés de Dieu qui la lui envoie. Le stoïcien s'adjuge le droit de disposer de lui-même : il brise violemment et de son propre chef les liens qui l'attachent à la vie ; le disciple de l'Évangile reconnaît que Dieu seul est l'auteur de la vie et de la mort, qu'il n'est pas permis à l'homme de déserter le poste où le souverain Maître l'a placé. Malgré de belles mais inconséquentes protestations en faveur de la Providence, le dogme du Portique enchaîne les choses humaines aux lois d'une fatalité inexorable à laquelle les dieux eux-mêmes sont soumis ; le dogme évangélique sauvegarde la liberté humaine sous l'action de la Providence qui l'affermit et la dirige. Dans l'opinion des stoïciens, le sage est égal aux dieux, que dis-je ? il est supérieur aux dieux, car, dit Sénèque, le bien qu'ils font par nécessité, il le fait par vertu [1] ; se comparer à Dieu est un blasphème pour le chrétien, dont le premier devoir est de confesser sa faiblesse et son néant. Il me serait facile de poursuivre ce parallèle qui prouve avec évidence que, s'il existait entre la morale

---

[1] *Ep.* 53.

des stoïciens et l'Évangile une conformité de détails difficile à méconnaître, il y avait entre l'un et l'autre une opposition de principes qui suffirait à elle seule pour expliquer la lutte.

Aussi les écrivains de l'école stoïcienne traitent-ils les chrétiens comme une poignée de fanatiques qui agissent par entraînement et non par raison. Ils affectent même de ne point parler de cette erreur populaire, digne du mépris des sages. On a beau parcourir leurs ouvrages, les Pensées de Marc-Aurèle, ses Lettres à Fronton retrouvées sur les palimpsestes de Milan et de Rome, le Manuel d'Épictète, les Commentaires d'Arrien son disciple, les fragments de sa doctrine conservés par Stobée : le nom de chrétiens ou de Galiléens n'y apparaît que deux fois. Cependant ces rares mentions suffisent pour nous montrer que le préjugé leur tenait lieu de science dans l'appréciation du christianisme. Ce qui devait tout naturellement les frapper et même exciter leur envie, c'est la force d'âme que déployaient les chrétiens en face de leurs persécuteurs. En partant du fait qu'ils avaient sous les yeux, il leur eût été facile de remonter au principe de cet héroïsme, qu'on ne pouvait attribuer à l'influence des idées philosophiques, puisque les femmes et les enfants eux-mêmes y avaient part. Mais l'esprit de justice manquait au vieux monde. Au lieu de rechercher la véritable source d'où provenait une vertu si extraordinaire, ils imaginent des expédients qui ne font pas honneur à leur esprit philosophique : ils se paient de mots convenus pour rendre compte du plus grand fait moral qui, jusqu'alors, eût étonné le monde. Marc-Aurèle voit dans la conduite des martyrs l'effet d'une pure opiniâtreté, d'une obstination qui n'a rien de sérieux ni de réfléchi : Épictète croit s'en tirer en disant que les Galiléens affrontent les supplices par coutume, par manie[1]. Si de pareilles allégations ne trahissent

---

[1] *Pensées de Marc-Aurèle*, l. XI, 3 ; *Dissert. d'Arrien sur Épictète*, l. IV, c. 7.

pas la mauvaise foi, elles dénotent, pour le moins, l'embarras d'un esprit qui est à bout de raisons. En exposant à leurs juges les motifs de leurs convictions, les chrétiens témoignaient assez qu'ils ne cédaient pas à un entêtement aveugle ; d'autre part, l'étude la moins attentive de la nature humaine suffit pour apprendre que l'héroïsme n'est point une affaire de coutume, qu'il ne s'impose point par la mode. Mais le stoïcisme n'y regardait pas de si près : il ne se sentait pas le besoin d'être juste à l'égard d'une croyance qui ne lui paraissait mériter que le dédain.

Nous venons, Messieurs, de décrire l'attitude des littérateurs, des historiens et des philosophes païens en face du christianisme, au moment où les apologistes vont prendre en main la cause de la religion méconnue et persécutée. Comme c'est l'attaque qui règle la défense, il fallait, tout d'abord, indiquer le terrain sur lequel elle était venue se placer. L'inattention et l'indifférence, la raillerie et le dédain, voilà ce qui s'observe en premier lieu dans cette classe de gens d'esprit qui formait l'aristocratie intellectuelle du monde romain. Je dis en premier lieu, car l'opposition ne tardera pas à changer de tactique. Les progrès du christianisme réveilleront l'attention des plus indifférents. L'arme de la raillerie ou du dédain, forte contre un parti faible, s'émousse sur un corps qui a pris de la vigueur ou de la consistance. Attaqué à son tour, le polythéisme savant se verra obligé de borner son rôle à celui d'une défense offensive. C'est l'attitude nouvelle que prendront les néoplatoniciens. Mais, comme nous venons de le voir, l'insulte et le mépris marquent la polémique primitive des lettrés du paganisme avec la religion chrétienne : au lieu d'examiner, ils acceptent de confiance toutes les vagues rumeurs qui circulent dans le peuple ; ils ne discutent pas, ils raillent, ils calomnient. Assurément, ce n'est point là une belle page dans l'histoire de la science humaine : cette opposition aveugle suffirait pour prouver que le talent sans justice ni bonne foi éloigne de la vérité plutôt qu'il n'en rapproche.

Faut-il conclure de là que le christianisme se montrait antipathique à la science, qu'il la repoussa au lieu de s'en servir ? L'Église allait répondre à cette accusation en produisant, pendant trois siècles, la plus illustre pléiade de grands esprits qui eût paru dans le monde. C'est précisément à la science, à l'érudition armée de la dialectique, à l'éloquence soutenue par la conscience du droit, qu'elle confiera le soin de sa défense. Ses premiers apologistes seront, pour la plupart, des philosophes convertis qui mettront à son service les ressources du talent, plusieurs même du génie. Mais avant d'aborder leurs écrits, il nous reste à voir quel accueil le christianisme avait rencontré parmi les hommes d'État et dans le peuple païen. De quelles maximes de droit et de gouvernement les hommes d'État se prévalaient-ils pour proscrire la religion nouvelle et quel appui trouvaient-ils dans les sentiments de la multitude : c'est ce que nous examinerons dans la prochaine leçon.

DEUXIÈME LEÇON

Attitude des hommes d'État païens en face du christianisme.—L'Évangile peut s'adapter aux diverses formes politiques et sociales. — Notion païenne de la religion d'État. — Absorption de la religion par l'État dans le système antique. — L'oppression des consciences, résultat de cet état de choses. — Théorie romaine de l'intolérance civile en matière de culte. — Les circonstances amènent les hommes d'État romains à se relâcher dans la pratique. — Contradictions entre le droit et le fait. — La raison d'État ou l'intérêt politique décide seul s'il faut tolérer ou proscrire un culte. — Raisons générales ou particulières qui déterminent les hommes d'État romains à persécuter le christianisme.—La persécution érigée en système légal par Trajan. — Conditions faites à l'apologétique chrétienne par cette deuxième opposition.

Messieurs,

Pour déterminer le terrain sur lequel devait se placer l'apologétique chrétienne dans les deux premiers siècles, nous avons commencé par étudier le caractère ou la forme de l'opposition que l'Évangile avait rencontrée dans le monde. A cet effet, nous nous sommes tournés vers une première classe d'hommes, celle des littérateurs, des historiens et des philosophes, que leur intelligence élevait au-dessus de leurs contemporains. Méconnus par tous, le christianisme s'était vu en butte à la raillerie des uns et au mépris des autres. Tacite, Suétone, Pline, Celse et Lucien, Épictète et Marc-Aurèle se rencontrent dans un même sentiment de haine ou de dédain pour la religion nouvelle qu'ils traitent de superstition. Voyons à présent si les hommes d'État se sont montrés plus équitables sur ce point que les lettrés du paganisme, et d'après quels principes de droit ou de gouvernement ils se dirigeaient pour proscrire le culte des chrétiens sur toute l'étendue du monde romain.

Si, contrairement à toutes les religions anciennes, le christianisme offrait dans sa constitution un trait distinctif qui aurait dû, ce me semble, lui faire trouver grâce aux yeux des hommes d'État de l'ancien monde, c'est qu'il pouvait s'adapter à toutes les formes politiques ou sociales, sans être enchaîné à aucune d'elles. Jusqu'alors, à l'origine de tout établissement religieux était venue se poser une fondation politique qui, à son tour, recevait de lui l'appui qu'elle lui prêtait. Toute divine qu'elle était, l'institution mosaïque elle-même avait été soumise à cette loi générale : les tribus errantes d'Israël étaient devenues un peuple à l'instant même où elles avaient reçu le code religieux qui devait les régir et les gouverner. Toujours et partout ces deux faits s'étaient produits simultanément, ou du moins comme la conséquence l'un de l'autre : ceux qui s'étaient adjugé la mission de réformer la vie religieuse des peuples s'étaient attribué la mission de régler leur vie politique et civile. Rien de pareil ne s'était observé à la naissance du christianisme, qui par là trahissait à première vue son caractère d'universalité. Son fondateur s'était renfermé dans l'enseignement dogmatique et moral, et il avait repoussé comme étrangère à sa mission toute tentative faite par ceux de sa nation pour l'entraîner dans le rôle d'un réformateur politique. « Mon royaume n'est pas de ce monde. — Rendez à César ce qui est à César » : tel est le programme qu'il avait constamment suivi et tracé à ceux qui devaient continuer son œuvre. Aussi, fidèles à la pensée du Maître, les apôtres avaient parcouru le monde prêchant en tous lieux le respect des puissances établies : et rien n'annonçait de la part des premiers chrétiens le dessein de vouloir s'écarter de cette ligne de conduite pour provoquer un changement quelconque dans les conditions extérieures de l'empire. Il semblerait donc que la religion chrétienne, loin d'exciter la défiance des pouvoirs régnants, dût se recommander à eux par le précepte de la soumission qu'elle portait en tête de ses lois.

Je ne sais, Messieurs, si le fait que je viens d'indiquer a obtenu de votre part toute l'attention qu'il mérite. Cette merveilleuse flexibilité avec laquelle l'Évangile se prête à toutes les constitutions politiques est un caractère tellement original et si exclusivement propre au christianisme, qu'il suffirait en quelque sorte pour en prouver la divinité. Prenez en effet, l'une après l'autre, toutes les religions qui l'ont précédé ou suivi : elles supposent chacune un établissement politique ou social, au sort duquel elles sont enchaînées. Supprimez par la pensée le Céleste-Empire avec son mécanisme artificiel, l'Inde avec le régime des castes et toutes les conséquences qui en découlent : à l'instant même les lois de Confucius ou de Manou perdent leur application. Que l'empire des Arabes vienne à disparaître : le Coran n'a plus de sens, parce qu'il a été rédigé en vue d'un peuple, d'une forme de gouvernement particulière, déterminée, dont la ruine entraîne la sienne. Il n'en est pas ainsi de l'Évangile, où l'on ne trouve pas une ligne qui puisse faire supposer que son auteur ait voulu l'appliquer à telle nation plutôt qu'à telle autre. Vous aurez beau imaginer toutes les nuances d'organisation sociale, depuis l'extrême démocratie jusqu'au pouvoir absolu : le christianisme peut s'harmoniser à toutes, sans se fondre dans aucune. C'est, du reste, ce qu'a montré son histoire depuis dix-huit siècles. Il a vécu persécuté sous Néron, comme triomphant sous Constantin. Il a fleuri sur le sol mouvant des républiques italiennes du moyen âge aussi bien qu'à l'ombre du trône de Philippe II ou de Louis XIV. Il s'accommode du régime des États-Unis non moins que de celui de Naples ou de l'Autriche. Je n'ignore pas que de nos jours, où l'esprit de système joue un si grand rôle, on a voulu parfois l'inféoder à un parti, l'identifier avec une théorie politique. Les uns disent : le christianisme, c'est la démocratie ; d'autres, le christianisme, c'est la monarchie. Il n'est ni l'une ni l'autre et convient à toutes deux. Qu'à une époque donnée et au sein de tel peuple en particulier, il ait plus de garantie pour son indépendance et plus de facilité pour son développement sous une forme de gouvernement que sous une autre, c'est ce qu'on ne saurait nier ; mais en principe, et d'après la nature même de sa constitution ou de son enseignement, il les admet toutes sans en exclure aucune. Pourquoi cela ? D'où lui vient ce privilège unique ? C'est qu'il s'adresse directement à la raison et à la conscience humaine, qu'il prend l'homme avant le citoyen ; c'est qu'un dans son principe, il est universel dans son expansion ; c'est qu'à la différence de toutes les institutions humaines, il n'est pas la religion d'un peuple ou d'une race, mais la religion de toutes les races et de tous les peuples, la religion de l'humanité.

Aussi, Messieurs, loin d'accorder à quelques écrivains que le triomphe du christianisme eût été la ruine de l'empire romain, je dis que le christianisme seul pouvait sauver l'empire, si tant est que ce dernier pût être sauvé. Qu'est-ce qui manquait, en effet, à ce corps social, admirablement organisé dans sa forme extérieure, quoi qu'on ait pu en dire, et réunissant par la concentration de ses forces sous un pouvoir unique plus de conditions matérielles de durée qu'au temps de la république ? Ce qui lui manquait, c'était la vie religieuse et morale, le sentiment du devoir, les croyances fortes et saines, l'esprit de justice et de charité. Eh bien ! supposons qu'au lieu de faire au christianisme une guerre à mort, l'empire romain se fût laissé pénétrer par sa haute influence : une rénovation morale eût été la conséquence de ce grand fait. Libre d'exercer sa plénitude d'action, la religion nouvelle eût restauré l'édifice social de haut en bas et dans tous les sens. Avec les moyens de régénération qu'elle possédait, elle aurait relevé les esprits, redressé les caractères, retrempé et fortifié les âmes. Aucune classe de la société n'aurait échappé à cette puissance de transformation. L'Évangile aurait tiré le peuple de la dégradation où il était plongé, arraché l'aristocratie à la corruption qui la dévorait et placé sur le trône, en place du crime et de la folie, la justice, la dignité ; et alors peut-être, avec ses ressources militaires, sa vaste administration, sa vigoureuse unité et sa civilisation avancée, l'empire romain, raffermi par le christianisme, aurait pu résister au choc des barbares comme l'Europe chrétienne a soutenu plus tard celui des hordes musulmanes non moins redoutables pour elle que n'avaient été les Huns et les Vandales. Eh ! Messieurs, pour juger les forces que possède la religion chrétienne lorsqu'il s'agit de préserver les nations de la décadence, nous n'avons qu'à jeter un coup d'œil sur l'histoire de notre temps. Dieu me garde de vouloir assimiler nos sociétés modernes à l'empire romain. Mais enfin, voilà bien des siècles que les races latines et germaines usent leur énergie dans une activité sans pareille : elles peuvent à bon droit s'intituler la vieille Europe. Or, qui pourrait nier que, dans cette vieille Europe, il n'apparaisse çà et là des symptômes de décadence et même des signes de décrépitude? J'ignore si le matérialisme qui emporta l'empire romain était plus énervant et plus corrupteur que celui qui nous envahit de toutes parts. Notre siècle s'est ouvert au milieu d'une tourmente sociale à laquelle aucune nation païenne n'aurait pu survivre. Comment donc se fait-il que les nations modernes résistent et à l'action du temps qui semble précipiter leur ruine, et aux principes de mort qui s'insinuent en elles, et aux vicissitudes des révolutions qui les bouleversent de fond en comble ; qu'au lieu de s'épuiser, leur sève vitale se renouvelle sans cesse ; qu'au milieu des crises les plus violentes elles déploient tout à coup des ressources inattendues, et qu'il suffise d'une main vigoureuse pour replacer sur ses bases l'édifice ébranlé ? C'est, Messieurs, qu'elles peuvent se retremper à cette source de vie religieuse et de morale que le christianisme entretient au milieu d'elles, c'est qu'elles vivent de ce fonds inépuisable de croyances, de justice, d'honneur, de dignité, de charité dont l'Évangile a fait leur patrimoine commun ;

c'est qu'on a beau les miner, saper leurs fondements, si avant qu'on pénètre dans ce travail destructeur, on vient toucher à ce roc de l'Évangile, ou, si vous me permettez ce mot, à ce tuf primitif qui soutient tout et qui résiste à tout. Voilà pourquoi elles peuvent attendre sans crainte ce dont on les a souvent menacées, une nouvelle invasion de barbares du Nord, du Midi ou de je ne sais où, car aussi longtemps qu'elles conserveront les croyances et les vertus chrétiennes, elles posséderont ce qui manquait à l'empire romain, un principe immortel de force et de vie.

Ai-je besoin d'ajouter que les hommes d'État de l'ancienne Rome ne comprenaient pas cette vérité ? Des préjugés invétérés les empêchaient de reconnaître ce que la religion nouvelle avait de vertu régénératrice ; et sans vouloir les décharger de toute culpabilité, on peut invoquer en faveur de leur ignorance le bénéfice des circonstances atténuantes. Ce qui les égarait sur ce point, jusqu'à les porter au mépris de tous les droits, à la persécution ouverte, c'était la notion païenne de la religion d'État. Je dis la notion païenne, pour aller au devant d'une objection que vous pourriez me faire et qui se présente d'elle-même. Le christianisme, lui aussi, peut devenir religion d'État ; mais vous allez saisir en peu de mots la différence qui existe entre les deux situations. Dans la théorie chrétienne, l'Église ne s'identifie point avec l'État, elle conserve à côté de lui sa sphère d'action propre et distincte. Toute la fonction de l'État se réduit à lui prêter un appui en lui demandant son concours. Mais ce n'est pas au nom de l'État que l'Église prêche, enseigne, gouverne. L'État n'acquiert pas le droit de s'immiscer dans les affaires de l'Église, de s'ingérer dans sa discipline intérieure, dans la prédication de la parole, dans l'administration des sacrements. Ce sont deux puissances qui vivent côte à côte en bonne intelligence, ou, pour mieux dire, qui se pénètrent mutuellement par une influence, par un jeu réciproque, sans perdre leur caractère distinctif, ni leur autonomie. En un mot, il y a union entre les deux, il n'y a pas absorption de l'une par l'autre. Il a fallu le protestantisme pour faire revivre parmi nous la théorie païenne de la religion d'État, pour nous montrer des rois ou des parlements définissant des points de doctrine, décrétant des articles de foi, réglant les cérémonies du culte, gouvernant avec une autorité souveraine la vie religieuse. Ce qui se pratique à cet égard en Angleterre et en Prusse depuis la Réforme n'est qu'une application du principe païen qui subordonnait la religion à l'État; or, vous allez voir que ce principe radicalement faux a été l'origine et le point de départ des persécutions dirigées par les hommes d'État du paganisme contre la religion chrétienne.

Si, en effet, vous observez de près la constitution des sociétés païennes, vous y remarquerez un fait invariable et constant, c'est que la religion, comme tout le reste, y est absorbée par l'État. Il faut se résigner à ne rien comprendre à l'histoire de l'antiquité ou partir de ce principe émis par Aristote dans sa *Politique :* « Chaque citoyen doit se persuader que nul n'est à soi, mais que tous sont à l'État [1]. » Devant cette maxime fondamentale, tout disparaît et se fond dans l'omnipotence de l'État : liberté individuelle, possession de soi, droits de la conscience, sentiments de famille, tout ce qui fait l'homme, va s'engloutir dans le système de l'État propriétaire unique et suprême régulateur de toutes choses. Montesquieu et Rousseau ont le mieux saisi et exprimé ce point capital dans l'organisation des sociétés anciennes. « A Sparte, dit l'un, on n'était ni enfant, ni mari, ni père. Un citoyen de Rome, dit l'autre, n'était ni Caïus, ni Lucius, c'était un Romain [2]. » La conséquence de ce principe pour la religion est évidente. Elle formait une institution de l'État, un établissement politique, une partie intégrante de la législation civile. C'est l'État qui en déterminait la forme, en pres-

---

[1] *Polit.*, l. VIII, c. 1.
[2] *Esprit des Lois*, l. VI, c. 6 ; *Emile*, l. I, p. 16.

crivait les pratiques, au même titre qu'il réglait l'ordre des successions ou le service militaire. Sacrifices, prières, pontificat, rites sacrés, tout relevait de la puissance publique. C'est en vertu des lois que les dieux obtenaient droit de cité et devenaient ainsi des dieux nationaux à l'exclusion de tout autre. S'agissait-il d'en admettre un nouveau, c'était à l'État de discuter ses titres à la vénération publique, comme on le voit par de fréquentes délibérations du sénat romain. Bref, la religion était moins une affaire de conscience qu'un devoir civique, une obligation envers la patrie, à laquelle nul ne songeait à se soustraire, pas même ceux qui étaient convaincus de la fausseté des cultes idolâtriques. C'est ce qui nous explique comment Cicéron, par exemple, tout en s'exprimant sur le culte des dieux avec une liberté extrême, en recommande néanmoins la pratique avec tant d'insistance, parce qu'il y voit une loi fondamentale de l'État, et sa manière de voir sur ce point était partagée par tous les hommes d'État de l'antiquité.

Cela posé, vous concevez que la tolérance religieuse ne pouvait trouver place dans le système antique. Du moment que la religion y était absorbée par l'État, toute attaque contre le culte officiel devenait un crime de lèse-patrie, de lèse-majesté, et semblait punissable comme tel. De là cette maxime qu'il ne fallait tolérer dans l'État que les dieux nationaux. C'est d'après cette maxime qu'Antiochus Épiphane voulut contraindre les Juifs vivant sous ses lois à quitter leur religion pour embrasser la sienne. L'histoire de la Grèce nous offre plus d'un exemple de la violence avec laquelle les divers États repoussaient tout ce qui portait atteinte au polythéisme national. Anaxagore obligé de se réfugier à Clazomène pour avoir nié la divinité des puissances de la nature ; Diagoras et Prodicus condamnés à mort pour le même motif ; Protagoras d'Abdère mis en accusation à cause de son livre sur les dieux ; Socrate condamné à boire la ciguë, comme ayant voulu introduire de nouvelles divinités ; Platon cachant son enseignement sous le voile du mystère et recommandant à Denys de Syracuse de brûler sa lettre après l'avoir lue et relue ; Stilpon banni par l'Aréopage pour avoir osé dire que la Minerve de Phidias n'était pas une divinité : tous ces faits divers prouvent que le polythéisme national, chez les Grecs, était loin de tolérer ce qui lui semblait une attaque directe ou indirecte. A Rome, où l'esprit philosophique était moins hardi qu'à Athènes, et l'attachement au culte de la patrie plus profond, de pareilles mesures devenaient plus rares. Et cependant, nous voyons avec quel soin jaloux les hommes d'État de la république cherchaient à en exclure tout ce qui pouvait porter préjudice à la religion nationale. Ce n'est qu'à la longue, et après plusieurs arrêts de bannissement, que les philosophes grecs purent s'établir à Rome et y professer leurs systèmes, dont Caton entrevoyait fort bien les conséquences funestes pour la religion et pour les mœurs publiques. Quant à tolérer un culte différent de celui de l'État, l'ancien droit romain s'y refusait absolument. Cicéron résume tout l'esprit de la législation antique dans ce passage de son *Traité des Lois :* « Nul ne doit avoir ses dieux particuliers, ni vénérer des dieux nouveaux ou étrangers et non reconnus par les lois de l'État[1]. » Dans un discours qu'il adresse à Auguste et que Dion Cassius nous a conservé, Mécène exprime clairement la pensée politique qui motivait cette exclusion : « Honorez les dieux, dit-il à l'empereur, conformément aux lois de l'État, et contraignez les autres à en faire de même. Poursuivez de votre haine et de vos châtiments quiconque s'efforce d'introduire quelque nouveauté en cette matière. Vous devez agir de la sorte, non-seulement à cause des dieux dont le mépris conduit à ne rien respecter, mais parce que l'introduction de nouvelles divinités entraîne le changement des lois. De là des conspirations, des réunions secrètes, qu'on ne saurait tolérer dans une monarchie. Ne permettez à personne, ni de

---

[1] *Nisi publice adscitos. De Legib.*, l. II, c. 8.

renier les dieux, ni d'exercer la magie[1]. » Vous voyez par ces paroles la pensée politique qui dirigeait les hommes d'État romains dans leurs plans d'intolérance : c'est dans un but de police, de sûreté intérieure, plutôt que par des motifs de religion, qu'ils proscrivaient les dieux étrangers. Le bon ordre et le salut de l'empire leur paraissaient exiger le maintien exclusif du culte national. S'il vous restait un doute, Messieurs, sur la rigueur des maximes de la jurisprudence romaine touchant la législation religieuse, je citerais le jurisconsulte Julius Paulus qui formule de la sorte ce qu'il appelle un des principes du droit romain : « Ceux qui introduisent des religions nouvelles ou inconnues, de nature à jeter le trouble dans l'esprit des hommes, doivent être déportés s'ils sont de condition supérieure, et punis de mort, s'ils appartiennent aux basses classes de la société[2]. » Si donc il est un fait avéré, c'est que l'intolérance civile, en matière de religion, était inscrite dans le droit romain comme dans celui de tous les peuples de l'antiquité.

Mais, Messieurs, si telle était la théorie romaine de l'intolérance religieuse, il était impossible qu'à la longue on n'en vînt pas à se relâcher dans la pratique. Plusieurs causes durent y contribuer. D'abord, le peuple romain, naturellement religieux, mettait un soin extrême à se concilier la faveur des divinités de toutes les autres nations ; c'est même à ce respect universel qu'il attribuait le succès de ses armes[3]. Macrobe nous a conservé la singulière formule dont se servaient les Romains devant les murs d'une ville assiégée, pour prier le dieu de l'ennemi de passer dans leur camp[4]. Ce que l'instinct religieux avait commencé, la politique l'achevait en laissant au peuple vaincu le libre exercice de son culte : par ce procédé généreux, on s'assurait de sa soumission. A mesure que Rome entrait ainsi en contact

---

[1] Dion Cassius : *Hist. rom.*, 52, 36.
[2] Liv. V, tit. XXI.
[3] Aristide : *Éloge de Rome* ; Minutius Felix : *Octav.*
[4] *Saturn.* : III, 9.

avec toutes les nations du monde, qu'elle devenait leur centre ou leur rendez-vous commun, elle se familiarisait avec leurs divinités qui ne tardèrent pas à s'introduire dans son sein avec la foule des étrangers. Ce fut d'abord le tour de la mythologie grecque qui fit invasion vers le milieu du troisième siècle, après la deuxième guerre punique. Son triomphe était facile. L'ancienne religion des Romains était trop grossière, trop dénuée d'éléments poétiques, et, par suite, peu faite pour satisfaire l'imagination d'un peuple dont le goût artistique se réveillait. Au contraire le système mythologique des Grecs offrait un attrait dont les Romains cultivés ne pouvaient guère se défendre. Aussi bien y avait-il une grande affinité entre les divinités des deux peuples, de telle sorte que, pour opérer la fusion, il suffisait de changer les noms, de mêler les attributs et de remplacer les dieux de bois ou d'argile par des statues d'ivoire et d'or [1]. Ici, l'intolérance romaine céda sans beaucoup de résistance à l'entraînement général, et Cicéron pouvait dire avec raison que « ce n'était pas un ruisseau, mais un torrent de disciplines grecques qui avait envahi la cité [2]. » Il n'en fut pas de même des divinités orientales : les derniers temps de la République, comme les premières années de l'Empire, sont marqués par la lutte incessante des hommes d'État romains contre le penchant du peuple pour les cultes exotiques. Il est facile de s'expliquer la fureur avec laquelle la foule se précipitait vers toute espèce de superstitions étrangères. Le polythéisme national, ne pouvant la satisfaire, laissait en elle un vide qu'elle avait besoin de combler : de là, cette soif insatiable de divinités de toute sorte et de tout pays, cette manie de remplacer les anciennes par de nouvelles dont le crédit était moins usé et qu'on supposait devoir être plus puissantes. Mais le sénat, gardien de la religion nationale,

---

[1] Tite-Live : XXXIV, 4 ; XLV, 39.
[2] *De Republ.*, II, 19.

sentait fort bien que c'en était fait d'elle si on ne mettait un frein à cette passion de la nouveauté. Aussi multipliait-il les prohibitions, le plus souvent sans résultat durable. En 428 avant Jésus-Christ, il enjoint aux édiles d'extirper les rites étrangers et de ne point tolérer qu'on vénère d'autres dieux que ceux de Rome. En 225, après la bataille de Cannes, le préteur rend un édit semblable, et fait brûler tous les livres de divination [1]. Un peu plus tard, le sénat fait abattre les statues de Sérapis, d'Isis, d'Harpocrate et d'Anubis, mais le peuple les relève de force. En 221, il ordonne de démolir les temples d'Isis et de Sérapis ; mais aucun ouvrier ne veut mettre la main à l'œuvre, et le consul Émilius Paulus se voit obligé de s'armer lui-même de la hache [2]. En 186, il interdit aux Romains la célébration des bacchanales, importation grecque de la pire espèce [3]. En 141, il expulse les astrologues chaldéens [4]. En 48, il ordonne de nouveau de démolir les temples d'Isis et de Sérapis [5]. Mais ce système protecteur, loin de profiter à la religion nationale, ne fit que fortifier l'attachement aux cultes étrangers. Peu à peu, tout le monde s'y laissa prendre ; les magistrats eux-mêmes finirent par reconnaître ce qu'ils avaient proscrit auparavant. En 43, on vit les triumvirs, Octave, Lépide et Antoine, s'engager à bâtir un temple à Isis [6]. Parvenu à l'empire, Auguste changea de sentiments : il essaya sérieusement de relever le culte officiel tombé en discrédit par suite de l'invasion des divinités étrangères. Mais ses règlements, pas plus que les rigueurs de Tibère ou les récriminations de Claude, ne purent arrêter le torrent. L'habitude, plus forte que les lois, obligea de tolérer ce qu'on ne parvenait plus à empêcher : Rome devint, selon la forte expression de Tacite,

---

[1] Tite-Live : xxv, 1.
[2] Valer. Max. : I, 3, 3.
[3] Tite-Live : xxxi, 8, 19 ; Valer. Max. : vi, 3, 7.
[4] *Ibid.*, I, 2.
[5] *Ibid.*, vii, 3, 8.
[6] Dion Cass. : I, 7, 15.

un égout dans lequel affluaient les crimes et les turpitudes du monde entier [1].

Ainsi, Messieurs, d'une part, l'intolérance religieuse restait inscrite dans les lois; de l'autre, elle tendait à s'effacer des mœurs : c'est ce qui explique les jugements contradictoires qu'on a portés sur ce point. En droit, et à s'en tenir aux maximes de la jurisprudence romaine, la liberté des cultes étrangers était fort restreinte pour ne pas dire nulle ; par le fait elle était devenue très grande à partir du règne de Néron. On voit quelle latitude un pareil état de choses laissait à l'arbitraire de l'État, qui pouvait à son gré et selon les circonstances tolérer ou proscrire les cultes différant du culte national. Ici nous rencontrons deux systèmes dans la politique romaine. Lorsqu'une religion se laissait comprendre dans le Panthéon des adorations romaines, que son dieu se rangeait docilement sous la souveraineté de Jupiter Capitolin, Rome impériale leur accordait sans peine droit de bourgeoisie. Mais quand une religion se montrait rebelle à ce mélange ou à cette fusion, qu'elle défendait à ses adeptes toute participation au culte de l'État, ou bien qu'elle portait ombrage à la politique romaine, alors la tolérance des hommes d'État se changeait en haine et devenait la persécution. Le druidisme en est une preuve. Comme ce système religieux était le pivot de la nationalité gauloise, et que les druides formaient une corporation redoutable par leur influence sur le peuple, le génie politique de Rome comprit que pour détruire dans les Gaulois le sentiment national, il fallait extirper leur religion. Voilà pourquoi, fort indulgents pour d'autres superstitions non moins grossières, les empereurs romains se montrèrent implacables envers le druidisme : ce n'était pas uniquement dans le but d'abolir les sacrifices humains usités par les Gaulois, car ils les prohibèrent ailleurs également, en Afrique par exemple, sans toucher aux religions de cette contrée : non, une idée poli-

---

[1] Tac. : *Ann.*, XV, 44.

tique les dirigeait surtout dans la persécution du culte druidique. De là l'édit sanglant par lequel Claude en interdit la pratique sous peine de mort ; Suétone rapporte qu'un cavalier gaulois, qui portait sur lui un œuf de serpent en guise d'amulette, subit la peine capitale uniquement pour ce fait [1]. Dans ce cas, l'intolérance semblait commandée par la raison d'État.

Lors donc, Messieurs, qu'il s'agissait de tolérer ou de proscrire un culte étranger, Rome impériale avait deux poids et deux mesures : c'était l'intérêt politique ou la raison d'État qui le plus souvent faisait pencher la balance d'un côté ou de l'autre, vers la tolérance ou vers la persécution. Quant à des principes abstraits, tels que les droits de la conscience ou de la vérité, d'après lesquels se seraient dirigés les hommes d'État romains, il ne saurait en être question : de pareilles idées étaient complétement étrangères à l'antiquité païenne, où le citoyen étouffait l'homme et où l'État absorbait la religion : le christianisme seul les a répandues dans le monde. Qu'est-ce que la vérité ? disait Pilate étourdi par un mot dont il ne comprenait pas le sens : il est probable que tout magistrat romain en eût dit autant à sa place, parce que la vérité était à ses yeux ce que l'intérêt dictait et ce que César voulait. D'après ce que nous venons de voir, il nous est facile à présent de deviner quelle allait être l'attitude des hommes d'État en face du judaïsme et du christianisme. D'abord, il peut paraître assez singulier que ces deux religions, dont le principe monothéiste heurtait également le polythéisme grec et romain, aient trouvé néanmoins un accueil si différent, que l'une ait été tolérée comme *licite* dans l'empire, tandis que l'autre se vit persécutée dès l'origine. Voici quelle me paraît être la raison de ce fait. Les Juifs formaient un corps de nation. Or, pour se concilier la sympathie des peuples conquis et les dominer plus facilement, les Romains avaient coutume de leur laisser le libre

---

[1] Suét. : *in Claud.*, 25 et ss.

exercice de leur culte, au moins dans une certaine mesure :
c'est ce qu'ils firent à l'égard des Juifs, comme Josèphe nous
l'apprend dans son livre des antiquités judaïques [1]. Il s'en
fallait bien d'ailleurs qu'ils se formassent de la religion juive
une notion parfaitement exacte. Dans leur manière de voir
polythéiste, le Dieu des Juifs était un dieu national assez
semblable aux divinités des autres peuples. Même les plus
éclairés d'entre les païens, tels que Plutarque et Strabon,
témoignent une ignorance très grande de la théodicée juive :
celui-ci la réduit au simple culte de la nature ; celui-là refuse
au Dieu des Juifs l'attribut de la bonté [2]. Ce qui les frappait
le plus, c'étaient certaines pratiques particulières à ce
peuple, telles que la circoncision, l'observation du sabbat,
l'abstinence de quelques aliments ; cette impression était
même assez forte pour que plus d'un Romain se sentît porté
à les suivre en partie. L'historien Josèphe, Horace, Juvénal,
Ovide, Sénèque et Perse ne nous laissent aucun doute à cet
égard [3]. Donc, aussi longtemps que les Juifs se contentaient
d'observer leur loi et se bornaient à faire quelques rares
prosélytes, la politique romaine ne les inquiétait pas ; on se
vengeait de leur isolement par un mépris mêlé de haine,
dont Tacite s'est fait l'écho au cinquième livre de son histoire. Mais sitôt que leur nombre allait en augmentant, ou
qu'un prosélytisme trop ardent les signalait aux défiances du
pouvoir, on sévissait contre eux. C'est ainsi que sous Tibère
un sénatus-consulte en bannit de Rome plusieurs milliers et
qu'un nouveau décret les expulse sous Claude [4]. Plus tard,
en 202, Septime-Sévère rend un édit par lequel il défend
sous des peines rigoureuses d'embrasser le judaïsme [5]. Ce

---

[1] L. XVI, c. II, § 4.
[2] Plut. : *de Stoicorum repugnantiis*, c. XXXVIII; Strab. : *Gog.*, l. XVI, c. 2.
[3] Josèphe : *Antiq.*, XVIII, 5 ; *cont. Apion* ; Horat. : I, *Sat.* x, 67, IV Juvénal : XIV, 96 ; Ovide : *de Arte amandi*, I, 75 ; Sénèq. : *Ép.* 95 : Perse, V, 189.
Tacite : *Ann.*, l. II, c. 85 ; Suéton. : *in Claud.*
Ælii Spartiani Severus : c. XVII.

n'étaient là, toutefois, que des dérogations accidentelles à une législation qui laissait beaucoup à l'arbitraire : règle générale, le judaïsme ne cessa d'être une religion *licite*, selon le terme légal qu'emploie Tertullien pour le désigner.

Il n'en était pas de même du christianisme. Son caractère d'universalité, son intolérance dogmatique et sa rapide propagation le signalèrent dès le principe à l'attention jalouse des hommes d'État de l'ancienne Rome. Ce n'était pas une religion nationale se bornant à un peuple et qui, par suite, pouvait être tolérée comme telle à l'instar de beaucoup d'autres ; il se recrutait parmi les païens non moins que parmi les Juifs et aspirait à devenir la religion de tous les peuples. Il y a plus : bien loin d'être une religion nationale, il se détachait d'un culte dont la loi romaine avait autorisé le libre exercice. De là ce reproche ordinaire formulé par Celse : « Au moins, dit-il, les Juifs forment un corps de nation ; leur religion, quelle qu'elle puisse être, est celle de leurs ancêtres, en quoi ils ressemblent au reste des hommes ; c'est avec raison, en effet, que chaque peuple observe ses lois traditionnelles ; en dévier, c'est un crime [1]. » La théorie païenne de la religion d'État avait tellement faussé les esprits qu'on ne concevait même pas la possibilité d'un culte dont l'existence ne fût pas liée à celle d'un peuple ou d'une race particulière. C'est encore Celse qui va nous révéler cette étroitesse de vues dans la philosophie et dans la politique païennes : « Il faut être insensé, dit-il, pour s'imaginer que jamais les Hellènes et les Barbares répandus en Asie, en Europe et dans la Syrie, se réuniront sous une même loi religieuse [2]. » Voilà donc une première cause qui suffisait pour qu'aux yeux des hommes d'État romains le christianisme ne dût pas être rangé parmi les religions *licites*. Mais le caractère exclusif de la nouvelle religion

---

[1] Orig. : *cont. Cels.*, l. V, c. 25.
[2] *Ibid.*, VIII, 72.

devait stimuler davantage leur intolérance. Non-seulement elle introduisait un culte inconnu auparavant, elle interdisait même toute participation au culte officiel qu'elle attaquait de front avec l'idolâtrie, comme indigne de Dieu et des hommes. Une pareille audace, inouïe jusqu'alors, dut paraître monstrueuse à des esprits plongés dans le paganisme ; et comme, dans leur théorie politique, la destinée de l'empire était attachée à celle du culte héréditaire, ils réagirent avec fureur contre une tentative qui leur semblait menacer l'un dans l'autre. Leur opposition au christianisme croissait en raison de leur zèle pour la grandeur romaine. C'est ce qui nous explique pourquoi les meilleurs empereurs, comme Trajan et Marc-Aurèle, furent d'ardents persécuteurs de la religion chrétienne, tandis que de misérables despotes, tels que Commode et Héliogabale, n'exercèrent contre elle aucune violence : c'est que les uns se préoccupaient fort peu des intérêts de l'État ou de la religion, tandis que les autres y donnaient tous leurs soins. Pour tout Romain attaché au culte de la patrie, les chrétiens étaient coupables de rébellion envers l'État ; leurs réunions formaient autant de sociétés secrètes qui compromettaient la sécurité de l'empire ; leur refus d'adorer les empereurs ou de jurer par leur fortune devenait un crime de lèse-majesté impériale. Or, ce dernier chef d'accusation suffisait pour entraîner la peine de mort, comme il avait suffi pour Traséas qui ne voulait pas admettre la divinité de l'infâme Poppée [1]. Telles étaient les maximes d'après lesquelles les hommes d'État romains et les magistrats se dirigeaient dans leur procédure contre les chrétiens. Encore une fois, il ne s'agissait pas de savoir si ces derniers avaient la vérité pour eux, ou non ; là n'était pas la question : on ne discutait pas avec eux : *il ne vous est pas permis d'être,* comme dit Tertullien [2], telle est la fin de non-recevoir qu'on leur opposait au nom de la raison d'État. Enfin, ce qui

---

[1] Tacite : *Ann.*, XVI, 22.
[2] *Non licet esse vos.* — *Apolog.*, IV.

mettait le comble à l'exaspération, c'était la rapide propagation de la religion nouvelle. Évidemment, tout l'empire allait y passer, si l'on n'y mettait ordre. Cette préoccupation est manifeste dans la fameuse lettre de Pline le Jeune à Trajan. Ce qui inquiète le gouverneur de la Bithynie, c'est le grand nombre de chrétiens de tout âge et de toute condition qui remplit les villes et les campagnes. Dans son zèle pour la religion d'État, il la voit déjà près de périr, faute de sectateurs. C'est dans ce sens qu'il écrit à l'empereur pour provoquer une décision qui va devenir la base légale de toutes les persécutions. « Il ne faut pas rechercher les chrétiens, répond Trajan, mais une fois traduits en justice, il faut les condamner. » Tel est l'oracle rendu par la politique romaine. A partir de ce moment, le christianisme est déclaré formellement *religion illicite* : la raison d'État sert de prétexte à l'injustice, et la légalité couvre la violence [1].

Mon dessein n'est pas en ce moment d'entrer dans les détails pour suivre la persécution à travers ses diverses phases. A mesure que nous étudierons les monuments de l'apologétique chrétienne, nous aurons occasion de signaler l'attitude de chaque empereur en face de l'Église. Du reste, cette ère de violences n'est marquée que par un redoublement d'hostilité suspendu par quelques trêves passagères. Tantôt on dépasse en rigueur l'édit de Trajan, tantôt on reste en deçà : attaquée avec fureur par la plupart, la religion chrétienne est épargnée par quelques-uns ; mais malgré ces temps d'arrêt peu nombreux et assez courts, on ne trouve dans l'espace de deux siècles, depuis l'édit de Trajan jusqu'à ceux de Galère et de Constantin, qu'un acte par lequel le christianisme mis hors la loi y rentre, du moins indirectement : c'est le décret de Gallien qui, en 259, accorde aux chrétiens le libre exercice de leur culte et rend à leurs églises les biens confisqués par Aurélien son père. Aux

---

[1] *Homines deploratæ, illicitæ et desperatæ factionis.* (Min. Félix : c. VIII.)

termes de la loi romaine qui n'attribuait le droit de propriété qu'aux corporations légalement reconnues, l'acte de Gallien équivalait à déclarer implicitement le christianisme *religion licite*. Mais ce qui prouve combien le principe de la tolérance avait de peine à pénétrer dans le droit, c'est que la plus terrible persécution, celle de Dioclétien, suivit de près l'édit de Gallien ; et lorsque Galère, avouant son impuissance, mettra fin à cette dernière épreuve par le décret de 311, il exprimera la raison d'État qui, jusqu'alors, avait porté les empereurs et les magistrats romains à fouler aux pieds les droits de la conscience et de la vérité : « Nous avions voulu corriger toutes choses selon les anciennes lois et la constitution de l'empire romain. »

Maintenant, Messieurs, nous pouvons déjà déterminer en partie le terrain sur lequel devra se placer l'apologétique chrétienne, en résumant les principes engagés dans la lutte. D'une part, c'est la notion païenne de la religion d'État ; de l'autre, c'est la notion chrétienne de la religion universelle. Ici, c'est la raison d'État qui s'élève au-dessus de la vérité ; là, c'est le droit de la conscience qui s'affirme au nom de la justice. Légalité et légitimité, jurisprudence et morale, intolérance civile et devoir religieux, intérêt politique et intérêt spirituel, tels sont les principes qui vont se heurter dans cette controverse où le droit, se fortifiant par le sacrifice, va lutter avec l'arbitraire armé de la violence. Il s'agira pour les apologistes de la religion chrétienne de démontrer aux hommes d'État romains que leur procédure est inique, qu'elle viole les lois de l'équité, que le christianisme n'interdit aucun devoir civique, qu'il ne porte pas préjudice aux véritables intérêts de l'empire, qu'il prépare le citoyen en formant l'homme religieux et moral, enfin, que le droit de la vérité étant absolu ne saurait fléchir devant aucune considération politique ou personnelle. Cette déclaration des droits de la conscience et de la vérité étonnera le monde païen ; pour la soutenir, l'Église versera pendant trois siècles son sang le plus pur et le plus généreux, jusqu'à ce qu'elle triomphe à prix d'efforts et de sacrifices. Mais avant de suivre l'apologétique chrétienne dans cette grande et noble tâche, il nous reste à examiner la troisième face de l'opposition que le christianisme rencontra dans le monde, en retraçant l'attitude du peuple païen en présence de la religion nouvelle.

TROISIÈME LEÇON

Attitude du peuple ou des masses païennes en face du christianisme. — Le polythéisme au deuxième siècle est plus vivace que jamais dans l'esprit des populations. — Recrudescence de superstition et d'attachement aux cultes idolâtriques. — Impressions que produisent sur les classes populaires le dogme, la morale et les assemblées religieuses des chrétiens. — L'imagination toute sensuelle des païens défigure et travestit la religion nouvelle. — Leur fanatisme impute aux chrétiens des crimes imaginaires. — Conditions faites à l'apologétique par cette troisième opposition. — Preuve de la divinité du christianisme tirée de son triomphe sur cette coalition des forces ennemies.

Messieurs,

L'intelligence, le pouvoir et le nombre, telles sont les trois grandes forces dont le jeu réciproque constitue la vie sociale. Conséquemment, pour étudier le genre d'opposition que l'Évangile rencontra dans le monde païen, nous avons dû nous occuper en premier lieu des gens d'esprit et des hommes d'État, de ceux qui régnaient par la pensée et de ceux qui gouvernaient par les lois. Or, comme nous l'avons vu, les littérateurs, les historiens et les philosophes, c'està-dire l'aristocratie intellectuelle de la société antique, n'opposèrent tout d'abord au christianisme qu'un système d'inattention et d'indifférence, de raillerie et de dédain. A ce monde élégant et frivole qui se nourrissait des productions littéraires de la Grèce et de Rome, qui se berçait aux accents de la muse d'Horace et d'Ovide, de Tibulle et de Properce, à cette classe de lettrés fière de sa haute culture intellectuelle, imbue des maximes pompeuses de la philosophie stoïcienne, la religion nouvelle, sortie de la Judée, du sein d'une race la plus méprisée de toutes, dut apparaître comme une superstition populaire à peine digne d'attention. Moins légers ou plus clairvoyants, les hommes d'État comprirent, dès le principe, qu'il y avait là pour le culte national un péril sérieux qu'il s'agissait de conjurer par la violence. Pour nous rendre compte des maximes d'après lesquelles ils se dirigeaient dans la persécution contre les chrétiens, nous avons étudié la législation qui prévalait sur ce point, à Rome surtout. Chez les peuples de l'antiquité, avons-nous dit, l'homme s'effaçait derrière le citoyen et la religion était absorbée par l'État. Il en résultait que l'intolérance religieuse formait une base essentielle de la constitution des sociétés païennes. A la vérité, vers la fin de la république et dans les commencements de l'empire, on se relâcha de cette rigueur primitive avec l'affaiblissement des croyances et le déclin des religions nationales. Mais l'intolérance restait inscrite dans les lois : elle était entre les mains du pouvoir une arme dont il pouvait se servir pour proscrire à son gré les cultes étrangers. Religion d'un peuple ou d'une race particulière, le judaïsme eut moins à souffrir de ce principe dont l'application variait selon l'intérêt politique. Mais le christianisme ne devait pas être admis à jouir du même bénéfice : son caractère d'universalité, son intolérance dogmatique, et sa rapide propagation l'eurent bientôt signalé à la haine inquiète des hommes d'État, tels que Pline et Trajan. De là, cette lutte sanglante de trois siècles, entreprise par les empereurs romains contre une religion qui leur semblait compromettre la chose publique et menacer l'empire dans le culte de la patrie.

En expliquant ainsi comment les hommes d'État de l'ancienne Rome ont pu être conduits à persécuter le christianisme, est-ce à dire, Messieurs, qu'on doive pour cela excuser leur conduite ? A Dieu ne plaise. Sans nul doute, lorsqu'il s'agit de peser la responsabilité morale, il faut tenir compte de l'empire des préjugés, des maximes que l'on puise dans l'éducation et qui ont cours dans le milieu où l'on vit. Mais cette influence n'est ni assez forte ni assez vive pour enlever à l'homme son jugement personnel et sa liberté d'action. L'école fataliste qui ne voit partout dans l'histoire que des nécessités logiques, des situations qui déterminent invinciblement la conduite des hommes, dira que la force des choses amenait les empereurs romains à persécuter le christianisme, que la position dans laquelle ils se trouvaient leur en faisait une loi, un devoir. N'admettons pas ces théories qui aboutiraient à placer au même rang l'injustice et l'équité, la vertu et le crime. Ce qu'on appelle la force des choses n'est le plus souvent que la faiblesse des hommes, leur négligence à s'instruire de la vérité et leur résistance à la suivre dans la voie qu'elle leur trace. Nul n'est condamné fatalement à mal faire, quelles que soient les influences qu'il reçoive du dehors : ne fût-ce qu'une étincelle de raison ou de foi, il conserve au dedans assez de lumière et de force pour que, avec la grâce de Dieu, il puisse arriver à la connaissance du vrai et à la pratique du bien. Lorsqu'il plaît à Dieu d'offrir la vérité aux hommes, il l'environne d'un éclat qui ne permet pas à la bonne foi d'en méconnaître le caractère. Certes, le christianisme s'annonçait aux hommes d'État de l'ancienne Rome avec des signes qui trahissaient évidemment son origine céleste. Le contraste qu'offrait sa doctrine avec une mythologie qui répugnait à a raison ; les miracles qui l'accompagnaient en tous lieux et qu'il suffisait d'examiner de près pour les distinguer des jongleries de maint charlatan de l'époque ; le changement de vie qu'il opérait dans ceux qui l'embrassaient ; l'héroïsme de ses martyrs qui ne pouvait s'expliquer que par une influence surhumaine ; sa merveilleuse propagation, que des obstacles sans nombre de la part de ses adversaires, l'humble origine de ses apôtres, la sévérité de sa morale semblaient devoir rendre impossible : tout cela était de nature à faire impression sur un esprit cherchant sincèrement la vérité et méritait à tout le moins qu'on y prêtât une attention sérieuse. On me dira qu'en raisonnant de la sorte, je me place au point de vue chrétien : non, je pars de la raison et de la conscience pour établir que le préjugé n'exclut pas l'imputation morale ; et ce serait sans nul doute se faire une idée peu digne de la nature humaine, de s'imaginer qu'en présence de la vérité la conscience d'un homme quelconque puisse être condamnée à un endurcissement nécessaire et sa raison à un aveuglement fatal.

Méprisé par les lettrés du paganisme comme une superstition populaire, persécuté par les hommes d'État de Rome comme une secte menaçante pour l'empire, le christianisme, en descendant vers le peuple, venait se heurter contre le fanatisme des masses. De là un nouveau genre d'accusations dont il importe de nous rendre compte pour déterminer le but et l'objet de l'apologétique chrétienne au deuxième siècle de l'Église.

Ce serait une grave erreur de penser qu'à l'avènement de la religion chrétienne le polythéisme eût perdu tout empire sur les masses et fût près de périr. Les écrivains qui s'efforcent d'atténuer le caractère surnaturel du triomphe de l'Évangile, n'ont rien négligé pour accréditer cette thèse que renversent les faits les plus certains. A les entendre, le christianisme aurait trouvé la place à peu près vide, et n'aurait pas eu beaucoup de peine à l'occuper : c'était une succession ouverte qui n'attendait qu'un héritier un peu jeune pour passer dans ses mains sans trop de difficulté. Il faut bien en convenir, à moins de vouloir s'aveugler soi-même, les choses ne se passèrent pas absolument de la sorte : trois siècles de persécution sanglante ne forment pas un préjugé favorable à cette opinion. Nul doute, Messieurs, que les anciennes croyances ne fussent très affaiblies dans les classes supérieures de la société, parmi les littérateurs et les philosophes ; mais une chose mille fois pire les avait remplacées, l'incrédulité ; or, ce serait s'abuser étrangement que de voir dans l'incrédulité une bonne disposition à embrasser la foi chrétienne. On n'est pas précisément sur le chemin qui mène au christianisme, lorsqu'on se rit de l'immortalité de l'âme comme Pline l'Ancien, qu'on ne croit pas plus à la Providence que Tacite ou qu'on se moque de toutes les religions comme Lucien. Loin d'expliquer les succès de l'Évangile par l'incrédulité qui avait gagné les gens d'esprit du paganisme, on en rend le triomphe plus merveilleux encore ; car les fausses croyances ne font qu'altérer le sentiment religieux, tandis qu'il s'éteint avec l'incrédulité. Mais, quoique le polythéisme eût perdu beaucoup de terrain dans les esprits cultivés, il s'en faut bien qu'ils fussent exempts des superstitions que l'idolâtrie traînait à sa suite. L'âme humaine est ainsi faite qu'elle éprouve le besoin de croire quand même : à moins d'accepter la vérité, elle ne répudie une erreur que pour en adopter une autre ; c'est d'elle qu'on peut dire avec une entière justesse, qu'elle a horreur du vide. On reste stupéfait de voir avec quelle facilité ces grands sceptiques du paganisme, ces esprits forts s'inclinent devant toutes les niaiseries de la crédulité populaire : jours néfastes, songes, présages, oracles, sortilèges, incantations, talismans, tout le vocabulaire des sciences occultes est épuisé par César, par Auguste, par Tibère ; tout l'attirail de la superstition païenne apparaît dans Tacite, dans Suétone, dans Lucain et jusque dans Pline l'Ancien, le Lamettrie de l'époque. Là-dessus, je ne pourrais que répéter ce que j'ai dit l'an dernier, en analysant le roman théologique des Clémentines, peinture assez fidèle des mœurs païennes du premier et du deuxième siècle. Le polythéisme retenait par la superstition ceux qui lui échappaient par l'incrédulité : sans force pour les tenir enchaînés au symbole de ses croyances, il conservait assez d'empire pour les ramener sous le joug de ses pratiques.

Mais, Messieurs, si l'incrédulité avait remplacé les croyances positives dans l'élite des esprits, il n'en était pas de même du peuple plus attaché que jamais aux cultes idolâtriques. Ce n'est pas que les religions nationales ne fussent tombées en discrédit et que les dieux de la patrie ne parussent quelque peu surannés, même à la foule. Sous ce rapport, Juvénal avait le droit de dire qu'il n'y avait pas jusqu'aux enfants qui ne rejetassent comme des fables « la barque de Caron et les noires grenouilles qui barbottent dans les marais du Styx [1]. » Certes, Rome païenne n'en était plus au temps où les Cincinnatus offraient du vin et du sel à leurs dieux de bois, en leur répétant de grossières chansons osques ou sabines. Le contact avec la Grèce et l'Orient avait profondément modifié ces formes primitives du polythéisme national. Toujours avide de nouveautés, le peuple se portait vers l'inconnu avec une soif de l'étrange et du mystérieux que rien ne pouvait satisfaire. Mais on aurait tort d'en conclure que l'idolâtrie eût perdu son prestige sur les masses. Les religions étrangères étaient venues précisément répondre à un besoin du changement qui les travaillait. Nous avons vu, la dernière fois, avec quel succès les défenseurs du culte officiel cherchaient à repousser cette invasion de divinités orientales. En dépit des lois et des proscriptions, le peuple s'attachait avec fureur à ces cultes exotiques qui faisaient du polythéisme romain un véritable pandémonium où mille rites bizarres se mélangeaient depuis les Mithriaques et les Dionésies jusqu'aux fêtes sabasiennes et aux Thes mophories. Sénèque et Juvénal vont nous donner une idée de ce fanatisme populaire que toutes les superstitions du monde réunies n'étaient pas capables d'assouvir : « L'automne menace, s'écrie le poète, septembre est gros de malheurs ; prenez garde. Allez à Méroé chercher de l'eau, de l'eau du Nil ! Versez-la sur les parvis du temple d'Isis ! Un cent d'œufs pour le pontife de Bellone ! Vos vieilles robes pour le prêtre de la grande Isis ! Le malheur est suspendu par un fil sur votre tête : vos tuniques pour les serviteurs de la grande déesse ! Vous aurez paix et expiation une année entière [2]. » Voici comment le philosophe peint l'empressement avec lequel les esprits de son temps accueillent tous les jongleurs qui viennent les duper : « Lorsqu'un de ces hommes qui

---

[1] Juv.: *Sat.* II, 149 et ss.
[2] Juv.: VI, 511 et ss.

agitent le sistre vient mentir par ordre ; ou qu'un de ceux qui font métier de déchirer leurs muscles ensanglante ses bras et ses épaules d'une main légère ; quand un autre, se traînant sur les genoux à travers la voie publique, pousse des hurlements ; et qu'un vieillard vêtu de lin, portant devant lui un laurier et une lanterne en plein midi, s'en va crier que quelqu'un des dieux est irrité ; vous accourez tous, vous écoutez, et, alimentant à l'envi votre stupéfaction réciproque, vous affirmez qu'il est inspiré [1]. » Jugez, Messieurs, si un tel peuple était prêt à quitter l'idolâtrie pour passer à l'Évangile. Loin de là, on eût dit qu'il redoublait d'énergie pour la retenir, à l'instant même où une vertu supérieure allait l'en détacher. C'est avec une ardeur fiévreuse qu'il s'initiait aux mystères, consultait les devins, fatiguait les oracles, pratiquait les purifications, multipliait les tauroboles, les crioboles, les rites et sacrifices de toute espèce. Évidemment, c'était une recrudescence de ferveur pour le polythéisme, qui ne se bornait pas à Rome, mais qui s'étendait à Éphèse et à Corinthe, à l'Orient non moins qu'à l'Occident. Et comme si toutes les formes de l'idolâtrie n'étaient pas épuisées, l'apothéose impériale était venue couronner cette déification universelle. Chaque règne ajoutait à la liste des dieux : ce n'était pas un culte qu'on subissait de force ; on suppliait les princes de se laisser adorer. Du vivant de Tibère, onze villes d'Asie se disputèrent l'honneur de lui élever un temple ; Caligula eut des sanctuaires dans toutes les provinces, Claude jusqu'en Bretagne, et Néron à Rome même [2]. Sans nul doute, l'adulation privée et la servilité publique expliquent en partie le succès de ces singulières divinités ; mais il fallait que le sens religieux des peuples fût prodigieusement perverti pour que, depuis César jusqu'à Dioclétien, cinquante-trois apothéoses solennelles, loin de rencontrer aucune opposition,

---

[1] Sénèq. : *de Vita beata*, XXVII. Sénèque fait allusion aux prêtres d'Isis, de Bellone et aux prêtres égyptiens.
[2] Tacite : *Ann.*, IV, 56. XV ; Dion Cass. : 59, 28 ; 60, 5 ; Suéton. : *in Calig.*, 21, 22.

eussent été dévotement accueillies. Donc, en résumé, le polythéisme n'était ni mort ni mourant à l'avènement de la religion chrétienne : modifié, transformé, développé, il conservait sur le monde ancien, dans les masses surtout, l'empire que lui donnaient vingt siècles de durée.

Certes, Messieurs, le tableau religieux de cette époque que nous venons d'esquisser à grands traits est chose triste à étudier : la nature humaine y apparaît avec toutes ses misères et son infirmité. Et pourtant, je ne crains pas de le dire, cet état maladif des esprits livrés à toutes les superstitions païennes valait encore mieux que l'incrédulité. Dans son *Esprit des Lois*, Montesquieu relève avec raison le paradoxe de Bayle qui soutenait que l'absence de toute croyance est préférable à des croyances fausses [1]. D'abord au point de vue social, nul doute, comme l'observe l'éminent publiciste, qu'une religion quelconque ne soit toujours un motif réprimant, un principe d'ordre et de soumission ; n'eût-elle aucun autre mérite, il ne serait pas inutile que les princes et les peuples fussent enchaînés à ses lois, « et qu'ils blanchissent d'écume le seul frein que ceux qui ne craignent pas les lois humaines puissent avoir. » Un peuple athée ne subsisterait pas un jour, tandis qu'un État idolâtre peut trouver sa force dans ce fonds de vérités qui est commun à toutes les religions. Mais, de plus, les fausses croyances placent l'homme dans une situation morale mille fois préférable à l'incrédulité. Si elles mêlent l'erreur à la vérité et le mal au bien, elles n'excluent pas toute piété, toute foi, toute confiance. L'idolâtre se trompe dans l'objet de son culte : il ne se trompe pas en admettant quelque chose de supérieur à lui, il ne se trompe pas en obéissant au sentiment qui porte l'homme à se prosterner devant ce qui est grand, à redouter ce qui est mystérieux, à prier ce qui est bon et puissant. Il reste une place dans son cœur pour la crainte de mal faire, pour la satisfaction qui accompagne le devoir

---

[1] L. XXIV, c. II.

accompli et pour le remords qui suit le crime. S'il ne sait pas racheter sa faute, il sent du moins qu'il est coupable : la conscience de sa faiblesse lui fait implorer le secours de ce qu'il croit plus fort que lui. En un mot, toute lueur de foi n'est pas éteinte dans son âme : c'est le crépuscule d'un jour qui tombe, ce ne sont pas les ténèbres d'une nuit sans lumière. L'incrédule, au contraire, qui n'a plus foi à rien, qui se retranche dans une négation superbe, l'athée fait le vide dans son cœur et la nuit dans son intelligence ; sa raison privée de Dieu est un flambeau sans clarté, et sa conscience un tribunal sans juge. Pour lui, pas de remède à ses terreurs, pas d'aliment aux instincts élevés de sa nature, pas de terme aux aspirations de son âme ; il ne croit pas, il n'espère pas, il n'aime pas. Le hasard ou la fatalité pendant la vie, le néant après la mort, telle est la part qu'il se fait à lui-même, sans pouvoir étouffer le cri de son âme qui la repousse comme indigne d'elle. Assurément, une telle situation morale serait pire que l'idolâtrie, s'il était possible qu'elle devînt jamais celle d'un peuple entier. L'imagination ne trouverait d'autre terme de comparaison que l'idée de l'enfer. C'est pourquoi j'aime mieux, en parcourant l'histoire du genre humain, rencontrer sur ma route la superstition que l'incrédulité, l'idolâtrie que l'athéisme, parce que de l'une à l'autre il y a la distance des ruines au néant, de la maladie à la mort.

Est-ce à dire que la vérité ne trouve pas une opposition formidable là où dominent de fausses croyances invétérées par suite d'une longue habitude ? Non : les travaux de l'apologétique chrétienne montrent ce qu'il faut d'efforts pour venir à bout des préjugés enracinés dans l'esprit des masses. Afin de déterminer cette dernière partie de sa tâche, il importe, Messieurs, de bien nous rendre compte des reproches que le peuple païen adressait au christianisme. A cet effet, transportons-nous par la pensée au milieu de ces populations de la Grèce et de l'Italie, livrées à l'idolâtrie la plus grossière. Chez elles, tout est extérieur et matériel : ce qu'il leur faut, ce sont des statues de bois ou de pierre, des dieux qui tombent sous les sens, qu'elles puissent voir et toucher ; rien de spirituel ni d'invisible. Elles ne conçoivent l'objet de leur culte qu'identifié aux puissances de la nature ou emprisonné dans la forme humaine. Vous comprenez dès lors quelle impression dut produire le culte des chrétiens sur une foule esclave d'une imagination toute sensuelle. Le contraste était trop frappant pour ne pas donner lieu à des récriminations absurdes. A travers ces myriades de divinités, au sein d'un peuple occupé à parfumer la statue de Jupiter, à peigner les cheveux de pierre de Minerve, à tenir le miroir devant Junon, comme dit Sénèque [1], voici que tout à coup des hommes inconnus prêchent un Dieu unique, invisible, impalpable, pour lequel la langue ne saurait trouver un nom digne de lui... Mais la première idée qui s'offrait au vulgaire, c'est que de pareilles gens étaient sans Dieu ! Ils n'ont qu'un Dieu qui n'en est pas un [2], disait Adrien. De là le reproche d'athéisme si souvent répété par les païens et qui, dans leur bouche, nous paraît fort singulier, mais qui s'explique par l'idée grossière qu'ils se faisaient de la divinité. Comme ils ne la concevaient pas autrement que multiple et accessible aux sens, le Dieu unique et invisible des chrétiens leur paraissait la négation même de la divinité, et l'adoration en esprit et en vérité que prêchait l'Évangile, un pur athéisme. Montrez-nous vos dieux, tel est le cri qui s'élevait de toutes parts et dont nous trouverons l'écho dans les apologistes chrétiens [3]. Nous avons peine à comprendre que l'esprit d'un peuple ait pu tomber assez bas pour voir des athées dans

---

[1] *Ép.* 95. *Speculum tenere Junoni.*

[2] *Unus illis Deus nullus est.* Adrian.: *ad Consulem Servianum.* Flavii Vopisci Saturninus, c. VIII.

[3] « Les chrétiens rejettent les temples et les statues, ils méprisent les dieux et se moquent des choses saintes. » Minut. Félix : VIII. — « Pourquoi les chrétiens n'ont-ils ni autels, ni temples, ni statues ? Qu'est-ce que ce Dieu unique, solitaire, délaissé ? D'où vient-il ? Où est-il ? »... *Ibid.*, X.—Le cri de « à bas les athées, » devint le mot d'ordre de la multitude, αἶρε τοὺς ἀθέους. Euséb. : *H. E.*, IV, 15.

les disciples de l'Évangile ; mais pour expliquer la conduite des hommes, il faut se placer à leur point de vue : dans cette lutte du spiritualisme chrétien avec le matérialisme païen, il ne pouvait guère se faire que le premier ne se vît méconnu et défiguré par le second de la façon la plus étrange. C'est ainsi que cette grande doctrine de l'unité de Dieu, vue à travers le prisme d'une imagination païenne, paraissait toute différente d'elle-même, et devenait, pour un œil malade, la négation formelle de la divinité, ou l'athéisme.

Si nous passons du dogme chrétien à la morale et aux assemblées du culte, nous n'aurons pas plus de difficulté à nous expliquer les opinions bizarres que se formait à cet égard une foule ignorante et crédule. L'accusation d'athéisme entraînait le reste : une fois envisagés comme ennemis des dieux, les chrétiens durent passer aux yeux du vulgaire pour des mécréants capables de tous les forfaits. De là ces crimes imaginaires dont on les chargeait et que des écrivains même sérieux, Tacite par exemple, admettaient comme réels sur la foi de la multitude, sans le moindre examen. Vainement la vie des chrétiens, non moins que leurs livres, protestait-elle contre de pareilles imputations. Chose singulière ! c'étaient précisément leurs vertus, la sainteté de leurs préceptes, qui fournissaient matière au reproche. Prenons, en particulier, la charité : rien ne me paraît plus propre à réfuter les écrivains qui voudraient nous faire accroire que le christianisme n'avait qu'à se présenter avec sa belle morale pour être, à l'instant même, accepté par tout le monde. Certainement, s'il est un point dans la morale évangélique qui se recommandait de lui-même à l'admiration générale, c'est la charité. Mais voyez ce que deviennent les plus hautes vérités quand d'aveugles préjugés cherchent à les travestir. Ne pouvant s'élever à l'idée chrétienne de l'amour fraternel, le sens grossier des païens supposa le vice dans la plus belle des vertus ; les rapports de bienveillance qui unissaient les fidèles entre eux se changèrent, sous les préventions de la haine, en liaisons suspectes, en relations criminelles ; il n'y eut pas jusqu'à ces doux noms de frère et de sœur dont se saluaient les membres de la société nouvelle, qui ne donnassent lieu à la corruption païenne d'imaginer une infâme calomnie, jusqu'à insinuer l'inceste même. Enfin, il suffisait que les disciples de l'Évangile fussent unis entre eux par des liens étroits, pour qu'on les accusât de conspirer contre le reste des hommes, de haïr le genre humain, selon l'expression de Tacite. C'est ainsi que la charité chrétienne, loin de gagner la foule, servait d'aliment à sa haine. Tant il est vrai que l'homme est enclin à refuser à son semblable les vertus qu'il n'a pas lui-même, pour lui supposer les vices dont il est l'esclave ! Une fois engagé dans ce système de calomnie, le fanatisme païen ne connut plus de bornes : chaque précepte de la morale évangélique, un acte quelconque de la vie chrétienne devint le thème de ses interprétations malveillantes. Jugeant le christianisme d'après ses propres idées, il se prit à voir dans les rites sacramentels des formules magiques destinées à ensorceler les âmes ; dans les agapes ou repas de charité, des orgies où l'on se livrait à toute sorte de désordres ; dans la Cène, un autre festin de Thyeste, dont les convives se partageaient la chair palpitante d'un enfant. Le voile du mystère sous lequel l'Église primitive se plaisait à envelopper ce qu'elle avait de plus profond dans sa doctrine, la discipline du secret établie dans le but de soustraire les choses sacrées à la profanation, tout contribuait à nourrir les soupçons d'une foule accoutumée à voir la corruption s'étaler sous les dehors les plus hideux : moins elle comprenait le sens des pratiques de la religion, plus elle y supposait d'horreurs cachées ; et le christianisme, en passant par son imagination déréglée, en recevait l'empreinte et prenait toutes les couleurs du vice.

Enfin, Messieurs, ce qui fournissait au vulgaire un dernier chef d'accusation contre la religion chrétienne, c'était son influence présumée sur les destinées de l'empire. Les ennemis des dieux, pensait-on, devaient être nécessairement hostiles à la chose publique. En effet, leur religion, en les berçant d'un vain espoir d'immortalité, ne les portait-elle pas à négliger les intérêts de l'État, les devoirs de la vie civile ? De là ce reproche fort ordinaire, que les chrétiens n'étaient bons à rien[1], comme dit l'interlocuteur païen dans le dialogue de Minutius Félix, que leur culte interdisait les relations sociales, éloignait du service militaire, et que, si tous agissaient comme eux, les Barbares seraient bientôt maîtres de l'empire. Sous l'impression de ce sentiment, la foule n'hésitait pas à leur attribuer les malheurs privés et les calamités publiques. Partant de ce principe que le respect des dieux avait fait la prospérité de Rome, les dévots du paganisme faisaient remonter à la propagation de l'Évangile l'origine de tous les maux qui étaient venus fondre sur la patrie. C'étaient les dieux irrités qui se vengeaient du mépris des chrétiens; aussi fallait-il, pour apaiser leur colère, extirper cette secte impie. On conçoit avec quelle facilité un pareil préjugé dut s'accréditer dans l'esprit du peuple toujours prompt à chercher à ses souffrances des causes imaginaires. Trois siècles durant, le fanatisme païen s'en fit une arme contre les chrétiens, pour lesquels chaque désastre local, toute catastrophe politique devenait le signal d'une persécution. Les crues périodiques du Nil venaient-elles à manquer en Égypte, le Tibre inondait-il la ville de Rome, une contrée quelconque avait-elle à souffrir d'une famine, d'une sécheresse, d'une maladie contagieuse, d'un tremblement de terre : c'est aux chrétiens qu'il fallait s'en prendre : eux seuls, en attirant le courroux des dieux, étaient responsables de tous ces malheurs. S'il ne pleut pas, la faute en est aux chrétiens, tel est le dicton populaire qui avait encore cours en Afrique au temps de saint Augustin[2]. Comment s'étonner que de pareilles imputations aient trouvé créance auprès des masses, lorsqu'on voit un philosophe comme Porphyre expliquer la durée d'une contagion par le

---

[1] *Homines infructuosi in negotio.*
[2] *Non pluit Deus, duc ad christianos.*

motif que les progrès du christianisme avaient forcé Esculape à quitter la terre ? C'est ainsi que loin de faire tomber des bruits absurdes, les écrivains du paganisme les relevaient en les fortifiant par l'autorité de leur parole ; et à la chute de l'empire romain, on les verra raviver dans le peuple d'injustes préventions, pour imputer à la religion chrétienne cette catastrophe finale.

Tels sont, Messieurs, les reproches qu'une haine aveugle adressait au christianisme. Comme nous venons de le voir, rien n'était épargné dans cette accusation générale : le dogme pas plus que la morale ou les assemblées du culte. Athéisme, déréglement des mœurs, crimes contre nature, hostilité à la chose publique, voilà ce qu'une foule ignorante avait cru découvrir dans une religion qui enseigne l'unité de Dieu, qui place dans la perfection morale le but de l'activité humaine et qui fait de la soumission aux pouvoirs légitimes un devoir sacré. Avant de suivre l'apologétique chrétienne dans la réfutation de ces divers griefs, nous avons dû chercher à nous en rendre compte, en les expliquant par l'état intellectuel et moral du peuple païen. Certes, des imputations si grossières seraient de nature à exciter notre étonnement, si nous ne savions avec quelle fureur les multitudes ont coutume de poursuivre ce qui heurte leurs préjugés ou gêne leurs passions. L'histoire des peuples modernes eux-mêmes nous fournit plus d'un exemple qui fait comprendre jusqu'à un certain point les idées étranges que les païens se faisaient de la religion chrétienne. Voyez en particulier ce qui se passe en Angleterre relativement au catholicisme. Je ne ferai pas au peuple anglais l'injure de le comparer aux masses païennes, bien qu'il soit à coup sûr, l'aristocratie exceptée, un des moins cultivés de l'Europe ; je cherche uniquement à vous montrer, par un exemple rapproché de nous, à quel degré l'imagination populaire, surexcitée par la haine, peut dénaturer une doctrine ou une institution. Eh bien ! si l'on envisage les préjugés contre la religion catholique qui ont cours en Angleterre dans les classes inférieures de la société, on se trouve en présence d'appréciations vraiment fabuleuses. Ainsi, pour les dévots de l'anglicanisme, le culte catholique est une idolâtrie, Rome, la grande prostituée des temps modernes, le pape, un être fantastique auquel on accorde tout au plus la qualité d'homme, les jésuites, une sorte de vampires occupés de sucer les veines du corps social, que sais-je ? Il n'y a de bruit si absurde, d'invention grossière qu'ils n'acceptent à l'aveugle, dès qu'il s'agit d'une société dont les membres vivent au milieu d'eux et pratiquent au grand jour les exercices de leur culte. Si un peuple chrétien peut en venir à ce degré d'injustice révoltante, faut-il s'étonner que des païens aient chargé le christianisme de calomnies si noires? Non, c'est le propre des multitudes d'outrager ce qu'elles haïssent ; et, à vrai dire, la faute n'en est pas tant à elles qu'à ceux qui, placés à leur tête, flattent leurs préjugés au lieu de les détruire, et ravivent des haines qu'ils devraient éteindre ou calmer. Voilà pourquoi le fanatisme des masses est encore plus à plaindre qu'à blâmer, parce qu'il a du moins l'ignorance pour excuse; et si, dans le soulèvement général du vieux monde contre la religion chrétienne, les guides naturels de l'opinion, c'est-à-dire les gens d'esprit et les hommes d'État, avaient compris leur mission, les préventions de la foule ou ne seraient pas nées, ou se seraient dissipées promptement pour faire place à un jugement plus équitable et mieux éclairé.

Si nous résumons à présent la triple opposition que nous venons de décrire, nous aurons une idée à peu près complète de la tâche dévolue à l'apologétique chrétienne. La sophistique des gens d'esprit, l'intolérance des hommes d'État et le fanatisme des masses, voilà ce qu'elle devra combattre tour à tour pour en triompher. Les périls de l'Église naissent de ces trois sources ; la science païenne cherche à l'accabler sous le dédain et la raillerie ; la politique païenne, à l'étouffer sous les violences d'une légalité injuste ; la multitude païenne, à l'envelopper dans un tissu de calomnies. Il s'agit par conséquent, pour les apologistes chrétiens, de faire face à ces divers genres d'attaque. Déchirer les nuages que l'ignorance aidée de la haine s'efforce de jeter sur le dogme, la morale et le culte catholique, démontrer l'iniquité de la procédure dirigée contre les chrétiens, développer l'excellence et la supériorité de la doctrine évangélique, tels sont les trois points principaux sur lesquels se concentreront leurs efforts. Chaque défenseur de l'Église les abordera successivement, en s'attachant d'une manière plus spéciale à l'un ou à l'autre selon les nécessités du moment et le caractère de son génie propre. C'est ainsi que Tertullien, plus versé dans les matières de jurisprudence, épuisera la question du droit ; qu'Origène, s'aidant de sa vaste érudtiion, parcourra tout le champ de la polémique soulevée par la science païenne. Mais les uns et les autres, partant des mêmes principes, aboutiront par des voies diverses à des conclusions identiques : ils conserveront l'unité de vues dans la variété des aptitudes ; et de leurs travaux réunis sortira ce beau monument de l'apologétique primitive qui occupe une si grande place dans l'histoire de l'éloquence sacrée.

En terminant cette introduction à l'apologétique chrétienne, je ne puis m'empêcher de tirer une dernière conséquence qui résulte de tous ces faits : c'est que si le christianisme n'avait pas été soutenu par une force surnaturelle, il eût succombé infailliblement sous l'opposition du monde païen qui l'aurait, pour ainsi dire, étouffé à son berceau. M. de Maistre disait : il n'y a pas d'institution humaine qui puisse tenir contre ces trois forces réunies : l'échafaud, le syllogisme et l'épigramme, c'est-à-dire contre la conjuration des gens d'esprit, des hommes d'État et du peuple ; et, par le fait, on ne citerait aucune institution purement humaine qui ait pu résister à ces trois puissances liguées contre elle. Or, jamais on n'a vu l'intelligence, le pouvoir et le nombre conspirer avec plus d'ensemble et de ténacité qu'à l'origine du christianisme. Nous l'avons dit, la science païenne le traite de superstition, de rêverie, elle le relègue parmi les mille erreurs qui trompent la crédulité du vulgaire, elle tourne en dérision son dogme et sa morale, elle raille ses adhérents, elle persifle ses martyrs ; plus tard elle l'attaquera par toutes les ressources que lui fournit la philosophie grecque combinée avec les doctrines de l'Orient. Plus formidable que la science, la politique païenne s'arme contre lui de la raison d'État, elle poursuit pendant trois siècles un système d'oppression inexorable, elle intéresse à la ruine de la religion nouvelle tout ce qui reste aux empereurs, au sénat et au peuple, de patriotisme et de zèle pour la conservation de l'empire, elle ne recule devant aucun raffinement du meurtre juridique pour atterrer une classe d'hommes qu'elle met hors la loi. Enfin, la multitude vient joindre à ces deux puissances l'appoint de son fanatisme et de ses haines : elle invente des crimes atroces, des accusations infâmes pour noircir la conduite des chrétiens et lasser leur patience ; répétée en tous lieux, la calomnie doit achever ce que n'ont pu faire le sophisme et l'épée ; il faut à tout prix étouffer le christianisme dans le sang et dans la boue : tel est le but que poursuit le monde païen. Certes, on n'imaginerait pas une coalition de forces ennemies plus redoutable que celle-là. Et maintenant, pour en triompher, que fera le christianisme ? De quelles ressources dispose-t-il ? Quels sont ses moyens de défense ? Quel attrait offre-t-il à l'esprit et au cœur humain ? Son attrait, ses moyens de défense, ses ressources, ce sont des mystères qui dépassent la raison de l'homme, le dogme d'un Dieu crucifié, le mépris des plaisirs, l'amour des souffrances, une morale sévère qui réprime tous les mauvais penchants de la nature, qui ne flétrit pas moins le désir coupable caché au fond de l'âme que l'acte criminel accompli au dehors. C'est avec cela qu'il se présente au monde, qu'il persuade, qu'il entraîne, qu'il combat, qu'il triomphe ! Non, Messieurs, il y a dans cette victoire autre chose que le fait de l'homme : quiconque relira cette grande page de l'histoire du monde se convaincra sans peine que l'établissement du christianisme en prouve la divinité.

QUATRIÈME LEÇON

Origine de l'apologétique chrétienne. — Quadratus, Aristide, saint Justin. — Ce dernier mérite de figurer en tête des apologistes du deuxième siècle. — Sa naissance et la première période de sa vie. — Il entreprend de chercher la vérité dans les diverses écoles philosophiques de son temps. — Sa première halte dans le stoïcisme. — Vice radical de ce système, l'absence d'un enseignement dogmatique qui pût servir à la morale de base et de point d'appui. — Ce vice se retrouve dans le traité des *Devoirs* de Cicéron et dans toutes les théories qui veulent construire la morale en dehors d'un dogme certain.— De l'école stoïcienne saint Justin passe à l'école d'Aristote. — Ses déceptions dans le péripatétisme.—Il quitte Aristote pour Pythagore. — Cette troisième tentative n'est pas plus heureuse que les précédentes. — Conclusion de ces divers faits. — Comment la philosophie ancienne pouvait être à la fois un obstacle et une préparation à l'Évangile.

Messieurs,

En tête des apologistes chrétiens vient se placer un homme dont les écrits inaugurent dignement cette période nouvelle de l'éloquence sacrée. L'élévation de son esprit, la noblesse de son caractère, la beauté de son âme lui ont valu de tout temps l'admiration générale : depuis saint Irénée jusqu'à Bossuet, tous les organes de la tradition catholique ont salué dans sa personne le type accompli du philosophe et du martyr chrétien. Ce défenseur de l'Église, dont la voix se fait entendre à l'origine des persécutions, c'est saint Justin.

Si je m'arrête tout d'abord devant cette grande figure qui apparaît au seuil de l'apologétique chrétienne, ce n'est pas que, dans l'ordre des temps, saint Justin soit le premier qui ait plaidé la cause de la religion opprimée. Sitôt que l'édit de Trajan eut tracé à la persécution une marche légale, des voix s'élevèrent dans les rangs du christianisme pour démontrer l'injustice de la procédure imaginée par la politique romaine. Grâce aux progrès que faisait en tous lieux la prédication évangélique, l'Église avait vu accourir dans son sein des hommes qui, en passant par les écoles du paganisme, y avaient étudié les règles de l'éloquence et de la dialectique : c'est parmi eux qu'elle trouva ses premiers défenseurs, et c'est du foyer même de la science, d'Athènes, que partit le signal de la lutte. Lorsqu'en l'année 127, Adrien visita cette ville dans le but de se faire initier aux mystères d'Éleusis, les païens crurent l'occasion favorable pour assouvir leur haine contre les chrétiens. Alors, Quadratus, successeur de Publius sur le siége d'Athènes, remit à l'empereur une apologie de la religion. Cet écrit, dont Eusèbe et saint Jérôme font le plus grand éloge, n'est point arrivé jusqu'à nous, à l'exception d'un petit fragment que l'évêque de Césarée nous a conservé et que je vais mettre sous vos yeux [1] :

« Les œuvres de notre Sauveur n'ont jamais cessé d'être visibles parce qu'elles reposaient sur la vérité. Lorsqu'il avait guéri des malades ou ressuscité des morts, on pouvait se convaincre longtemps après de la réalité du miracle. Les uns et les autres restaient là comme un témoignage vivant, qui s'est prolongé même après la mort du Seigneur, puisqu'il en est parmi eux qui ont vécu jusqu'à nos jours. »

Vous voyez, par ce peu de mots, que l'évêque d'Athènes ne se proposait pas seulement de démontrer l'innocence des chrétiens, mais encore la divinité de leur religion : c'est à cette fin qu'il alléguait la certitude des miracles opérés par le Christ. Toutefois, ce court passage ne suffit nullement pour nous permettre de porter un jugement quelconque sur une apologie, qu'Eusèbe, évêque de Thessalonique, citait

---

[1] Eusèb. : *Hist. eccl.*, III, 37 ; IV, 3, 23 ; V, 17 ; S. Jérôme : *Catalog. des hom. illust.*, c. XIX ; *Ép.* 83, *ad Magnum*.

encore au sixième siècle, selon le témoignage de Photius, mais qui, depuis lors, a disparu du domaine de l'éloquence chrétienne. Cette remarque s'applique également à un écrit du même genre adressé à l'empereur Adrien par Aristide, philosophe athénien. Le seul renseignement que nous possédions là-dessus, c'est une phrase de saint Jérôme, de laquelle il résulte que cette deuxième apologie formait un tissu de sentences empruntées aux divers philosophes [1]. Il est vrai qu'au rapport de La Guilletière, il existe à six milles d'Athènes un couvent grec qui se vante de posséder l'ouvrage d'Aristide ; mais les monastères de la Grèce nous ont accoutumés à trop de prétentions de cette nature pour qu'on puisse admettre leur assertion sans l'avoir vérifiée. De sorte que l'ordre naturel du sujet nous ramène à saint Justin, comme au premier apologiste dont les écrits aient échappé aux ravages du temps.

S'il est vrai de dire, Messieurs, que la physionomie d'un auteur se réfléchit à la fois dans sa vie et dans ses œuvres, que sa biographie aide à expliquer ses écrits et réciproquement ; ce principe, dont la justesse n'est contestée par personne, ne trouve nulle part d'application plus exacte que dans saint Justin. Cette liaison est d'autant plus intime chez lui que ses ouvrages sont précisément la source historique qui fournit le plus de détails sur sa personne : à tel point qu'avec ses deux apologies et son dialogue avec Tryphon il devient facile de reconstruire sa vie entière. Or, cette vie est curieuse à étudier sous plus d'un rapport, parce qu'elle nous place au vif de l'époque, en marquant le passage de la philosophie ancienne au christianisme. Tableau fidèle de l'état d'une âme qui a soif de la vérité, elle nous montre par quels degrés successifs les esprits cultivés arrivaient à la vraie foi, comment le jour se faisait peu à peu dans les intelligences avec chaque nouvelle recherche, jusqu'à ce qu'une dernière déception vint dissiper toute obscurité.

---

[1] *Ép.* 83, *ad Magnum ; Catal. des hom. illus.*, c. xx.

Elle nous fait assister au travail intime de la pensée aidée par la grâce divine, et résume dans ses divers actes le drame psychologique de la conversion à l'Évangile. Voilà l'intérêt qu'elle nous offre, son attrait particulier. En examinant l'année dernière le roman théologique des Clémentines, nous avons vu que l'auteur cherchait à retracer, sous la forme d'un récit fictif, la marche ordinaire suivie par les esprits d'élite pour aboutir au christianisme, en passant d'une école de philosophie à l'autre. Ce qui n'était là qu'un épisode romanesque imaginé avec talent devient de l'histoire pure dans saint Justin, dont la vie nous permet d'étudier comment la philosophie païenne pouvait être à la fois un obstacle et une préparation à l'Évangile.

Justin était né à la fin du premier siècle ou au commencement du deuxième, à Flavia Néapolis, l'ancienne Sichem et la Naplouse moderne. Son père s'appelait Priscus, et le nom de son grand-père était Bacchius. Toutes les recherches qui ont été faites dans le but de déterminer l'année précise de sa naissance sont restées infructueuses, et les conclusions de Dodwell, de Halloix, de Grabe, sur ce point particulier, ne ressortent d'aucune donnée certaine [1]. Ce qui n'est pas douteux, c'est l'origine païenne de Justin : saint Épiphane s'est évidemment trompé en l'affiliant à la secte des Samaritains [2]. En effet, le philosophe chrétien insinue clairement dans ses divers écrits qu'il sortait du paganisme, et l'histoire de sa conversion à l'Évangile ne permet pas d'autre supposition [3]. Ce qui paraît également à la lecture des ouvrages de Justin, c'est qu'il reçut une éducation libérale, que facilitait d'ailleurs son lieu d'origine, colonie romaine où florissait la science hellénique. Mais ce fut précisément ce degré de culture, uni à la pénétration naturelle de son

---

[1] Dodwell : *Dissert. in Iren.*, III, 19 ; Halloix : *Vit. et docum. Justini.*, p. 26 et ss. ; Grabe, *Spicileg. Patr.*, t. II, p. 147.

[2] *Hæres.*, XLVI, 1.

[3] *Dialog. avec Tryph.*, c. XXVIII, XLI, LXIV, CXX et ss.

esprit, qui lui fit sentir de bonne heure le vide des doctrines païennes. Comme le héros des Clémentines, il chercha dans la philosophie du temps la solution des problèmes que les cultes populaires ne pouvaient lui offrir. Une fois engagé dans cette voie d'investigation scientifique, il ne se laissa rebuter par aucune difficulté : il alla d'une école de philosophie à l'autre, poursuivant son but avec ce courage persévérant que donne seul l'amour de la vérité.

Ici, Messieurs, nous apparaît dès l'abord ce qui est à mes yeux la moitié du génie de saint Justin : l'amour de la vérité. Cet amour de la vérité joint à un sentiment profond de la justice nous explique sa vie et ses œuvres. En effet, la première condition pour trouver la vérité lorsqu'on n'a pas le bonheur de la posséder, c'est de la chercher avec la ferme résolution de la suivre jusqu'au bout après l'avoir trouvée. Si parmi ceux qui cherchent la vérité, il en est qui ne la trouvent pas, c'est que tout en la cherchant, ils craignent de la trouver. Ils entrevoient confusément jusqu'où elle pourrait les mener : de là des mollesses, des hésitations, des haltes à mi-chemin, des faux-fuyants par lesquels on échappe à l'évidence qui nous serre de près, des calculs de conscience qui permettent de s'endormir dans l'illusion qu'on se crée. La vérité ne se conquiert pas de la sorte. Elle ne se donne qu'à la franchise, et c'est en l'aimant qu'on la trouve. Pour arriver jusqu'à elle, il faut marcher droit devant soi, sans calculer les sacrifices qu'elle nous coûte, ni s'effrayer des devoirs qu'elle impose. Ce n'est pas à l'homme de mener la vérité là où il lui plaît; il doit se laisser conduire par elle, là où elle le mène.

C'est dans cette disposition d'esprit que Justin entreprit la recherche de la vérité. Lui-même nous apprend avec quelle confiance pleine d'ardeur il s'était tourné vers les écoles philosophiques, pour obtenir d'elles une solution certaine des problèmes qui le travaillaient. Le premier système qui s'offrit à lui, ce fut le stoïcisme. En effet, par l'élévation de ses principes de morale, par l'estime qu'elle professait pour la vertu, par la tranquillité d'âme qu'elle promettait au sage, et peut-être encore plus par la pompe un peu théâtrale avec laquelle elle débitait ses maximes, l'école stoïcienne avait de quoi séduire l'imagination d'un jeune homme au cœur noble et généreux. Aussi les meilleurs esprits, à Rome du moins, se réfugiaient-ils dans le Portique comme dans un asile qui les protégeât contre les misères de leur siècle. Cependant il y avait dans le stoïcisme une lacune que la morale, bien loin de la combler, laissait subsister tout entière. L'esprit pénétrant de Justin l'entrevit promptement. Écoutons-le lui-même :

« Lors donc que, dans le principe, je désirais m'initier à une doctrine philosophique, je me mis tout d'abord sous la conduite d'un stoïcien. Je restai dans sa société le temps qu'il fallait; mais je m'aperçus bientôt que je ne faisais aucun progrès dans la connaissance de Dieu; car lui-même n'en savait rien et il ne jugeait pas même que cette science fût nécessaire [1]. »

Voilà, Messieurs, le vice radical du stoïcisme : l'absence d'un enseignement dogmatique qui pût servir à la morale de base et de point de départ. Sans doute, il est utile, il est juste d'enseigner à l'homme ses devoirs. Mais au nom de qui lui imposerez-vous des actes contraires à ses penchants, des actes qui enchaînent sa liberté ? De quel principe supérieur ferez-vous dériver cette obligation morale ? A cela, le stoïcisme répondait par cet adage : Il faut vivre conformément à la nature [2]. Mais la nature humaine, telle qu'elle existe en nous, est portée au vice aussi bien qu'à la vertu ; et même, la balance inclinerait plutôt vers l'un que vers l'autre. La vertu, n'est-elle pas un sacrifice pénible, qui répugne à la nature, qui la contrarie dans ses inclinations les plus vives ? Pourquoi, de ces deux voix de la nature, dont l'une invite au plaisir, dont l'autre commande le sacri-

---

[1] *Dial. avec Tryph.*, II.
[2] *Consummatum bonum si secundum naturam vivat.* Sénèq. : *Ép.* XLI.

fice, écouterais-je plutôt la deuxième que la première ? Il vous plaît de placer dans la conscience le fondement de l'obligation morale ! Fort bien, si la voix de la conscience est la voix de Dieu, si la règle qu'elle me trace m'est imposée par une volonté supérieure à la mienne, si le bien moral a son principe et sa sanction dans une loi éternelle, absolue, immuable, qui ne se résout pas dans une pure abstraction, mais se réalise, se personnifie dans l'Être souverain : dans ce cas, je comprends le devoir, le sacrifice, la vertu. Si, au contraire, la conscience n'est qu'une législation sans législateur et un tribunal sans juge, si elle n'est qu'une limite que je me pose à moi-même ou qu'une force aveugle et impersonnelle, qui s'appelle la nature, est censée m'opposer, elle n'a pas plus d'autorité pour moi que la voix de l'intérêt ou des passions ; et ma volonté, brisant ce frêle obstacle, se retrouve tout entière avec son indépendance, libre de tout frein et hors de toute entrave.

C'est pourquoi la morale du Portique était un bel édifice bâti en l'air, que le vent du scepticisme emportait sans peine. Justin la caractérise d'un mot en disant de son stoïcien, « qu'il ne jugeait pas même que la connaissance de Dieu fût nécessaire. » En effet, l'école stoïcienne était une école de moralistes qui ne songeaient pas à construire sur le dogme la théorie des devoirs. Aucune autre école de l'antiquité n'a poussé plus loin qu'elle le dédain de la philosophie spéculative. Je ne veux pas dire qu'elle n'eût point de doctrines propres sur le principe et la nature des choses. La théodicée de Zénon est, comme tout le monde sait, une sorte de panthéisme matérialiste qui se rattache aux idées d'Héraclite. Dans son système, Dieu est l'âme du monde, et le monde lui-même forme un tout organique pénétré par le principe igné ou la chaleur vitale, qui se répand à divers degrés dans les différents êtres [1]. Plus tard, sans doute, la

---

[1] Diogen. Laert. : 7, 137, 148, 156 ; Plutarq. : *de Placit. phil.*, I, 7 ; Cicer. *de Nat. Deorum*, II, 11 et ss.

métaphysique primitive du Portique subit bien des modifications, mais le germe du panthéisme qu'y avait déposé le chef de l'école ne cessa de se développer. Ce qu'il y a de certain, c'est qu'elle n'eut d'autre influence sensible sur la morale stoïcienne que d'y introduire le principe de la fatalité avec ses conséquences. Hors de là, l'éthique de Zénon et de ses disciples ne repose pas sur leur théodicée ; au contraire, elle en fait abstraction et cherche à s'en passer. Sénèque exprime cette prétention avec une netteté qui ne laisse rien à désirer. Voici comment il répond à cette objection : « De quoi me servira la philosophie, si le hasard gouverne toute chose ? — Que cela soit vrai en tout ou en partie, je raisonne ainsi, mon cher Lucile. Soit que la destinée nous lie par une nécessité immuable, soit que Dieu, comme arbitre de l'univers, ordonne de toutes choses, soit que le hasard ballotte et pousse aveuglément les affaires humaines, il est certain que la philosophie nous protégera toujours [1]. » Cela se réduit à dire : quoi qu'il en soit du dogme, la morale (car le mot de philosophie n'a pas d'autre sens dans Sénèque) est indépendante de lui et subsiste néanmoins. Vous le voyez, Messieurs, c'est précisément ce que saint Justin reprochait au stoïcien son maître, et ce qui le détourna du Portique : l'indifférence pour la connaissance du vrai Dieu. Mais ce vice radical du stoïcisme, cette élimination de Dieu comme d'un hors-d'œuvre dans la théorie des devoirs, paraît mieux encore dans le plus beau monument de philosophie morale que l'antiquité profane nous ait transmis, le traité *de Officiis* de Cicéron.

Vous n'ignorez pas, Messieurs, que Cicéron, obéissant à la tendance éclectique de son esprit, suivait le Portique en morale comme il s'attachait à la nouvelle Académie dans la spéculation. Sa théorie des devoirs est toute stoïcienne avec quelques teintes de platonisme fort adoucies. Or quel rapport établit-il entre la théodicée et la morale ? Aucun. Il ne

---

[1] *Épitre*, XVI.

songe point à donner l'idée de Dieu pour point d'appui à sa doctrine : aussi pèche-t-elle par la base ; et malgré la beauté du plan et la régularité de l'ordonnance, tout l'édifice de sa morale repose en fin de compte sur un fondement ruineux. A la vérité, il effleure en commençant les devoirs de l'homme envers Dieu ou les dieux, sans dire en quoi ils consistent ; mais, quant à la base générale, essentielle, du devoir, il ne la cherche pas dans la divinité. L'autorité ou la volonté divine, l'obligation de se conformer à l'idéal divin, n'entrent pour rien dans les motifs qu'il propose à la raison de l'homme. Tout le point d'appui de sa théorie, c'est le sentiment du beau moral, la notion du juste et de l'honnête prise dans la conscience humaine sans que rien vienne la rattacher à sa source, qui est Dieu. Une seule fois, à propos du serment, il recommande de considérer qu'on a pris Dieu à témoin, mais il est facile de reconnaître que la divinité est prise dans ce passage pour la partie supérieure de la raison de l'homme [1]. Nul doute que la notion du juste et de l'honnête ne se trouve au fond de la conscience ; mais si cette notion ne dérive pas de Dieu, si l'objet de cette notion, ou le bien, n'a pas de réalité concrète dans l'essence divine, si elle n'est pas cette essence même, dans ce cas, la notion du juste et de l'honnête reste purement subjective, et ne saurait par conséquent fonder l'obligation morale. Abstraction faite de Dieu, la distinction du bien et du mal se réduit à un phénomène psychologique qui n'a rien d'impératif. En deux mots, l'absolu seul peut être la racine du devoir. De même que nos idées n'ont de réalité que par leur rapport d'origine et de similitude avec les idées divines, ainsi la loi de la conscience n'a de force que parce qu'elle est une émanation de la loi éternelle et absolue réalisée dans la raison divine. Voilà pourquoi la théodicée est la base de la morale et la connaissance de Dieu le fondement du devoir.

[1] *De Offic.*, III, 10.

C'est donc une tentative désespérée de vouloir construire la morale en dehors du dogme ; et il y a lieu de s'étonner qu'elle se soit répétée de nos jours après tant d'expériences infructueuses. Rien n'est même plus commun que de voir certains défenseurs de la morale reléguer les questions dogmatiques parmi les spéculations vaines ou dangereuses. C'est le fond d'un livre qui s'est acquis une triste célébrité par une attaque générale contre tous les principes de l'ordre religieux et social. En réduisant à leur plus simple expression les trois volumes qui le composent, on arrive à deux idées qui les résument : l'une, qui consiste à édifier une morale sans dogme ; l'autre, qui substitue à la Religion et à l'État ce qu'il plaît à l'auteur d'appeler la Balance économique. Assurément, cette dernière idée est originale ; mais la première, qui forme toute la philosophie de l'ouvrage, n'est que la répétition d'une vieille erreur rajeunie par quelques formules empruntées à l'école d'Hegel. Ce qui, dans le stoïcisme et dans la théorie des devoirs de Cicéron, n'était qu'une lacune, devient une négation tranchante chez l'auteur de « la Justice dans la Révolution et dans l'Église. » Après avoir cherché à éliminer Dieu de la conscience humaine, il s'efforce de construire sur l'idée de justice tout l'édifice de la morale et de la société. Cette tentative est tout simplement puérile et ne sert à voiler qu'un sophisme grossier. Vous prenez votre point de départ dans l'idée de justice parce qu'elle vous présente le caractère d'une idée absolue, essentielle, qui ne doit son origine à aucune convention humaine. D'accord ; mais qui est-ce qui donne à l'idée de justice son caractère d'idée absolue ? Est-ce l'homme ? Comment voulez-vous que l'homme, être essentiellement relatif et limité, puisse donner à quoi que ce soit le caractère de l'absolu ? Évidemment, l'idée de justice ne peut recevoir ce caractère que de l'être absolu qui la réalise dans son essence. Direz-vous que l'idée absolue de la justice existe par elle-même, sans sujet personnel qui la réalise dans son essence ? Mais une idée ce qui n'a pas d'existence concrète dans un sujet personnel n'est qu'une chimère, une pure abstraction sans fond ni réalité. Pour que l'idée de justice qui se trouve dans la conscience humaine, au lieu d'être purement subjective, ait réellement le caractère d'une idée absolue, éternelle, immuable, il faut qu'elle existe indépendamment de l'homme dans l'Être éternel et immuable qui seul peut lui donner le caractère de l'absolu. C'est ainsi que l'idée de justice, dans laquelle l'auteur que je combats prend son point de départ, le ramène logiquement à Dieu. Un peu de dialectique suffit pour faire justice de ces paradoxes dont le cynisme fait toute la valeur.

Nous venons de voir, Messieurs, que saint Justin avait parfaitement saisi le vice du stoïcisme, l'absence d'un enseignement dogmatique qui pût servir à la morale de base et de point d'appui. Scandalisé d'entendre dire au stoïcien son maître, que la connaissance de Dieu n'était pas chose nécessaire, le jeune philosophe rompit avec le Portique. Évidemment, là ne se trouvait pas la vérité qu'il cherchait. Loin de se laisser décourager par cette première déception, il redoubla d'ardeur dans la recherche de la vérité. C'est aux péripatéticiens, ou disciples d'Aristote, qu'il alla s'adresser au sortir de l'école stoïcienne ; mais un incident assez curieux l'empêcha de pénétrer bien avant dans l'étude de ce nouveau système :

« Je m'adressai à un péripatéticien, homme d'une grande finesse d'esprit, du moins à ce qu'il croyait. Il laissa passer les premiers jours ; mais au bout de ce temps, il me pria de convenir avec lui des honoraires, afin que, disait-il, notre commerce devînt plus fructueux. Quand j'entendis cela, je quittai mon homme, ne l'estimant pas même digne du nom de philosophe [1]. »

S'il faut en juger par ce peu de mots, le péripatéticien me paraît avoir poussé un peu loin le souci des choses de la vie. Assurément, il faut être juste : on ne peut pas exiger

---

[1] *Dialog. avec Tryph.*, II.

de la philosophie que dans son vol vers les hautes régions de la métaphysique elle oublie complétement la terre. Toujours est-il, cependant, qu'il fallait y mettre une certaine réserve et débiter au moins une partie de la marchandise avant d'en exiger le prix. Ce trait de mœurs n'est pas isolé dans l'histoire des philosophes de ce temps-là : pour plusieurs d'entre eux l'enseignement de la sagesse n'était qu'un moyen de faire fortune. Déjà Sénèque se croyait obligé de répondre à des reproches de cette nature, et le long plaidoyer qu'il entreprend en faveur des philosophes riches, dans son *Traité de la vie heureuse*, prouve que l'objection était très commune : « D'où vient, leur disait-on, qu'avec tant d'ardeur pour la philosophie, vous menez une existence si opulente ? Pourquoi dites-vous qu'on doit mépriser les richesses, tandis que vous en regorgez ? Pourquoi avez-vous une maison de campagne plus ornée que ne l'exige l'usage prescrit par la nature ? Pourquoi n'est-ce pas selon vos préceptes que l'on soupe chez vous ? Pourquoi avez-vous un mobilier si brillant ? Pourquoi, chez vous, boit-on du vin qui a plus d'années que vous ? Pourquoi votre maison est-elle si bien disposée ? Pourquoi votre femme suspend-elle à ses oreilles le revenu d'une famille ? Pourquoi vos jeunes esclaves portent-ils retroussées des tuniques d'une étoffe précieuse ? Pourquoi est-ce un art chez vous que de servir à table[1] ? » Ces interrogations ne laissaient pas d'être embarrassantes pour un philosophe possesseur d'une fortune que Dion Cassius évalue à dix-sept millions cinq cent mille drachmes. Aussi Sénèque commence-t-il par se fâcher contre ses détracteurs, qu'il appelle « des aboyeurs, des têtes pleines de malignité et de haine pour les hommes vertueux[2]. » Puis il hasarde quelques raisons. « Après tout, dit-il, la richesse n'est pas un mal. Le sage ne se croit indigne d'aucun présent de la fortune : il n'aime pas les

---

[1] *De Vita beata,* XVII, XXI.
[2] *Qui philosophiam conlatrant... sicut canes latratis.*

richesses, mais il les préfère. Il pourrait faire une route à pied, il aime cependant mieux monter en voiture. De plus, il y a pour le sage plus ample matière à déployer son âme dans les richesses que dans la pauvreté. Dans celle-ci, en effet, il n'y a qu'un genre de vertu qui est de ne pas plier, de ne pas être abattu ; dans les richesses, au contraire, la tempérance, la libéralité, le discernement, l'économie, la magnificence ont toutes une carrière ouverte [1]. »

Voilà de quelle manière Sénèque défend les philosophes contre ceux qui leur reprochent l'amour des richesses et à l'insistance qu'il y met, on s'aperçoit facilement que l'objection lui est fort sensible. Or, parmi les sectes philosophiques auxquelles on attribuait un faible assez prononcé pour l'argent, nulle n'était plus vulnérable que celle des péripatéticiens. On sait qu'Aristote, esprit positif et pratique, faisait une large part à l'utile dans la théorie du bien. Sa morale, peu élevée, est une sorte de juste milieu, une prudence habile qui cherche à concilier l'intérêt avec le devoir. Cette tendance imprimée par le maître se fortifia chez les disciples ; aussi ne suis-je pas surpris que saint Justin ait trouvé parmi eux cet esprit de vénalité qui le dégoûta de leur société. Nous ne manquons pas de témoignages qui viennent confirmer la vérité de cette partie de son récit. Lucien en particulier ne cesse d'accuser les péripatéticiens de ce défaut qui caractérise leur secte ; et bien que dans cet écrivain il faille toujours faire la part de l'exagération satirique, nous n'avons aucune raison de douter que sa verve ne s'exerçât sur un tort réel. C'est ainsi qu'à propos d'une place vacante, il raconte plaisamment dans

---

[1] XXI, XXII, XXIII. — *Non se sapiens indignum ullis muneribus fortuitis putat. Non amat divitias, sed mavult... Pedibus suis poterit iter conficere, ascendere tamen vehiculum malet... Major materia sapienti animam explicandi suam in divitiis quam in paupertate. Quum in hac unum genus virtutis sit, non inclinari, nec deprimi: in divitiis et temperantia, et liberalitas, et diligentia, et depositio, et magnificentia campum habent patentem.*

son dialogue intitulé *l'Eunuque*, une lutte entre deux candidats, dont l'un était péripatéticien. Or, ce qui excitait l'ardeur des concurrents, ce n'est pas tant la charge d'enseigner la sagesse que le traitement de dix mille drachmes qu'Adrien, Antonin le Pieux et Marc-Aurèle y avaient affecté [1]. Car, dit Lucien, c'est un dogme pour les péripatéticiens de ne pas trop dédaigner les richesses, mais de les envisager comme un troisième bien. Là-dessus, il donne libre carrière à son humeur railleuse pour tourner en ridicule ces philosophes qui affectent le mépris de l'argent et se disputent pour se l'arracher, comme si la patrie était en danger [2]. Dans *l'Hermotime*, il revient sur le même sujet, et comparant entre elles les diverses écoles de philosophie, il flagelle la cupidité des péripatéticiens [3]. Dans un autre dialogue, intitulé *la Vente des âmes*, Mercure met celle d'un disciple d'Aristote à vingt mines, par la raison qu'il est fort riche [4]. Ailleurs, dans *le Pêcheur ou les Revenants*, le péripatéticien que Lucien met en scène se fait un mérite de ses richesses pour prétendre au premier rang des philosophes [5]. Je laisse de côté l'accusation générale de cupidité dans laquelle le satirique enveloppe toutes les écoles philosophiques de son temps [6]. Il me suffit d'avoir montré combien le vice reproché par saint Justin au péripatéticien son maître répond à l'idée que ses contemporains se faisaient des disciples d'Aristote.

En général, Messieurs, il faut à l'activité humaine un mobile et un but. Lorsqu'on ne voit plus dans une tâche quelconque l'accomplissement d'un devoir ou d'une mission, on y cherche facilement la satisfaction de l'intérêt

---

[1] Victor: *Cæs.*, XIV; Capitolinus: *Vie d'Antonin*, c. XI; *Vie de Marc-Aurèle*.
[2] *Eunuch.*, III.
[3] *Hermot.*, XVI.
[4] *Vitarum emptio*, XXVI.
[5] *Piscator.*, XLIII.
[6] *Nigrinus*, XXV; *Icaroménippe*, V, XXIX.

propre ; et les motifs élevés qui doivent inspirer la conduite font place aux aspirations basses et vulgaires. C'est particulièrement aux époques de scepticisme que cet esprit de vénalité tend à faire invasion dans le domaine de la science. La foi, en se retirant des âmes, y laisse sans contre-poids cet instinct de l'égoïsme qui incline l'homme vers l'intérêt; et la vérité, cessant d'être recherchée pour elle-même, devient une affaire de spéculation. Alors l'on voit se produire ce triste spectacle que saint Justin nous a conduits à étudier un instant, et dont Lucien nous donne une idée plus complète : spectacle qui s'est répété depuis lors à des époques plus rapprochées de nous. A côté d'hommes qui, dans les ouvrages de l'esprit, se proposent pour but d'instruire et de plaire, en paraissent d'autres moins naïfs et plus habiles, pour qui le talent d'écrire est celui d'amasser, chez qui le dieu Plutus a remplacé les Muses, qui jugent d'une ligne non par ce qu'elle contient, mais par ce qu'elle rapporte, qui calculent leur renommée sur le nombre de mots qu'ils alignent, et vendent leur littérature en gros et en détail comme un ballot de marchandises ; qui enfin, sans plus même se soucier de la gloire littéraire, cherchent dans une facilité de style peu commune une facilité plus rare encore d'acquérir et de dépenser. Déplorable usage des dons de l'intelligence, que les écrivains de notre grand dix-septième siècle ne connaissaient pas, heureux et fiers qu'ils étaient d'une médiocrité pleine de dignité ; abus qui, pour être désigné, a forcé la langue française de chercher un mot nouveau, non pas à l'Académie, mais à la Bourse, celui du mercantilisme littéraire !

Toutefois, la maladie que je signale n'est pas aussi nouvelle qu'on pourrait le croire, comme saint Justin nous le montre dans le récit de sa vie. L'absence d'enseignement dogmatique chez les stoïciens et l'esprit de vénalité des péripatéticiens l'avaient éloigné de ces deux écoles ; il essaya d'une troisième. Car il était de ceux qui estiment la vérité à un prix trop élevé pour se laisser rebuter par l'insuccès des premiers efforts. Or, parmi les systèmes philosophiques en vogue au deuxième siècle, il y en avait un qui, par ses tendances ascétiques, son caractère de mysticisme très prononcé, son affinité avec les doctrines de l'Orient et une certaine profondeur du sentiment religieux, pouvait offrir quelque attrait à une âme élevée : c'était l'enseignement pythagorique. Justin résolut de l'aborder ; suivons-le au milieu de cette troisième tentative.

« Toujours animé du désir d'apprendre ce qui est le propre et l'essence de la philosophie, j'allai trouver un pythagoricien, homme d'une grande réputation et fier de son savoir. Je lui exprimai l'intention que j'avais de profiter de sa société en écoutant ses leçons. Or, la première question qu'il m'adressa fut celle-ci : Quels soins avez-vous donnés à la musique, à l'astronomie et à la géométrie ? Car n'espérez pas approfondir les choses qui ont pour objet la vie heureuse, si vous n'êtes préalablement initié à ces diverses sciences : elles seules peuvent détacher l'esprit des sens, pour le préparer à l'intuition du beau et du bien en soi. Là-dessus il me fit un pompeux éloge de cette discipline préliminaire, en insistant sur son absolue nécessité. Je lui confessai mon ignorance en cette matière, et, sans pousser plus avant, il me renvoya [1]. »

Il faut en convenir, si pour trouver la vérité, il était nécessaire de connaître la musique, l'astronomie et la géométrie, bien peu d'hommes y atteindraient. C'est ici, Messieurs, que se révèle une nouvelle lacune dans tout enseignement philosophique quel qu'il soit : le manque de popularité. Il n'est accessible qu'au petit nombre, parce qu'il suppose un ensemble de connaissances qui se trouvent rarement réunies. Tous n'ont pas l'aptitude ni le loisir suffisants pour se livrer à des études complexes et difficiles. La plupart des hommes passeraient la majeure partie de leur vie avant d'avoir acquis le degré de science nécessaire

---

[1] *Dial. avec Tryph.*, II.

pour commencer la recherche de la vérité : la brièveté de leur carrière et le soin des affaires temporelles exigent qu'ils la trouvent devant eux toute faite, pour ainsi dire, et à la portée de tous. Voilà pourquoi une révélation divine est d'une extrême utilité, si l'on veut que l'immense majorité du genre humain puisse jouir du bénéfice de la vérité. Dans ce cas, nul n'est déshérité d'un bien qui doit être le patrimoine commun des intelligences, et si, même dans cette hypothèse, peu d'hommes se trouvent capables d'approfondir la vérité religieuse, du moins tous peuvent-ils la posséder ; or, cela seul est essentiel.

C'est ainsi que le manque de popularité condamne tout enseignement philosophique à se renfermer dans un petit cercle d'initiés. Nulle part ce système de limitation ou d'exclusion n'était pratiqué avec plus de rigueur que dans l'école de Pythagore. Vous savez, Messieurs, qu'elle présentait le phénomène assez curieux d'une espèce d'ordre religieux ou d'institut philosophique auquel on n'arrivait que par un noviciat assez long, passé dans le silence ou la méditation. C'est assurément, de toutes les sectes de l'antiquité, celle qui se recommande par une plus grande apparence de piété religieuse et de sévérité morale. Or, dans cette discipline préparatoire à l'affiliation définitive, figuraient en première ligne les sciences mathématiques : de telle sorte que la géométrie et la théurgie, les deux extrêmes du raisonnement et du mysticisme, se rencontraient chez les pythagoriciens dans une alliance assez bizarre. « Que sait-il, votre pythagoricien ? demande, chez Lucien, celui qui veut acheter des âmes de philosophes. — Il sait, répond Mercure, l'arithmétique, l'astronomie, la divination, la géométrie, la musique et la magie [1]. » Cet assemblage de connaissances paraît étrange à première vue, mais la théorie de Pythagore l'explique. Les mathématiques, dit Aristote, lui servaient de philosophie. Frappé de l'ordre qui règne dans

---

[1] *Vitarum emptio*, II.

l'univers, et de la régularité avec laquelle ses différentes parties se ramènent à l'unité, le sage de Samos avait été conduit à placer dans le nombre le principe des choses. De là cette grande place qu'il accordait à la science des nombres dans sa discipline philosophique. Et comme l'harmonie résulte de l'unité dans la variété, la musique ou la science de l'harmonie devenait sœur de l'arithmétique. Or, d'autre part, l'harmonie et le calcul trouvent leur plus haute expression dans le monde des astres qui roulent sur nos têtes : l'astronomie sera donc le complément de la science des nombres et de la science de l'harmonie. C'est par cette trilogie préparatoire que les pythagoriciens cherchaient à élever l'esprit dans la sphère des idées abstraites. Ajoutez-y quelques doctrines particulières empruntées à l'Orient, une couleur générale de mysticisme répandue sur tout le système : vous avez les divers éléments qui entraient dans l'enseignement pythagorique, créé par le maître, et développé par ses disciples Philolaüs et Architas. On ne saurait, à coup sûr, refuser toute valeur à cette application de l'esprit mathématique à la philosophie : nous la retrouvons plus haute et plus féconde chez deux esprits éminents du monde moderne, Képler et Leibnitz.

Malheureusement, le résultat ne répondait pas aux efforts : le nombre, point de départ de l'école de Pythagore, restait une abstraction stérile d'où ne sortait aucune réalité vivante. Cette impuissance à reconstruire l'édifice de la vérité, détruit par l'altération de la religion primitive, éclate dans toute l'histoire de la philosophie ancienne. Certes, il y a de la grandeur dans ces tentatives du génie réduit à ses propres forces, et c'est avec un vif intérêt qu'on assiste à ce travail de la pensée qui cherche à déchirer les ténèbres dont elle est enveloppée. Toutefois, si l'on envisage les résultats de ce pénible labeur, on mesure d'un coup d'œil la faiblesse de l'esprit humain. Ce serait, sans nul doute, manquer de justice envers les philosophes païens, que de ne pas reconnaître chez eux des vérités partielles, des points de vue d'une remarquable largeur, des échappées lumineuses sur le monde intellectuel, des éclairs de génie qui tracent à la pensée des routes nouvelles ; mais ce qui n'est pas moins certain, c'est que la vérité ne se trouve chez aucun d'eux sans mélange d'erreurs, et d'erreurs fondamentales qui ont une influence directe et puissante sur la vie humaine. Il s'ensuit qu'une révélation divine pouvait seule mettre fin à ces incertitudes, en offrant à l'homme la vérité complète par la voie la plus simple et la plus sûre, celle de l'autorité. De cette manière, la raison guidée par la foi acquérait une force plus grande en perdant toute crainte de se tromper.

Voilà, Messieurs, ce qui amenait vers le christianisme les esprits cultivés que les systèmes philosophiques ne parvenaient pas à satisfaire : le besoin de trouver quelque part la vérité sans mélange d'erreurs. Car, après la triple expérience faite par saint Justin, nous entrevoyons déjà comment la philosophie pouvait être tour à tour un obstacle ou une préparation à l'Évangile : un obstacle, en ce qu'elle retenait les uns dans les liens de l'erreur : une préparation, en ce qu'elle mettait les autres sur la voie de la vérité. En effet, chaque enseignement philosophique offrait au christianisme un point de contact et une ligne de séparation : sympathique par un côté, il lui était antipathique par un autre. C'est ainsi que la morale stoïcienne prédisposait l'âme à comprendre le soin de la perfection et le mépris des jouissances que prêchait l'Évangile ; au contraire, le principe d'orgueil qui faisait le fond du stoïcisme répugnait essentiellement à l'humilité de la foi. Si les habitudes logiques qu'Aristote avait transmises à ses disciples les rendaient propres à l'examen des faits servant de base à la révélation chrétienne, la morale de l'intérêt, fort en vogue chez les péripatéticiens, repoussait l'esprit de sacrifice. Enfin, la réaction des néo-pythagoriciens contre le christianisme allait prouver que le sentiment religieux détourne de la vérité ou porte vers elle, selon qu'il est lui-même véritable ou faux. De ce point de vue, il est vrai de dire également que l'Évangile trouvait dans la philosophie ancienne un obstacle et un moyen : ce qui formait chez ceux-ci un motif de se laisser gagner par la religion chrétienne devenait pour ceux-là une raison de s'opposer à elle, suivant que les uns et les autres s'attachaient de préférence à ce qu'il y avait de vrai ou de faux dans les divers systèmes. Cette variété d'influences explique comment les Pères ont pu juger différemment le rôle de la philosophie païenne par rapport à l'Évangile, en l'envisageant ici comme un rôle d'auxiliaire, là comme un rôle d'ennemie. En réalité, l'une et l'autre appréciation repose sur un égal fondement. Ainsi, tandis que saint Irénée voit dans la philosophie ancienne la source de toutes les hérésies, Clément d'Alexandrie la proclame le vestibule du christianisme. D'après les motifs que je viens d'énoncer, cette contradiction n'est qu'apparente, comme nous le verrons d'ailleurs dans la suite de nos études.

Mais si, par leur côté positif, les systèmes philosophiques de l'antiquité pouvaient être un obstacle non moins qu'une préparation à l'Évangile, leur résultat négatif y conduisait plus directement. Ce résultat, ce sont les mécomptes qu'y trouvaient les esprits sincères et la déception qui les rejetait vers la révélation chrétienne. Après avoir erré d'école en école, ballottés par le vent de mille opinions contraires, ils se trouvaient aussi peu avancés qu'au début. Nous venons de suivre saint Justin dans cette odyssée philosophique ; nous ne sommes pas encore au bout de ce long voyage entrepris pour la recherche de la vérité. Avant d'arriver au port, nous le verrons toucher à un dernier rivage pour s'arrêter un instant devant la grande figure de Platon.

CINQUIÈME LEÇON

Suite de l'odyssée philosophique entreprise par saint Justin. — Il croit avoir trouvé la vérité dans le système de Platon.—Qualités et défauts du platonisme. — Comment cette théorie pouvait frayer les voies au christianisme. — Elle amenait parfois un résultat tout contraire. — Raison de ce fait. — L'insuffisance du platonisme fait incliner saint Justin vers la religion du Christ. — Un incident particulier décide de sa conversion. — L'étude des livres saints le confirme dans la foi. — Nécessité morale d'une révélation extérieure et positive pour faire arriver l'homme à la vérité complète. — Caractère historique du récit et de la conversion de saint Justin.—Époque et lieu où il faut placer cet évènement.

Messieurs,

Nous avons laissé saint Justin au sortir de l'école pythagoricienne qui n'avait été pour lui qu'une source de nouvelles déceptions. La voie que lui traçaient les partisans de ce système semblait trop longue à son esprit avide de vérité pour qu'il essayât même de la tenter. Il jugeait avec raison que la musique, l'arithmétique, la géométrie, l'astronomie, cette foule de connaissances préparatoires à l'enseignement pythagorique, n'avaient qu'un rapport indirect avec ce qu'il cherchait : dès lors, c'eût été peine perdue que de s'y engager. Ce triple insuccès n'avait pas laissé d'ébranler sa confiance. Déjà il commençait à désespérer du résultat de ses investigations, lorsqu'une dernière chance de salut s'offrit à lui.

Il y avait, en effet, une doctrine philosophique qui, mieux que nulle autre, pouvait prétendre à la souveraineté des intelligences : c'était la doctrine de Platon. En dehors de la révélation, l'histoire de l'esprit humain n'offre rien de comparable à ce mouvement d'idées qui, parti de Socrate, vient se résumer dans le plus grand de ses disciples. Génie aussi pénétrant qu'élevé, Platon avait dépassé la sphère des choses relatives et contingentes pour porter son regard sur l'absolu lui-même. Partant du principe d'Héraclite, qu'il n'y a pas de science du variable, il avait cherché dans l'intelligence humaine quelque chose de nécessaire, d'universel et d'immuable qui pût servir de base à nos affirmations. De là cette célèbre théorie des idées, qui est la gloire de Platon. Or parmi ces idées, raison première, type et essence des choses, la plus haute est l'idée du bien éternellement présente à une intelligence infinie, qui est Dieu. C'est sur le modèle des idées que Dieu a formé tous les êtres, lesquels n'existent que par leur participation à ces réalités infinies. Acquérir la véritable science, celle des idées, réaliser l'idée du bien dans sa conduite, et atteindre par ce moyen à la ressemblance avec Dieu, telle est la tâche de l'homme : la philosophie a pour but de la lui faciliter, en le délivrant de la servitude des sens, pour lui assurer la liberté intellectuelle et morale. Certes, jamais la raison humaine n'avait tenu un plus noble langage, et je ne m'étonne pas que saint Justin se soit pris d'enthousiasme pour un système qui lui faisait concevoir de si belles espérances.

« Dans l'embarras, dit-il, où je me trouvais par suite de ma mésaventure, je résolus de conférer avec les platoniciens, qu'on tenait en haute estime. Précisément, il venait d'arriver dans notre ville un de leurs principaux maîtres. Je me mis en rapport avec lui, et, à la suite de longs entretiens, je m'aperçus que je faisais chaque jour de nouveaux progrès. Ce qui me transportait de joie, c'était la connaissance des choses intelligibles : la théorie des idées donnait des ailes à mon esprit. Je m'imaginais être devenu savant en peu de temps, et j'espérais arriver bientôt à la contemplation de Dieu ; car c'est à cela que tend la philosophie de Platon [1]. »

---

[1] *Dial. avec Tryphon.*, II.

Ces paroles nous apprennent pourquoi le platonisme rencontra une si vive sympathie parmi les Pères de l'Église, à commencer par saint Justin. C'est qu'aucune autre philosophie ne respirait un spiritualisme aussi élevé, ni ne portait au même degré vers l'étude des choses immatérielles et invisibles. Cette tendance à dégager l'esprit des entraves de la matière pour l'élever jusqu'au monde intelligible se révèle dans chacun des écrits de Platon ; elle leur assigne le premier rang parmi les produits de la philosophie grecque. Tandis qu'aucun système antérieur au sien ne sait rattacher l'âme humaine à Dieu par un lien direct et intime, Platon la met en communion étroite avec la divinité par le moyen des idées. C'est en retrouvant dans sa nature intelligente l'empreinte des idées éternelles, que l'homme franchit la sphère des réalités finies pour atteindre au vrai, au beau et au bien absolu. D'autre part, en plaçant dans l'imitation de Dieu le but de l'activité humaine, Platon dépasse tout ce qui l'a précédé : il écrit la préface humaine du divin Livre où il sera dit : Soyez parfaits comme mon Père céleste est parfait. Voilà pourquoi, sans parler des points particuliers où sa doctrine se rapproche de l'Évangile, il est vrai de dire que, par son esprit et son caractère général, elle formait une sorte de préparation au christianisme.

Je ne suis donc pas surpris, Messieurs, qu'avant d'être initiés à la doctrine chrétienne, de nobles esprits comme saint Justin aient cru trouver dans le platonisme la vérité qu'ils cherchaient. Ce système constituait, à coup sûr, ce que la raison, livrée à ses seules forces, avait produit de moins incomplet. Et pourtant, que de lacunes, que d'erreurs même dans cette philosophie qui prétendait résoudre les grands problèmes de la destinée humaine ! Que de doutes, que d'incertitudes ne faisait-elle pas naître dans l'esprit, du moment que l'enthousiasme cédait la place à la réflexion ! Cette théorie platonicienne des idées, que Justin trouvait si belle, à combien de difficultés n'était-elle pas sujette ! Aristote n'avait-il pas dirigé contre elle toute la pénétration de son esprit critique? En définitive, qu'était-ce que ces idées dans l'esprit du maître? Existaient-elles, pour lui, dans l'intelligence divine, comme dans leur lieu et dans leur sujet? ou bien, avaient-elles une existence indépendante, séparée de celle de Dieu, formaient-elles à côté de lui un second principe des choses? Qui pouvait le dire avec assurance? On raisonne là-dessus depuis deux mille ans sans résultat positif, et aujourd'hui encore les raisons se croisent pour et contre. Voilà donc le point capital du système enveloppé de nuages qu'on ne parvenait pas à percer. Si, dans sa théodicée, Platon se rapprochait du monothéisme plus que tout autre philosophe de l'antiquité, n'affirmait-il pas également l'éternité de la matière? Dès lors, le dualisme ne paraissait-il pas chez lui avec toutes ses conséquences? Bien plus: qu'était-ce que cette âme du monde, dont les éléments incréés ont servi à former toutes les âmes particulières? Ne fallait-il pas voir en elle un troisième principe des choses? Comment concilier entre elles ces données contradictoires, pour les ramener à l'unité d'un tout harmonique et bien ordonné? Que penser de ces trois parties de l'âme dont l'une a son siège dans la tête, l'autre dans la poitrine et la troisième dans le foie? Étaient-ce purement trois facultés distinctes, ou, comme d'autres passages plus formels le faisaient supposer, trois âmes d'essence diverse? En affirmant que tout ce qu'il y a d'intelligence dans le monde appartient à la substance divine, Platon n'ouvrait-il pas au panthéisme une issue qu'il lui fermait sur d'autres points? Si l'immortalité de l'âme trouvait en lui un éloquent défenseur, le dogme de la métempsycose ne venait-il pas altérer cette belle croyance? Que dire de la question de l'origine du mal, question formidable, essentielle, sur laquelle le fondateur de l'Académie ne s'était jamais prononcé d'une manière nette et précise? Enfin, quelle source de mécomptes n'y avait-il pas pour un esprit sérieux et honnête dans l'application de la théorie de Platon à l'ordre social, dans cet étrange renversement des lois de la nature qui constitue son état modèle? Vous le voyez,

Messieurs, le platonisme laissait subsister bien des lacunes, plus d'une obscurité : il n'offrait sur la plupart des problèmes fondamentaux de la destinée humaine, que des solutions peu sûres, parfois fausses, toujours incomplètes ; et l'on conçoit sans peine qu'après s'y être attachés un certain temps, des hommes comme saint Justin aient éprouvé le besoin de trouver quelque part un ensemble de doctrines plus satisfaisant.

Envisagé de la sorte, le platonisme pouvait frayer la voie au christianisme par ses défauts comme par ses qualités. Il préparait les esprits à l'Évangile et par ce qu'il renfermait de vrai et par ce qu'il contenait de faux. De prime abord, cette proposition peut vous sembler paradoxale, mais un peu de réflexion suffira pour en faire comprendre la justesse. En accoutumant l'âme à s'occuper des choses immatérielles, en développant chez elle l'amour du vrai, du beau et du bien, le platonisme la disposait d'avance à concevoir et à sentir ce qu'il y a dans l'Évangile de vérité et de perfection morale. Cela est incontestable, aussi je ne m'y arrête pas. D'autre part, il promettait plus qu'il ne tenait, et par suite excitait des besoins religieux et moraux qu'il ne pouvait satisfaire. Cette soif de vérité qu'il allumait dans les âmes, ne trouvant pas d'aliment capable de l'apaiser, se tournait naturellement vers des sources plus vivifiantes et plus pures. Quand l'esprit emporté un instant par la théorie des idées comme sur des ailes, selon l'expression de saint Justin, reprenait terre et qu'il se retrouvait en face de questions sans réponse, de problèmes non résolus, un profond découragement pouvait s'emparer de lui. Après avoir conçu de belles espérances, il se voyait déçu par ce que la philosophie platonicienne avait de vide et d'incomplet. Lors donc que l'Évangile s'offrait à une âme ainsi préparée, avec ses données vives, lumineuses, saisissantes, il trouvait dans ces mécomptes, dans cette soif de vérité qui s'allumait sans pouvoir s'éteindre, autant de dispositions qui lui facilitaient l'accès du cœur et de l'intelligence. Pour peu qu'on ait étudié la nature humaine, ce que je viens de dire ne saurait faire l'objet d'un doute. Nous pouvons donc affirmer, sans crainte de nous tromper, que le platonisme frayait les voies au christianisme d'une manière positive et négative, par l'élan vers la vérité qu'il communiquait aux âmes et par le découragement qu'il provoquait en elles.

Mais ici, Messieurs, je dois répéter pour la philosophie platonicienne ce que je disais, dans ma dernière leçon, des systèmes philosophiques en général. Car la question des rapports du platonisme avec l'Évangile présente une double face ; et selon qu'on néglige l'une ou l'autre, on court risque de se montrer exclusif et partial. Par un contraste qu'explique de nouveau l'étude de la nature humaine, ce qui pouvait servir aux uns de préparation au christianisme devenait précisément un obstacle chez les autres. Cela encore peut paraître étrange, mais avec un peu d'observation on n'a pas de peine à s'en rendre compte. Ainsi, tandis que la partie erronée du système de Platon fera naître dans ceux-ci des aspirations vers une doctrine plus parfaite, ceux-là trouveront dans les mêmes erreurs un motif de persévérer dans leurs opinions. Je m'explique. Tel, par exemple, peu satisfait d'une théorie qui enseigne l'éternité de la matière, pourra saisir avec empressement le dogme de la création ; tel autre, au contraire, le repousser au nom du même principe. Ce principe, s'identifiant avec son esprit, y formera un préjugé ardent, vivace, dont la vérité aura une peine extrême à triompher. On ne saurait contester ce fait qu'en niant ce qui est à l'abri de toute négation, l'empire des préjugés sur l'âme humaine. Mais j'irai plus loin : non-seulement les erreurs de Platon enveloppaient l'intelligence de nuages que l'Évangile perçait difficilement, mais il n'y avait pas jusqu'à la partie saine de sa doctrine qui ne pût devenir un motif d'opposition. Ne devait-il pas arriver, en effet, que certains esprits, infatués de ce que le platonisme a de beauté et de grandeur morale, chercheraient à s'en prévaloir pour se faire une arme contre l'Évangile, en lui disputant la prééminence et la supériorité ? Ce que j'énonce comme une simple supposition est devenu un fait réel. C'est en relevant tout ce qu'il y a dans Platon de vrai et de grand que les premiers antagonistes du christianisme lui firent une guerre opiniâtre ; c'est du platonisme rajeuni, restauré, développé, qu'est parti le signal de la plus forte lutte que l'Évangile ait eu à soutenir dans le monde pendant les quatre premiers siècles ; et, par une opposition que les préjugés et les passions humaines pouvaient seuls faire naître et entretenir, la philosophie qui se rapproche le plus de la religion chrétienne fut parmi toutes celle qui lui fit la résistance la plus vive et la plus systématique.

Pour éclaircir cette question, qui en vaut bien la peine, permettez-moi, Messieurs, d'en appeler à un fait qui se passe sous nos yeux. Nous ne manquons pas de philosophes qui se trouvent, par rapport à la religion chrétienne, dans une situation d'esprit analogue à celle des platoniciens ; et même, ce qu'ils appellent le spiritualisme indépendant n'est autre chose que le platonisme, avec quelques emprunts, avoués ou dissimulés, faits à l'Évangile. Eh bien ! je le répète, cette théorie philosophique, prise en elle-même, est de toutes celle qui s'éloigne le moins du christianisme. Quiconque admet que la vérité n'est pas un produit de la raison humaine, mais existe en dehors d'elle, éternelle et objective, celui-là est sur la voie qui mène à la religion catholique, seule religion où la vérité se présente, indépendamment du jugement des hommes, avec le caractère de l'immuable et de l'absolu. En d'autres termes, un vrai platonicien est un chrétien ébauché, que la grâce divine achève sans trop de difficulté. Mais, Messieurs, ne voyons-nous pas également se produire un phénomène tout contraire, et ce qui aurait pu devenir un principe de rapprochement, se changer en motif de séparation ? N'est-ce point parmi ces néo-platoniciens modernes que le christianisme compte ses adversaires, les plus respectueux, il est vrai, mais aussi les plus persistants ? Comment expliquer ce fait ? Par la raison que je viens d'énoncer. C'est que le platonisme renferme un fonds de vérités métaphysiques et d'honnêteté morale dont s'accommodent assez bien ceux qui, satisfaits de cette position mitoyenne, ne se sentent ni la force ni le désir de pousser plus avant. Il soutient l'esprit à une certaine élévation et n'impose à la volonté aucun sacrifice pénible. C'est un joug facile à porter, tandis que d'autre part il n'avilit pas la dignité humaine. Cela n'exige guère d'efforts, coûte peu à la nature, et permet en même temps d'écrire de belles théories sur le devoir, sur la religion naturelle, sur le vrai, le beau et le bien. Une fois parvenu à cette tranquillité d'esprit qu'on s'est créée, on s'y sent fort à l'aise, on s'inquiète peu de savoir si Dieu exige davantage, on oppose une fin de non-recevoir à la révélation et l'on reste toujours près du but sans y atteindre jamais. Je ne serais pas réduit à chercher bien loin mes preuves : les livres et les hommes m'en fourniraient assez. Voilà de quelle manière une doctrine, éminemment propre par elle-même à conduire les intelligences vers la foi, peut également les arrêter à moitié chemin, devenant ainsi un obstacle pour les uns et une préparation pour les autres, selon le degré de sincérité ou de bonne volonté qu'ils portent dans l'examen de la religion.

Donc, Messieurs, en disant que le platonisme frayait les voies au christianisme, nous n'amoindrissons d'aucune façon le caractère surnaturel du triomphe de l'Évangile. Le passage de la raison à la foi exige toujours le concours de la grâce et du libre arbitre. Pour arriver à la vérité révélée, il ne suffit pas de se trouver sur la route qui peut y mener, il faut de plus vouloir suivre cette route jusqu'au bout ; or cette détermination de la volonté suppose l'action surnaturelle de Dieu sur l'homme. Ce n'est pas même assez, pour croire, d'être convaincu de l'existence de la révélation, si l'on n'obéit en même temps à cette conviction ; car, dans l'acte de foi divine, la volonté a sa part comme l'intelligence : l'une et l'autre ne donne son adhésion que sous l'influence d'une vertu surnaturelle. N'y a-t-il pas, en effet, dans l'objet de la révélation, des mystères incompréhensibles, des préceptes positifs auxquels la raison humaine oppose une résistance dont la grâce seule peut triompher ? Si, dans sa partie plus proprement rationnelle, l'Évangile offrait des points de contact à la philosophie platonicienne, que de dogmes et de préceptes par lesquels il la heurtait de front ! Suffisait-il d'être disciple de Platon pour admettre sans difficulté la Trinité dans le sens chrétien, l'Incarnation, le sacrifice de la croix, l'Eucharistie, l'éternité des peines ? Et, sans parler même de l'objet de la révélation, de son côté mystérieux et insondable, le seul acte de se soumettre à l'autorité et d'accepter une règle souveraine, cet acte d'humilité qui est la racine de la foi, n'était-il pas de nature à révolter l'orgueil humain ? Évidemment, il restait assez d'obstacles pour que le triomphe de l'Évangile ne puisse pas s'expliquer naturellement : malgré tout ce qui peut la faciliter, la conversion de l'esprit et du cœur ne s'opère que par une intervention divine : à côté des efforts de l'homme qui la préparent, c'est le coup de la grâce qui en décide.

Voilà ce que nous allons remarquer dans la vie de saint Justin. Car, après avoir montré par quel travail intérieur et quel ensemble de circonstances il était arrivé au platonisme, il me reste, Messieurs, à vous faire voir de quelle manière il passa de ce dernier système à la religion chrétienne. Dans l'ardeur qu'il mettait à découvrir la vérité, la nouvelle doctrine n'avait pu échapper à son attention. Du reste, dès le commencement du deuxième siècle, l'Évangile, répandu dans le monde romain, s'offrait au regard de quiconque n'était pas étranger aux évènements de l'époque. Justin avait donc vu de près les chrétiens et pu observer leur genre de vie. Or, ce qui l'avait frappé dans cette classe d'hommes à laquelle nul lien ne le rattachait encore, c'est le grand fait moral qui éclatait aux yeux de tous, la constance des martyrs. Le jeune philosophe n'ignorait pas les charges que l'opinion publique faisait peser sur eux ; mais son esprit droit et juste eut peine à concilier leur intrépidité en face de la mort avec les crimes qu'on leur imputait. Évidemment, des hommes qui professaient un si grand mépris pour les jouissances de la terre ne devaient pas être tels qu'un vulgaire prévenu se plaisait à les dépeindre. Écoutons-le, nous rendant compte de l'impression que ce spectacle avait produite sur son âme :

« Et moi aussi, quand j'étais encore platonicien, j'avais entendu parler des crimes qu'on imputait aux chrétiens; mais les voyant sans crainte devant la mort et au milieu de tous les périls, je ne pouvais me faire à l'idée qu'ils vécussent dans le désordre et dans l'amour de la volupté. Comment supposer, en effet, qu'un homme livré à l'intempérance de ses désirs, esclave de la chair et des délices de ce monde, recherchât la mort qui le prive de tous ces biens ? Loin d'aller au devant d'une condamnation certaine, ne devrait-il pas au contraire se dérober à la vigilance des magistrats, pour jouir le plus longtemps possible des plaisirs de la vie[1] ?... »

Rien de plus logique qu'une pareille conclusion. Le mépris que professaient les chrétiens pour les jouissances terrestres, la fermeté avec laquelle ils soutenaient leurs doctrines au péril de leur vie, suffisaient pour réduire au néant les accusations des païens. Si l'héroïsme des martyrs ne porta pas de suite saint Justin à rechercher le principe surnaturel qui dirigeait leur conduite, du moins eut-il pour résultat de le tenir en garde contre les préjugés qui aveuglaient la foule. Or, c'est déjà un grand pas de fait vers la vérité que d'en aborder l'examen avec un esprit non prévenu, car cette disposition de l'âme laisse au jugement toute sa liberté. Après les passions qui la combattront toujours, la doctrine chrétienne n'a pas rencontré depuis dix-huit siècles d'obstacle plus ordinaire que le préjugé ; et si, aujourd'hui encore, on pouvait en un clin d'œil vaincre les

---

[1] *Apolog.*, II, c. 12.

préventions et faire cesser les malentendus, bien des hommes qui se croient très éloignés du christianisme seraient tout étonnés de s'en trouver si rapprochés. Une fois ce nuage écarté, la vérité n'attend qu'un moment favorable pour faire briller aux yeux de l'esprit les rayons de sa lumière.

Un incident ménagé par la Providence acheva d'opérer dans l'âme de Justin ce que l'exemple des martyrs y avait commencé. Nous avons vu avec quel enthousiasme il avait embrassé la doctrine de Platon, qui lui semblait propre à élever l'âme vers la contemplation des choses invisibles. Un jour que, pour vaquer plus librement à cet exercice, il se promenait dans un lieu écarté, non loin du rivage de la mer, il vit venir à lui un vieillard d'un aspect vénérable, sur le visage duquel apparaissait une majesté empreinte de douceur. Justin étonné de rencontrer une créature humaine, là où il espérait être seul, ne lui cacha pas le motif de sa surprise. « Je suis en peine de quelques-uns des miens qui se trouvent en voyage, dit le vieillard, et j'étais venu pour voir si par hasard ils s'offriraient à mes yeux de quelque point de l'horizon. Et vous, que faites-vous dans cette solitude [1]? — Moi, répondit Justin, je me plais à ces sortes de promenades, parce que, libre de toute distraction, je puis à mon aise converser avec moi-même; car la solitude est très favorable à l'étude de la philosophie. — Ah! vous êtes donc de ceux, répartit l'inconnu, qui aiment les paroles, sans s'inquiéter des œuvres ni de la vérité, et qui négligent la pratique pour la théorie. » L'attaque était vive ; Justin, qui ne s'y attendait pas, se mit à faire un éloge pompeux de la philosophie qui seule relève la condition humaine, tandis que sans elle toutes choses sont de moindre valeur. « Est-ce donc, fit le vieillard, que la philosophie rend l'homme heureux ? — Certes, en dehors d'elle il n'y a pas de bonheur. — Qu'est-ce donc que la philosophie, et quel bonheur procure-t-elle à l'homme ? — La philosophie est la science de

---

[1] *Dial. avec Tryphon*, III, VIII.

l'être et la connaissance de la vérité; le bonheur est la récompense de cette science et de cette sagesse. — Et Dieu, quel est-il, selon vous ? — Dieu est l'être immuable et le principe de toutes choses... »

Jusque-là tout allait bien, et le jeune philosophe ne se trouvait pas à court de réponses. Toutefois, il venait de prêter le flanc à l'attaque par cette définition un peu ambitieuse : « La philosophie est la science de l'être, » ce qui, dans la théorie platonicienne, voulait dire que la philosophie conduit l'homme à la contemplation de Dieu. C'est là-dessus que le vieillard entreprit son interlocuteur. « Nul doute, dit-il, que la raison humaine ne puisse arriver à savoir que Dieu existe, que la beauté morale résulte de la justice et de la piété ; mais autre est savoir que Dieu existe, autre le voir en lui-même, le contempler, comme vous, philosophes platoniciens, prétendez pouvoir le faire. Dieu ne tombe pas sous l'expérience comme les choses qui se voient et qui se touchent. Pour le connaître tel qu'il est, sans crainte de se tromper, il faudrait de deux choses l'une : ou l'avoir vu soi-même ou être instruit par quelqu'un qui l'ait vu. Direz-vous que l'âme humaine possède la capacité naturelle de voir Dieu tel qu'il est ? Vous voilà obligés, dans ce cas, d'attribuer la même faculté à l'âme des bêtes ; car vous autres, vous n'admettez pas de différence spécifique entre elle et l'âme humaine, puisque vous êtes partisans de la métempsycose. Il y a plus : supposons même que vous puissiez arriver par vos propres forces à la contemplation de Dieu : elle ne ferait pas votre bonheur, car vous ne tarderiez pas à en déchoir. Dans votre théorie, l'âme, en venant animer un nouveau corps, perd le souvenir de son état antérieur. Ne dites donc pas que vous possédez la science de l'être, que vous parviendrez à voir Dieu sans le secours de l'Esprit-Saint et par les seules forces de l'intelligence. Dites plutôt que la philosophie, tout en sachant que Dieu existe, n'a aucune connaissance certaine de ce qu'il est en lui-même. »

C'est ainsi que l'inconnu pressait Justin, pour l'amener à confesser l'impuissance de la philosophie païenne à résoudre le problème qu'elle se posait. Il y a dans ce raisonnement l'une ou l'autre partie à laquelle on peut n'accorder que la force relative d'un argument personnel, mais, pris dans l'ensemble, il défie la réplique. Évidemment, Platon avait placé trop haut le but de sa théorie, en prétendant que la raison livrée à ses seules forces peut arriver à une connaissance de Dieu tellement parfaite qu'elle équivaut à une vue de Dieu. Sans doute, l'intelligence est capable de s'élever à l'infini par l'idée qu'elle en a; mais cette intuition ne lui apprend pas ce qu'est l'infini en lui-même; et quand le travail de la réflexion vient succéder à cet acte instinctif et spontané, pour pénétrer la nature de Dieu et ses propriétés, elle est sujette aux plus graves erreurs, comme les contradictions des philosophes le prouvent jusqu'à l'évidence. Tous ont admis l'existence d'un principe premier des choses, depuis Thalès jusqu'à Proclus, mais, c'est en voulant déterminer quel est ce principe qu'ils se perdent dans une foule de conjectures erronées. Voilà pourquoi une révélation divine était moralement nécessaire pour offrir aux hommes et conserver parmi eux la notion de Dieu dans toute sa pureté. L'argumentation de son adversaire n'avait pas laissé d'ébranler quelque peu la confiance du jeune philosophe; voyant qu'il gagnait du terrain, le vieillard résolut de pousser plus avant, en passant de la théodicée de Platon à sa psychologie.

Si les philosophes n'ont rien d'arrêté sur la science de Dieu, ils ne sont pas plus avancés dans la connaissance de l'âme. Platon soutient que l'âme est immortelle et incréée; mais alors, direz-vous également avec lui que le monde est incréé? Justin n'hésita pas à déclarer que, sur ce point, il se séparait des platoniciens : ce qui prouve que leur théorie ne l'avait pas entièrement satisfait. Cette concession donnait un grand avantage à son interlocuteur. Si le monde n'est ni éternel ni incréé, comme vous l'avouez et avec raison, l'âme ne saurait l'être davantage. Ce qui est incréé existe par soi ; or l'âme n'a pas en elle-même sa raison d'être : elle participe à la vie, mais elle n'est pas la vie ; c'est Dieu qui la fait exister et vivre. Il est vrai que la mort du corps n'entraîne point par elle-même la destruction de l'âme ; il n'en reste pas moins certain que, si l'âme survit au corps, c'est parce que Dieu veut bien prolonger sa vie. Sans doute l'âme est immortelle, mais non par la seule force de sa nature, comme le prétend Platon : l'immortalité est un don que Dieu lui confère, pour assurer la récompense des bons et la punition des méchants. Telle est la vraie doctrine sur l'âme. Quant à la métempsycose que vous soutenez, elle ne saurait tenir lieu de châtiment, ni de récompense, puisque, de votre propre aveu, les âmes n'ont pas conscience de ce qu'elles ont fait dans une vie antérieure.

Cette réfutation si nette et si vive acheva de porter la conviction dans l'âme de Justin. Il se trouvait alors dans cette situation où l'homme, assiégé par le doute, voit faiblir une à une toutes les croyances qui lui étaient chères, sans savoir encore par quoi les remplacer. Après avoir erré du Portique au Lycée, d'Aristote à Pythagore, il avait cru trouver dans la doctrine de Platon une assiette sûre pour son esprit avide de vérité ; voilà que cette dernière illusion lui était enlevée. « Mais, s'écria-t-il, si ces grands esprits, qui sont les oracles de la philosophie, n'ont pas enseigné la vérité, où donc la trouver ? » Le moment était favorable pour porter le dernier coup et amener à la foi cette âme dans laquelle il n'y avait plus rien qui restât debout. L'inconnu le saisit adroitement pour indiquer à Justin le port du salut :

« A une époque déjà bien reculée ont vécu des hommes plus anciens que tous ceux qui passent pour philosophes, hommes bienheureux, justes et aimés de Dieu ; inspirés par l'Esprit-Saint, ils ont prédit les évènements qui s'accomplissent aujourd'hui : on les appelle prophètes. Ceux-là seuls ont vu la vérité et l'ont annoncée aux hommes, sans crainte ni faiblesse ; étrangers à toute pensée de vaine gloire, ils ont enseigné ce que l'Esprit-Saint leur avait fait voir et entendre. Nous possédons leurs écrits : quiconque y ajoute foi après les avoir lus en retirera le plus grand profit pour la connaissance du principe et de la fin des choses, de tout ce qu'un philosophe doit savoir. Ce n'est point par voie d'arguments qu'ils procédaient dans leurs discours ; témoins de la vérité, ils étaient au-dessus de toute démonstration : l'accomplissement de leurs prophéties rend leur témoignage digne de foi. De plus, les miracles qu'ils faisaient accréditaient leur parole. Les faux prophètes, remplis de l'esprit d'impureté et de mensonge, osent bien tenter quelques prodiges pour frapper l'esprit des hommes, mais ils ne glorifient par là que les démons et les esprits de l'erreur ; les vrais prophètes, au contraire, annonçaient au monde Dieu le père créateur de toutes choses, et son fils Jésus-Christ envoyé par lui. Pour vous, ayez avant tout recours à la prière, afin que les portes de la lumière s'ouvrent devant vous ; car personne ne peut comprendre ces vérités, si Dieu et son Christ ne lui en donnent l'intelligence [1]. »

Voilà l'horizon nouveau que l'inconnu découvrait devant Justin : c'est vers cette perspective vaste et sûre qu'il essayait d'entraîner un esprit qui se sentait à l'étroit dans les spéculations incertaines de la philosophie. Étudier l'Écriture sainte en place des livres faits de main d'homme, consulter les prophètes au lieu des philosophes, préférer à l'arbitraire des affirmations humaines l'autorité des envoyés de Dieu garantie par le miracle et par la prophétie ; et pour assurer le succès de ces efforts, recourir à un moyen que la philosophie ne connaissait pas, la prière de l'humilité qui implore la lumière : telle est la voie infaillible que la Providence venait d'indiquer à Justin et qui devait le conduire au terme tant désiré, au repos dans la certitude.

« Quand le vieillard m'eut dit ces choses, continue Justin

---

[1] *Dial. avec Tryphon*, VII.

racontant l'histoire de sa propre vie, il me quitta en me recommandant de méditer sur ce que je venais d'entendre ; depuis lors, je ne l'ai plus revu. Mais mon cœur, enflammé d'un saint désir, brûlait d'ardeur de connaître les prophètes et ces hommes qui sont les amis du Christ. En repassant dans mon esprit la conversation précédente, je trouvais que cette philosophie-là seule était sûre et utile. C'est dans ce sens et pour ce motif que je suis philosophe. Or, je voudrais que tous suivissent la même voie que moi, pour ne pas s'égarer loin de la doctrine du Sauveur ; car cette doctrine a une majesté propre à frapper ceux qui ont dévié du droit chemin : quiconque la médite y trouve un repos plein de douceur [1]. »

Justin avait atteint son but : la vérité, objet de ses recherches, s'était offerte à lui avec un caractère de certitude qui bannissait toute hésitation. Dès lors, ce long voyage à travers les systèmes philosophiques de l'ancien monde était terminé : la révélation, une fois découverte, coupait court à toute investigation ultérieure, en substituant la voie la plus simple et la plus facile, celle de l'autorité divine, à des circuits sans nombre au bout desquels l'esprit ne rencontrait que le doute et la lassitude. Le repos succédait à l'agitation et le calme de la possession à l'inquiétude d'un désir toujours renaissant et jamais satisfait. Cette situation morale, Messieurs, est le partage exclusif de la foi. S'agit-il, en effet, de résoudre le problème de la destinée humaine ? Le philosophe, séparé de la foi, n'a d'autre guide que sa raison individuelle : le passé ne lui renvoie que des opinions contradictoires, et l'avenir lui réserve des affirmations qui peuvent détruire les siennes. De là vient qu'il est occupé toute sa vie à refaire ses convictions, sans qu'il puisse jamais se flatter d'être arrivé à un degré de certitude qui lui permette de se reposer dans une sécurité complète. Tout ce qu'il est en droit d'affirmer de lui-même

---

[1] *Dial. avec Tryphon*, VIII.

sans crainte de se tromper, c'est qu'il est à la recherche de la vérité ; mais rien ne l'autorise à penser que les efforts du lendemain ne détruiront pas les résultats de la veille. Si, d'ailleurs, il aime la vérité et qu'il en sente tout le prix, cet état d'indécision devient pour lui un tourment. Le tableau que Jouffroy a tracé de lui-même dans ses *Mélanges philosophiques*, ce tableau d'une âme qui, en dehors de la révélation, cherche à se créer un système de croyances satisfaisant pour l'esprit et pour le cœur, peint au vif l'insuffisance de la raison livrée à ses seules forces. Il n'en est pas de même du chrétien. Il n'est pas en quête de la vérité ; il la possède : sa foi la lui présente toute trouvée. Demandez-lui d'où il vient, où il va, quel est le but de sa vie, ce qu'il doit croire et faire : il a des réponses à tout, des solutions simples, claires, précises. Il n'ajourne pas sa profession de foi définitive, l'achèvement de son symbole ; il n'a pas de convictions provisoires ; il ne vous dira pas : « Les esprits ne sont pas mûrs, la science n'est pas faite, la critique n'a pas encore dit son dernier mot, en attendant on y travaille, il faut espérer qu'on réussira... » Singulière consolation pour un homme qui a soixante ans à vivre, de pouvoir se dire que deux ou trois siècles après sa mort, grâce à quelques hommes de génie et au progrès des temps, on finira peut-être par découvrir la vérité ! Cette vérité, il a besoin de la connaître actuellement, de la trouver devant lui en naissant, afin de pouvoir régler sa vie et arriver à sa fin dernière. Or, parmi les mille théories humaines, qui toutes se contredisent sur des points essentiels, il n'en est aucune qui puisse se flatter d'enseigner la vérité, à l'exclusion des autres, car leur autorité est la même. Voilà pourquoi une révélation divine, appuyée sur un fondement certain, sur une intervention miraculeuse clairement manifestée, une révélation, dis-je, pouvait seule répondre à tous les besoins de l'humanité par un enseignement positif, indépendant de toute recherche et de toute spéculation humaine. Dans cette hypothèse, nul n'est exclu du partage de la vérité : une pleine sécurité est assurée à tous. Pour l'homme qui se soucie de son avenir et qui ne veut pas jeter sa destinée au vent du hasard, le repos de l'esprit n'est qu'à ce prix.

Je n'ajouterai plus que deux observations relatives, l'une, au caractère historique du récit de la conversion de saint Justin, l'autre, à l'époque et au lieu où dut se passer la scène. Deux critiques modernes, Leclerc et Credner, ont regardé cette narration comme purement fictive : à les entendre, le philosophe chrétien aurait imaginé ce petit roman pour servir d'introduction à ses apologies [1]. C'est encore là une de ces assertions gratuites, malheureusement trop fréquentes chez quelques écrivains protestants. Nous n'avons pas le plus léger motif pour souscrire à leur jugement. D'abord, pris en lui-même, l'épisode est de la plus haute vraisemblance. La manière dont Justin arrive au christianisme, après avoir essayé de toutes les théories philosophiques de l'antiquité, n'a rien que de très conforme à ce qui se passait dans les deux premiers siècles. Tatien suivit une voie à peu près analogue, comme il nous l'apprend lui-même dans son *Discours contre les Grecs* [2]. Ce passage de la philosophie à l'Évangile était si ordinaire que l'auteur des Clémentines conduit son héros par le même chemin dans un livre destiné à peindre au vif la situation des esprits cultivés de l'époque. Si l'on objecte la forme romanesque de cet ouvrage, la différence éclate d'elle-même : tandis que *les Reconnaissances* et *les Homélies*, qui portent le nom de saint Clément, ne sauraient être attribuées à ce Père, *le Dialogue avec Tryphon*, dans lequel Justin raconte sa conversion, est d'une authenticité non suspecte ; et rien n'autorise à penser que l'auteur ait voulu donner sur sa personne des détails fictifs. Enfin, sans parler des témoignages de l'antiquité, nous apprenons, par d'autres

---

[1] Leclerc : *Biographie impartiale de quelques Pères*, p. 3. — Credner : *Int. à l'Écriture sainte*, 1re partie, p. 95.
[2] C. XXIX.

écrits de saint Justin, qu'avant d'embrasser la foi chrétienne il s'était attaché aux théories de Pythagore et de Platon : c'est ce qu'il répète à l'heure de sa mort dans sa réponse à Rustique, préfet de Rome : « J'ai essayé de m'instruire dans toutes les sciences humaines, mais je me suis attaché à celle des chrétiens qui est la véritable science, bien qu'elle déplaise à ceux qui sont engagés dans l'erreur [1]. » En rapprochant ces divers faits, je n'hésite pas à conclure que le caractère historique du récit est à l'abri d'un doute sérieux.

Il me paraît difficile de dépasser les limites de la probabilité lorsqu'on cherche à déterminer le lieu ou l'époque à laquelle saint Justin se convertit au christianisme. On est assez généralement d'accord pour placer cet évènement sous le règne d'Adrien ; mais à quelle année précise faut-il s'arrêter ? C'est ce qu'il est impossible de décider en l'absence de données certaines. Nous avons là une période de dix années, de 126 à 137, où la critique trouve un champ ouvert à des conjectures plus ou moins hasardées. La même incertitude règne sur l'endroit où se passa la scène décrite par Justin. Là-dessus, on s'est partagé entre trois villes, Flavia Néapolis, Éphèse et Alexandrie. Ce qui dirigeait assez naturellement le choix vers la première, c'est que Justin la désigne ailleurs comme son lieu de naissance. De plus, le mot « notre ville, » qu'il emploie dans le récit de sa conversion, semblait à première vue indiquer sa patrie ; mais il est évident que ce terme peut convenir à la ville où il se trouvait alors non moins qu'à celle où il était né. Deux raisons me paraissent devoir écarter Flavia Néapolis du débat : la première, c'est qu'elle ne se trouvait pas sur le bord de la mer, comme le suppose la narration, mais à plusieurs lieues de là ; la deuxième, c'est qu'il y a peu de vraisemblance à supposer dans une ville très secondaire toutes

---

[1] 2ᵉ *Apologie*, XII. — *De Resurr.*, X. — *Actes du martyre de saint Justin*, c. I.

les écoles de philosophie que mentionne *le Dialogue avec Tryphon*. Reste donc à se prononcer pour Éphèse ou pour Alexandrie ; or, nous n'avons aucune raison suffisante de préférer l'une à l'autre. Car, s'il est vrai que Justin avait fait un séjour à Éphèse, où eut lieu sa conférence avec le Juif Tryphon, il n'est pas moins certain qu'il s'était arrêté à Alexandrie, puisqu'il rappelle, dans son *Exhortation aux Grecs*, ce qu'il avait vu dans cette cité. Toutefois, comme ce discours suivit d'assez près sa conversion, l'opinion des critiques qui penchent pour Alexandrie n'est pas dénuée de fondement. Je ne touche à ces questions qu'en passant, parce qu'elles n'ont pas grande importance, et qu'elles n'offrent aucun élément de solution. J'en dirai autant à propos du vieillard dont la Providence se servit comme d'un instrument pour amener Justin à la religion chrétienne. Était-ce un ange sous forme humaine, comme l'ont pensé Halloix et Tillemont, ou bien saint Polycarpe, selon la conjecture de Fabricius[1] ? Il me semble que le parti le plus simple et le plus naturel, c'est de voir en lui un chrétien des premiers temps, fort versé dans la connaissance des Écritures et de la philosophie ancienne. Toute recherche ultérieure ne saurait aboutir à un résultat positif.

Nous venons de voir comment le christianisme acquit dans saint Justin un apôtre et un défenseur. Suivons-le à présent sur le théâtre de son activité, dans cette lutte multiple et variée où il mettra son talent au service de la foi.

---

[1] Halloix : *Vita et Docum. Justini*, p. 87 et 286. — Tillemont, *Mémoires*.

SIXIÈME LEÇON

La défense et la propagation de la vérité, mobile unique de la conduite de saint Justin. — Triple controverse qui remplit sa carrière théologique et littéraire. — Sa polémique avec les païens, avec les Juifs et avec les hérétiques. — Le *Discours aux Grecs*, premier monument de la controverse païenne. — Analyse de ce traité. — Appréciation. — L'apologétique chrétienne a-t-elle bien saisi le mouvement doctrinal des siècles païens ? — Le polythéisme grec dans ses origines et dans ses formes diverses. — Contraste entre la civilisation avancée des Grecs et leur infériorité religieuse. — Les études mythologiques en France et en Allemagne. — L'argumentation des Pères contre le polythéisme n'a rien perdu de sa force ni de sa justesse. — Le monothéisme a été la croyance primitive du genre humain. — La déchéance originelle point de départ de l'idolâtrie. — La démonolâtrie, première forme du polythéisme. — Comment l'homme est arrivé à déifier la nature. — Le naturalisme panthéistique, deuxième forme du polythéisme.

MESSIEURS,

Dans notre dernière réunion, nous avons vu de quelle manière saint Justin passa du platonisme à l'Évangile. Un incident, ménagé par la Providence, l'avait mis sur la voie ; et l'étude de l'Ancien Testament, des prophéties accomplies dans le Nouveau, de la doctrine du Christ et des apôtres, l'avait conduit au terme de ses investigations. Dès lors, un champ nouveau s'ouvrait à son activité. Une fois en possession de la vérité, il mit à la propager et à la défendre le même zèle qu'il avait déployé à la chercher. Non content de jouir pour lui-même de la douceur et du calme qu'il avait trouvés dans la religion chrétienne, il regarda comme un devoir sacré de procurer aux autres le même bienfait. C'est ce qu'il dira plus tard au Juif Tryphon : « Quiconque n'annonce pas la vérité, lorsqu'il pourrait le faire, est coupable devant Dieu. C'est la crainte de ce jugement qui nous porte à enseigner les Écritures par des entretiens fréquents, sans aucun motif d'intérêt, d'ambition ni d'amour-propre : personne ne pourra nous accuser d'obéir à de pareils sentiments... C'est parce que je crains le jugement de Dieu qu'en dépit de vos procédés peu convenables je continuerai à répondre à vos objections ; car j'ai coutume d'agir ainsi envers tous les hommes, de quelque nation qu'ils soient, qui désirent m'interroger sur ces choses pour les apprendre de moi [1]. » Ces paroles nous montrent quel mobile dirigeait Justin dans son activité apostolique : la conscience de sa responsabilité envers Dieu, de qui il tenait le don de la vérité, et sa charité pour ses frères qu'il brûlait de faire participer au bonheur dont il jouissait lui-même.

Pour remplir sa mission avec plus de succès, en s'ouvrant un accès facile dans l'esprit de ceux auxquels il allait s'adresser, Justin ne quitta point le pallium, insigne du philosophe : Eusèbe et Photius nous ont transmis cette particularité, confirmée d'ailleurs par le dialogue avec Tryphon [2]. C'est ainsi qu'avait fait, avant lui, Aristide son devancier, et qu'agirent dans la suite Tertullien, Héraclas, prêtre, d'Alexandrie, Grégoire le Thaumaturge et plusieurs autres. Aux yeux des Grecs et des Romains, le manteau de philosophe semblait une garantie de science qui imposait au grand nombre. Du reste, en se convertissant à l'Évangile, Justin n'avait fait, selon ses propres expressions, qu'abandonner des opinions incertaines pour la véritable philosophie, la seule qui fût sûre et utile. Il n'est pas facile de déterminer au juste quel rang le philosophe converti occupa dans l'Église, s'il resta au nombre des laïques, ou bien, s'il fut revêtu du caractère sacerdotal. Tillemont s'est prononcé

---

[1] *Dialog. avec Tryphon*, 38, 44, 58, 64, 82, 125.
[2] Eus.: *Hist. eccl.*, IV, 11. — Photius: *Bibliot. cod.*, 125. — *Dialog. avec Tryphon*, c. I.

pour ce dernier sentiment, en s'appuyant sur un passage de la première apologie où saint Justin, décrivant les cérémonies du baptême, semble se compter parmi les prêtres qu'il distingue des simples fidèles. On ne peut nier que, prise à la lettre, la phrase citée par l'érudit français ne favorise son opinion. J'en dirai autant de l'endroit du dialogue avec Tryphon où, opposant la conduite des chefs de l'Église à celle des principaux de la Synagogue, Justin paraît se ranger au nombre des premiers. Mais ces insinuations ne sont pas assez nettes pour fixer la critique ; et le silence complet de la tradition sur ce point ne permet guère de dépasser les limites de la vraisemblance [1]. Le rôle d'apologiste n'autorise pas davantage à rien préjuger dans cette question : prêtres et laïques, tous prenaient part, selon leurs moyens, au combat de la vérité chrétienne avec le paganisme, le judaïsme et les hérésies. C'est à cette triple tâche que saint Justin consacra sa vie entière.

S'il faut juger de son activité par ses écrits, il est facile de voir qu'elle s'exerça sur un théâtre multiple et varié. Missionnaire de la foi, le philosophe chrétien ne limita pas à une ville ni à une contrée son zèle pour la propagation et la défense de l'Évangile. L'Égypte, l'Asie Mineure et l'Italie le virent tour à tour cherchant, par sa parole et ses écrits, à servir la grande cause qu'il devait soutenir plus tard au prix de son sang. Mais, s'il résulte de maint endroit de ses ouvrages qu'il séjourna successivement à Alexandrie, à Cumes, à Éphèse et sur divers points de l'empire, Rome devint le centre de ses travaux et le foyer de son enseignement. C'est là qu'au témoignage d'Eusèbe et de Photius il s'arrêta pour fonder une école théologique, la plus ancienne dont l'histoire fasse mention ; et les actes de son martyre, en confirmant ce fait, nous obligent d'admettre qu'il fit deux

---

[1] 1re *Apologie*, 65 ; *Dialog. avec Tryphon*, 82. — Voyez Tillemont, Dom Maran : *Prolégom. aux Œuvres de saint Justin* ; Semisch : *Justin der Märtyrer*, p. 23 et 24.

séjours prolongés dans la capitale du monde romain : le premier sous Adrien et le second sous Marc-Aurèle.

J'ai dit, Messieurs, qu'une triple controverse marque la carrière théologique et littéraire de saint Justin, selon qu'il tourna ses efforts contre le paganisme, le judaïsme ou les hérésies. Adversaire infatigable du polythéisme avec lequel il engage une polémique offensive et défensive, champion zélé de la vérité chrétienne en face des Juifs esclaves de leurs préjugés, de l'intégrité de la foi contre les hérétiques qui cherchent à l'altérer, il résume dans ses travaux tout le mouvement de l'époque. De là trois genres d'écrits qui s'échelonnent dans un espace de trente années pour subvenir à des besoins et faire face à des périls de diverse nature. Or, dans cette lutte du philosophe martyr avec les erreurs de son temps, la première qui dut occuper son attention et stimuler l'ardeur de son âme, c'est le paganisme, d'où il était sorti. Trois traités, dont deux assez courts, ouvrent l'attaque qui se prolongera dans les deux apologies à côté de la défense : *le Discours aux Grecs*, *l'Exhortation aux Grecs* et *le Traité de la monarchie ou de l'unité de Dieu*. Commençons par l'analyse du *Discours aux Grecs* qui contient une réfutation de la mythologie poétique, telle qu'elle apparaît dans Homère et dans Hésiode [1].

Un écrivain moderne a formé sur l'origine de ce discours une conjecture qui me paraît dénuée de vraisemblance [2]. Il suppose qu'après sa conversion, saint Justin, se rendant d'Alexandrie ou d'Éphèse à Rome, passa par Athènes, où il aurait expliqué les motifs de son changement de religion dans une chaire de philosophie. Prononcé de vive voix au milieu d'une assemblée de Grecs, ce petit discours, répandu par la suite, serait devenu l'écrit que nous possédons. L'hypothèse est assez ingénieuse ; mais, sans faire valoir contre

---

[1] Voir *l'Appendice* placé à la fin du volume, *sur l'Authenticité des Œuvres de saint Justin*.

[2] Kestner : *Die Agape*, Iéna 1819, p. 333, 337.

elle que l'orateur ne fait aucune allusion à la philosophie, il est difficile d'admettre qu'une réunion de païens eût supporté patiemment une réfutation tellement satirique de ses croyances. Ce qui me paraît hors de doute, c'est que la composition de cette pièce suivit de près la conversion de Justin : car il énumère les raisons qui lui firent abjurer la religion païenne. « Ne croyez pas, ô Grecs, que j'aie renoncé sans motif à vos croyances et à vos pratiques religieuses : je n'y ai rien trouvé de saint ni d'agréable à Dieu. » Voilà le point de départ de toute l'argumentation qui repose sur ce principe rationnel : une religion, pour être divine, doit être pure et sainte. L'orateur ou l'écrivain argue de là pour établir la fausseté du paganisme. La théologie des Grecs est immorale, selon qu'elle est contenue dans les écrits de leurs poètes : leur culte est immoral, comme le prouvent leurs assemblées religieuses : telle est la double face sous laquelle il envisage et combat l'hellénisme. Pour démontrer le premier point, il ouvre Homère et Hésiode, *l'Iliade* et *l'Odyssée* d'une part, de l'autre, *la Théogonie, les Travaux et les Jours*. Quelqu'un veut-il s'instruire dans Homère ? Voici ce que le poète propose à l'admiration du lecteur : Agamemnon, père dénaturé, époux infidèle ; Achille, héros efféminé que la passion fait descendre jusqu'à l'extrême bassesse ; Ulysse, dont la ruse déloyale fait toute la vertu ; Ajax, dont la jalousie furieuse ne connaît pas de limites. Telles sont les fables auxquelles on voudrait nous faire ajouter foi. *Iliade* et *Odyssée* toute cette rapsodie commence et finit par une femme. Si d'Homère vous passez à Hésiode, que d'absurdités révoltantes dans cette nouvelle théogonie ! Le parricide et l'infanticide chez Saturne, les adultères de ses trois fils, Jupiter, Neptune et Pluton, les impostures d'Apollon, l'oubli du sexe dans Minerve, de la dignité humaine dans Bacchus, de la pudeur dans Vénus : voilà les modèles que le poète nous place sous les yeux.....
« Mais, ô Grecs ! lisez donc à Jupiter la loi portée contre ceux qui frappent leurs parents, le châtiment réservé à l'adul-

tère. Enseignez à Minerve et à Diane quelles doivent être les occupations d'une femme et à Bacchus quels sont les devoirs d'un homme ! » Tels les dieux, tels les héros qui viennent après eux. Les poètes tragiques ont choisi pour sujet de leurs drames ce tissu d'aventures édifiantes : les faiblesses d'Hercule, les crimes d'Atrée, l'inceste et les repas de Thyeste, les atrocités des Pélopides, les meurtres de Danaüs, les attentats d'Œdipe et des siens. Après avoir convaincu d'immoralité la mythologie des Grecs, Justin s'élève contre leurs assemblées et leurs fêtes religieuses, qu'il accuse de favoriser le luxe et la mollesse, de nourrir dans l'âme des sentiments déshonnêtes en la livrant à des transports bachiques. « Quel peut être, s'écrie-t-il, le résultat d'un pareil enseignement ? Comment vous plaindre de votre fils, s'il vous dresse des embûches et porte le désordre dans votre intérieur ? En cela, il ne fait qu'imiter Jupiter. Pourquoi châtier dans l'homme ce que vous vénérez dans le dieu ? Vous avez mauvaise grâce de blâmer les infidélités de votre femme, vous qui honorez Vénus dans son temple. Si d'autres vous parlaient ainsi, vous pourriez n'y voir qu'un reproche sans fondement ; mais, c'est ce que vos poètes vous chantent, ce que vous crient vos propres histoires. »

La conclusion du discours était évidente. Si le système religieux des Grecs est immoral dans ses croyances et dans ses pratiques, il ne reste plus à ses adhérents qu'à se tourner vers la religion chrétienne où tout est pur, saint, digne de Dieu. Cette conclusion, Justin la présente dans cette belle péroraison qui tempère par l'onction de la charité ce que le discours lui-même avait eu de véhément et d'agressif :

« Venez donc, ô Grecs ! participer à une sagesse qui ne peut se comparer à aucune autre. Instruits par une parole divine, vous apprendrez à connaître un roi qui n'est pas sujet à la corruption, des héros qui ne se signalent point par des meurtres au milieu des peuples. Ce que désire de nous le Verbe divin qui est à notre tête, ce n'est ni la force du corps, ni la beauté des formes, ni une naissance qui inspire de la fierté ; mais une âme pure, affermie dans la sainteté, des actions vertueuses auxquelles on puisse reconnaître quel roi nous servons. C'est par le Verbe qu'une vertu secrète pénètre dans notre âme. O trompette céleste, qui annoncez la paix à l'âme troublée par la guerre ! Instrument divin, qui bannissez la crainte et la souffrance ! Enseignement salutaire, qui éteignez le feu des passions ! Cette vertu émanée du Verbe ne fait pas des poètes, elle ne prépare ni des philosophes ni d'éloquents rhéteurs ; elle fait plus : de mortels que nous sommes, elle nous rend immortels ; elle nous associe à Dieu en nous enlevant de la terre pour nous transporter dans des régions supérieures à l'Olympe. Approchez donc, ô Grecs ! Laissez-vous instruire. Devenez ce que je suis, puisque moi aussi j'étais ce que vous êtes. Ce qui a triomphé de moi, c'est la vertu céleste de la doctrine et la puissance du Verbe. Semblable à un enchanteur habile qui attire hors de son repaire le serpent qu'il veut mettre en fuite, le Verbe bannit du fond de l'âme les instincts sensuels, la cupidité d'abord, d'où naissent tous les maux à craindre, les inimitiés, les dissensions, l'envie, la jalousie, la colère et tout ce qui leur ressemble. Une fois la cupidité chassée de son sein, l'âme recouvre la paix et la sérénité. Délivrée des vices qui l'assiègent, elle revient à son créateur ; car il faut que toutes choses retournent à leur lieu d'origine et à leur point de départ. »

Telle est, Messieurs, cette attaque vive et spirituelle dirigée contre la religion des Grecs dans le but de les en détacher, en leur montrant ce qu'elle renferme d'absurde et d'immoral. Comme ce genre d'argumentation reparaît fréquemment dans l'apologétique chrétienne, il importe d'en déterminer le sens et la valeur, d'autant plus que des écrivains modernes en ont contesté la justesse, comme nous le verrons bientôt. C'est ce qui nous oblige à envisager de près le polythéisme grec dans ses origines et dans ses formes. Cette question est fort grave. Il s'agit de savoir si les premiers défenseurs du christianisme ont bien compris le mouvement doctrinal des siècles païens, et si dans leur critique des religions de l'antiquité, ils ont porté cet esprit d'équité qui doit animer une polémique sérieuse. Je compte donner à ce point important toute l'attention qu'il me semble mériter.

Lorsqu'on rapproche la civilisation des Grecs de leur religion, on reste frappé du contraste qu'elles présentent, comparées l'une à l'autre. Ici, nous touchons à un état social relativement fort avancé : là nous rencontrons une condition religieuse telle qu'on n'en conçoit guère de plus imparfaite. En présence de ce phénomène historique, on est amené tout naturellement à se demander comment un peuple qui, dans la poésie, dans l'éloquence, dans l'art en général, occupe un rang si élevé, a pu rester à un degré si infime sur l'échelle des religions. Assurément, Messieurs, cela peut sembler étrange, et je comprends que, pour les admirateurs exagérés de l'antiquité classique, il y ait là un problème difficile à résoudre. Cette surprise inquiète, je la trouve bien exprimée dans une étude récente sur les religions de l'antiquité, qui figure en tête d'un livre dont j'ai fait mention plus d'une fois, parce qu'il reflète assez bien un ordre d'idées fort en vogue dans la critique allemande :

« C'est pour les personnes peu versées dans les sciences historiques un éternel sujet d'étonnement de voir les peuples qu'on leur présente comme les maîtres de l'esprit humain adorer des dieux ivrognes et adultères, et admettre parmi leurs dogmes religieux des récits extravagants, de scandaleuses aventures. Le plus simple se croit en droit de hausser les épaules sur un aussi prodigieux aveuglement. Il faudrait cependant partir de ce principe, que l'esprit humain n'est jamais absurde à plaisir, et que toutes les fois que les œuvres spontanées de la conscience nous apparaissent comme dénuées de raison, c'est qu'on ne sait pas les comprendre. Quand une race a montré assez de sens pour produire des œuvres comme celles que la Grèce nous a laissées, pour réaliser un plan politique comme celui qui a mené Rome à la domination universelle, ne serait-il pas bien étrange qu'elle fût restée, par un autre côté, au niveau des peuples livrés au plus grossier fétichisme ? N'est-il pas bien probable que, si nous nous placions réellement au point de vue où étaient les anciens, cette prétendue extravagance disparaîtrait, et que nous reconnaîtrions que les fables, comme *tous les produits de la nature humaine, ont eu raison en quelque chose ?* Le bon sens va tout d'une pièce, et il serait inexplicable que des nations, qui, dans la vie civile et politique, dans l'art, la poésie, la philosophie, ont donné la mesure de ce que peut l'homme, n'eussent point dépassé en religion des cultes dont l'absurdité révolte de nos jours la raison d'un enfant [1]. »

Non, cela n'est pas inexplicable : le contraste que vous signalez entre le développement artistique des Grecs et leur infériorité religieuse prouve tout simplement une chose, la nécessité d'une révélation divine et l'impuissance de l'homme à découvrir par ses seules forces la vérité religieuse, quel que soit son degré de culture. Il n'en est pas de la religion comme de la poésie et de l'art. Nul doute qu'en dehors de la révélation on ne puisse faire des tableaux, des statues, des tragédies, des poèmes épiques : le génie suffit à tout cela. Il n'y a rien là qui dépasse les facultés de l'homme, ses ressources naturelles. Mais il en va tout autrement quand l'homme, réduit au travail de son intelligence, placé dans un milieu social qui ne lui offre pas la vérité, se trouve en face de l'infini, des choses invisibles, des mystères de la destinée, des questions de la vie future : problèmes formidables, pleins de difficultés et d'obscurités : alors sa vue se trouble, sa raison s'égare, et les plus graves erreurs en religion comme en morale viennent se mêler aux plus belles œuvres d'art ou d'imagination. Vous trouvez étrange que des peuples, tels que les Grecs et les Romains, n'aient pas dépassé des cultes dont l'absurdité révolte de

---

[1] *Études d'Hist. relig.*, par M. Renan, p. 7 et 8.

nos jours la raison d'un enfant. Mais n'oubliez pas que c'est précisément la révélation divine, l'enseignement du catéchisme qui fait toucher du doigt à cet enfant l'absurdité des fables païennes : livrez-le à lui-même, supposez-le dans l'antiquité, à Athènes ou à Rome, non-seulement il ne trouverait rien de choquant à ces fables, mais il les adopterait comme on l'a fait pendant des siècles. Ce n'est pas la raison humaine qui a changé depuis lors; c'est le christianisme qui a changé les conditions dans lesquelles se trouvait la raison humaine et rendu impossibles désormais les aberrations religieuses dont les peuples les plus policés du vieux monde nous offrent un si lamentable exemple.

Mais enfin, explicable ou non, le fait existe. A côté de la supériorité artistique des Grecs, nous trouvons un système religieux qui, vu de près, supporte à peine l'examen du théologien et du philosophe. Je n'ignore pas, Messieurs, que de nos jours une école de mythologues, à la tête de laquelle se place le docteur Creuzer, s'efforce de prêter au paganisme hellénique une signification plus haute et plus relevée. Déjà les néo-platoniciens avaient fait une pareille tentative au troisième et au quatrième siècle, comme nous le verrons dans la controverse que les Pères de ce temps-là engagèrent avec eux. Pour rajeunir les fables païennes et les opposer au christianisme, ils imaginèrent un système d'explications allégoriques qui leur permettait d'y voir ou d'y placer à peu près tout ce qu'ils voulaient. Entre l'hellénisme ainsi transformé et ce qu'il était réellement dans la pensée des peuples, il y avait toute la différence du fait à une hypothèse gratuite. Je ne porterai pas le même jugement sur *la Symbolique* de Creuzer, bien que ce savant, lui aussi, ait abusé du symbolisme, comme on le lui a généralement reproché. Son grand travail est un monument d'érudition qui, dans plusieurs de ses parties, peut défier la critique. Vivement attaquée dès son apparition et défendue avec non moins de vigueur, cette œuvre capitale a suscité autour d'elle des recherches et des luttes qui se prolongent encore.

Les deux ouvrages les plus récents qui aient paru sur le polythéisme grec, ce sont *les Dieux de la Grèce*[1], par Welcker, et *l'Histoire des religions de la Grèce antique*, par M. Alfred Maury, membre de l'Institut. Il est à regretter que des préjugés hostiles à la religion chrétienne et une certaine affectation à rapprocher des choses qui ne se ressemblent nullement déparent ces deux produits d'une érudition remarquable.

Ce qui résulte jusqu'à présent de cet ensemble d'études mythologiques, c'est que l'argumentation des Pères contre le polythéisme grec et romain n'a rien perdu de sa force ni de sa justesse. La religion des Hellènes était bien, dans la deuxième phase de son développement, ce que saint Justin et les autres apologistes voyaient en elle, l'anthropomorphisme, c'est-à-dire la déification ou l'adoration de l'homme. Je dis, Messieurs, dans la deuxième phase de son développement, car, avant Homère et Hésiode, auxquels saint Justin s'arrête comme aux deux sources de la théologie nationale, il faut placer toute une époque pendant laquelle prédominait le culte de la nature ou des éléments. De là, deux périodes assez distinctes dans l'histoire du polythéisme grec : la période pélasgique, où apparaît le naturalisme primitif, et la période hellénique, caractérisée par la personnification des puissances de la nature ou l'anthropomorphisme. Voyons un peu comment cette dernière forme de l'idolâtrie a pu procéder de la première et se présenter aux Pères de l'Église telle que saint Justin l'a décrite et réfutée.

Dans sa *Philosophie de la mythologie,* Schelling définit le polythéisme un monothéisme brisé ou en dissolution [2]. En effet, s'il est un fait certain, c'est que la croyance au Dieu unique a précédé, dans l'histoire du genre humain, le culte rendu à des divinités multiples. Les documents de la

---

[1] *Grieschische Götterlehre:* von F.-G. Welcker. Göttingen, 1827.
[2] Page 91, *Philosophie der Mythologie*.

révélation ne seraient point là pour l'attester, que le raisonnement, aidé de la tradition, suffirait pour l'établir. A moins de nier l'existence de Dieu et le dogme de la création, il est impossible d'admettre que l'homme soit sorti polythéiste des mains de son créateur : il y aurait contradiction dans les idées et jusque dans les termes. En créant l'homme, être intelligent et moral, Dieu a dû nécessairement se manifester à lui par un mode quelconque : l'hypothèse contraire répugne essentiellement à la sagesse et à la bonté divines. Cela est évident. Aussi l'athéisme et le panthéisme qui en est une forme dissimulée ont-ils seuls pu nier ce fait primitif. Il s'ensuit que le polythéisme n'est qu'une déviation du monothéisme. Ce que le raisonnement permet de conclure avec certitude, la tradition le confirme. D'abord le plus ancien document que nous possédions sur l'histoire primitive des hommes, la Genèse, nous montre dans la croyance au Dieu unique celle du premier âge de l'humanité. Mais, de plus, il est un fait constant, général, dont Creuzer a tiré un excellent parti, c'est le sentiment de tous les anciens peuples convaincus que leur religion était d'autant plus parfaite qu'on remonte à leurs ancêtres, et d'autant plus défectueuse qu'on s'éloigne de leur berceau : fait inexplicable dans son universalité, si le monothéisme n'avait pas été la forme primitive de la religion de l'humanité ; car, dans le cas opposé, le progrès des temps aurait dû amener dans les croyances un perfectionnement toujours croissant, au lieu d'une décadence continue. Que voyons-nous au contraire ? Des théogonies plus grossières succédant à des symboles plus profonds, et le polythéisme arrivant de chute en chute jusqu'au plus bas degré de l'échelle religieuse[1]. Car il ne s'agit pas de juger ces questions en artiste, mais en moraliste : de ce point de vue, on m'accordera sans

---

[1] La religion telle qu'elle apparaît dans Homère est certainement plus polythéiste que celle des âges précédents ; et dans l'histoire de la mythologie grecque, la grande divinité pélasgique, le Jupiter primitif,

peine que la déification de l'homme, avec ses faiblesses et ses vices, est le dernier terme des aberrations de l'esprit. Si maintenant l'on considère qu'à travers cette confusion d'idées, le monothéisme a survécu dans la conscience des anciens peuples, altéré, il est vrai, obscurci, défiguré, mais toujours subsistant à l'état de vestige, de souvenir, comme un antique débris d'un édifice en ruine, on ne peut méconnaître, sans nier l'évidence, que la doctrine de l'unité de Dieu n'ait été la croyance primitive de l'humanité.

Si donc il est une vérité incontestable, c'est que le monothéisme a précédé le polythéisme dans l'histoire du genre humain. Cela posé, comment a pu s'effectuer le passage de l'un à l'autre? J'avoue, Messieurs, que sans le fait de la chute de l'homme, sa déchéance originelle, fait enseigné par la révélation et confirmé par la tradition de tous les peuples, ce phénomène me paraît inexplicable. Car enfin, je le répète, la raison, comme la foi, oblige d'admettre que l'homme n'a pu sortir des mains de son créateur qu'avec une connaissance de Dieu claire et distincte : sans parler du rapport extérieur et positif avec l'auteur de toutes choses, dont témoignent les monuments de la révélation, il est clair que l'homme portait l'idée de Dieu au fond de sa conscience ; cette idée, gravée dans son âme, le spectacle de la création la tenait présente à l'esprit qu'il ramenait sans cesse de l'effet à la cause. Si donc nul changement n'était intervenu dans l'état des facultés de l'homme et dans ses rapports primitifs avec Dieu, la connaissance de Dieu se serait transmise tout naturellement par la voie de l'enseignement ou de la tradition ; et si, même dans cette hypothèse, l'idée du vrai Dieu avait pu s'altérer chez quelques-uns, du moins la grande majorité du genre humain l'aurait-elle conservée saine et intacte, comme il arrive depuis que

---

perd graduellement de son empire, jusqu'à s'effacer, pour ainsi dire, derrière des divinités secondaires, telles que Apollon et Diane, etc. (M. Alfred Maury: I, 251. — Welcker : *Griechische Götterlehre*, 240.)

le christianisme est venu relever l'homme de sa déchéance. Écartez la doctrine du péché originel et de ses suites, cette immense aberration qu'on appelle l'idolâtrie devient un phénomène moral que rien n'explique d'une manière satisfaisante. Si, au contraire, vous admettez un trouble profond amené par le mal dans les rapports primitifs de l'homme avec Dieu, un affaiblissement général de ses facultés, une prédominance des sens sur l'esprit, une révolte des passions contre la raison, un désordre enfin qui a détruit l'harmonie originelle de toutes les parties de son être : dans ce cas, cette déviation de la croyance au Dieu unique, ou le polythéisme, se conçoit et s'explique. Le temps qui amène l'oubli, la faiblesse native de l'esprit qui finit par ne plus comprendre la vérité, l'empire des sens qui matérialise, pour ainsi parler, les notions spirituelles, l'imagination qui vient prêter un corps à des réalités invisibles, les impressions physiques qui affaiblissent la trace des choses intelligibles, la crainte qui exagère la puissance de l'objet qu'on redoute, le besoin de rapprocher de soi et de tailler à sa propre image ce qu'on révère et ce qu'on aime, les passions qui cherchent à mettre les croyances au niveau des actes, et repoussent ce qui les gêne pour mettre en place ce qui les flatte, enfin, l'action des forces sataniques sur l'humanité : toutes ces causes multiples, agissant de concert ou séparément, ont produit à la longue cette décadence graduelle dont le culte du mal et l'adoration du vice ont été le dernier mot. C'est ainsi que la chute de l'homme, sa déchéance originelle, a été le point de départ de l'idolâtrie qu'elle seule rendait possible.

Mais, Messieurs, si les ravages causés par le mal dans la nature humaine expliquent l'origine de l'idolâtrie, quelle a dû être la première forme du polythéisme? Faut-il admettre qu'une fois l'idée de Dieu obscurcie dans la conscience humaine, les hommes se soient tournés immédiatement vers la nature physique pour lui rendre un culte et l'adorer? Je ne le pense pas, bien qu'on l'ait souvent répété. Ce passage de l'esprit à la matière, du culte de Dieu à celui des éléments, me paraît trop brusque pour qu'on ne doive pas supposer une erreur intermédiaire qui ménage en quelque sorte la transition. Quelle est cette erreur qui vient prendre place entre le culte d'un Dieu unique et l'adoration de la nature, et qui, par suite, occupe le premier degré sur l'échelle du polythéisme ? C'est, si je puis m'exprimer ainsi, la division de l'être divin en plusieurs Élohims, ou divinités du même ordre. Quand la grande idée de Dieu se fut altérée dans leur intelligence, les hommes cessèrent de concentrer dans un être unique la puissance, la sagesse et la bonté infinies, pour les répartir entre plusieurs. De cette manière, l'idée de Dieu se démembrait pour ainsi dire, comme le rayon de lumière se décompose à travers le prisme. Ce qui facilitait ce fractionnement ou cette multiplication, c'était la croyance vraie à des esprits invisibles dont l'intelligence et le pouvoir surpassent ceux de l'homme, c'était le sentiment profond de leur influence bonne ou mauvaise sur la nature humaine : partant de là, une raison obscurcie supposa sans peine dans le monde invisible plusieurs puissances ayant droit également à son adoration. D'ailleurs cette multiplicité de dieux semblait résulter du langage qu'avait tenu l'esprit du mal à l'origine du monde : vous serez comme des dieux ; et quand saint Justin, Théophile d'Antioche, saint Cyrille d'Alexandrie et plusieurs autres Pères, voient dans cette insinuation du tentateur un germe de polythéisme implanté dans la conscience humaine, ils font preuve d'une sagacité d'observation qui mérite l'attention[1]. C'est dans le même sens que Bossuet a dit : « Dès le moment que l'esprit tentateur proféra cette parole, « vous serez comme des dieux, » il songeait à confondre en l'homme l'idée de Dieu avec celle de la créature, et à diviser un nom dont la majesté consiste à être incom-

---

[1] Saint Justin, *Cohortat. ad Græcos*, 22. — Théophile d'Antioche, l. II, 32. — Cyrille d'Alexandrie, III, *Jul.*, 91.

municable. Son projet lui réussissait[1]. » Quoi qu'il en soit, la démonolâtrie ou le culte des génies a dû être le point de départ du polythéisme, comme elle se prolonge également à travers toute son histoire[2]. C'est même le côté spiritualiste de l'idolâtrie, si l'on peut employer ce terme pour désigner des erreurs si grossières. Dans cette première déviation du monothéisme, il y a déjà la confusion de l'infini et du fini, pas encore celle de l'esprit et de la matière ; mais l'une découlait de l'autre. En divisant l'objet de leur adoration, les hommes descendirent rapidement la pente qui les menait au culte de la nature ou au naturalisme.

Pour se rendre compte de cette deuxième forme du polythéisme, il suffit, Messieurs, d'envisager les rapports de l'homme avec le monde et sa dépendance des éléments de la nature. A mesure que l'idée d'un Dieu unique, infini, immatériel, s'obscurcissait dans sa conscience, il se sentait porté à transférer à plusieurs êtres les attributs de la divinité ; ou

---

[1] *Discours sur l'Hist. univers*, 2ᵉ partie, ch. II.

[2] On m'objectera peut-être que les plus anciens monuments littéraires du polythéisme, tels que le Rig-Veda, ne semblent faire mention que du culte des éléments. J'avoue que le naturalisme panthéistique fait le fond de ce livre d'hymnes dont la haute antiquité ne saurait être contestée. Indra, Agni, Vâyou, Roudra, toutes ces divinités qui jouent un si grand rôle dans le Rig-Veda, ne sont que la personnification de l'éther, du feu, de l'air. Mais il est évident qu'avant de placer dans les éléments le siège de ces puissances mystérieuses, la pensée humaine avait dû fractionner l'unité divine. Pour adorer les astres comme autant d'êtres vivants et animés, il fallait, au préalable, avoir admis l'existence de plusieurs esprits capables de se manifester par les agents physiques. L'homme s'est abîmé dans le culte de la nature, parce qu'il croyait surprendre en elle l'action de ces esprits supérieurs, démons ou génies dont il la supposait animée.

Voilà pourquoi la confusion de l'infini et du fini, dans le monde intelligible, me paraît avoir précédé, du moins logiquement, celle de l'esprit et de la matière. En général on n'a pas tenu assez compte de ce culte des esprits qui occupe une si grande place dans l'histoire du polythéisme. L'Écriture sainte, avec sa profondeur habituelle, a marqué d'un trait le principe de cette grande aberration en désignant les dieux des nations sous le nom de démons : *Dii gentium dæmonia*. Voyez : G.-J. Vossius : *de Origine idololatriæ*.

pour mieux dire, il se prit à voir Dieu partout où éclatait une grande force, où se révélait une haute intelligence, d'où il recevait ou croyait recevoir un bienfait signalé. Moins grossière d'abord, comme nous venons de le voir, cette conception ne tarda pas à se matérialiser, en passant du monde des esprits dans celui des corps. En effet, qu'est-ce qui faisait le plus d'impression sur l'homme esclave des sens, par l'immensité de l'étendue, la variété des aspects, le grandiose des scènes, l'ordre et l'arrangement de toutes les parties ? Qu'est-ce qui lui communiquait directement l'air, la lumière, la chaleur, la nourriture, tout ce qui prolonge et entretient la vie ? La nature. C'est elle qui, l'enveloppant de tous côtés et le pénétrant par ses influences multiples, lui faisait sentir sa supériorité à chaque pas et à tout instant. Lors donc que l'homme se vit en présence de cette nature dont il était en quelque sorte le tributaire et l'esclave, de ces agents physiques, de ces forces mystérieuses qu'il rencontrait partout sur son chemin sans pouvoir les dompter ; quand il se trouva en face de ce monde des astres qui versaient sur lui des flots de lumière et de vie, de ces flambeaux immortels dont l'éclat animait la création pendant le jour et déchirait les ténèbres de la nuit, de cette terre au sein de laquelle une vigueur inépuisable perpétuait la fécondité, à la vue de cette terre et de ce ciel qui ne lui racontaient plus la gloire de Dieu, l'homme égaré dans ses voies s'inclina devant ces réalités puissantes : c'est là que se trouvaient pour lui la force, l'intelligence, la bonté, c'est là qu'il plaça Dieu. Le soleil, la lune, tous les corps célestes, l'air, le feu, la terre, l'eau, les éléments divers, devinrent autant de puissances divines, d'êtres vivants et animés, dont il fallait reconnaître l'empire et s'assurer la faveur. Une fois engagé dans cette voie, le naturalisme polythéiste ne connut plus de bornes : fleuves, montagnes, sources, forêts, tout ce qui révèle de la force, du mouvement et de la vie, prit le caractère de divinité ; et de cette vaste confusion de l'infini et du fini, de l'esprit et de la matière, du créateur et de ses œuvres, sortit la déification de la nature ou le culte des éléments, dont l'astrolâtrie ou le sabéisme fut le premier acte, et qui, par une nouvelle évolution de la pensée, devait aboutir à l'anthropolâtrie ou à l'adoration de l'homme.

Ici, Messieurs, je répéterai pour cette deuxième forme du polythéisme ce que je disais, il y a un instant, au sujet de la première. De même que la croyance vraie à l'existence d'esprits supérieurs à l'homme fut le point de départ du culte des génies ou de la démonolâtrie, ainsi une grande vérité se retrouve-t-elle altérée et travestie au fond du naturalisme polythéiste. Cette vérité, c'est la présence de Dieu dans la nature qu'il remplit par l'immensité de son être, c'est l'action continue par laquelle il donne et conserve à toutes choses l'existence, le mouvement et la vie. Le monde n'est-il pas, en effet, pénétré en tout sens par cette puissance infinie qui se manifeste dans des effets sans nombre? Mais, pour que ce rapport intime de Dieu avec l'ensemble des choses créées ne devînt pas l'origine d'une grave erreur, il fallait se garder de confondre l'effet avec la cause, d'identifier le créateur et son œuvre : c'est à cette coexistence de l'infini et du fini que vint échouer le sens populaire, comme de son côté l'esprit philosophique y trouva constamment son écueil dans le vieux monde : car l'idolâtrie n'est autre chose qu'un panthéisme populaire. C'est ainsi que les religions de l'antiquité et les anciens systèmes de philosophie, prenant une direction parallèle, aboutirent au même résultat, la déification universelle. Le rapprochement est frappant ; et ce n'est pas un des faits les moins curieux à observer dans l'histoire de l'esprit du genre humain que cette marche identique suivie par la religion et par la science païennes venant s'abîmer l'une et l'autre dans la confusion de Dieu et du monde. De même que nul système antique, pas plus dans la Grèce que dans l'Inde, n'est parvenu à distinguer complétement l'univers de son auteur, aussi toutes les religions de l'antiquité se sont-elles plu à diviniser la nature en l'envisageant comme un immense Tout dont chaque partie est une forme de la divinité ; tant est haute et difficile, pour l'esprit scientifique comme pour le sens populaire, la question de la coexistence de l'infini et du fini ! Cette déification de la nature, de ses éléments et de ses forces est, à proprement parler, l'erreur fondamentale du polythéisme, son côté le plus saillant : elle a servi de base à l'anthropomorphisme, qui n'a été, à son origine, que la personnification des lois ou des agents physiques, comme nous le verrons la prochaine fois. Car, pour apprécier à sa juste valeur la polémique des Pères avec les païens et leur réfutation du polythéisme, il faut que nous suivions cette grande erreur dans ses transformations successives, de la démonolâtrie à l'astrolâtrie, de l'astrolâtrie à l'anthropolâtrie, de l'anthropolâtrie à l'idolâtrie proprement dite ou fétichisme. Alors seulement il nous sera facile de porter un jugement complet sur une controverse qui a occupé trois siècles et mis fin à une erreur de deux mille ans.

SEPTIÈME LEÇON

Suite de l'étude du polythéisme envisagé dans ses origines et dans ses formes diverses. — Passage du naturalisme panthéistique à l'anthropomorphisme ou à la déification de l'homme, troisième forme des religions polythéistes. C'est sous cet aspect particulier que saint Justin a considéré les cultes de la Grèce. — Leur point de départ et leurs développements. — Naturalisme des Pélasges. — Anthropomorphisme des Hellènes. — Transition de l'un à l'autre, marquée par les poèmes d'Hésiode et d'Homère. — Réaction des écoles philosophiques contre l'anthropomorphisme grec. — Saint Justin signale les conséquences déplorables de cette déification de l'homme et de ses passions. — L'incarnation du Verbe a mis fin à ces tentatives désespérées de rabaisser la divinité à la forme humaine.

Messieurs,

Le discours de saint Justin aux Grecs nous a conduits à étudier le polythéisme dans ses origines et dans ses diverses formes. En effet, pour nous faire une idée exacte de la polémique des Pères avec le paganisme, il est nécessaire de peser la valeur de leurs arguments et de mesurer la portée de leurs attaques. Cet examen est d'autant plus utile que de récents travaux sur les mythologies comparées ont amené plusieurs écrivains à contester, sinon en totalité, du moins en partie, la justesse de l'argumentation dirigée par les premiers apologistes contre les religions de l'antiquité. Il importe, par conséquent, d'établir qu'en réduisant la mythologie grecque à l'anthropomorphisme ou à la déification de l'homme, saint Justin en a saisi le véritable caractère, bien que cette forme du polythéisme antique n'ait pas été la seule ni même la première. C'est ce que nous avions commencé de faire, dans notre dernier entretien, après avoir analysé le discours aux Grecs.

S'il est un fait certain, avons-nous dit, c'est que le polythéisme a été une déviation du monothéisme, croyance primitive du genre humain. L'induction basée sur les perfections divines et sur la nature de l'homme suffirait, à elle seule, pour justifier cette assertion que les documents de la révélation et l'histoire de tous les peuples mettent à l'abri d'un doute sérieux. Cela étant, cette prodigieuse aberration qu'on appelle l'idolâtrie ne peut s'expliquer que par la chute de l'homme, par un désordre profond survenu dans les puissances de son être et par la révolte des passions du cœur au service de l'esprit esclave des sens. Est-ce à dire pourtant qu'une fois l'idée du vrai Dieu obscurcie dans son âme, l'homme se soit tourné de suite vers la nature physique pour lui rendre un culte et pour l'adorer? Nous avons pensé que l'intelligence, comme la nature, ne procède point par sauts ni par bonds, conséquemment, qu'une erreur moins matérielle a dû précéder dans l'esprit des hommes le culte des éléments ou la déification des forces et des agents physiques. Ce qui le prouve, c'est qu'en offrant leurs hommages au soleil, à la lune, aux astres et en général à tout ce qui manifeste dans l'univers une grande puissance ou un vif éclat, les nations polythéistes regardaient ces divers corps comme autant d'êtres vivants et animés ayant droit à leur vénération. Il suit de là que l'idée du vrai Dieu, en se brisant dans l'intelligence humaine, avait dû faire place à celle de plusieurs Élohims, esprits ou génies, divinités bienfaisantes ou malfaisantes, dont il s'agissait de fléchir le courroux et de s'attirer la faveur. C'est en partant de ce principe appuyé sur l'induction psychologique comme sur l'observation des faits, que nous avons placé la démonolâtrie ou le culte des génies au point de départ du polythéisme. Mais il n'est pas moins certain que le sens égaré de l'homme ne s'arrêta pas sur cette pente qui l'entraînait vers des erreurs plus grossières et plus basses : en cessant de distinguer l'infini du fini, il ne tarda pas à confondre la matière avec l'esprit. La nature physique s'offrit à lui avec un caractère de puissance et de grandeur que son imagination captivée par les sens prit pour le signe de la divinité elle-même. De là cette déification universelle de la nature, ce vaste panthéisme populaire qui fait le fond des religions de l'antiquité, où il donne la main au panthéisme philosophique issu comme lui de la confusion de Dieu et du monde.

Voyons à présent comment l'anthropomorphisme, ou la déification de l'homme, est sorti du naturalisme polythéiste. Comme c'est particulièrement sous cette troisième forme que saint Justin et les premiers apologistes ont attaqué l'idolâtrie, je dois m'y arrêter davantage. Il s'agit moins ici, Messieurs, de marquer des périodes dans une succession d'idées qui échappent à toute chronologie, que de déterminer l'ordre logique suivi par la pensée païenne dans ses évolutions diverses ; car l'erreur a sa logique comme la vérité, elle aussi se développe d'une manière rigoureuse et constante. Or, qu'est-ce qui a pu servir au naturalisme de passage ou de transition à l'anthropomorphisme ? Ce lien logique, ce point de contact ou de soudure, c'est l'idée de personnalité. En effet, ce qui, à travers mille erreurs, n'avait jamais cessé de constituer la notion de la divinité chez les peuples polythéistes, c'était l'intelligence et la force. Or, la volonté et l'intelligence impliquent naturellement l'idée de personne, le caractère d'une individualité active et vivante. Lors donc que les nations de l'antiquité en furent venues au point d'appliquer l'idée de Dieu aux puissances de la nature et à ses éléments, elles se virent amenées par voie de conséquence à les personnifier. Mais, comme leur sens grossier, incapable de s'élever à des réalités plus hautes, ne concevait plus guère d'autre personnalité que celle de l'homme, elles taillèrent les divinités à leur propre image, en leur prêtant la forme humaine. Or, vous mesurez d'un trait les suites de ce nouveau progrès sur le chemin de l'erreur. Une fois rabaissés à la condition humaine, les dieux en subirent toutes les vicissitudes : ils empruntèrent à l'homme ses qualités physiques et morales, ses faiblesses, ses erreurs et jusqu'à ses passions et à ses vices : ils eurent comme lui leur naissance, leur généalogie, leurs liens de parenté, leur tissu d'épreuves et d'aventures ; ils ne gardèrent en propre que l'immortalité, et encore l'imagination des peuples eut-elle soin de leur accorder une nourriture à part qui leur permit de ne pas laisser échapper ce privilège. Ce n'est pas tout. Avec l'altération progressive de l'idée de Dieu, les hommes avaient été conduits à voir la divinité partout où éclataient une grande puissance, une haute sagesse, une bonté souveraine. Mais n'y avait-il pas des privilégiés de la nature humaine, guerriers, législateurs, fondateurs d'empires, qu'une force ou une valeur extraordinaire, des services rendus à un pays entier, des découvertes, des inventions utiles recommandaient à la vénération publique ? Pourquoi ne pas voir en eux la divinité se manifestant sous la forme humaine, aussi bien que dans les puissances de la nature ? Le paganisme n'y manqua point. L'apothéose vint s'ajouter à la personnification des éléments ou des agents physiques, et de ces deux sources réunies sortit l'anthropomorphisme, cette troisième forme des religions de l'antiquité, qui ne se développa nulle part avec plus de poésie et d'art que chez les Grecs.

Nous avons dit, Messieurs, que saint Justin s'attaque à Homère et à Hésiode comme aux deux sources principales de la mythologie grecque. Hérodote est du même avis : comme le philosophe chrétien, il voit dans ces deux poètes les créateurs de la théogonie des Hellènes. Toutefois, on ne saurait méconnaître que la synthèse mythologique, telle qu'elle apparaît dans les poèmes d'Homère et d'Hésiode, n'est qu'une transformation poétique de la religion primitive des Grecs : en d'autres termes, l'anthropomorphisme des Hellènes a succédé au naturalisme panthéistique des Pélasges, suivant le mode de filiation que nous décrivions tout à l'heure.

Le fait que je viens d'énoncer est acquis à la science et ne souffre plus de contestation. Ce qui est moins évident, c'est la source première de la religion des Grecs et son degré d'originalité. Là-dessus, deux systèmes tout opposés se sont produits dans ces derniers temps : les uns, comme MM. Ottfried Muller et Welcker, ont voulu affranchir la Grèce de toute influence des colonies étrangères, pour faire de sa mythologie l'œuvre exclusive du génie national ; les autres, à l'exemple de Creuzer, guidés par Hérodote et par quelques historiens de l'antiquité, ont cherché dans l'Orient l'origine et l'explication des cultes helléniques. Il me semble que les deux opinions pèchent également par ce qu'elles ont d'exclusif. C'est surtout en traitant des religions de l'antiquité qu'il convient d'écarter les formules rigoureuses et les affirmations tranchantes. Un des plus savants numismates de l'époque a dit avec raison : tout est indécis et flottant dans les mythologies anciennes ; et J.-H. Voss, qui a passé sa vie entière à déchiffrer les symboles antiques, avait coutume de répéter que dans la mythologie grecque il y aurait à faire pour dix érudits de premier ordre comme Lessing [1]. L'étude des religions comparées ne permet plus d'affirmer que la théologie des Grecs s'est formée en dehors des influences orientales à son origine, et dans le cours de son développement. Je veux bien qu'en assignant l'Égypte pour berceau à la plupart des divinités de la Grèce, Hérodote ait fait une trop large part à des emprunts réels ; mais rien n'autorise à rejeter entièrement son témoignage, malgré les motifs allégués par M. Alfred Maury dans son livre sur les religions de la Grèce antique [2]. Pour ne mentionner qu'un seul point, le dieu Protée, personnification de la mer, qu'Homère appelle l'Égyptien, montre assez que la mythologie grecque prenait son bien partout [3]. Il est impossible,

---

[1] Neumann : *Numi. vet.*, I, 81. — Voss : *Mytholog.*, II, 327.

[2] Tome I, 65 et ss.; III, 259 et ss.

[3] *Odyssée*, IV, 395.

en effet, que les colonies égyptiennes et phéniciennes, se mêlant aux populations primitives de la Grèce, n'aient introduit dans le culte de ces dernières des éléments étrangers. C'est ainsi que l'Astarté syro-phénicienne, en passant par l'île de Chypre, est devenue l'Aphrodite des Grecs ; les fêtes d'Adonis sont d'origine asiatique, à n'en pouvoir douter; l'Isis pélasgienne, dont parle Pausanias, est évidemment un emprunt à l'Égypte [1]. Cette combinaison d'influences multiples explique précisément la difficulté qu'on éprouve à concilier entre elles les diverses parties du système mythologique des Grecs. Il suffit, par exemple, de comparer la théogonie d'Hésiode à la mythologie homérique, pour rencontrer deux ordres d'idées presque toujours différents, souvent contradictoires. Du reste, un fait certain me semble de nature à décider la question. Les plus anciens peuples de l'Hellade venaient de l'Orient ; ils se rattachaient à la grande famille indo-européenne, comme leur langue ne permet pas d'en douter ; leur physionomie religieuse offre des traits de ressemblance frappants avec celle des Aryas en général, des Hindous en particulier. L'érudit français que je citais tout à l'heure n'a rien négligé pour établir le caractère asiatique des divinités de la Grèce ; et, si les rapprochements entre le Rig-Veda et les légendes grecques paraissent quelquefois plus subtils que fondés, l'analogie est trop forte dans l'ensemble pour qu'on ne doive pas conclure à une identité d'origine. Un orientaliste anglais est même allé jusqu'à dire « que la théogonie d'Hésiode n'est qu'une caricature de l'original primitif qui se trouve dans les Védas [2]. » Sans admettre ce que ces conclusions ont de trop systématique, on peut affirmer avec assurance qu'en se détachant du tronc primitif cette branche particulière, qui prit le nom de Pélasges, avait emporté avec elle un fonds de croyances commun à toute la race indo-euro-

---

[1] Pausanias: II, c. IV, § 7.
[2] Max Müller: *Oxford Essays*, I, 47, 1856.

péenne. Peut-être même, au moment de la séparation de ces divers peuples, le monothéisme n'avait-il pas encore subi des altérations essentielles, comme le docteur Creuzer l'a supposé non sans motif. Nous sommes donc autorisés à faire une grande part aux influences orientales dans le système religieux des Grecs. Ce qui ne veut pas dire assurément que l'esprit hellénique n'ait ajouté de lui-même à ces éléments venus du dehors et fondus ensemble dans le creuset d'une imagination riche et puissante : tout en portant l'empreinte d'une influence étrangère, la mythologie grecque, telle qu'elle se présente à nous dans la suite de son histoire, est, avant tout, l'œuvre du génie national.

J'ai dit, Messieurs, que l'anthropomorphisme des Hellènes succéda au naturalisme des Pélasges. En effet, les plus anciens vestiges que l'histoire nous offre des populations primitives de la Grèce nous les montrent adonnées au culte de la nature et de ses éléments. De là cette assertion d'Hérodote, que les Pélasges ne donnaient pas de noms propres à leurs dieux, parce qu'ils ne leur attribuaient pas un caractère personnel. Platon est encore plus explicite sur ce point dans *le Cratyle* : « A mon avis, dit-il, les premiers habitants de la Grèce n'avaient pas d'autres dieux que ceux des Barbares, le soleil, la lune, la terre, les astres et le ciel [1]. » Ces paroles de Platon résument assez bien la religion des Pélasges, identique dans ses traits principaux à celle des anciens peuples polythéistes, des Assyriens, des Perses, des Égyptiens, des Hindous et des Germains [2]. Quand les hommes, cessant de distinguer Dieu du monde, se furent tournés vers la nature pour lui rendre un culte, ils distinguèrent en elle deux grandes parties, le firmament ou la voûte éthérée, et la terre avec ce qu'elle renferme. De là deux divinités primordiales que l'on retrouve facilement chez toutes les nations païennes comme formant la base de leur

---

[1] Hérodote : II, 32. — Plat. : *Cratyle*, p. 397.

[2] Xénophon : *Cyroped.*, VIII, 3, 11. — Strabon : XV. — César : *de Bello Gal.*, VI, etc.

théogonie, le ciel et la terre. C'est ainsi que le Rig-Veda appelle le ciel et la terre, le couple immortel, les deux grands parents du monde, les deux divinités mères. De même, le Zeus ou Jupiter pélasgique n'est que le dieu suprême, roi du firmament, et la Déméter pélasgique, la terre génératrice du genre humain [1]. Mais l'adoration du ciel et de la terre devait nécessairement conduire à celle de leurs diverses parties : il se produisit, par suite, deux catégories de divinités, les unes célestes, les autres telluriques ou chtoniennes. Au nombre des premières, figuraient le soleil, Hélios, la lune, Artémis, l'éther, Athéné ; parmi les secondes, la mer ou l'eau, Poséidon, le feu, Vesta et Héphaistos, les régions souterraines, Aïdonée et Perséphoné. Déjà, comme vous le voyez, même dans la période pélasgique, l'anthropomorphisme gagnait peu à peu ces divinités informes, impersonnelles ; cette tendance, toujours plus vive, allait les dépouiller entièrement de leur caractère primitif, en idéalisant dans elles la personnalité humaine.

Ce travail de transformation atteint son apogée au temps de la guerre de Troie : la chute d'Ilion coïncide à peu près avec le triomphe des divinités humaines sur les dieux pélasgiques identifiés aux éléments ou aux forces de la nature. A cet âge héroïque de la Grèce, où une vie d'expéditions et d'aventures, succédant au calme de la vie pastorale et agricole, développait des individualités fortes et puissantes, la nature dut s'effacer derrière l'homme ; et l'imagination poétique, élevant à l'idéal les réalités de la vie, transporta parmi les dieux ces scènes de luttes et de combats dont le spectacle frappait tous les yeux. Ce n'était plus une population qui, uniquement préoccupée du soin de ses troupeaux et de la culture du sol, demandait aux divinités de la nature une chaleur ou une pluie fécondante, mais une race active, aventureuse, guerrière, qui cherchait à intéresser les dieux au sort de ses armes, en leur prêtant ses haines et ses pas-

---

[1] Γῆμήτηρ, Δημήτηρ, plus tard Cérès dans la période hellénique.

sions. Ce passage du naturalisme à l'anthropomorphisme s'est opéré, à un moment donné, chez toutes les nations polythéistes. C'est ainsi que, dans la mythologie indienne, les aventures de Siva, de Vischnou, de Mahâdeva, de Pârvaté, de Kali, de Krischna, succèdent au développement naturaliste de la cosmogonie des Védas. De même, en Égypte et en Assyrie, les éléments ou les agents physiques se dépouillent peu à peu de leur objectivité pour apparaître sous les traits humains d'Isis et d'Osiris, de Baal, de Moloch et d'Astarté. La même loi s'observe dans la mythologie des Germains et des Scandinaves ; les divinités de l'Islande et de la Norvège se façonnent à l'image des peuples du Nord. Ce travail, Messieurs, s'opère tout naturellement chez les nations où l'adoration du vrai Dieu a fait place à celle du monde physique : l'idée de la personnalité humaine vient modifier tôt ou tard et transformer les conceptions purement naturalistes. Mais nulle part cette métamorphose religieuse n'est arrivée à un résultat plus complet que parmi les Grecs, parce que, chez aucun autre peuple, un sentiment plus vif de la personnalité humaine n'a produit au même degré le culte de l'homme envisagé dans son caractère moral et dans ses formes physiques.

La théogonie d'Hésiode marque la transition du naturalisme pélasgique à l'anthropomorphisme hellénique. Bien que postérieur à Homère, le poète d'Ascra est moins avancé dans l'œuvre de la personnification des éléments ou des agents physiques. Ses dieux ont peine à se dégager du milieu tout matériel où ils restent plongés, pour s'élever à l'existence personnelle. Mais ce demi-naturalisme d'Hésiode est éminemment propre à nous faire comprendre le travail d'où est sortie la mythologie homérique. Ce que nous trouvons au point de départ de ce travail, qui n'a pas été celui d'un homme mais de tout un peuple et d'une époque entière, ce sont des notions de physique combinées avec des idées morales. En interrogeant les puissances de la nature, les anciens peuples avaient cru découvrir en elle deux principes dont l'application variait à l'infini, un principe actif et un principe passif, une force de génération et une force de conception, dont l'union produit les divers êtres avec toutes leurs propriétés. C'est de cette notion fondamentale que part Hésiode, ou plutôt toute l'époque qu'il représente, pour imaginer la théogonie grecque. Il suppose chaque fois deux principes, l'un actif et l'autre passif, dont le concours donne naissance à un troisième élément; puis, transportant ce phénomène physique dans un ordre supérieur, il change les deux principes en deux êtres de sexe différent, qui procréent, suivant les lois de la génération humaine, un troisième être personnifié comme eux. Tout l'anthropomorphisme grec est là, dans ce procédé d'Hésiode, qui fait descendre les divinités les unes des autres et les dispose par paires ou par couples. C'est ainsi que le Ciel, Ouranos, naît du Chaos et de la Terre; l'Océan, de la Terre et du Ciel, parce que les eaux pluviales et les eaux souterraines concourent à former les eaux marines; de même, l'Océan et Téthys donnent naissance à la nombreuse famille des Océanides qui représentent les rivières et les fontaines, dont la mer est le réservoir commun. Il n'est pas toujours facile de saisir au juste le sens physique ou moral de cette génération de dieux et de déesses, mais le principe général, qui sert de base à cette hiérarchie systématique, n'offre pas de difficulté. Telle qu'elle se présente à nous, la théogonie d'Hésiode nous montre assez bien comment les puissances de la nature, personnifiées par le travail de l'esprit, sont devenues les dieux de la mythologie homérique.

C'est dans Homère, en effet, que l'anthropomorphisme hellénique trouve son expression la plus riche et la plus complète. Sans nul doute, chez lui comme chez Hésiode, il faut voir moins le travail personnel d'un seul homme que le résumé des idées et des croyances d'une époque; mais il est certain que sa puissante individualité a laissé son empreinte sur l'œuvre que les siècles lui ont attribuée. Cette foule de légendes locales, éparses, sans ordre ni lien d'unité, il les a recueillies, coordonnées entre elles, groupées autour d'un grand évènement, en leur prêtant les couleurs de son imagination. C'est par là, Messieurs, que ces poèmes sont devenus le code religieux des Hellènes et la source de leur théologie nationale. J'ai dit que, dans Homère, la métamorphose des éléments de la nature en personnes humaines est à peu près achevée. Il est vrai que l'origine naturaliste de ces divinités nouvelles se trahit encore aux épithètes qu'il leur donne, aux attributions qu'il leur suppose; mais leur caractère primitif tend à s'effacer complétement pour faire place à celui de la personnalité humaine, idéalisée suivant les mœurs et les sentiments de l'époque. Chaque dieu se dégage de l'enveloppe matérielle qui le tenait emprisonné comme l'insecte dans la chrysalide, pour prendre une figure, des organes, un corps, une âme, à l'instar des hommes. Ce ne sont plus les agents physiques, mais les qualités de l'homme, les diverses faces de son existence qui se trouvent personnifiées dans le panthéon hellénique : c'est l'idéal du pouvoir, de l'intelligence, de la force ou de la beauté physique; c'est le type du monarque, du guerrier, du jeune homme, de la vierge, de la femme grecque, qui apparaît divinisé dans Jupiter, dans Mars, dans Apollon, dans Minerve, dans Diane, dans Junon, dans Aphrodite. « Les dieux forment au ciel, ou, pour mieux dire, sur la cime des montagnes où on les fait résider, au sommet de l'Olympe, une véritable république divine, une cité céleste conçue sur le modèle de la πόλις hellénique, mais une république, une cité dont tous les citoyens sont en quelque sorte des rois. Les dieux en mènent effectivement la vie : ils habitent sous des lambris dorés, et passent, comme ces monarques des temps antiques, plus occupés de plaisirs que de gouvernement, leur vie dans de joyeux festins. Hébé verse dans leurs coupes la boisson délicieuse du nectar, et Apollon charme leurs repas par les sons harmonieux de sa lyre, les Muses par les accords de leurs voix. Dans leur palais, les immortels sont assis sur des trônes. Zeus occupe le plus élevé. S'ils sortent, ils sont montés sur des chars dont le symbolisme varie tour à tour les coursiers. Parfois ils s'arrachent à cette vie sybaritique, ils délibèrent sur les affaires de ce monde dont ils se disputent la conduite ; ils ont leur *agora* et leur *boulé*. Ces dieux sont révérés, invoqués comme des rois, et de là l'épithète d'ἄναξ qui leur est donnée à presque tous [1]. »

Voilà, Messieurs, l'anthropomorphisme complet, la déification de l'homme poussée jusqu'à ses dernières limites. Sans aller plus loin, nous pouvons déjà conclure qu'en attaquant la théogonie d'Hésiode et la mythologie homérique, saint Justin et les premiers apologistes ne se trompaient pas sur le sens du polythéisme grec qu'ils atteignaient sous sa véritable forme. On a beau dire que l'apothéose de l'homme, de ses vices et de ses faiblesses, est un fait étrange chez une nation civilisée comme la Grèce : étrange ou non, le fait est incontestable. Tous les monuments historiques, poétiques, philosophiques des Hellènes, témoignent que telles étaient en réalité leurs croyances religieuses, qu'à partir d'Homère, et même longtemps avant lui, cet ensemble de fables relatives à des divinités sous forme humaine, à leur généalogie et à leurs aventures, avait profondément envahi l'esprit national. Des siècles durant, il ne s'éleva pas la moindre opposition contre un système mythologique admis à la lettre dans les classes cultivées non moins que parmi le peuple. Eschyle et Sophocle croyaient à l'existence réelle des divinités formant le panthéon hellénique, comme les spectateurs qui assistaient à la représentation de leurs pièces [2]. Voici la comparaison que Pindare établit entre la généalogie des dieux et celle des hommes : « Autre est la race des hommes, dit-il, autre celle des dieux, mais les uns et les autres, nous sommes issus d'une même mère. A la vérité, une vertu toute différente nous sépare des dieux ; nous ne sommes rien, tandis que le ciel d'airain est une demeure

---

[1] M. Alfred Maury: *Religion de la Grèce antique*, t. 1, p. 252.
[2] Welcker: *Griechische Götterlehre*, I, 245.

inébranlable. Mais l'esprit nous rapproche de la nature des immortels, bien que nous ignorions vers quel terme la destinée nous conduit nuit et jour [1]. » Il faut que la croyance aux traditions mythologiques ait été bien enracinée, pour que Platon lui-même recommande d'y ajouter foi : « Quant aux autres démons, dit-il dans *le Timée*, il est au-dessus de notre pouvoir de connaître et d'expliquer leur génération ; il faut s'en rapporter au récit des anciens, qui, étant descendus des dieux, comme ils le disent, connaissaient sans doute leurs ancêtres. On ne saurait refuser d'ajouter foi aux enfants des dieux, quoique leurs récits ne soient pas appuyés sur des raisons vraisemblables ou certaines. Mais, comme ils prétendent raconter l'histoire de leur propre famille, nous devons nous soumettre à la loi et les en croire. » Quel qu'ait été le sentiment personnel de Platon sur les théogonies d'Homère et d'Hésiode, vous voyez qu'il n'ose pas secouer le joug de leur autorité.

Je veux bien que la réaction contre l'anthropomorphisme soit sortie des écoles de philosophie. Il était impossible, en effet, que l'esprit d'examen ne perçât à la longue ce tissu de fables pour regarder en face les fantômes créés par l'imagination poétique. A ce point de vue, Messieurs, il est vrai de dire que chaque système philosophique porta un coup sensible à la mythologie populaire. En cherchant dans les éléments matériels le principe premier des choses, les physiciens de l'école d'Ionie revenaient au naturalisme primitif, que la déification de l'homme avait complétement effacé. Héraclite, en particulier, s'élève avec force contre Homère, qu'il accuse d'avoir altéré la notion de la divinité dans l'esprit des peuples [2]. La vivacité de ses attaques ne fut dépassée que par la véhémence de Xénophane, le chef de l'école d'Élée, dont la vie entière se passa dans la réfutation de l'anthropomorphisme. Mais ce qui prouve que la mytho-

---

[1] *Néméen.*, VI, 1.
[2] Zeller : *Die Philosophie der Griechen*, 1856, I, 450, 490.

logie homérique ne perdait pas de terrain, c'est qu'Aristote, en rapportant l'opinion de Xénophane, ajoute que la multitude ne la partageait nullement [1]. Un fait plus éclatant atteste encore mieux l'attachement des Grecs au système mythologique transmis par leurs poètes : ce sont les rigueurs déployées contre l'école des sophistes, contre Protagoras d'Abdère, Prodicus de Céos, Diagoras de Mélos, accusés d'irrévérence envers les divinités de la patrie qu'ils dépouillaient de leur personnalité pour les réduire à ce qu'elles avaient été à l'origine, des puissances de la nature ou des agents physiques [2]. Tant l'anthropomorphisme, pris à la lettre et dans le sens le plus rigoureux, avait fait oublier son point de départ ! Nous avons vu tout à l'heure, par l'exemple de Platon, comment l'école de Socrate ménageait les croyances populaires : Xénophon pouvait dire avec raison du maître qu'il adorait Jupiter, Junon et les autres divinités, conformément aux lois de l'État, soit par conviction personnelle, soit par crainte de la foule [3]. J'insiste là-dessus, Messieurs, pour vous montrer que la mythologie ou le panthéon homérique n'était pas, pour les Grecs, un simple jeu de l'imagination, ni même un enseignement symbolique, mais l'objet direct d'une croyance réelle : des dieux personnels sous forme humaine, procédant les uns des autres et unis entre eux par des liens de parenté, étaient littéralement le terme de leur adoration. Ce qui ne veut pas dire, comme je viens de le faire observer, que la réaction contre l'anthropomorphisme ne traverse toute l'histoire de la Grèce. Née avec l'école d'Ionie, continuée par l'école d'Élée et par celle des sophistes, cette opposition se poursuit dans le but constant de ramener la mythologie homérique au naturalisme primitif, en réduisant les dieux personnels au rôle

---

[1] Arist.: *Poétiq.*, VI, 36. — Sextus Empiric.: I, 224; *advers. Math.*, IX, 192.

[2] Diodor. Laërt.: XIII, 6. — Sextus Empiric.: *adv. Math.*, IX, 52.

[3] Xénoph.: *Apolog.*, 24; *Mém.*, I, 19; l. III, 1; IV, 3, 16. — Plat.: *Sympos.*

d'agents physiques ou au caractère d'éléments matériels. Cette tendance, que j'appellerai rétrograde plutôt que progressive, se manifeste à partir du sixième siècle avant Jésus-Christ chez les mythologues tels que Théagène de Rhégium, Métrodore de Lampsaque, Épicharme [1]. Elle apparaît, vive et hardie, dans Euripide, à tel point qu'Aristophane pouvait l'accuser d'avoir enseigné aux hommes qu'il n'y a pas de dieux [2]. Elle se reproduit, plus radicale encore, chez Évhémère, qui cherche à faire passer les divinités de la Grèce pour des hommes déifiés après leur mort. Elle se résume enfin dans l'école stoïcienne, qui, expliquant la théologie par la physique, en bannit toute l'idée de personnalité, pour la faire revenir à son point de départ, le naturalisme panthéistique.

Ainsi, Messieurs, tout en restant la croyance générale, dominante des Grecs, l'anthropomorphisme ne laissait pas d'être attaqué sur bien des points. Ce qui le rendait vulnérable plus que nul autre système, c'était le ridicule et l'immoralité de ses fables. Comparée, sous ce rapport, au naturalisme des Pélasges, la mythologie homérique, au lieu de ressembler à un progrès, constituait une vraie décadence, comme le docteur Creuzer l'a fort bien observé, contrairement à quelques assertions plus récentes [3]. En effet, toute grossière qu'elle était, la religion des populations primitives de la Grèce avait un côté mystérieux, qui laissait place à la crainte et au respect des dieux. Mais quand l'imagination, transformant ces divinités de la nature, les eut rabaissées à la condition de l'homme, jusqu'à leur prêter les passions et les vices les plus honteux, une trop grande familiarité produisit l'irrévérence, et les scandales de la cour céleste exercèrent sur les mœurs une influence déplorable. Vous connaissez trop la mythologie grecque pour que j'aie besoin

---

[1] Schol.: *Iliad.*, 20, 67 ; 15, 18. — Menandri : *Frag. inc.*, 10.

[2] *Thesmoph.*, 459.

[3] Welcker : I, 253. — M. Renan: *Études d'Histoire relig.*, 31.

de rappeler les histoires peu édifiantes, les aventures risquées, les infamies même qu'elle mettait sur le compte des dieux. Pour faire comprendre aux païens toute l'absurdité de leur théologie, les Pères de l'Église ne se sont pas fait faute de flétrir les turpitudes du panthéon hellénique. Nous avons entendu saint Justin dire aux Grecs : « Quel peut être le résultat moral de vos doctrines religieuses ? Comment vous plaindre de votre fils, s'il vous dresse des embûches et porte le désordre dans votre intérieur ? En cela, il ne fait qu'imiter Jupiter. Pourquoi châtier dans l'homme ce que vous vénérez dans le dieu ? Vous avez mauvaise grâce de blâmer les infidélités de votre femme, vous qui honorez Vénus dans son temple. Si d'autres vous parlaient ainsi, vous pourriez n'y voir qu'un reproche sans fondement ; mais c'est ce que vos poètes vous chantent, ce que vous crient vos propres histoires [1]. » Que répondre à cela ? Évidemment l'exemple des dieux justifiait tous les désordres, et l'anthropomorphisme conduisait à une dissolution de mœurs effrayante. De nos jours, il est vrai, il a pris fantaisie à quelques écrivains de se constituer les avocats du paganisme, pour le défendre contre le reproche d'immoralité formulé par les Pères. « Jamais, dit l'un d'eux, l'antiquité n'adora des dieux si grossièrement puérils [2]. » Au risque de blesser cette petite école qui éprouve des sentiments si tendres pour la mythologie païenne, je ne saurais partager son avis : l'antiquité grecque adora littéralement des dieux non-seulement puérils, mais, de plus, immoraux. Pour nier ce fait, il faudrait supprimer tous les poètes et les historiens profanes ; car il n'est aucun d'entre eux qui n'ait exposé le système mythologique des Grecs dans le sens où les premiers écrivains du christianisme l'ont compris et attaqué. On croyait si bien à l'existence de pareilles divinités, qu'on s'autorisait de leur exemple pour commettre

---

[1] *Discours aux Grecs*, 4.
[2] M Renan: *Études d'Hist. relig.*, 31.

tous les crimes. Les auteurs païens en conviennent eux-mêmes. Dans l'Eutyphron de Platon, nous voyons un homme qui met son père en accusation, dans la pensée qu'il ferait une action pieuse et louable en imitant la conduite de Jupiter à l'égard de Saturne, et celle de ce dernier envers Uranus. Le même philosophe nous explique très bien, par l'exemple des Crétois, comment les païens, dominés par leurs passions, divinisaient le mal pour en justifier la pratique. « Esclaves d'un vice infâme, dit-il, les Crétois imaginèrent le mythe de Ganymède, pour se mettre à couvert sous l'autorité de Jupiter [1]. » Si un Père de l'Église donnait cette explication, nos modernes admirateurs du paganisme classique ne manqueraient pas de la trouver violente et de mauvaise foi ; mais il faut bien l'accepter de la part de Platon, si peu hostile aux mythes païens. Porphyre et Eustache nous apprennent quel singulier parti les habitants de Samos tiraient de la morale en action de Jupiter et de Junon, pour excuser leurs propres désordres [2]. Il fallait bien que l'anthropomorphisme eût émoussé le sens moral, pour qu'Eschyle osât dire en plein théâtre : « Il y a des supercheries honnêtes, les dieux eux-mêmes n'en sont pas exempts. » Enfin, ce qui achève de prouver à quel point l'influence de la mythologie grecque était fatale aux mœurs publiques, c'est le soin que met Platon à la neutraliser, lui qui, du reste, ne permet pas même d'expliquer les mythes antiques dans un sens figuré, mais exige qu'on les prenne au pied de la lettre : « Que personne, dit-il, ne se laisse entraîner par un poëte ou un mythologue à des idées fausses sur des crimes de ce genre, jusqu'à s'imaginer que le vol ou la rapine n'a rien de honteux puisque les dieux en font autant [3]. » Cela était facile ; mais la religion nationale se trouvait là pour consacrer cette sorte de méfaits par la plus haute des autorités. Nous

---

[1] *De Leg.*, I, VIII.
[2] *Ad Iliad.*, XIV, 296.
[3] *De Legib.*, XII.

pouvons donc conclure des doctrines en elles-mêmes, et des témoignages de l'antiquité, que le paganisme hellénique était une école de dépravation : en l'attaquant comme tel, saint Justin et les premiers apologistes avançaient un fait que les meilleurs esprits de l'antiquité n'avaient pu s'empêcher de reconnaître, chaque fois que leur conscience triomphait des préjugés pour protester contre la déification du vice au nom du devoir et de la vertu.

Cependant, Messieurs, quelles qu'aient été les conséquences de l'anthropomorphisme pour l'état moral des peuples, à tel degré d'avilissement qu'il ait réduit le caractère de la divinité, il y avait dans cette troisième forme du polythéisme, comme dans les deux précédentes, un fond de vérité altéré et travesti. Nous aussi nous disons que l'esprit humain n'est jamais absurde à plaisir, et que les ténèbres dont il s'enveloppe ne sont point assez épaisses pour qu'elles ne soient traversées par quelque étincelle de lumière. Si le culte des génies et l'adoration de la nature provenaient de l'altération de deux grandes vérités, à savoir, l'existence d'esprits supérieurs à l'homme, anges ou démons, et la présence de Dieu dans la nature qui manifeste ses perfections, c'est de l'anthropomorphisme également qu'il est juste de dire que l'erreur est toujours un rayon brisé de la vérité. Que cherchait le monde païen, en se figurant la divinité sous forme humaine? A quel besoin de l'intelligence et du cœur répondait cette tentative mille fois répétée? Ce qu'il cherchait, c'est à rapprocher la divinité de la terre, à lui prêter un corps, une figure, des sens, afin de vivre en contact et en union avec elle. En cela, il avait une conscience peu nette, peu précise, d'un besoin réel; il avait un vague souvenir du passé et un pressentiment confus de l'avenir. Quelque effort que fasse l'esprit humain pour s'affranchir de la domination des sens et concevoir la divinité sans représentation sensible, il n'y arrive jamais entièrement : esprit fait chair, intelligence incarnée, il porte dans ses conceptions les plus hautes et les plus idéales le caractère de sa nature à la fois spirituelle et corporelle. Accoutumé à plonger dans le monde des corps, le regard de la pensée ne s'arrête pas longtemps sur les réalités du monde intelligible, sans les circonscrire sous une forme quelconque. Si ce n'est point là pour l'esprit humain une loi fatale, c'est du moins une grande tentation, un écueil qu'il évite difficilement. De là cette tendance perpétuelle des nations polythéistes à représenter leurs dieux sous une figure déterminée, et particulièrement sous la forme humaine. C'est, Messieurs, qu'il y a entre l'infini et nous une distance telle que l'homme, par un mouvement instinctif de sa nature, cherche à l'abréger, pour rapprocher de soi l'objet de son culte. Plutôt que de s'en tenir à une notion purement abstraite et métaphysique, il fera descendre la divinité sur la terre, il la taillera à son image, il l'enfermera dans des statues, pour la sentir près de soi, et vivre avec elle en communion étroite et intime. Tant l'homme déchu a de difficulté à concevoir et à imaginer autrement que sous une forme finie l'objet infini de son adoration! Eh bien! ce besoin qui tient à l'imperfection de notre nature, mais qui en fait ressortir également tout le côté religieux, ce besoin auquel l'anthropomorphisme polythéiste cherchait vainement à répondre, l'incarnation du Verbe l'a pleinement satisfait. Elle a sauvé l'intelligence humaine de l'idolâtrie, en même temps qu'elle opérait ce rapprochement entre Dieu et l'homme que l'ancien monde cherchait et pressentait jusqu'au milieu de ses plus grandes erreurs. En se faisant homme, en se laissant voir, toucher, sous la forme humaine, le Verbe de Dieu a mis fin à ces tentatives désespérées de l'homme déchu pour se façonner des divinités à son image. Dieu et homme tout ensemble, le Verbe incarné s'offre à nous sous les deux faces qui répondent à notre nature intelligente et sensible : cette manifestation de l'infini sous une forme finie permet à la pensée humaine de prêter un corps, une figure à l'objet de notre adoration, tandis que, d'autre part, elle bannit tout danger d'idolâtrie ; nous y trouvons un remède à la faiblesse de notre esprit, tout en conservant à l'idée de Dieu sa perfection et sa pureté. C'est ainsi que ce grand fait de l'Incarnation du Verbe a résolu le problème qui fatiguait la pensée des peuples également impuissants à s'élever jusqu'à la vérité et à se reposer dans l'erreur. Plus on étudie le christianisme sous ses aspects divers, mieux on comprend tout ce qu'il y a de profond et d'harmonique dans ses doctrines ; plus on est frappé des lumières qu'elles répandent sur l'histoire du genre humain et jusque sur ses erreurs qu'elles seules expliquent en même temps qu'elles les corrigent.

Nous venons d'envisager le polythéisme antique sous sa troisième forme, l'anthropomorphisme, qui s'est développé chez les Grecs avec le plus de suite et d'éclat. La conclusion de cet examen, c'est que saint Justin et les premiers apologistes ont saisi cette vaste erreur dans son vrai caractère. Il nous reste, Messieurs, pour achever notre tâche, à suivre le paganisme jusqu'au plus bas degré de l'échelle religieuse, l'idolâtrie proprement dite ou le fétichisme. Une fois que nous aurons observé les différentes évolutions de la pensée païenne, nous connaîtrons une des parties principales de l'apologétique chrétienne. Il nous sera facile de déterminer le degré de sagacité et de pénétration que les divers apologistes ont porté dans la réfutation du polythéisme en l'attaquant sous telle forme particulière ou sous toutes à la fois. Au contraire, sans cette classification indispensable, nos études eussent manqué d'ordre et de clarté : nous risquions de nous engager dans un vrai labyrinthe, où nous n'aurions pas trouvé le fil d'Ariane pour nous guider sur notre chemin.

HUITIÈME LEÇON

Le fétichisme ou l'idolâtrie proprement dite, quatrième et dernière forme du polythéisme antique. — Erreurs de quelques mythologues modernes sur ce point. — Le culte des idoles, comme telles, a occupé une grande place dans toutes les religions païennes. — C'est avec raison que les apologistes ont signalé dans le fétichisme la conséquence extrême des cultes polythéistes. — Les évolutions diverses de la pensée païenne sont plutôt indiquées que décrites avec ordre dans leurs écrits. — L'Écriture sainte, source de l'éloquence chrétienne dans la réfutation des religions de l'antiquité. — La démonolâtrie et le fétichisme attaqués dans les Psaumes, dans Isaïe et dans Jérémie. — Le naturalisme et l'anthropomorphisme réfutés dans le Livre de la Sagesse. — Résumé et conclusion.

Messieurs,

Vous n'avez pas oublié, je l'espère, dans quel but nous avons entrepris l'étude du polythéisme antique sous ses différentes formes : c'est afin de pouvoir apprécier à leur juste valeur les monuments de l'apologétique chrétienne et la polémique des Pères avec les païens. En effet, l'analyse du discours de saint Justin aux Grecs nous a indiqué d'avance la grande place que la réfutation du polythéisme occupera dans l'histoire de l'éloquence sacrée pendant les premiers siècles de l'Église. Or, quel moyen de se reconnaître au milieu de travaux si nombreux et si variés, si on n'éclaircit d'abord le point principal de la controverse? C'est pourquoi, au risque d'élargir le cadre que j'ai dû me tracer, j'ai pensé qu'un examen attentif des religions de l'antiquité, de leurs origines et de leurs transformations successives est indispensable pour l'intelligence complète des premiers apologistes. Nous verrons par les divers écrits qui passeront sous nos yeux combien cette discussion préliminaire en facilite l'appréciation.

Nous en étions restés, la dernière fois, au passage du naturalisme panthéistique, qui fait le fond des religions de l'antiquité, à l'anthropomorphisme qui se retrouve également dans toutes. Appliquant l'idée ou le caractère de la personnalité humaine aux puissances et aux éléments de la nature, les anciens peuples se créèrent un panthéon complet à l'image de l'homme. Nulle part ce système mythologique ne prit des proportions plus vastes que chez les Grecs, où le culte de l'homme domina bientôt celui de la nature. L'apothéose d'une part, la personnification des agents physiques de l'autre, telle est la double source d'où sortit l'anthropomorphisme hellénique, tel qu'il apparaît dans Homère et dans Hésiode, les créateurs ou du moins les organisateurs de la théologie nationale.

Mais, pas plus que le culte des génies ou le culte des éléments, cette troisième forme du polythéisme antique n'en pouvait être le dernier mot. Il est dans la destinée de l'erreur de se développer sous toutes ses faces pour aboutir à ses conséquences extrêmes : c'est là que d'ordinaire la vérité l'attend, pour la faire revenir sur ses pas, en lui montrant l'abîme qui s'ouvre devant elle. Or, il n'est pas difficile de préciser le terme final auquel devait s'arrêter le polythéisme, en observant un nouveau besoin, ou, si vous aimez mieux, une nouvelle loi de la nature humaine. Car n'oublions jamais qu'une erreur, si grossière qu'elle puisse paraître, offre toujours une face de la vérité méconnue et défigurée. L'homme, en effet, quel que soit l'objet de sa vénération, cherche, par un effort instinctif de sa nature, à le figurer dans un symbole extérieur et sensible qui le tienne présent à son esprit et lui en rappelle le souvenir. Signe conventionnel ou naturel, emblème, tableau, statue : peu importe! L'homme ne peut se passer de toute représentation sensible, parce que, n'étant pas un pur esprit, il éprouve le besoin de soulager son intelligence par quelque objet matériel qui arrête et fixe le regard de la pensée. En un mot, le symbolisme est dans sa nature : quiconque voudrait le bannir de l'ordre religieux serait aussi insensé que ceux qui chercheraient à l'exclure du langage ou de l'art. Aussi longtemps que le symbolisme s'arrête à cette expression naturelle de la pensée ou du sentiment, qu'il ne va pas jusqu'à prêter au signe une vertu propre et intime, à le confondre ou à l'identifier avec la chose signifiée, il n'a rien que de fort innocent et se justifie par lui-même : c'est la satisfaction d'un besoin réel.

Mais, Messieurs, si le symbolisme religieux n'offre aucun danger lorsqu'un enseignement élevé sait dégager le sens spirituel qu'il renferme, il dégénère facilement et devient un écueil sérieux pour l'esprit humain, là où dominent les idées grossières et sensuelles. Quand l'idée d'un Dieu unique, infini, immatériel, se maintenait pure et intacte dans la conscience humaine, il n'y avait pas à craindre qu'une représentation ou un symbole quelconque vînt détourner les hommes de l'objet vivant et réel de leur culte. Au contraire, du moment que la connaissance du vrai Dieu se fut obscurcie dans leur intelligence, qu'ils eurent éparpillé autour d'eux la puissance divine pour la placer dans les astres, dans les éléments, dans la nature en général, ils se virent amenés à la supposer également dans les emblèmes qui leur rappelaient plus directement et représentaient à leurs yeux la divinité. Partant de là, ils attribuèrent à ces objets emblématiques une vertu mystérieuse, une efficacité surnaturelle qui commandait la vénération. Là, toutefois, ne s'arrêta pas le sens égaré des peuples polythéistes. A mesure que le symbole perdait sa signification primitive, qu'il devenait avec le temps l'objet d'une vénération plus haute, on imaginait entre la divinité et son image une relation de plus en plus étroite. D'abord, c'est le dieu qui était censé venir animer de sa présence l'emblème ou la statue qui le figurait, pour écouter sous cette forme les prières qu'on lui adressait, accepter les offrandes, consommer les victimes qu'on lui sacrifiait, se nourrir de leur chair et boire leur sang [1]. Mais cette croyance à la présence réelle ou à l'inhabitation de la divinité dans l'idole devait conduire l'imagination plus loin encore. Ce principe une fois admis, il n'y avait qu'un pas à faire pour identifier ce qu'on avait rapproché par un lien si intime : la superstition païenne franchit rapidement l'intervalle qui séparait une erreur de l'autre. A ses yeux, la liaison entre le dieu et son idole devint telle que l'un et l'autre finirent par se confondre dans la pensée des peuples. Ils prirent le signe pour la chose signifiée, par suite du même aveuglement qui les avait conduits à ne plus distinguer l'infini du fini, ni l'esprit de la matière ; l'idole cessa d'être un emblème pour devenir le dieu lui-même. De là l'idolâtrie proprement dite ou le fétichisme.

Le fait que je viens de décrire s'est passé chez toutes les nations de l'antiquité, à l'exception du peuple juif : il n'en est aucune où le fétichisme n'ait pris place à côté du démonisme, du naturalisme, de l'anthropomorphisme, comme la dernière conséquence de l'altération de l'idée divine. Depuis les idoles de la Grèce et de Rome jusqu'aux manitous des indigènes du Canada ou aux *gris-gris* des nègres de la Sénégambie, le fétiche a pris tour à tour les formes les plus grossières ou les plus raffinées [2]. Tantôt, comme chez les populations primitives de la Grèce, ce sont des pierres brutes, des troncs d'arbres, des pièces de bois, des barres ou des tiges de fer, qui, par un rapport d'analogie qu'il n'est pas facile de saisir, servent d'emblème à la divinité et reçoivent à sa place l'hommage suprême ; tantôt, comme chez les Hellènes, c'est la forme humaine qui prête aux dieux ses grâces et sa dignité dans des images sculptées avec art, quelquefois même avec génie. Ici, ce sont les arbres sacrés des Gaulois et des Germains qui reçoivent les

---

[1] *Proph. de Daniel*, XIV, 1-22.
[2] Mackenzie : *Voyage dans l'Amérique du Nord*, 1, 370. — Raffenel : *Voyage dans l'Afrique occidentale*, p. 91.

honneurs divins ; là, ce sont les animaux sacrés de l'Égypte, comme le bœuf Apis par exemple, qui, après avoir été à l'origine des symboles, finissent par se substituer aux dieux qu'ils figuraient. Idoles nationales ou domestiques, officielles ou privées, sédentaires ou portatives, rien n'y manque pour alimenter la superstition païenne. Partout le fétichisme apparaît comme la dégradation finale de la pensée religieuse dans le vieux monde. On eût dit que, dans sa fureur de multiplier les objets de son culte, l'homme déchu, peu content de chercher ses dieux dans la nature et dans l'humanité, se crût obligé d'en fabriquer de sa propre main.

Je tiens, Messieurs, à mettre ce point en lumière ; car le fétichisme constitue un des reproches les plus fréquents que les Pères de l'Église aient adressés aux païens. De nos jours, où quelques écrivains s'efforcent de réhabiliter le paganisme classique, on a contesté la valeur de cette accusation. On veut bien nous accorder que l'adoration des idoles était en usage chez les peuples de l'Orient, comme elle l'est encore chez les sauvages de l'Afrique ou chez les Indiens de l'Amérique du Nord ; mais on a soin d'excepter les peuples policés de l'antiquité, tels que les Grecs et les Romains. Je ne veux pas rechercher dans quel but on essaie de provoquer une réaction en faveur des religions anciennes, si c'est pour atténuer le contraste qu'elles présentent avec le christianisme, ou pour trouver en défaut la critique des Pères. J'examine le fait en lui-même : l'idolâtrie proprement dite, ou le fétichisme, occupe-t-elle une certaine place dans le polythéisme grec et romain ? Voici comment cette question est jugée dans un livre récent sur les religions de la Grèce antique :

« Ces simulacres, sculptés ou plus souvent peints, étaient l'objet d'une vénération profonde qui, plus tard, a donné naissance à l'expression d'idolâtrie. Ce n'est pas que les Grecs adorassent les images mêmes des dieux, mais ils supposaient entre elles et la divinité une certaine relation secrète. Les plus superstitieux s'imaginaient que le dieu y venait parfois habiter. Le culte qu'on rendait à ces figures était fondé précisément sur la même idée qui fait rendre par les catholiques un culte aux images de Dieu et des saints : il reposait sur la pensée que ces personnages divins rapportent à eux-mêmes les honneurs dont leurs simulacres sont environnés, et tiennent pour une offense à leur personne ou pour un manque de respect à leur égard tout outrage commis envers ces représentations matérielles [1]. »

Assurément, si l'idolâtrie, chez les Grecs, s'était réduite à une vénération d'images saintes dans le sens catholique, elle eût été fort inoffensive ; il faudrait avouer, dans ce cas, qu'elle aurait été calomniée d'une façon bien étrange par les siècles chrétiens. Mais il n'en est pas ainsi, et ceux qui, sans apporter de nouvelles pièces au procès, prétendent réformer un jugement accepté par tout le monde, en restent pour leurs frais d'imagination. L'auteur que je viens de citer est lui-même si peu rassuré sur la valeur de son paradoxe, qu'il ne craint pas de se contredire une ligne plus loin : « Cette étroite liaison établie entre le Dieu et son idole conduisait naturellement à identifier l'être divin au simulacre, et à ramener le culte iconolâtrique à un véritable fétichisme. » Si donc les Grecs identifiaient l'être divin avec le simulacre et pratiquaient un véritable fétichisme, il n'est pas vrai de dire qu'ils n'adoraient point les images des dieux ; car le fétichisme n'est autre chose que la confusion de la divinité avec son emblème, l'adoration des idoles comme telles. On imaginerait difficilement une contradiction plus flagrante. C'est qu'en réalité le fait demeure indubitable. Nous aussi nous sommes de ceux qui se sentent soulagés lorsqu'ils peuvent mettre une erreur de moins sur le compte de l'humanité ; mais toujours faut-il respecter les droits de la vérité historique. Or, s'il est un point que les documents de l'histoire ne permettent pas de contester, c'est que l'adoration des idoles, dans le sens propre et rigoureux du mot, ou

---

[1] M. Alfred Maury: t. II, 48.

le fétichisme, apparaît chez les peuples les plus cultivés de l'ancien monde comme chez les moins éclairés. Pour montrer que les Pères de l'Église, en s'attaquant à des pratiques si absurdes, n'ont pas lutté contre des fantômes, consultons pour un moment les témoignages des païens eux-mêmes.

Quand je dis, Messieurs, que le fétichisme occupe une grande place dans l'histoire religieuse des Grecs, je suis loin de prétendre que tous sans distinction en soient venus à ce degré d'aberration morale. Sans se dégager entièrement des préjugés de la foule, des hommes tels qu'Aristote et Platon ne pouvaient partager avec elle des idées si grossières. Ce qui prouve combien le sens philosophique de Platon le tenait en garde contre des représentations toutes matérielles, c'est le principe très rationnel qu'il émet dans son *Traité des Lois:* « Quand nous vénérons des images inanimées, nous espérons mériter par là les bonnes grâces et la protection des divinités vivantes [1]. » Ce principe, qui rapporte à la divinité tout l'honneur rendu à son image, exclut nettement le fétichisme. Mais il s'en faut bien que la multitude des païens ait su atteindre à cette élévation d'esprit qui se rapproche du spiritualisme de la religion chrétienne. Pour elle, l'idole, ou était habitée par le dieu, ou ne faisait qu'un avec lui. En la consacrant par un rit religieux, on obligeait la divinité de venir résider en elle, comme l'âme dans le corps, suivant l'expression d'Aristophane [2]; on introduisait le dieu dans la statue, selon le mot de Quintilien [3]. Encore si le vulgaire n'avait fait qu'admettre la présence de l'être divin dans l'idole ; mais le plus souvent il identifiait l'un avec l'autre, de telle sorte que la statue devenait la divinité elle-même et recevait comme telle un culte d'adoration, qui se terminait ainsi à un morceau de bois ou de pierre, sans se rapporter à une

---

[1] *De Leg.*, XI.
[2] Aristoph.: *Apud Poll.*, I, 12. — Manetho : *Apotel.*, IV, 343, 569.
[3] Quintil. : *Declam.*, 322; *quæ Deum inducit.* — Min. Félix: *Octave*, 23.

réalité plus haute. A l'époque de Théophraste, c'est-à-dire dans les beaux temps de la Grèce, l'idolâtrie, ou culte des pierres sacrées, était une des superstitions athéniennes, comme encore aujourd'hui les Hindous vénèrent certaines pierres comme des dieux ou des démons [1]. Voilà jusqu'où descendait le peuple le plus civilisé de l'ancien monde. Le fétichisme était tellement enraciné dans ses croyances et dans ses habitudes, que les pouvoirs publics eux-mêmes en prenaient la défense. En 306, l'Aréopage, composé de l'élite des Athéniens, bannit le philosophe Stilpon, non qu'il eût nié la divinité de Minerve, mais parce qu'il avait osé soutenir que la statue de cette déesse sculptée par Phidias n'était pas une divinité : preuve évidente que les Grecs adoraient les images et les statues des dieux [2]. Mais les auteurs païens, contemporains des premiers apologistes, montrent encore mieux que ceux-ci ont parfaitement saisi le sens des religions de l'antiquité en leur imputant les pratiques d'un fétichisme grossier.

Sans doute, je le répète, bien des esprits échappaient à ce joug d'une imagination toute sensuelle. En général, Messieurs, l'idolâtrie proprement dite, ou le fétichisme, n'avait de prise que sur la multitude. Sous ce rapport, un véritable progrès se manifeste dans les idées avec l'influence toujours croissante que les doctrines chrétiennes exerçaient même sur les païens, dès le commencement de leur propagation. Cette réaction contre le culte des idoles est déjà sensible dans Varron et dans Strabon. Le premier ne craint pas d'attribuer la décadence de la religion des Romains à l'introduction des idoles : « Sans elles, dit-il, les dieux seraient vénérés d'une manière bien plus digne d'eux [3]. » Pour le prouver, il s'appuie de l'exemple des Juifs chez

---

[1] *Journal of the Royal Asiatic of Great-Britain*, vol. 103 et ss.
[2] Diogèn Laërt. : II, 116.
[3] *Castius Dii observarentur.* August. : *de Civ. Dei*, v. 31. — *Qui primi simulacra deorum populis posuerunt, eos civitatibus suis et metum dempsisse et errorem addidisse.*

lesquels on n'en rencontre aucune. Strabon n'est pas moins frappé de l'absence d'idoles dans la religion juive : « On devrait, dit-il, honorer les dieux sans images dans des bois sacrés [1]. » Sénèque s'élève avec plus de force encore contre le fétichisme qu'il observe autour de lui : « On adore, dit-il avec un ton d'ironie amère, les images des dieux, on les supplie à deux genoux ; on passe des journées entières à leur sacrifier des victimes, à leur offrir des pièces de monnaie. Et pendant qu'on témoigne une si haute vénération pour les idoles, on méprise les hommes qui les ont faites [2]. » Plutarque, qui écrivait vers la fin du premier siècle, déplore en maint endroit de ses ouvrages la grossièreté d'esprit qui porte les Grecs et les Romains à identifier la divinité avec ce qui devrait n'être qu'un emblème : « C'est chose fort triste de voir des statues de pierre ou d'airain passer pour les dieux eux-mêmes et d'entendre dire que tel a dépouillé Minerve, que tel a coupé la chevelure d'Apollon, et que Jupiter Capitolin a été brûlé dans la guerre civile... En Égypte les animaux consacrés aux dieux ont été confondus avec ces derniers [3]. » On ne saurait, à coup sûr, affirmer d'une manière plus claire ni plus expresse que le fétichisme avait gagné la Grèce et Rome non moins que les nations de l'Orient ; et quand des écrivains modernes veulent nous faire admettre, sur la foi de leur témoignage, que les Grecs n'adoraient pas les images des dieux, nous avons le droit de les renvoyer aux païens eux-mêmes, mieux renseignés à cet égard selon toute apparence. C'est ainsi que Lucien ne cesse de répéter que ses contemporains rapportent leur culte directement à des dieux de bois ou de pierre : le fétichisme des Grecs est une des pratiques qui égaient le plus sa verve satirique. « Plusieurs d'entre vous, dit Cyniscus à Jupiter, ont été obligés de se laisser fondre parce qu'ils

---

[1] L. XVI, c. II.
[2] Apud Lactant. : II, 2.
[3] *De Iside et Osiride*, II, 11.

étaient d'or et d'argent : le destin le voulait ainsi [1]. » Parlant dans un autre langage de la statue de Jupiter à Olympie, il s'exprime de la sorte : « Tous ceux qui entrent dans le temple s'imaginent voir, non pas l'or et l'ivoire de la statue, mais le propre fils de Saturne et de Rhéa en personne, que Phidias aurait fait descendre du ciel sur la terre [2]. » Lorsque Hermès veut assigner un rang aux divers dieux dans la pièce intitulée « *Jupiter tragique,* » il se trouve que les dieux des Barbares, Bendis, Anubis, Attis, Mithra et Lunus obtiennent la première place, parce qu'ils sont d'or, tandis que les dieux des Grecs sont le plus souvent de pierre ou d'airain, rarement d'ivoire. J'aime, Messieurs, à multiplier les citations, pour ne pas laisser une ombre de doute sur le point en question, à savoir, que le fétichisme se retrouve dans toutes les religions de l'antiquité comme leur conséquence extrême, chez les Grecs aussi bien qu'ailleurs. C'est donc avec raison qu'un apologiste du troisième siècle, Arnobe, racontera en ces termes ses anciennes erreurs : « Moi-même je vénérais encore, il y a peu de temps, des dieux qui sortaient de la fournaise, que le marteau avait façonnés sur l'enclume, des statues d'ivoire, des tableaux, des arbres antiques. Quand je rencontrais quelque part une pierre polie, ointe d'huile d'olive, je lui témoignais mon respect, comme si une vertu divine l'avait animée : je lui parlais, je suppliais ce bloc insensible de m'accorder ses faveurs. De cette manière je faisais injure aux divinités mêmes, à l'existence desquelles je croyais, en admettant qu'elles sont de bois ou de pierre, ou qu'elles se trouvent présentes dans de pareilles matières [3]. » Voilà, certes, le fétichisme dans toute sa crudité : si un homme tel qu'Arnobe, un des esprits les plus cultivés de l'époque, était l'esclave de semblables erreurs, que devait-ce être du peuple bien

---

[1] *Jupiter Confutat.*, 8.
[2] *De Sacrific.*, 11.
[3] Arnob. : I, 39.

moins capable de s'affranchir de la servitude des sens?

Avec l'idolâtrie proprement dite, ou le fétichisme, nous sommes arrivés au plus bas degré de l'échelle religieuse, dans le développement du polythéisme antique. On aurait peine à concevoir qu'un peuple pût s'imposer à lui-même un joug plus avilissant. Et cependant, Messieurs, comme je le faisais observer tout à l'heure, cette forme des religions de l'antiquité recouvre, elle aussi, un fond de vérité altéré et travesti. L'homme ne se trompe jamais entièrement : jusqu'au milieu de ses égarements les plus profonds, on trouve un vestige de la vérité dont il s'est écarté. Un des hommes qui ont plongé plus avant dans les erreurs de l'ancien monde, Tertullien, nous dira que le polythéisme n'a été qu'une vaste caricature de la vérité ; et l'expression du grand écrivain peindra au vif cette altération toujours croissante, d'où naissent les faux mystères et les croyances erronées. Certainement, entre le fétichisme et ce qui a dû lui servir de point de départ, il y a presque l'infini ; il n'en est pas moins vrai que la représentation symbolique de la divinité et le respect religieux qui s'attache à ces images sont l'expression naturel d'un besoin inné à l'homme, du besoin de signes extérieurs qui remédient à sa faiblesse et nourrissent en même temps le sentiment religieux. Dion Chrysostôme, qui écrivait sous Trajan, énonce ce principe rationnel comme pouvait le faire un païen plus spiritualiste que les autres : « Il n'est pas vrai de dire qu'il vaudrait mieux diriger le regard vers les corps célestes sans avoir aucune image des dieux. En vénérant ces emblèmes, l'homme raisonnable croit voir de loin les dieux immortels. C'est l'amour que nous avons pour la divinité qui nous porte à la rapprocher de nous, à la toucher, à la couronner de fleurs [1]. » Partant de la même idée, Porphyre exprime avec plus de justesse encore ce besoin qu'a l'homme des signes sensibles pour s'élever aux choses invisibles : « C'est par des images

---

[1] Dion Chrysost.: *Orat.* XII.

tombant sous les sens que les anciens représentaient Dieu et ses puissances : ils figuraient les réalités invisibles sous des formes visibles qui permettent de lire les choses divines comme dans un livre[1]. » Voilà, Messieurs, le fond de vérité qui se retrouve dans l'idolâtrie, bien qu'elle l'eût étrangement défiguré : d'une part, la tendance naturelle de l'homme à imaginer l'objet de son culte sous une forme extérieure ; de l'autre, le profit qu'en retire le sentiment religieux excité et entretenu par la vue de ces emblèmes sacrés. Aussi le christianisme n'a-t-il eu garde de méconnaître cette loi psychologique : tout en écartant avec soin le moindre péril d'idolâtrie, en rapportant uniquement à Dieu et à ses saints le culte de respect et de vénération qu'elle rend à leurs images, l'Église a compris l'influence salutaire que peut exercer le symbolisme sur la vie religieuse et morale ; de cette manière, elle a dégagé de toute erreur une vérité que les nations polythéistes avaient prodigieusement altérée. Quand le protestantisme, reprenant la thèse des iconoclastes du huitième siècle, est venu se jeter dans un autre extrême, la proscription absolue du culte des images, il a méconnu les conditions de notre nature à la fois corporelle et spirituelle : en cela il agit, dans l'ordre religieux, comme ferait, dans l'ordre domestique, celui qui voudrait bannir de notre intérieur les tableaux de famille, dont l'usage est fondé sur le même principe, sur le besoin de l'homme de se rendre présent à l'esprit, par une représentation quelconque, ce qu'il vénère et ce qu'il aime. C'est ainsi que l'Église catholique, se tenant à égale distance de ce qui pèche par excès et de ce qui pèche par défaut, sait concilier en toutes choses les exigences de notre nature avec les droits de la vérité.

Nous venons de suivre la pensée païenne dans ses évolutions successives, de la démonolâtrie à l'astrolâtrie, de l'astrolâtrie à l'anthropolâtrie, et de l'anthropolâtrie à l'ido-

---

[1] Euséb. : *Prépar. évang.*, l. III, c. VII.

lâtrie proprement dite ou au fétichisme. Issues de l'altération de l'idée du vrai Dieu, ces diverses formes du polythéisme apparaissent chez toutes les nations de l'antiquité à la suite l'une de l'autre ou simultanément : réunies, elles composent cette vaste erreur qui, en dehors du peuple juif, a régné sur le monde pendant de si longs siècles. Il est vrai, aucun Père de l'Église n'a exposé ni réfuté ces croyances erronées dans l'ordre de leur filiation, avec cet enchaînement rigoureux qui plaît aux habitudes logiques de l'esprit moderne. La raison en est toute simple. Ce n'est pas dans un but spéculatif que les premiers apologistes de la religion chrétienne ont entrepris la réfutation du polythéisme ; leurs ouvrages sont pour la plupart des écrits de circonstance qui doivent leur origine au besoin du moment et suivent une tendance toute pratique. Il s'agit, pour eux, moins de porter l'esprit de critique dans l'étude des religions de l'antiquité que d'arracher les âmes au joug de l'erreur. Voilà pourquoi ils s'attaquent au genre de doctrines qui règnent autour d'eux et adoptent de préférence les arguments les plus propres à dessiller les yeux des païens auxquels ils s'adressent. Néanmoins, on ne saurait refuser à leur appréciation une grande perspicacité et une remarquable largeur de vues. Plusieurs d'entre eux ont suivi le paganisme dans toutes ses transformations, pour les apprécier chacune à sa juste valeur. Dans ce travail, ils étaient guidés par le grand modèle qui a inspiré l'éloquence chrétienne dans le cours de son développement, l'Écriture sainte. Là est la source où les apologistes ont puisé la plupart de leurs arguments dans leur polémique avec les païens. Conséquemment, pour couronner cette étude sur les religions de l'antiquité, je dois rechercher comment l'Écriture sainte a servi de point de départ et de thème primitif à l'apologétique chrétienne.

Que l'Ancien Testament ne cesse de combattre le polythéisme, c'est un fait dont on peut se convaincre sans peine en parcourant quelques-unes de ses pages. Il n'est aucun de ses livres où cette grande erreur ne soit l'objet de l'anathème divin. Vous n'ignorez pas de quelles précautions infinies usait la législation mosaïque pour prémunir le peuple juif contre l'idolâtrie des nations voisines. Afin de l'arrêter sur cette pente toujours glissante, elle allait même jusqu'à proscrire une coutume légitime et louable en soi, le culte des images saintes. Mais ce n'est pas à ce point de vue particulier que je désire m'arrêter en ce moment; je cherche, Messieurs, à vous montrer comment l'Écriture sainte a pu servir de modèle à l'éloquence chrétienne dans la réfutation du polythéisme. Cette source d'idées et d'arguments, je la trouve dans les Psaumes, dans Isaïe, dans Jérémie ou dans Baruch, et surtout dans le Livre de *la Sagesse*.

Et d'abord, dans les Psaumes. La démonolâtrie et l'adoration des idoles, telles sont les deux formes du polythéisme que les Psaumes envisagent et attaquent de préférence. *Dii gentium dæmonia,* les dieux des nations sont des démons : cette expression énergique et d'autres semblables s'y trouvent fréquemment. Comme les écrits des apologistes nous amèneront plus tard à étudier le rôle du démon dans le paganisme, vous me permettrez de réserver cette importante question. Quant à l'idolâtrie proprement dite ou au fétichisme, elle est décrite et flétrie dans ces versets du psaume CXIV, répétés dans le psaume CXXXV : « Les idoles des nations ne sont que de l'or et de l'argent, ouvrage de la main des hommes. Elles ont une bouche et ne parlent point ; des yeux et ne voient point. Elles ont des oreilles et n'entendent pas; elles ont des narines et ne sentent pas. Elles ont des mains et ne touchent pas ; des pieds et elles ne marchent pas ; leur bouche ne rend pas de son. Qu'ils deviennent semblables aux idoles ceux qui les font et ceux qui se confient en elles ! » Ces paroles résument en quelque sorte toute l'argumentation dirigée contre cette forme la plus grossière du polythéisme, depuis *l'Épître à Diognète* jusqu'au *Traité de saint Cyprien sur la vanité des idoles.* Isaïe n'a fait que les commenter sous une forme dramatique dans ce passage de ses prophéties, où il oppose le monothéisme d'Israël au fétichisme des nations étrangères :

« Ne crains pas, ô Jacob ! et ne sois pas ébranlé : je t'ai prédit les choses futures ; vous êtes mes témoins, enfants d'Israël. Y a-t-il un autre Dieu que moi ? Non, il n'y en a pas, il m'est inconnu. Tous ces fabricateurs d'idoles ne sont rien, et ce qu'ils adorent leur sera inutile. Appelez leurs dieux en témoignage : ils ne voient pas, ils ne comprennent pas ; qu'ils soient confondus ! Où sont ces insensés qui forment un dieu, un vain simulacre, d'un ouvrage de bronze ? Ils seront tous confondus ; ces ouvriers ne sont que des hommes : ils s'assembleront, ils paraîtront, ils trembleront et seront couverts de honte. L'ouvrier qui travaille le fer emploie la lime : il forme une idole à l'aide du feu et du marteau, de la force de son bras ; il a faim, et ses forces l'abandonnent ; il a soif, et il est épuisé de fatigue. Le sculpteur étend sa règle sur le bois ; il le polit, le façonne, le mesure au compas ; il en fait l'image d'un homme orgueilleux qui habite les palais. Il abat un cèdre : choisira-t-il dans la forêt l'orme et le cyprès ? Prendra-t-il le pin qui croît à la faveur des pluies ? Ces arbres destinés au feu pour préparer la nourriture de l'homme deviennent les dieux qu'il adore : il en forme une statue et s'incline devant elle. Il a brûlé la moitié d'un arbre et il a préparé sa nourriture avec l'autre moitié, il s'est rassasié, il s'est réchauffé, et il a dit : J'ai allumé mon foyer et je me suis réchauffé. Puis, de ce qui lui reste, il fait un dieu, une idole devant laquelle il s'incline : il l'adore et il la prie, disant : Sauve-moi, tu es mon dieu. Ils ne connaissent pas, ils ne comprennent pas : leurs yeux sont obscurcis ; ils ne voient pas et leur cœur n'entend pas. Ils n'ont pas assez de jugement et de sagesse pour dire : J'ai brûlé une partie de ce bois, une partie a servi pour préparer mes aliments, et le reste serait une idole ! Je me prosternerais devant un tronc d'arbre ! Une partie est de la cendre : un cœur insensé l'adore ; et il ne se sauvera pas, et il ne se dira pas : Le mensonge est peut-être dans mes mains ! ô Jacob ! ô Israël ! toi qui es mon serviteur, souviens-toi de ces égarements ; c'est moi qui t'ai formé, Israël, mon serviteur : ne m'oublie pas[1]. »

C'est ainsi qu'Isaïe démontrait au peuple juif la vanité des idoles, en discutant leur origine, leur nature et leur caractère. Comme vous le voyez, c'est encore l'idolâtrie proprement dite ou le fétichisme qui, chez le prophète comme dans les Psaumes, devient l'objet de ses invectives mordantes et satiriques. En effet, les diverses formes du polythéisme venaient aboutir, en fin de compte, à l'adoration des idoles qui les exprimait toutes dans la pratique du culte. Voilà pourquoi l'Écriture sainte, comme plus tard les apologistes chrétiens, s'attache particulièrement à faire ressortir ce côté matérialiste des religions de l'antiquité, pour en démontrer l'absurdité. De même qu'Isaïe n'avait fait que développer le jugement porté par le psalmiste sur les idoles du paganisme, ainsi Jérémie reprend-il le thème de son devancier dans la lettre qu'il adresse aux Juifs de la captivité, et qui termine le livre des prophéties de Baruch, son secrétaire et son ami :

« Vous verrez à Babylone des dieux d'or et d'argent, de pierre et de bois, portés sur les épaules et redoutés par les nations. Gardez-vous d'imiter ces étrangers, de craindre ces dieux et de vous laisser aller à la frayeur. La langue de ces idoles a été faite par le sculpteur ; celles qui sont d'or et d'argent ne sont que des dieux vains et ne peuvent parler. Comme l'on pare une jeune fille qui aime à orner son visage, ainsi l'on revêt d'or ces idoles. Ces dieux ont des couronnes d'or sur la tête ; mais leurs prêtres enlèvent l'or et l'argent, et les emploient pour eux-mêmes. Ces dieux ne se préservent ni de la rouille ni des vers. On les habille d'une robe de pourpre, on nettoie leur visage à cause de la poussière qui s'élève du lieu où ils sont. L'un tient un sceptre comme un

---

[1] Isaïe : XLIV, 8-21.

homme, comme le juge d'une province ; mais il ne peut punir celui qui l'offense. L'autre a une épée et une hache en main ; mais il ne peut se défendre ni des guerriers ni des voleurs. Vous voyez par là que ce ne sont pas des dieux. Ne les craignez donc pas, car ils sont semblables à un vase d'argile qui, brisé une fois, ne sert plus de rien. Quand on les a placés dans une maison, la poussière que soulèvent les pieds de ceux qui entrent leur couvre les yeux. De même qu'on emprisonne celui qui a offensé un roi, ou qu'on enferme les morts dans un tombeau, ainsi les prêtres de ces dieux les défendent par des portes et des verrous, de peur que les voleurs ne les dépouillent. Ils allument devant eux des lampes en grand nombre, et ces dieux n'en peuvent voir aucune ; ils sont comme les poutres d'une maison. Les serpents nés de la terre leur rongent le cœur et les dévorent, eux et leurs vêtements, et ils ne le sentent pas. Leurs visages sont noircis par la fumée du temple, etc. [1] »

Toute la lettre de Jérémie est sur le même ton ; elle tend à prouver, par des raisons simples et saisissantes, l'impuissance des idoles. Il fallait que le fétichisme eût profondément envahi l'esprit des nations de l'antiquité pour que le prophète se crût obligé de combattre avec tant d'insistance une erreur dont l'absurdité saute aux yeux. Toutefois, si vive, si lumineuse que soit cette argumentation dirigée contre le polythéisme antique, elle ne l'atteint toujours que sous une face, il est vrai, la plus saillante de toutes. C'est dans le Livre de *la Sagesse* que nous trouvons une exposition complète des diverses formes du paganisme, telles que nous les avons décrites jusqu'à présent. L'écrivain sacré réunit dans un tableau, peint à larges traits, les scènes variées de la vie des nations polythéistes. Ce morceau, un des plus éloquents qu'il y ait dans l'Écriture sainte, est la confirmation de nos propres études, en même temps qu'il nous offre le modèle principal de l'apologétique chrétienne dans

---

[1] Baruch: VI, 3-72.

la réfutation des doctrines païennes. C'est par le naturalisme, la déification des éléments et des agents physiques, que débute l'auteur inspiré :

« Ils sont vains, tous les hommes en qui n'est pas la science de Dieu : car ils n'ont pu, des biens qui paraissent, s'élever à comprendre Celui qui est ; ils n'ont pas, en considérant les œuvres, connu quel était l'ouvrier. Mais le feu, le vent, l'air, la multitude des étoiles, l'abîme des eaux, le soleil, la lune, voilà ceux qu'ils ont crus les arbitres du monde. Si, entraînés par leur beauté, ils les ont regardés comme des dieux, qu'ils apprennent combien plus beau est leur dominateur, puisque, source de la beauté, il les a créés tous. Et, s'ils ont admiré la force et le pouvoir des créatures, qu'ils comprennent par là combien plus puissant et plus fort est Celui qui les a faites. Par la grandeur, par la beauté de la créature, le créateur peut devenir visible. Et cependant cette erreur est moins coupable : peut-être se sont-ils égarés cherchant Dieu et voulant le trouver. Ils le cherchent lorsqu'ils interrogent ses ouvrages, et ils sont séduits par la beauté de ce qu'ils voient. Toutefois ils ne méritent point de pardon ; car, s'ils ont pu connaître l'ordre de l'univers, comment n'ont-ils pas trouvé plus facilement le maître du monde ?[1] »

Voilà, Messieurs, en peu de mots, le caractère du naturalisme polythéiste, la déification de l'univers et de ses divers éléments ; son origine, la perte de la science de Dieu ; son explication, la séduction pleine de charmes que la nature exerce sur l'homme esclave des sens et de l'imagination ; sa folie, la confusion des œuvres et de l'ouvrier, de la cause et de l'effet. Vous l'avez remarqué, sans nul doute: l'écrivain sacré trouve cette erreur moins coupable que les autres, parce qu'elle avait du moins une sorte d'excuse dans la grandeur même et dans la beauté des ouvrages de Dieu ; tandis que les idoles, devant lesquelles l'homme se

---

[1] *Sagesse*, XIII, 1-9.

prosterna dans la suite, n'étaient que le travail de ses mains. C'est à cette dernière forme du polythéisme que passe L'auteur du Livre de *la Sagesse*, en reproduisant contre elle les raisons évidentes qu'avaient fait valoir Isaïe et Jérémie :

« Ils sont malheureux, car leur espérance est parmi les morts, ceux qui ont appelé dieux les ouvrages faits de main d'homme : l'or, l'argent, les inventions de l'art, les figures des animaux, une pierre inutile, travail antique d'une main humaine. Si quelque ouvrier habile coupe dans une forêt un arbre élevé qu'il dépouille de l'écorce, et que par son art il en fasse un meuble utile pour l'usage de la vie, il se sert des débris de ce bois pour préparer sa nourriture ; le reste, qui n'est d'aucun usage, bois courbé et noueux, il le taille avec soin dans son oisiveté ; par son art il lui prête une figure, et il en fait l'image d'un homme ou de quelque vil animal ; en le frottant de vermillon il lui donne une couleur rouge, et fait disparaître habilement toutes les taches qui sont en lui ; puis il lui élève un asile digne de ce dieu ; il le place dans la muraille, et l'affermit avec le fer, prenant des précautions de peur que le dieu ne tombe ; car ce n'est qu'une statue qui a besoin d'un secours étranger. Enfin il lui adresse des vœux : il l'implore pour ses biens, pour ses enfants ou pour un mariage, et il ne rougit pas de parler à un bois sans vie. Il demande la santé à celui qui n'est que faiblesse ; il demande la vie à un mort, et il appelle à son aide celui qui ne peut se secourir lui-même. Avant de faire un voyage il invoque celui qui ne peut marcher ; avant toute entreprise, avant l'issue de toutes choses, il invoque celui qui est inutile à tout [1]. »

La conclusion se tire d'elle-même : si telle est la condition des idoles, les païens sont supérieurs à ceux qu'ils adorent. Voilà ce que les défenseurs du christianisme ne cesseront de dire aux Grecs et aux Romains pour les déta-

---

[1] *Sagesse*, XIII, 9-19.

cher d'un culte ridicule et insensé. Mais l'auteur du Livre de *la Sagesse* ne se contente pas d'attaquer la déification des éléments et l'adoration des idoles ; il signale, dans l'apothéose ou la divinisation de l'homme, une des sources de l'anthropomorphisme :

« Un père, gémissant dans une douleur profonde, fit l'image de son fils ravi soudainement ; il commença par adorer comme dieu celui qui, comme homme, était mort un peu auparavant ; et il établit pour lui, parmi ses serviteurs, un culte et des sacrifices. Dans la suite des temps, cette coutume impie prévalut, l'erreur fut observée comme une loi, et les idoles furent adorées par le commandement des princes. Les peuples qui étaient éloignés de leurs rois, ne pouvant les honorer en personne, exposèrent publiquement leurs images pour honorer par un culte, comme présent, celui qui vivait loin d'eux. Le travail admirable des sculpteurs augmenta encore beaucoup le respect de la multitude. Chacun d'eux, voulant plaire à celui qui l'employait, épuisa tout son art pour former une image plus parfaite. La multitude, séduite par la beauté de l'ouvrage, appela dieu celui que, peu auparavant, elle avait honoré comme homme. Et telle fut l'illusion de la vie humaine, parce que les hommes, soit flatterie, soit amour pour les rois, donnèrent aux pierres et au bois le nom incommunicable [1]. »

Telles sont, au témoignage de l'écrivain sacré, les origines de l'anthropolâtrie, issue de l'altération de l'idée du vrai Dieu, inspirée par la crainte ou par l'amour, imposée par la force, enracinée par la coutume, favorisée par l'art, entretenue, nourrie, par le respect et par la flatterie. Là se termine cette exposition vive et animée du polythéisme sous toutes ses formes. Messieurs, en étudiant l'état religieux et moral des peuples de l'antiquité, on apprécie à leur juste valeur les bienfaits de l'Évangile et la révolution qu'il a opérée au sein de l'humanité. Car c'est au christianisme

---

[1] *Sagesse*, XIV, 15-22.

seul que revient l'honneur d'avoir rétabli dans le monde et répandu en tous lieux l'idée de Dieu dans toute sa pureté primitive. Certainement, nous avons peine à comprendre aujourd'hui que telle ait été la condition intellectuelle de la plus grande partie du genre humain pendant plus de deux mille ans, que l'esprit de l'homme ait pu subir un esclavage si humiliant. Et cependant une simple remarque suffit pour diminuer notre étonnement. Il faut bien que les doctrines païennes tiennent par quelque endroit à la nature de l'homme déchu, pour qu'elles aient pu survivre à la grande polémique dont nous retraçons l'histoire, et pour qu'après dix-huit siècles de christianisme il se trouve encore des écrivains qui les exaltent et qui cherchent même à les ressusciter. Je ne veux point parler de cette petite école de critiques qui, s'imaginant tailler dans le neuf, ne font que coudre ensemble, avec art, il est vrai, quelques vieux lambeaux du néo-platonisme, qui, ne cherchant partout qu'allégories et symboles, s'efforcent de prêter au paganisme une physionomie plus riante et plus belle : ceux-là, du moins, ne sont dupes que de leur imagination. Ils ne justifient pas cette grande aberration des sens et de l'esprit ; ils se plaisent à l'atténuer, ne pouvant la nier complétement. Fantaisie d'artiste, innocente en elle-même, si elle ne cachait pas le dessein arrêté d'amoindrir les droits du christianisme à la reconnaissance des peuples. Mais il est d'autres écrivains plus hardis qui, acceptant le paganisme pour ce qu'il était en réalité, l'empire de la chair révoltée contre l'esprit, en font l'apothéose bien loin d'en rougir. Certes, on n'a pas lieu d'être surpris que les doctrines païennes aient tenu si longtemps les esprits sous le joug, lorsqu'on voit, dans un siècle et dans un pays chrétiens, un homme comme Gœthe relever le drapeau du paganisme en face de la croix, et s'insurger contre la religion du devoir et du sacrifice au nom des sens et de la volupté. Et si l'on me disait qu'en France, du moins, de pareilles idées n'oseraient pas se produire au grand jour, je répondrais que de récents écrits nous enlèvent également cette satisfaction. Car enfin, qu'est-ce que cette réhabilitation de la chair que prêchent certaines écoles contemporaines, sinon un retour au sensualisme païen par la voie la plus directe et la moins dissimulée, la glorification du vice et l'apothéose des passions ? Je le dis même avec douleur : le paganisme n'a rien dit de plus avilissant pour la dignité humaine que le dernier mot de l'une de ces sectes qu'on croyait morte sous le ridicule, et qui vient de redonner signe de vie dans un livre publié, il y a quelques semaines, sous ce titre: *la Science de l'homme,* et où l'on enseigne, quoi ? Le culte de Priape, tout comme on eût fait dans les temples de Babylone et de Tyr ! Vous le voyez bien, Messieurs, le paganisme n'est pas mort: non, il vivra aussi longtemps que les passions et le vice dont il est la déification ; or le vice et les passions ne s'éteindront qu'avec le triomphe définitif du bien sur le mal à la fin des siècles. Jusque-là ce vieil esprit du paganisme ne cessera de se ranimer de temps à autre, comme pour tenir en éveil l'esprit chrétien qui l'a chassé des mœurs, de la science, de la société, de l'art. Mais ce matérialisme, brutal ou raffiné, n'a d'autre résultat que d'indigner la conscience chrétienne. Ce n'est pas en vain que les Pères de l'Église ont lutté pendant cinq siècles contre ces doctrines sensuelles pour en affranchir l'humanité, et pour assurer dans le monde la victoire de la raison sur l'instinct, du sacrifice sur la jouissance, de la liberté de l'esprit sur l'esclavage de la chair.

NEUVIÈME LEÇON

L'Exhortation de saint Justin *aux Grecs,* deuxième monument de la controverse païenne. — Analyse de ce discours. — La mythologie poétique et son tissu de fables. — La philosophie grecque et ses contradictions. — L'unité, marque de la vraie doctrine, n'existe que dans les livres saints. — Haute antiquité des écrits de Moïse et des prophètes comparés aux monuments poétiques, historiques et philosophiques de la Grèce. — Comment saint Justin fait valoir cet argument pour amener les païens à l'Évangile. — Cette partie de l'apologétique chrétienne a conservé de nos jours toute sa force. — Vains efforts du rationalisme moderne pour dépouiller les écrits de Moïse de leur antiquité.

Messieurs,

Le Discours de saint Justin aux Grecs ouvre la controverse des Pères avec le paganisme. Conséquemment, pour déterminer le terrain de la lutte, nous avons dû étudier les religions de l'antiquité dans leurs origines et dans leurs transformations successives. En ramenant à une loi générale les faits particuliers qui s'y rencontrent, nous avons pu distinguer quatre erreurs principales qui sont comme autant de branches d'un tronc unique : la démonolâtrie ou le culte des génies, l'astrolâtrie ou le naturalisme panthéistique, l'anthropolâtrie ou la déification de l'homme, et l'idolâtrie proprement dite ou le fétichisme. En même temps que nous examinions ainsi le polythéisme sous ses différents aspects, nous montrions comment toutes ses formes se succèdent d'ordinaire et s'appellent l'une l'autre pour compléter cette vaste erreur. Ce travail d'analyse et de comparaison nous a occupés quelque temps ; mais l'ordre naturel du sujet l'exigeait absolument. Désormais notre voie est toute frayée : il nous sera facile d'apprécier le degré de pénétration relative que les divers apologistes ont porté dans la réfutation du paganisme.

Déjà nous avons vu que, dans son *Discours aux Grecs* saint Justin ne s'est pas mépris sur le véritable sens de l'idolâtrie hellénique, en relevant le caractère ridicule et immoral de l'anthropomorphisme, tel qu'il apparaît dans la théogonie d'Hésiode et dans les poèmes d'Homère. Le philosophe chrétien développe la même thèse dans l'*Exhortation aux Grecs*; mais ce deuxième discours, plus vaste que le premier, ne se renferme pas dans la mythologie poétique : il embrasse, dans un cadre large et nettement tracé, toutes les doctrines religieuses et philosophiques des Grecs dont il fait ressortir l'insuffisance ou la fausseté. Le titre d'exhortation, qu'il porte aujourd'hui, lui convient moins que celui de réfutation sous lequel il est mentionné par Eusèbe, par saint Jérôme et par Photius[1]. De plus, l'absence de toute allusion à une persécution quelconque porte à croire que le discours fut composé dans les dernières années d'Adrien ou au commencement du règne d'Antonin le Pieux, à une époque où l'Église jouissait d'un calme momentané. Enfin le séjour à Cumes, dont il est question dans le cours de l'exhortation, montre que saint Justin avait déjà visité l'Italie en venant de l'Égypte ou de l'Asie Mineure, et semble justifier le sentiment de ceux qui pensent qu'il rédigea cet écrit à Rome même. Quoi qu'il en soit de ces détails, sur lesquels je ne veux pas m'appesantir, le plan et l'ordonnance du discours se dessinent dès le début qui rappelle l'exorde de Démosthène dans son plaidoyer en faveur de Ctésiphon :

« En commençant cette exhortation, ô Grecs ! je prie Dieu de m'accorder à moi la grâce de vous dire ce qui est convenable, et, à vous, celle de choisir ce qui vous est utile, en rompant tout attachement opiniâtre aux erreurs de

---

[1] Eusèb. : *Hist. eccl.*, IV, 18. — Saint Jérôme: *de Viris ill.*, 23. — Photius : *Biblioth. cod.*, 125.

vos ancêtres ; afin que vous ne vous imaginiez pas leur manquer de respect en cherchant votre avantage dans ce qui est en opposition avec leurs croyances erronées. Souvent il arrive, en effet, qu'un examen plus attentif des choses les fait paraître sous un jour tout différent, en montrant la vérité au bout d'une recherche plus exacte. C'est pourquoi je me suis proposé de traiter de la vraie religion ; car je ne pense pas qu'il y ait un sujet plus digne d'attention pour quiconque ne veut pas vivre dans la crainte ni s'exposer au jugement qui suivra cette vie, comme l'ont enseigné nos ancêtres selon Dieu, législateurs ou prophètes, et ceux-là même qui parmi vous se sont acquis une réputation de sagesse, vos poètes et vos philosophes qui se disent en possession de la science véritable et divine. J'ai donc cru bien faire en recherchant quels ont été, en matière de religion, nos maîtres et les vôtres, à quelle époque ils ont vécu et quelle confiance ils méritent : de cette manière, ceux qui sur la foi de leurs ancêtres ont reçu une religion fausse l'abandonneront, étant mieux instruits ; quant à nous, nous aurons démontré avec évidence que nous suivons en tout point la religion de ceux qui ont été nos ancêtres selon Dieu [1]. »

Vous voyez, Messieurs, le soin que prend saint Justin de combattre dans l'esprit de ses lecteurs païens les préjugés de naissance ou d'éducation. Ne croyez pas, leur dit-il, que vous manquiez de respect à vos ancêtres en abandonnant leur religion ; vous n'outragez pas leur mémoire, si, après mûr examen, vous embrassez la vérité que, malheureusement, ils ne connaissaient pas. Ces paroles nous font voir que dès l'origine la vérité catholique eut pour obstacle ce fatal préjugé qui cherche dans le sentiment filial une apparence de raison ; et je n'ai pas besoin de vous dire que les idées combattues par saint Justin n'ont pas perdu tout empire parmi nous. Que de fois n'avons-nous pas entendu répéter

---

[1] *Exhort. aux Grecs*, I.

à des personnes de bonne foi ce principe émis par Rousseau dans l'*Émile* : « Un fils n'a jamais tort de suivre la religion de son père ; c'est un devoir de suivre et d'aimer la religion de son pays [1]. » Oui, si cette religion est vraie ; mais, si elle est fausse, jamais. Comment ! parce que tel père a vécu dans l'erreur, il faut que son fils, venant à reconnaître cette erreur, y persévère néanmoins ? Et en vertu de quel principe ? De la puissance paternelle ? Est-ce que la puissance paternelle peut faire que l'erreur soit la vérité et la vérité l'erreur ? N'a-t-elle pas ses limites dans la loi divine, souvent même dans la loi humaine ? Est-il au pouvoir de la famille de condamner un de ses membres à rester malgré lui l'esclave de fausses croyances ? Le respect filial, si sacré qu'il soit, n'est-il pas subordonné au respect de Dieu plus saint encore ? Mais le principe de Rousseau, qu'on adopte si aveuglément, mène à des conséquences effrayantes : sous prétexte de respect à la mémoire des ancêtres, il consacre comme une obligation morale la pratique des cultes les plus dégradants. Quoi ! ce serait la naissance qui déciderait de la vérité ? Il ne serait pas permis à un homme de se dégager d'un fétichisme absurde, parce que ses ancêtres ont eu le malheur d'y être plongés ? C'est faire outrage au bon sens et à l'humanité que de prescrire une telle règle. Non, l'homme n'est pas enchaîné à l'erreur par les liens de la naissance ni par celui de la société : lorsqu'il s'agit de son salut, de son avenir éternel, il n'y a ni famille ni État qui puisse entraver son libre choix ; la vérité a un droit absolu contre lequel nul autre ne peut prescrire. Il n'y a qu'un sentimentalisme faux ou un patriotisme égaré qui puisse imposer un pareil joug à la conscience humaine. Ne pas suivre ses pères dans la voie de l'erreur, ce n'est ni les juger ni jeter un blâme sur eux : Dieu seul juge les consciences ; le devoir est personnel comme la faute, et nul ne répond que de soi-même. La meilleure preuve de respect qu'on puisse donner

[1] *Émile*, tom. III, 2.

à la puissance paternelle et a la puissance publique, c'est de leur obéir dans la mesure de leurs droits en ne plaçant au-dessus d'elles que Dieu et la vérité.

Saint Justin avait donc raison de dire aux Grecs que le respect des ancêtres ou le sentiment filial ne va pas jusqu'à persévérer dans l'erreur contre la volonté expresse de Dieu. Après avoir cherché à détruire ce préjugé dans l'esprit de ses lecteurs, il les convie à le suivre sur le terrain des origines du paganisme. « Quels sont, leur dit-il, les docteurs de votre religion? Les poètes? En vérité, vous ne pouvez invoquer leur autorité qu'auprès de ceux qui ne les connaissent pas. Ignorez-vous cette ridicule généalogie de dieux qui se trouve dans Homère et dans Hésiode? Les faiblesses, les passions et les vices qu'ils prêtent à Jupiter, à Mars, à Vénus et aux autres divinités? Donc, de deux choses l'une: ou vous adorez des dieux vicieux, ou bien, si vous avez recours à la physique pour expliquer vos fables, ces dieux n'ont pas d'existence réelle. » C'est ainsi que saint Justin réfute l'anthropomorphisme hellénique par les mêmes arguments qu'il avait fait valoir dans le *Discours aux Grecs* [1].

Mais, cette autorité une fois écartée, il s'en présentait une autre. Après les poètes venaient les savants, qui prétendaient suppléer par l'enseignement philosophique à ce que la mythologie poétique avait de défectueux. C'est derrière ce nouveau rempart que les Grecs avaient coutume de se retrancher pour résister aux attaques de la religion chrétienne. Justin les suit dans cette deuxième position pour leur en montrer toute la faiblesse. « Vous voulez, dit-il aux Grecs, chercher la vérité religieuse parmi vos philosophes. Mais quel moyen de vous reconnaître au milieu de ce pêle-mêle d'opinions contradictoires? Vous devriez d'abord exiger de vos maîtres qu'ils se mettent d'accord entre eux, avant de songer à vous instruire. En effet, voici Thalès qui place le premier principe des choses dans l'eau, Anaxi-

---

[1] *Exhort. aux Grecs*, II.

mandre, dans une substance indéfinie, Anaximène, dans l'air, Héraclite et Hippas de Métaponte, dans le feu, Anaxagore, dans les parties similaires, Archélaüs, dans l'éther sans limites. Une seule école a suffi pour produire cette multitude de systèmes contraires : que sera-ce, si nous y joignons les autres? Tandis que Pythagore voit dans les nombres le principe de toutes choses, Épicure le cherche dans les atomes, Empédocle, dans les quatre éléments, le feu, l'air, l'eau et la terre. Même divergence touchant l'âme : substance ignée selon les uns, éthérée selon les autres ; intelligence chez ceux-ci, souffle chez ceux-là ; ici, vertu dérivant des astres ; là, nombre doué de la force motrice, eau génitale, que sais-je? C'est au milieu d'une telle confusion d'idées que vous vous flattez de pouvoir démêler la vraie doctrine ! Non, ce n'est point à ces maîtres-là qu'il faut vous adresser : leurs dissentiments prouvent leur propre ignorance. Mais je vous entends : ne pouvant nier les contradictions de ceux que je viens de nommer, vous avez coutume de vous réfugier dans Aristote et dans Platon, comme dans un boulevard inexpugnable. Cette nouvelle position n'est pas plus heureuse que les précédentes. Aristote et Platon ne s'accordent pas plus entre eux qu'ils ne sont d'accord avec eux-mêmes. Tandis que Platon admet trois principes des choses, Dieu, la matière et la forme ou les idées, Aristote n'en reconnaît que deux, Dieu et la matière. Le premier divise l'âme en trois parties : la partie raisonnable, la partie irascible et la partie appétitive ou concupiscible ; le second la réduit à la partie raisonnable en excluant d'elle les deux autres. Celui-ci lui refuse l'immortalité que lui attribue celui-là ; immobile selon l'un, elle est continuellement en mouvement selon l'autre. Encore si, divisés entre eux, ils ne se contredisaient pas eux-mêmes ; mais il est impossible de mettre de l'unité dans leur propre théorie. Après avoir admis d'abord trois principes des choses, Platon en ajoute un quatrième plus tard, l'âme du monde. Tantôt il affirme que la matière est incréée, tantôt qu'elle est créée ici, que les idées subsistent par elles-mêmes ; là, qu'elles sont de pures notions de l'intelligence ; en tel endroit, que tout ce qui naît est sujet à la corruption ; en tel autre, que parmi les choses qui naissent, il en est d'incorruptibles. Telles sont les contradictions dans lesquelles tombent les coryphées de la philosophie, pour avoir cru que l'esprit humain est capable par lui-même d'arriver à une connaissance exacte des choses divines. Donc, ils ne méritent pas plus de foi que les poètes : loin de remédier aux défauts de la mythologie populaire, l'enseignement philosophique n'a fait qu'y ajouter ses propres erreurs [1]. »

Voilà de quelle manière saint Justin cherche à ébranler la confiance que mettaient les Grecs dans les lumières de leurs sages. Pour les amener à la religion chrétienne, il suit la voie par laquelle il y était arrivé lui-même : la comparaison des philosophes avec les prophètes et les apôtres. En effet, Messieurs, si vous vous en souvenez, ce travail de rapprochement avait été le point de départ de sa conversion : c'est du contraste des opinions humaines avec la science divine qu'avait jailli la lumière qui éclaira son esprit. Dans tout le cours de sa carrière de controversiste et d'apôtre, il appliqua constamment la méthode dont il avait ressenti lui-même les salutaires effets. C'est au *Traité* de Plutarque sur les « opinions des philosophes » qu'il emprunte, presque trait pour trait, ce tableau des contradictions de l'hellénisme, que la plupart des apologistes ont retracé après lui. On ne saurait, à coup sûr, méconnaître la haute portée de cette argumentation qui, encore aujourd'hui, conserve toute sa force, en face des variations de la philosophie moderne. Changez les noms et les systèmes, vous retrouvez depuis trois siècles le même désaccord que saint Justin signalait dans les écoles de la Grèce. J'ignore même si les dissentiments ne sont pas plus nombreux encore ni plus profonds. Hobbes enseigne que l'idée de Dieu n'a

---

[1] *Exhort. aux Grecs*, III, VII.

pas de réalité objective ; Locke, que la matière peut être douée de la faculté de penser ; Berkeley, que l'esprit seul existe réellement ; Spinoza, que l'infini et le fini ne sont qu'une même substance ; Hume, que la notion de Dieu n'est qu'une hypothèse gratuite ; Helvétius, que le plaisir seul est la règle de la volonté ; Kant, qu'aux yeux de la raison théorétique l'idée de Dieu est purement subjective ; Fichte, que le moi est identique au non-moi ; Schelling, que Dieu et le monde s'identifient dans l'absolu ; Hegel, que Dieu n'existe pas actuellement, mais devient... Je m'arrête, car je ne veux pas toucher à la France actuelle, où l'éclectisme nous a montré que les partisans de la libre pensée ne restent pas plus d'accord avec eux-mêmes qu'ils ne s'accordent ensemble, comme saint Justin le reprochait déjà aux philosophes grecs. Certes, le tableau des variations et des contradictions de la philosophie moderne n'est pas moins complet que celui de l'hellénisme tracé par l'apologiste chrétien d'après Plutarque. Aussi la conclusion demeure-t-elle la même : la révélation divine est la seule voie sûre et facile pour arriver à la connaissance de la vérité. Cette conclusion, Justin la fait ressortir de l'analyse des anciens systèmes qu'il vient de placer sous les yeux des Grecs :

« Vous voyez donc que vos maîtres ne peuvent vous enseigner la vérité religieuse ; car leurs dissentiments prouvent qu'ils ne la connaissent pas eux-mêmes. Il en résulte pour vous la nécessité de recourir à nos ancêtres, qui remontent à une époque plus reculée que les vôtres et n'ont rien enseigné de leur propre chef ; mais, loin de se combattre les uns les autres, ils n'ont fait que nous transmettre la science qu'ils avaient reçue de Dieu, sans contention ni esprit de parti. Car une connaissance si élevée des choses divines n'est pas un don de la nature, ni un produit de l'intelligence humaine ; mais une grâce céleste communiquée à ces hommes bienheureux. Pour l'acquérir et la transmettre, ils n'avaient nul besoin de l'artifice du langage, ni des armes de la dialectique : ils n'avaient qu'à offrir une âme pure à l'opération de l'Esprit-Saint, afin que ce divin archet venant du ciel pût se servir de ces hommes justes, comme des cordes d'une lyre ou d'une harpe, pour nous faire entendre les choses célestes. C'est pourquoi ils nous ont enseigné comme d'une seule voix toutes les vérités dont la connaissance nous est nécessaire, Dieu et l'origine du monde, la création de l'homme et l'immortalité de l'âme, ainsi que le jugement qui suivra cette vie. Cette doctrine, ils nous l'ont transmise à des époques et en des lieux divers, mais toujours en conservant l'accord le plus parfait et sans jamais se contredire eux-mêmes [1]. »

Ainsi l'unité, marque de la vraie doctrine, existe chez les prophètes, tandis que la division règne dans le camp des philosophes ; de plus, l'autorité que l'inspiration et la mission divines confèrent aux uns manque absolument aux autres : c'est, Messieurs, à ces deux points que Justin ramène d'ordinaire la démonstration chrétienne. Mais, pour enlever aux Grecs tout sujet de se glorifier de leurs maîtres dans la science religieuse, il ajoute une nouvelle preuve de la supériorité du christianisme : la haute antiquité de Moïse et des prophètes comparée à l'époque récente où vécurent les philosophes grecs. Cet argument était très propre à faire impression sur l'esprit des païens, accoutumés à juger des doctrines d'après leur ancienneté. Afin de lui donner une valeur que ses adversaires ne puissent contester, Justin passe sous silence le témoignage des auteurs sacrés, pour s'en tenir à celui des écrivains profanes. Vos propres historiens, dit-il aux Grecs, s'accordent à dire que Moïse a précédé de plusieurs siècles vos plus anciens poètes et vos philosophes. Là-dessus, il cite Polémon, Appion, Ptolémée de Mendès, Hellanicus, Philochorus, Castor et Thallus, Alexandre Polyhistor, Philon et Josèphe, Diodore de Sicile. De plus, s'il est un fait reconnu par tout le monde, c'est que les Grecs n'ont pas de monument historique antérieur à l'ère des Olympiades, tandis que les livres de Moïse existaient en

---

[1] *Exhort. aux Grecs*, VIII.

langue hébraïque longtemps avant que Cadmus eût apporté en Grèce l'alphabet phénicien. Le texte grec, dans lequel nous les lisons communément, n'est pas leur texte primitif, mais une version faite par soixante-dix vieillards sous le règne et par les ordres de Ptolémée, roi d'Égypte. Si l'on nous objecte que ces livres appartiennent aux Juifs, et ne sauraient par conséquent témoigner en faveur de la religion chrétienne, nous répondons que leur conservation dans les mains de nos ennemis est un fait providentiel. Venant de notre part, ils pourraient devenir suspects aux yeux de gens prévenus contre nous, tandis que nos adversaires, en les gardant fidèlement, confirment, par leur hostilité même, les preuves que nous en tirons. Nous pouvons donc nous appuyer sur ces livres comme sur des documents d'une antiquité supérieure à celle de tous les monuments poétiques, historiques et philosophiques de la Grèce [1].

Messieurs, en parcourant les écrits des premiers apologistes, on est frappé d'un caractère qui leur est commun à tous : c'est que, tout en combattant les erreurs païennes, ils s'adaptent parfaitement à la controverse actuelle. Nés d'une situation qui n'est pas la nôtre assurément, on les dirait en quelque sorte rédigés, pour la plupart, en vue du rationalisme contemporain. Souvent il m'est arrivé dans le cours de ces études de citer des noms modernes, de m'attaquer à des ouvrages récents ; et peut-être quelqu'un d'entre vous a-t-il pensé que je cherchais à faire naître ces incidents pour varier l'intérêt de nos travaux en leur prêtant un caractère d'actualité. Non, ce rapport d'une polémique déjà vieille avec des luttes qui paraissent toutes neuves s'établit de lui-même : et pour quiconque est tant soit peu familier avec les ouvrages des Pères, il reste évident que nos adversaires du moment retournent sous une autre forme des objections réfutées à l'avance depuis quinze siècles. Ainsi, la réalité historique de Moïse, sa haute antiquité, l'authenticité de ses livres, que

---

[1] *Exhort. aux Grecs*, IX-XIII.

saint Justin établit dans son *Exhortation aux Grecs*, comme une base de la démonstration chrétienne, forment encore un des points les plus saillants de la controverse moderne. Sans doute, nous ne sommes plus tout à fait à l'époque où Voltaire osait écrire avec son incroyable légèreté qu'aucun auteur païen n'avait parlé de Moïse avant le troisième siècle de l'ère chrétienne ; où Bailly s'appuyait sur les tables astronomiques des Indiens pour reculer dans un lointain incalculable l'origine des sociétés humaines ; où Boullanger réduisait le personnage de Moïse à un être allégorique dans le genre de l'enchanteur Merlin et de Robert le Diable ; où Dupuis, mystifiant un public crédule, assignait aux zodiaques de Dendérah et d'Esné vingt-cinq mille ans de durée. Cette érudition gonflée de vent a crevé, permettez-moi le mot, comme une bulle de savon. Letronne et Champollion-Figeac ont démontré à Dupuis que les fameux zodiaques remontent au temps de Tibère et de Néron ; Delambre, Laplace et Klaproth ont prouvé à Bailly que les tables astronomiques des Hindous ont été construites six cents ans après Jésus-Christ. Quant à l'assertion de Voltaire, l'homme du monde le moins doué pour les travaux de critique, par le peu de profondeur et l'excessive mobilité de son esprit, vous pouvez juger de ce qu'elle vaut par la liste des auteurs païens cités par saint Justin, et qui tous témoignent de l'existence de Moïse et de sa haute antiquité. A cette énumération déjà longue, Clément d'Alexandrie, Eusèbe, Cyrille d'Alexandrie et d'autres écrivains ecclésiastiques ajouteront les noms de Lysimaque, de Manéthon, de Chérémon, d'Artapan, d'Eupolème, d'Hécatée, de Numénius d'Apamée, de Nicolas de Damas, de Porphyre, de Tacite, de Pline, de Strabon, de Trogue Pompée, dont les ouvrages, perdus aujourd'hui pour la plupart, existaient encore dans les premiers siècles de l'Église[1]. En vérité, il faut ignorer le premier mot de la

---

[1] Artapan, Eupolème, le faux Polyhistor, n'ont été selon toute apparence, que des Juifs hellénistes, qui écrivaient sous un nom supposé :

question, ou bien vouloir tromper sciemment le public, pour affirmer qu'aucun auteur païen n'a parlé de Moïse avant l'époque de Longin et de l'empereur Aurélien[1]. Aussi je suis heureux de pouvoir dire que depuis Voltaire il s'est accompli un progrès notable dans les idées : malgré son peu de respect pour la science de ses lecteurs, il n'oserait plus écrire de nos jours que « le déluge figure la peine extrême qu'on a éprouvée dans tous les temps à dessécher les marais, » ni expliquer les immenses dépôts coquilliers laissés sur les Alpes par « la foule des pèlerins qui partaient à pied de Saint-Jacques en Galice et de toutes les provinces pour aller à Rome par le mont Cenis chargés de coquilles à leurs bonnets[2]. » Il n'est plus permis aujourd'hui de se moquer ainsi de la religion et de la science : de pareilles bévues n'obtiennent plus, fort heureusement, qu'un succès de rire.

Toutefois, ne nous y trompons pas, Voltaire n'est pas mort, et le dix-huitième siècle n'est pas tellement éloigné de nous que son influence ne se fasse plus sentir sur la critique contemporaine. Le roi Voltaire, comme l'a dit un écrivain dans un ouvrage récent dont je reproduis le titre même, a conservé sa petite cour : sujets peu généreux, à la vérité, puisqu'ils n'osent pas trop avouer leur maître, mais qui ne laissent pas de se ranger sous son sceptre plus docilement qu'ils ne le pensent. Certes, je le répète, on ferait rire de soi aujourd'hui en posant le problème dans les termes où Voltaire le renfermait : « Y a-t-il jamais eu un Moïse ? » Nous ne sommes plus réduits à prouver, comme faisait l'évêque d'Hermopolis du haut de la chaire de Saint-Sulpice dans les premières années du siècle, « que Moïse n'est pas un personnage fabuleux éclos de l'imagination des poètes[3]. » Il n'est plus d'écrivain, si malavisé qu'il soit, qui ne recule

---

l'argument tiré de leur témoignage n'est donc pas d'une grande force. Vossius : *de Historicis Græcis*, édit. Westermann, Leipzig, 1838.

[1] Volt. : *Dict. phil.*, art. Moïse.
[2] Volt. : *Essai sur les mœurs* : du Védam. — *Mélanges* : des Coquilles.
[3] *Défense du Christianisme*, tom. II, p. 4 et ss.

devant une hypothèse subversive de toute certitude historique ; et celui de nos critiques français qui a pris le plus à tâche d'importer parmi nous les témérités de l'exégèse allemande s'est vu obligé de convenir « qu'il serait téméraire de nier qu'Israël, en sortant de l'Égypte, ait subi l'action d'un grand organisateur religieux [1]. » Mais, si personne ne songe plus à mettre en question l'existence de Moïse ni sa haute antiquité, ce qu'on n'aurait jamais dû faire pour l'honneur de la science moderne, l'authenticité de son œuvre, du Pentateuque, subit encore de temps à autre des assauts qui ressemblent fort aux campagnes malheureuses de Voltaire contre la Bible. Pour vous donner une idée de la légèreté et du sans-façon avec lequel on procède encore parmi nous dans des matières si graves, vous me permettrez, Messieurs, de vous lire un passage du livre auquel je faisais allusion tout à l'heure, et que je m'efforce, selon mon pouvoir, de prendre au sérieux, sans y réussir toujours. Je ne m'éloigne pas de saint Justin, puisque l'authenticité du Pentateuque est le fondement de son argumentation contre les Grecs.

« Une hypothèse présentée au siècle dernier comme un paradoxe hardi, et d'après laquelle le Pentateuque se serait formé par la réunion de fragments historiques de provenances diverses, est maintenant adoptée de tous les critiques éclairés en Allemagne... La rédaction définitive des livres qui contiennent l'histoire ancienne d'Israël ne remonte pas probablement au delà du huitième siècle avant notre ère... On ne peut plus douter du procédé qui amena le Pentateuque et le livre de Josué à leur état définitif. Il est clair qu'un rédacteur jéhoviste (c'est-à-dire employant dans sa narration le nom de Jéhovah) a donné la dernière forme à ce grand ouvrage historique, en prenant pour base un écrit élohiste (c'est-à-dire où Dieu est désigné par le mot Élohim), dont on pourrait encore aujourd'hui reconstruire les parties essen-

---

[1] M. Ernest Renan : *Études d'Hist. relig.*, 92.

tielles. Quant à l'opinion qui attribue la rédaction du Pentateuque à Moïse, elle est en dehors de la critique, et nous n'avons pas à la discuter : cette opinion, du reste, paraît assez moderne, il est bien certain que les anciens Hébreux ne songèrent jamais à regarder leur législateur comme un historien [1]... »

A lire ces phrases bien accentuées, ces assertions tranchantes, ne dirait-on pas que c'est désormais chose finie, convenue, que l'authenticité du Pentateuque ne mérite plus même d'être discutée, et qu'il ne s'agit plus que d'en faire son deuil, en s'inclinant profondément devant la souveraineté du fait accompli ? Eh ! Messieurs, la science n'a point marché d'un pas si rapide, et la cause de Moïse n'est pas tellement désespérée qu'il faille effacer son nom de l'œuvre que trois mille ans lui ont attribuée, pour céder la place à des rédacteurs jéhovistes et élohistes nés, il y a quelque cinquante années, dans le cerveau d'un critique. Pour en venir là, il ne suffit pas de dire : on ne peut plus douter, il est clair, il est bien certain, sans ajouter un mot de preuve, tandis que rien n'est moins clair ni plus incertain. Quant à soutenir que l'opinion contraire à l'authenticité du Pentateuque est partagée par tous les critiques éclairés en Allemagne, qu'elle est *classique* dans ce pays où elle ne ferait plus même question, il faut singulièrement compter sur la bonhomie et la crédulité des lecteurs français, pour les tenir ainsi au courant de ce qui se passe à l'étranger. Sans doute plusieurs critiques allemands, tels que de Wette et Gesenius, marchant sur les traces de Spinoza et de Richard Simon, ont mis en avant des hypothèses gratuites, des conjectures arbitraires, des suppositions hasardées, pour enlever à Moïse la gloire d'avoir rédigé le Pentateuque, sinon en totalité, du moins en partie. Je n'éprouve pas le moindre embarras en ajoutant aux noms de ces deux savants, les noms moins connus de Bertholdt, d'Augusti, de Vatke, de Hartmann, de Stæhelin, de Tuch, de

---

[1] M. Ernest Renan : *Études d'Hist. relig.*, 80 et ss.

Hitzig et d'Ewald [1]. Quiconque sait quelle fureur de démolition s'est emparée en Allemagne d'une bonne partie des critiques protestants, sur le terrain de l'exégèse biblique, ne sera nullement étonné d'apprendre que le Pentateuque de Moïse n'a pas été épargné dans cet assaut général. Mais, ce que la bonne foi ne permet point de passer sous silence, lorsqu'on veut instruire un public français de ce qu'on pense et dit à l'étranger, c'est que l'authenticité des cinq livres de Moïse a trouvé en Allemagne plus de défenseurs que d'adversaires, et qu'elle est sortie victorieuse d'une attaque restée sans effet. J'ai là sous les yeux une liste d'hommes, tant protestants que catholiques, qui marquent au premier rang de la critique contemporaine, et dont les écrits, que je me suis fait un devoir d'étudier de près, n'ont pas laissé une assertion sans contrôle, un doute sans solution, une difficulté sans réponse et sans éclaircissement. Je tiens, Messieurs, à en citer quelques-uns, pour vous montrer à quel point on cherche à égarer l'opinion, en s'autorisant de l'érudition de nos voisins d'outre-Rhin, pour faire accroire à des lecteurs français que la critique allemande en a fini avec nos livres saints, et signé d'un commun accord leur arrêt de mort ou de déchéance. Certes, la partie reste fort belle pour l'authenticité du Pentateuque, lorsqu'on peut citer en sa faveur l'élite des savants de l'Allemagne moderne : Michaëlis, dont l'immense érudition ne saurait être contestée par personne ; Eichhorn, dont les témérités en fait d'exégèse excluent tout soupçon de partialité ; Hengstenberg, l'illustre chef de l'école soi-disant orthodoxe de Berlin ; Rosenmüller, dont les scolies sur l'Ancien Testament ont pris place parmi les meilleurs travaux d'érudition biblique ; Hævernik, Ranke, Drechsler, Hug, Wette,

---

[1] De Wette : *Beitrage zur Einl. ins. A. T.* ; Gesenius: *de Pent. samar. orig.* ; Spinoza : *Tract. theol. polit.*, c. VIII ; Bertholdt : *Hist. crit.*, Einl., III, p. 768; Augusti : *Einl. ins. A. T.* ; Vatke: *Die Relig. des A. T.* ; Hartmann: *Untersuchungen über den Pen.* ; Stæhelin : *Crit. Unters. über den Pen.* ; 1843 ; Tuch : *Comm. über die Genesis*, Halle : 1838 ; Hitzig : *Comm. zum a. BB.*; Ewald : *Comp. der Genesis und Geschichte der Israeliten.*

Haneberg, Jahn, peu porté à l'indulgence en matière de critique ; Lüderwald, Griesinger, Hertz, Fritsche, Scheibel, Sack, Scholtz, le savant professeur de Bonn, qui dans son introduction à l'Ancien et au Nouveau Testament a déployé un savoir aussi vaste que sûr, etc [1]. Vous voyez d'après cela s'il est permis de vouloir persuader au public français qu'il n'y a plus un seul critique éclairé en Allemagne qui admette que Moïse soit l'auteur du Pentateuque. Évidemment un pareil procédé sort de la discussion scientifique et rentre dans un ordre de moyens que je ne dois ni ne veux apprécier.

Nous avons vu que saint Justin s'appuie sur le témoignage historique pour démontrer aux Grecs la haute antiquité de Moïse et de ses livres : il en appelle, dans ce but, au peuple juif et aux auteurs païens eux-mêmes. Tel est, en effet, le fondement inébranlable sur lequel repose l'authenticité du Pentateuque : la foi constante et universelle de la nation juive qui, depuis son origine jusqu'à nos jours, n'a cessé d'attribuer à Moïse les cinq livres qui portent son nom. Si l'on interroge la conscience du peuple juif, il n'est pas un moment dans sa longue histoire où cette croyance fondamentale ait subi la plus légère altération. Parcourez l'un après l'autre les écrits de l'Ancien Testament, depuis le livre de Josué jusqu'au deuxième livre des Machabées : tous présupposent le Pentateuque qu'ils citent, qu'ils commentent, auquel ils se rapportent comme à leur origine et à leur point de départ ; le livre de Josué, à lui seul, invoque l'autorité

---

[1] Michaëlis : *Einl. ins. A. T.* ; Eichhorn : *Einl. ins. A. T.*, tom. II ; Hengstenberg : *Die Echtheit des Pentat.*, Berlin, 1836 ; Rosenmüller : *Schol. in V. T.*, t. I, Prolegom. ; Hævernik : *Einl. ins. A. T.*, I, 2. — Ranke, *Untersuchungen über den Pentat.* ; Drechsler : *Die Echtheit der Genes.*, Hambourg, 1838 ; Hug : *in der Freiburger Zeitschrift* ; Wette : *Nachmosaisches im Pent.* ; Haneberg : *Geschichte der Offenbarung* ; Jahn, *Einl. ins. A. T.*, II, 1 ; Lüderwald : *Briefe über die Mos. Schriften* ; Griesinger : *Würdigung der Mos. Schriften*, 1811 ; Hertz : *Der Pentat. und das Mos. Gesetz*, Altonæ, 1822 ; Fritsche : *Echtheit der Mos. Bücher* ; Scheibel : *Untersuch. über die Bibel* ; Sack : *Apolog,* ; Scholtz : *Einl. ins. A. und N. T.*, Kolön ; 1845, t. II.

de Moïse et de son œuvre près de cinquante-six fois. Otez le Pentateuque, et cette chaîne traditionnelle manque d'anneau primitif qui la soutienne et la termine. Il faut admettre, dans cette hypothèse, que pendant deux mille ans tous ceux qui parlaient du volume de la loi de Moïse, du livre de ses ordonnances, n'ont pas su ce qu'ils disaient, ou se sont rencontrés dans un mensonge perpétuel. Sans le Pentateuque, la vie religieuse, morale, civile d'Israël, depuis son entrée dans la terre de Chanaan, ne s'explique d'aucune façon. Car il ne s'agit pas ici d'un recueil de poésies, d'un livre d'art ou de littérature, dont l'origine importerait peu à l'existence d'une nation ; mais d'un ensemble de révélations divines, d'un rituel complet, d'un code de lois défini, arrêté, qui descend dans la pratique, qui suit la conduite de chacun dans ses moindres détails, qui détermine avec soin et règle au nom de Jéhovah les devoirs religieux, les cérémonies du culte, la constitution politique, les droits civils, la condition des personnes, le partage des terres, les alliances, les transactions ; il s'agit d'un livre clos à tout jamais, auquel il n'est permis de rien ajouter pas plus que d'en retrancher une syllabe, qui, lu publiquement, interprété par les anciens du peuple, doit se graver dans l'esprit et dans le cœur de tous, d'un livre enfin, qui restera déposé à côté de l'Arche d'alliance comme sous la garde de Jéhovah lui-même. Je vous le demande, Messieurs, concevez-vous pour un livre pareil la possibilité d'une supposition ou même d'une altération grave, surtout si vous avez égard au caractère d'Israël, à son esprit de conservation, à son attachement opiniâtre au texte de la loi ? L'auteur dont je parlais tout à l'heure avance « que la rédaction définitive du Pentateuque ne remonte pas probablement au delà du huitième siècle avant notre ère. » Dans ce cas saint Justin aurait eu tort d'opposer aux Grecs la haute antiquité des livres de Moïse. Mais une simple observation suffit pour ruiner cette hypothèse. Mille ans avant Jésus-Christ, un schisme éclate au sein de la nation juive : dix tribus, se séparant de celle de Juda, forment le royaume d'Israël ou de Samarie, et cessent d'envisager Jérusalem comme le centre de leur culte. Cela posé, si le Pentateuque n'avait pas existé sous sa forme actuelle à l'époque de la séparation, croyez-vous que deux partis divisés par une haine si ardente se fussent accordés entre eux pour le rédiger d'un commun accord ou que l'un eût adopté l'ouvrage de l'autre? Si, par exemple, l'Écriture n'avait pas existé à l'époque de la Réforme, croyez-vous que depuis lors les protestants l'eussent acceptée des mains des catholiques? Si donc le Pentateuque samaritain, comme le prouvent les seize manuscrits qui nous en restent, présente une exacte conformité avec celui des Juifs qui est le nôtre, il est de toute évidence que les cinq livres de Moïse remontent, sous leur forme actuelle, non pas au huitième siècle, mais, à tout le moins, au delà du dixième ou du onzième siècle avant notre ère. On a fait grand bruit, dans ces derniers temps, d'une trouvaille qui n'est pas neuve, puisque plusieurs Pères de l'Église avaient déjà remarqué le fait : c'est que dans la Genèse, Dieu est désigné tantôt sous le nom de Jéhovah, tantôt sous celui d'Élohim. Là-dessus, quelques critiques, en quête d'opinions bizarres, ont bâti une théorie complète [1]. Selon eux, deux écrits, l'un jéhoviste, l'autre élohiste, auraient servi de base à la rédaction de la Genèse. Je ne vous ferai pas observer que, même dans cette hypothèse, il ne s'ensuivrait absolument rien contre l'authenticité du Pentateuque ; car Moïse a fort bien pu avoir sous la main quelques documents originaux pour raconter l'histoire primitive du genre humain: cela paraît même probable. Mais, ce qu'il y a de certain, c'est que les conclusions tirées de l'emploi alternatif des noms de Jéhovah et d'Élohim, pour établir que le Pentateuque se serait formé par la réunion de fragments historiques de provenances diverses, ne

---

[1] Astruc: *Conject. sur les Mém. orig. de la Genèse*, Brux., 1753 ; Eichhorn : *Einl. ins. A. T.*, II, 18 et ss. ; Ilgen : *Die Urkunden des Jerusal. Tempel Archivs*, Halle, 1798 ; Stæhelin : *Critische Untersuchung über die Genesis*, Bâle, 1830.

sont nullement fondées. Cette particularité s'explique d'une manière très satisfaisante, sans qu'on ait besoin de recourir à l'imagination pour suppléer à la réalité. Le mot Élohim désigne l'être divin sans aucun rapport particulier avec la nationalité juive; au contraire, le nom de Jéhovah est pliqué à Dieu, comme chef et protecteur de la théocratie juive. L'Élohim du genre humain est le Jéhovah des patriarches, de Moïse, de la race élue. Telle est la nuance d'idées qui détermine l'usage alternatif de ces deux termes, selon que la nature du récit amène l'écrivain sacré à vouloir exprimer ou non la relation intime de Dieu avec le peuple privilégié. C'est ainsi que dans la narration du déluge, qui est certainement toute d'une pièce, Dieu est appelé Élohim en général, lorsqu'il veut châtier le genre humain, Jéhovah, lorsqu'il conclut un pacte avec Noé, Élohim par rapport à Japhet, Jéhovah relativement à Sem, d'où sortira le peuple juif. J'insiste un moment, Messieurs, sur ce point particulier, pour vous montrer qu'il ne faut pas se laisser éblouir par ce reflet d'érudition étrangère : si la critique négative est prompte à susciter des attaques, la critique positive n'est désarmée devant aucune. L'authenticité du Pentateuque n'a subi nulle atteinte par la controverse moderne : elle tire une nouvelle preuve de l'insuccès de ceux qui cherchaient à l'ébranler.

Saint Justin ne se trompait donc pas en s'appuyant sur l'antiquité des livres de Moïse comme sur une donnée historique d'une certitude irréfragable. C'est avec raison qu'il pouvait dire aux Grecs : « Vous reconnaîtrez facilement de toute manière que le récit de Moïse est de beaucoup antérieur à toute autre histoire. Vous ne devez pas ignorer que la Grèce ne possède pas d'écrit véridique au delà des Olympiades, et qu'il n'existe aucun monument bien antique qui rapporte les faits et gestes des Grecs ou des Barbares. Seule, l'histoire du prophète Moïse existait avant cette époque, écrite en langue hébraïque sous l'inspiration divine. Les Grecs n'avaient pas encore d'alphabet, comme l'avouent les grammairiens eux-mêmes qui attribuent à Cadmus l'introduction des lettres phéniciennes dans la Grèce. » En revendiquant ainsi pour Moïse l'ancienneté, comme un caractère qui le met hors de pair avec tous les autres historiens, saint Justin soutenait la thèse que l'un des plus dignes représentants de la science moderne, Georges Cuvier, défendait naguère dans son *Discours sur les révolutions du globe* :

« La chronologie d'aucun de nos peuples d'Occident ne remonte, par un fil continu, à plus de trois mille ans. Aucun d'eux ne peut nous offrir avant cette époque, ni même deux ou trois siècles depuis, une suite de faits liés ensemble avec quelque vraisemblance... Les Grecs avouent ne posséder l'art d'écrire que depuis que les Phéniciens le leur ont enseigné, il y a trente-trois ou trente-quatre siècles ; longtemps encore depuis, leur histoire est pleine de fables, et ils ne font pas remonter à trois cents ans plus haut les premiers vestiges de leur réunion en corps de peuples. Nous n'avons de l'histoire de l'Asie occidentale que quelques extraits contradictoires, qui ne vont, avec un peu de suite, qu'à vingt-cinq siècles, et, en admettant ce qu'on en rapporte de plus ancien avec quelques détails historiques, on s'élèverait à peine à quarante. Le premier historien profane dont il nous reste des ouvrages, Hérodote, n'a pas deux mille trois cents ans d'ancienneté. Les historiens antérieurs qu'il a pu consulter ne datent pas d'un siècle avant lui. On peut même juger de ce qu'ils étaient par les extravagances qui nous en restent, extraites d'Aristée, de Proconnèse et de quelques autres. Avant eux on n'avait que des poètes ; et Homère, le plus ancien que l'on possède, Homère, le maître et le modèle éternel de tout l'Occident, n'a précédé notre âge que de deux mille sept cents ou deux mille huit cents ans... Un seul peuple nous a conservé des annales écrites en prose avant l'époque de Cyrus, c'est le peuple juif. La partie de l'Ancien Testament que l'on nomme le Pentateuque existe, sous sa forme actuelle, depuis le schisme de Jéroboam, puisque les

Samaritains la reçoivent comme les Juifs, c'est-à-dire qu'elle a maintenant, à coup sûr, plus de deux mille huit cents ans. Il n'y a nulle raison pour ne pas attribuer la rédaction de la Genèse à Moïse lui-même, ce qui la ferait remonter à cinq cents ans plus haut, à trente-trois siècles ; et il suffit de la lire pour s'apercevoir qu'elle a été composée en partie avec des morceaux d'ouvrages antérieurs : on ne peut donc aucunement douter que ce soit l'écrit le plus ancien dont notre Occident soit en possession [1]. »

C'est ainsi, Messieurs, que les résultats de la science moderne viennent confirmer les raisonnements des Pères de l'Église. Je ne m'étonne pas que saint Justin ait mis tant d'insistance à démontrer aux Grecs la haute antiquité de Moïse et de ses livres : elle suffirait, à elle seule, pour prouver la divinité de la révélation mosaïque. A une époque de l'histoire où les peuples policés du vieux monde n'étaient pas encore ou occupaient le plus bas degré sur l'échelle de la civilisation, où l'on ne découvre nulle part aucune trace de législation bien arrêtée, voici que le chef d'une peuplade sémitique trace un ensemble de lois religieuses, morales et civiles, qui défient la critique sur un point quelconque. Ces lois sont conçues dans un tel esprit de sagesse et de prévoyance, elles s'adaptent si parfaitement à la physionomie et aux besoins de ce peuple, qu'elles traversent toute sa longue histoire sans subir la plus légère modification : après trois mille ans, les débris d'Israël les observent encore, sans oser y changer une syllabe. Assurément, voilà un phénomène unique dans les annales du genre humain, où nous voyons toutes les législations anciennes et modernes réformées au bout d'un certain temps, retouchées, remaniées, refondues, renversées et détruites dans la suite des siècles. Cette immutabilité et cette perfection ne sont pas le cachet des œuvres humaines, dont aucune n'est à l'épreuve de la critique ni du changement. Il y a plus. A une époque où

---

[1] *Discours sur les révol. du glob.*, p. 170 et ss., 8ᵉ édit.

l'idolâtrie régnait dans toute sa force, où l'on ne surprend encore chez aucun peuple l'éveil de l'esprit philosophique, plus de mille ans avant Platon et Aristote, Moïse enseigne sur Dieu, sa nature et ses perfections ; sur l'homme, son origine, ses devoirs et sa fin, une doctrine qui, encore aujourd'hui, est celle de tout le monde civilisé. Tandis que, chez tous les philosophes de l'antiquité, les plus graves erreurs métaphysiques et morales viennent s'ajouter à des vérités partielles, seul, Moïse enseigne la vérité sans mélange d'erreur. Au milieu du naufrage universel des croyances, son peuple, instruit par lui, est le seul qui conserve dans ses livres, comme dans une arche sainte, la doctrine et le culte du vrai Dieu. Certes, voilà un privilège qui met son enseignement hors de pair avec les produits de la raison humaine, tous défectueux et erronés par quelque endroit. Enfin, à une époque où les sciences naturelles n'existaient pas ou étaient dans l'enfance, où d'absurdes cosmogonies défrayaient l'imagination des peuples, le chef de quelques tribus nomades de l'Orient décrit la création du monde, sa formation successive, les révolutions primitives du globe, avec une netteté et une précision dont rien n'approche ; et il se trouve qu'à trois mille ans de là, la parole de cet homme devient le dernier mot de toutes les branches de la science moderne à son plus haut point de développement. Chaque fois que la demi-science essaie de lui donner un démenti, la véritable science vient le venger à point nommé avec des inductions plus délicates, des observations plus complètes, une analyse plus approfondie des faits et des choses. Ses premiers interprètes ont élevé la voix l'un après l'autre pour confirmer l'exactitude du récit mosaïque. Buffon dira que la description de Moïse est une narration exacte et philosophique de la création de l'univers entier et de l'origine de toutes choses ; Linné, que Moïse n'a écrit et n'a pu écrire que sous la dictée même de l'auteur de la nature ; Cuvier, que Moïse nous a laissé une cosmogonie dont l'exactitude se vérifie chaque jour d'une manière admirable ; Balbi, que les livres de Moïse sont d'accord de la manière la plus remarquable avec les résultats obtenus par les plus savants philologues et les plus profonds géomètres, etc [1]. On me dira, pour expliquer cette merveilleuse coïncidence, que Moïse a été un homme de génie. Sans doute ; mais a-t-il été le seul ? N'y a-t-il pas eu dans l'antiquité d'autres hommes de génie que lui, historiens, philosophes, législateurs, naturalistes ? D'où vient qu'aucun d'eux n'a rien dit qui vaille sur l'origine du monde et du genre humain ? Comment se fait-il que lui seul ne soit jamais trouvé en défaut ni par les découvertes de la science, ni par le progrès des idées ; que seul il échappe à l'erreur et défie la critique ? Non, Messieurs, si cet homme est l'historien véridique de la genèse du monde, s'il domine au-dessus des siècles comme une colonne impérissable de vérité, si trois mille ans ont passé sur son nom sans en ébranler l'autorité, si la science moderne est obligée de s'incliner devant son témoignage, si la nature et les hommes se trouvent en harmonie parfaite avec ce qu'il a écrit : c'est qu'il a puisé à une source plus haute que le génie de l'homme, c'est que l'Esprit de Dieu avait touché son front et guidé sa main, c'est que, comme saint Justin le disait aux Grecs, l'inspiration divine suppléait à sa faiblesse, et, au besoin, lui tenait lieu de science.

[1] Buffon : *Théorie de la terre*, art. 2 ; Linné : *Curios. natur.*, § vi ; Cuvier ; Balbi : *Atlas ethnographique du globe*, Paris, 1826.

DIXIÈME LEÇON

Le *Traité de la Monarchie ou de l'unité divine* troisième monument de la controverse païenne. — Le polythéisme réfuté par les poètes et les philosophes eux-mêmes. — Témoignages rendus par ces derniers à l'unité de Dieu et à plusieurs autres dogmes. — Livres sibyllins, poésies orphiques, fragments d'Eschyle, d'Euripide, de Sophocle et de Ménandre. — Examen de l'authenticité de ces diverses citations. — Origine de ces écrits apocryphes qui ont mis en défaut la critique de saint Justin. — Les écrivains de l'école juive d'Alexandrie sont probablement les auteurs de ces documents supposés. — Dans quel but ils s'efforçaient de placer leurs doctrines dans la bouche des philosophes et des poètes du paganisme.

Messieurs,

Saint Justin avait démontré aux Grecs que ni leurs poètes, ni leurs philosophes n'étaient en état de leur enseigner la vérité. D'une part, la mythologie poétique s'était perdue dans des fables dont l'immoralité le disputait au ridicule ; de l'autre, l'enseignement philosophique, manquant à la fois d'unité et d'autorité, ne représentait qu'un pêle-mêle d'opinions contradictoires. Tel n'était pas le caractère de la religion chrétienne. L'accord le plus parfait régnait parmi ceux qui l'avaient transmise, et l'inspiration divine les préservait de l'erreur. Toute récente qu'elle paraissait, elle remontait, par Moïse et les prophètes, à l'origine du monde, et joignait, par conséquent, à ses autres privilèges, celui de la plus haute antiquité. Il ne restait donc plus aux Grecs qu'à se tourner vers elle pour trouver dans son sein la lumière et la sécurité.

Cette thèse, développée par saint Justin dans ses deux

discours aux Grecs, était la première qui dût s'offrir à l'éloquence chrétienne dans sa lutte avec le paganisme. Comparer les croyances et les systèmes du vieux monde avec la doctrine révélée, pour faire jaillir la lumière du contraste, telle est la méthode qu'indiquait aux Pères de l'Église la nature même des choses. Lorsqu'on veut obliger l'erreur à se jeter dans les bras de la vérité, il faut tout d'abord la pousser à bout en l'étalant dans toute sa nudité. Cette première partie de toute controverse sérieuse, naturellement agressive et même irritante, a pour effet de révéler l'erreur à elle-même et de lui faire sentir le vice et le danger de sa situation : conduite avec vigueur, elle manque rarement son but, qui est d'ébranler les convictions fausses en semant dans les âmes un trouble salutaire. Dans cette attaque de front qui produit le choc des idées, il ne s'agit ni d'effacer les angles, ni de diminuer les saillies, ni d'atténuer les contrastes, mais bien au contraire de mettre dans tout son jour l'antithèse de l'erreur et de la vérité. Cela fait, il s'ouvre pour l'éloquence une autre voie qui consiste à chercher dans les doctrines moins leurs lignes de séparation que leurs points de contact ; non ce qui les divise, mais ce qui les rapproche. En effet, comme j'ai eu plusieurs fois occasion de le dire, toute erreur possède un fond de vérité qui la soutient et sans lequel elle serait une pure négation, moins que cela, le néant. C'est à cette vérité partielle qu'il faut s'attacher comme à une liaison naturelle pour gagner les esprits à la vérité complète ; et, tout en relevant dans les doctrines que l'on combat ce qu'elles ont de faux, il est nécessaire de chercher, dans ce qu'elles ont de vrai, un point de départ et un point d'appui.

Les Pères de l'Église ont appliqué à merveille, dans leur controverse avec les païens, les deux méthodes que je viens d'indiquer et qui tendent au même but par des voies diverses. Nous savons avec quelle vigueur saint Justin attaque et réfute les erreurs du polythéisme antique. Pour détacher les Grecs d'un culte immoral et insensé, il n'use d'aucun ménagement : il dévoile et met à nu tout leur système mythologique, les variations et les contradictions de leurs philosophes. Sans nul doute, rien n'était plus propre à faire impression sur l'esprit de ceux auxquels il s'adressait. Mais, toute seule, cette critique destructive n'eût fait peut-être qu'aigrir les cœurs au lieu de les gagner. Pour qu'elle obtînt un plein succès, il fallait qu'un procédé moins agressif et plus doux vînt faciliter le rapprochement. Ce procédé était naturellement indiqué par le fond de vérité qui n'avait cessé de se maintenir parmi les nations polythéistes. Il consistait à montrer aux païens que le christianisme venait précisément développer les germes de vérité déposés dans leur sein, que leurs plus grands écrivains lui avaient rendu témoignage à l'avance, qu'ils avaient comme pressenti et deviné quelques-unes de ses doctrines, et qu'en réunissant les parcelles de connaissances disséminées dans leurs ouvrages, on formerait une sorte de préface ou d'introduction à l'Évangile.

Tel est le beau thème que l'éloquence chrétienne se plaisait à développer aux yeux des païens pendant les premiers siècles de l'Église. Vous concevez, Messieurs, tout l'avantage que procurait cette méthode aux défenseurs du christianisme. En l'employant, ils pouvaient dire à leurs adversaires : nous vous combattons par vos propres armes. Chaque fois que vos poètes et vos philosophes font entendre le langage du bon sens et de la raison, ils sont d'accord avec nous. Ils enveloppent sous des formes peu précises et mêlent à de graves erreurs des vérités que la religion chrétienne est venue présenter au monde pures et sans mélange. Croyez-en du moins leur témoignage, si vous refusez d'accepter le nôtre. Ce mode d'argumentation qui, dans la comparaison des doctrines chrétiennes avec les doctrines païennes, s'attache à faire ressortir les rapports de similitude plutôt que les contrastes, cette voie, toute de rapprochement et de conciliation, nous l'observerons particulièrement dans l'école d'Alexandrie. Mais saint Justin est le premier qui ait réuni les semences de vérité éparses à travers le vieux monde, pour montrer que, là aussi, le christianisme avait eu une sorte de préexistence dans la partie saine des doctrines religieuses et philosophiques. C'est dans la deuxième partie de l'*Exhortation aux Grecs* et dans le *Traité de la Monarchie* que saint Justin aborde cette nouvelle face de la controverse païenne. Voilà pourquoi nous mènerons de front l'analyse de ces deux fragments, parce qu'ils offrent un caractère de ressemblance facile à distinguer.

En étudiant les religions de l'antiquité dans leurs origines et dans leurs formes, nous avons dit que la doctrine de l'unité de Dieu ne s'était jamais complétement effacée de la conscience des peuples. Altéré, travesti, défiguré, le monothéisme se maintenait néanmoins comme un souvenir affaibli, un écho lointain, un débris immortel de la religion primitive du genre humain. Ce fait est incontestable. Au-dessus de cette multitude de dieux qu'avait créés l'imagination des peuples, apparaissait un Dieu suprême auquel tous les autres étaient subordonnés. A commencer par le système mythologique des Grecs, on ne trouverait pas une seule théogonie où cette hiérarchie de pouvoirs célestes n'aboutit à une puissance souveraine qui les domine en les ramenant à l'unité. Le sens populaire appliquait volontiers au panthéon antique l'adage d'Homère : « qu'il n'y ait qu'un seul chef [1] ! » Sans doute, cette subordination des divinités inférieures à un Dieu suprême était loin d'exprimer nettement le dogme de l'unité de Dieu ; elle l'insinuait néanmoins et le présupposait comme une croyance primitive dont on s'était graduellement écarté. Chez les philosophes, cette doctrine fondamentale se manifeste plus clairement que dans les mythologies populaires ; et bien que leurs hypothèses sur le principe des choses y portent plus d'une atteinte, ils ne laissent pas, Platon surtout, de la formuler maintes fois avec une certaine précision. Ce que nous disons de l'idée de Dieu, nous pouvons le répéter de cet ensemble de vérités qui composent ce que l'on appelle d'ordinaire la religion

---

[1] Hom., *Iliade*, II, 204, εἷς κοίρανος ἔστω.

naturelle, telles que l'immortalité de l'âme, les peines et les récompenses dans une vie future. Certainement, là aussi, des erreurs de différente nature avaient perverti le sens religieux et moral ; mais, non pas à tel point que de nombreux vestiges n'attestassent avec évidence quelles avaient été les croyances primitives du genre humain.

Cela prouve, Messieurs, qu'à aucune époque l'humanité ne s'est trouvée dans une condition telle que les lumières de la vérité lui aient fait absolument défaut. Si le spectacle de l'univers ne parlait plus au cœur de beaucoup d'hommes, si la voix de la conscience était le plus souvent étouffée par la voix des passions, si la vérité n'arrivait plus sans mélange d'erreurs par le canal de la tradition, ce triple témoignage n'avait perdu ni toute sa force ni toute sa clarté. En s'aidant de ce qui restait de la révélation primitive, la réflexion naturelle pouvait sauver l'esprit des païens d'un aveuglement fatal. Si l'on affirmait le contraire, on déchargerait les nations idolâtres de toute responsabilité morale, et l'on susciterait contre la Providence une objection sérieuse. On ne saurait nier, à coup sûr, que cet amas d'erreurs et de superstitions dont le monde était plein ne fût un grand obstacle à la recherche de la vérité ; mais, d'une extrême difficulté à une impuissance absolue, il y a une distance qu'il est impossible de méconnaître. Non, toutes les doctrines des païens n'étaient pas des erreurs, pas plus que toutes leurs qualités morales n'équivalaient à des vices. En condamnant dans Baïus et dans ses partisans cette dernière proposition, l'Église a marqué la mesure qu'il faut garder dans des appréciations de ce genre. Le tableau des erreurs et des vices du polythéisme est assez sombre par lui-même pour qu'il ne faille pas encore le rembrunir en le chargeant de couleurs trop foncées. C'est ici que, tout en constatant la règle générale, il importe de faire valoir les exceptions : plus elles sont rares, plus il convient de les mettre en lumière, ne fût-ce que pour l'honneur du genre humain et de la vérité elle-même. Car, c'est la gloire de la véritable religion d'avoir eu des organes et des défenseurs dans tous les temps et dans tous les lieux, là même où d'épaisses ténèbres semblaient devoir étouffer jusqu'à son dernier rayon.

Je l'avoue, Messieurs, un des côtés que j'admire le plus dans les écrits des Pères de l'Église, c'est la largeur d'idées et l'esprit d'équité avec lesquels ils ont apprécié le polythéisme. Sans nul doute, ils ne lui font grâce d'aucune erreur : ils poursuivent ce qu'il y a de faux et d'immoral dans ses doctrines avec cette ardeur que donne l'amour de la vérité et le désir de la voir triompher pour la gloire de Dieu et le salut des hommes. Mais leur patience n'est pas moindre que leur zèle, lorsqu'il s'agit de recueillir les parcelles de vérité disséminées dans les écrits des poètes et des philosophes de l'antiquité. Aussi ai-je été étonné de trouver sous la plume d'un critique contemporain cette assertion qui dénote un parti pris de dénigrer les défenseurs de la religion chrétienne : « La polémique sous laquelle succomba le paganisme fut lourde et violente, de mauvaise foi comme toutes les polémiques [1]. » Si l'on pouvait faire un reproche aux Pères de l'Église, dans leur controverse avec les païens, ce serait plutôt d'avoir montré une trop grande indulgence qu'un excès de sévérité, comme nous le verrons dans le cours de ces études. Loin de présenter les opinions de leurs adversaires sous un jour trop défavorable, plusieurs d'entre eux ont été jusqu'à chercher des vérités apparentes dans des erreurs réelles ; et, ce qui a mis mainte fois leur critique en défaut, c'est d'avoir voulu atténuer le contraste qu'offrait le polythéisme avec les doctrines chrétiennes. Saint Justin nous fournira un exemple de cette indulgence voisine de l'illusion, que nous rencontrerons à un plus haut degré encore chez Clément d'Alexandrie et chez Origène.

Nous avons dit que, dans la deuxième partie de l'*Exhortation aux Grecs* et dans le *Traité de la Monarchie*, saint Jus-

---

[1] M. Renan : *Études d'hist. relig.*, p. 62.

tin s'attache à recueillir les témoignages anticipés que les poètes et les philosophes de l'antiquité avaient rendus à plusieurs dogmes de la religion chrétienne, particulièrement à celui de l'unité de Dieu. En effet, pour convaincre les païens par les aveux de leurs sages, il cherche le monothéisme dans les poésies orphiques, dans les livres sibyllins, dans les écrits d'Homère et de Sophocle, de Pythagore et de Platon, d'Eschyle et d'Euripide, de Philémon et de Ménandre. Permettez-moi de placer sous vos yeux deux fragments rapportés par le philosophe chrétien, l'un d'Orphée, l'autre de Sophocle :

« Je parlerai à ceux qui sont dignes de m'entendre. Arrière tous les profanes. Mais toi, Musée, enfant de la Lune dont le flambeau nous éclaire, écoute mes paroles, car la vérité seule réglera mon langage. Que les erreurs qui, jadis, firent illusion à ton cœur ne te privent point de la vie bienheureuse. Aie toujours les yeux fixés sur les préceptes divins, et ne les en détache pas ; scrute toujours d'un regard sévère les profondeurs intellectuelles de ton âme, marche d'un pas ferme dans la voie droite et ne contemple que le roi immortel de l'univers. Il est un, il est lui-même, il est l'auteur de toutes choses ; tout est en lui, aucun œil mortel ne saurait le voir, mais personne n'échappe à sa vue [1]... »

La doctrine de l'unité de Dieu est exprimée plus clairement encore dans ce passage de Sophocle cité par saint Justin :

« Certainement, il est un Dieu, il est un seul Dieu qui a formé le ciel, les vastes régions de la terre, les flots azurés de la mer et les vents impétueux ; mais nous, aveugles mortels, nous, la plupart esclaves des égarements de notre cœur, nous allons dans nos peines demander un soulagement à des dieux de pierre et à des simulacres d'airain, à des figures d'or et d'ivoire. Quand nous leur avons offert de riches sacrifices, quand nous avons établi en leur honneur

---

[1] *Exhort. aux Grecs,* XV ; *Traité de la Monarchie,* II.

de pompeuses solennités, nous nous imaginons avoir donné de grandes preuves de piété [1]. »

Ce n'est pas seulement le dogme de l'unité de Dieu que saint Justin s'efforce de retrouver dans les écrits des poètes et des philosophes de l'antiquité, mais, de plus, celui du jugement dernier et de la résurrection. C'est ainsi qu'il place dans la bouche de Sophocle cette prédiction fort explicite de la future destruction des choses par le feu :

« Il viendra, oui, il viendra le temps où le brillant éther fera rejaillir de ses espaces dorés des trésors de feu, lorsque la flamme, dévorant et la terre et les cieux, consumera dans sa fureur sans frein la nature tout entière. Puis tout disparaîtra : les gouffres de flots ne seront plus ; la terre n'aura plus de forêts et l'air enflammé ne sera plus rempli de milliers d'oiseaux. Or, nous savons que deux routes conduisent aux enfers ; l'une réservée aux criminels, l'autre aux hommes justes. Puis tout ce qui aura été détruit renaîtra de nouveau [2]. »

Je ne multiplierai pas les citations davantage ; celles que je viens de faire suffisent pour vous montrer comment saint Justin cherche à tirer parti des auteurs païens pour la défense du christianisme. A le voir ainsi parcourir toute l'antiquité et donner des extraits de tous les écrivains en renom dans les siècles passés, on ne peut qu'admirer sa grande érudition, et l'on ne s'étonne plus que Photius, assez difficile en pareille matière, ait pu dire de lui « qu'il était versé au plus haut degré dans la connaissance des historiens et des anciens philosophes [3]. » Sans le comparer à Origène ni à Eusèbe pour l'étendue du savoir, on peut affirmer sans crainte qu'il occupe au-dessous d'eux un rang distingué ; et comme il les précède de beaucoup dans l'ordre des temps, c'est à lui, en définitive, que revient l'honneur d'avoir frayé

---

[1] *Exhort.*, XVIII; *Monarch.*, II.
[2] *Traité de la Mon.*, III.
[3] Photius : *Biblioth. cod.*, 125, t. I, p. 94.

les voies à l'érudition chrétienne. Mais, Messieurs, lorsqu'on examine avec attention les textes nombreux empruntés par saint Justin aux écrivains du paganisme, on est amené tout naturellement à se demander si, chez lui, la critique marchait de pair avec l'érudition. N'est-ce pas, en effet, chose assez singulière de voir ainsi défiler sous nos yeux, comme apôtres de la vérité chrétienne, comme défenseurs du monothéisme, Homère, Eschyle, Sophocle, Euripide, Ménandre, c'est-à-dire les principaux organes du polythéisme grec ? Saint Justin et les auteurs ecclésiastiques qui l'ont suivi sur ce point, tels que Clément et Cyrille d'Alexandrie, Eusèbe, Théodoret, n'auraient-ils point par hasard prêté à ces divers écrivains une physionomie trop chrétienne ? Et, pour expliquer ce fait, n'y a-t-il pas lieu de soupçonner qu'ils se sont appuyés sur des textes d'une authenticité suspecte, ou du moins fortement interpolés ? A qui, dans cette hypothèse, faut-il faire remonter l'origine et la responsabilité de ces suppositions innocentes ou intéressées ? Telle est la question, aussi grave que délicate, qu'il s'agit de résoudre pour pouvoir apprécier à sa juste valeur cette partie de l'apologétique chrétienne.

Pour procéder dans cette question avec ordre et méthode, je commencerai par faire remarquer que, parmi les fragments recueillis par saint Justin dans les écrivains de l'antiquité profane, il en est dont l'authenticité n'est sujette à aucun doute. Tels sont les passages empruntés à Homère et à Platon, et qui n'ont jamais cessé de faire partie de leurs écrits. Le débat roule uniquement sur les poésies orphiques, les textes sibyllins et les fragments d'Eschyle, d'Euripide, de Sophocle et de Ménandre qui ne se trouvent pas dans le recueil de leurs œuvres. Or, je dois dire que les résultats de la critique ne sont pas favorables à l'authenticité de la plupart de ces citations. D'abord, pour ce qui regarde les livres sibyllins, il est généralement reconnu de nos jours que leur origine est tour à tour juive ou chrétienne : ce qui n'empêche pas que, parmi leurs prophéties, il ne puisse s'en trouver quelques-unes qui avaient cours dans les siècles païens. C'est sur ce fond primitif qu'ont travaillé les différents auteurs qui ont concouru à cette œuvre d'origine et de provenance diverses. Les douze livres sibyllins, sous leur forme actuelle, sont une véritable mosaïque, une pièce de marqueterie, dont les parties, fort peu homogènes, se sont ajustées l'une à l'autre dans un espace de plus de cinq cents années, depuis le deuxième siècle avant Jésus-Christ jusqu'au troisième siècle de l'ère chrétienne; encore leur collection définitive n'a-t-elle pu être faite avant le sixième. Faut-il y voir, comme l'a soutenu Thorkelin, professeur à l'université de Copenhague, dans le meilleur travail critique qui ait paru sur cette question, une réunion de fragments poétiques dans lesquels les Juifs et les premiers chrétiens chantaient leur foi et leurs espérances, à la vue des grands évènements qui s'accomplissaient dans le monde? Ou bien un artifice très innocent, qui consistait à présenter les prophéties messianiques de l'Ancien Testament sous une forme plus appropriée à l'esprit des païens? Soit enfin un travail de parti pris conçu dans le but de gagner les Grecs et les Romains, en plaçant les principaux dogmes du mosaïsme et du christianisme dans la bouche de femmes réputées inspirées dans l'antiquité profane? Je crois, Messieurs, qu'il y a eu de tout cela dans la confection des livres sibyllins, et que les motifs qui en ont inspiré la rédaction sont aussi variés que leur fond même. C'est en présence d'une œuvre si complexe qu'il faut se garder d'une appréciation trop exclusive. Aussi je compte bien consacrer, plus tard, une étude toute spéciale à ce monument étrange de la littérature tant juive que chrétienne des premiers siècles. Mais, pour le moment, je me bornerai à constater, comme résultat certain de la critique moderne que, sauf quelques restes d'anciennes prédictions impossibles à démêler, l'authenticité des livres sibyllins ne saurait plus être sérieusement soutenue. Par conséquent, les témoignages qu'en ont tirés plusieurs Pères, saint Justin en particulier, n'ont que la force relative d'un argument personnel contre les païens, qui admettaient l'inspiration des sibylles et l'authenticité de leurs livres. Tel est, en effet, le caractère que revêt le plus souvent ce mode d'argumentation dans l'éloquence chrétienne : si l'on y présente parfois le témoignage des livres sibyllins comme une preuve absolument valable, c'est que par le fait ces livres étaient un reflet des prophéties messianiques, ou plutôt n'étaient que ces prophéties mêmes retournées sous une autre forme et adaptées au génie grec [1].

Je n'oserais pas, Messieurs, conclure, au sujet des poésies orphiques, dont saint Justin rapporte un long fragment, avec la même assurance qu'à l'égard des livres sibyllins. Aussi bien la critique est-elle encore partagée sur ce point : il ne faut donc point s'étonner que les Pères de l'Église aient pu se tromper quelquefois sur la valeur de certains écrits qu'ils trouvaient autour d'eux, lorsqu'après dix-huit siècles de recherche nous nous voyons réduits à des conjectures plus ou moins probables. J'ai placé sous vos yeux, il n'y a qu'un instant, le fragment de poésie orphique que saint Justin a inséré dans son *Exhortation aux Grecs* et dans le *Traité de la Monarchie*. Certainement, on a lieu d'être surpris de trouver une profession de foi monothéiste chez un poète antérieur à la guerre de Troie. Il ne faudrait pas oublier néanmoins que l'ancienneté, loin de former un préjugé défavorable à l'existence de pareilles doctrines, semble plutôt la justifier ; car il est certain, par le témoignage de tous les peuples, que leurs croyances étaient d'autant plus pures qu'on remonte davantage à leur berceau. D'autre part, il n'est pas moins manifeste qu'au nom d'Orphée les Grecs rattachaient tout un ensemble de traditions religieuses dont il est impossible de méconnaître le

---

[1] V. Birger Thorkelin, *Libri sibyll. crisi subjecti*, Hafnide, 1815. — Beck, *Ueber die Enstehung und Zusammensetzung der sibyllinischen Orakel*. — M. Alexandre, *les Livres sibyllins*.

caractère monothéiste. D'où il suit que, si ces poèmes ne sont pas, sous leur forme actuelle, l'œuvre d'Orphée, on peut les rapporter à son disciple Onomacrite, qui vivait près d'un siècle avant Platon, ou du moins à l'école orphique en général. C'est à cette conclusion que se sont arrêtés David Runkenius et le dernier éditeur des poésies orphiques, le docteur Hermann. Saint Justin pouvait donc, sans manquer de critique, s'appuyer sur un passage de ces hymnes, pour montrer aux Grecs que le dogme de l'unité de Dieu avait eu un défenseur dans le plus ancien de leurs poètes [1].

Restent les fragments d'Eschyle, de Sophocle, d'Euripide et de Ménandre, auxquels saint Justin et, après lui, Clément d'Alexandrie et Eusèbe en appellent pour démontrer que le monothéisme avait eu des organes dans la poésie dramatique comme dans la philosophie. On ne saurait méconnaître, à coup sûr, que ces divers passages, comparés au recueil ordinaire des œuvres de ces poètes, présentent un contraste assez frappant. Ainsi, l'on ne peut qu'être surpris de trouver le dogme de l'unité de Dieu si nettement formulé dans Eschyle et dans Sophocle, où d'ailleurs le polythéisme apparaît dans son expression la plus vive et la plus sincère. Je n'hésite donc pas à voir, dans les tirades poétiques insérées par saint Justin, la trace d'interpolations manifestes. Sans doute, nous ne pouvons pas nous flatter de posséder aujourd'hui toutes les œuvres des poètes dramatiques de la Grèce : un grand nombre d'entre elles sont perdues sans que nous ayons l'espoir de jamais les recouvrer. Toutefois, quel qu'en ait été le contenu, il est contre toute vraisemblance de supposer qu'elles aient différé de celles que nous avons conservées jusqu'au point de renfermer des doctrines diamétralement opposées. C'est ce principe très rationnel qui a mis la critique moderne sur la trace d'altérations évidentes. Je dis d'altérations évidentes, car il ne

---

[1] Runkenius : *Epist. crit.*, p. 67. — Hermann : *Orphica*, 447-448.

saurait être question de suppositions complètes : les interpolateurs eussent manqué leur but, s'ils n'avaient appliqué leur procédé à des ouvrages authentiques au fond. Aussi les érudits qui ont soumis ces fragments de poètes cités par saint Justin à un examen approfondi, Grotius, Brunck, Valckenaër et Beck, s'accordent-ils à leur assigner une base véritable. Ce dernier ne doute pas que plusieurs vers, attribués par saint Justin à Ménandre, ne soient réellement de ce poète, qui ne nous est guère connu que par les Pères de l'Église : c'est un service incontestable qu'ils ont rendu à l'histoire des lettres grecques. Valckenaër se joint au critique de Heidelberg pour défendre l'authenticité d'un passage d'Euripide, que saint Justin et ceux qui l'ont suivi dans cette voie ont seuls sauvé de l'oubli. Toujours est-il, cependant, que les morceaux des poètes dramatiques dont l'apologiste chrétien cherche à tirer une preuve sont apocryphes, du moins en partie. Tout concourt à rendre cette conclusion aussi certaine qu'on peut le désirer [1].

Cela posé, à qui faut-il attribuer ces altérations dans les écrivains de l'antiquité profane ? Évidemment, elles ont été entreprises dans le but de faire paraître ces derniers plus monothéistes qu'ils ne sont en réalité. Doit-on mettre sur le compte des Pères de l'Église ces falsifications intéressées ? Je ne sache pas un critique qui ait osé leur adresser ce reproche et, par le fait, une telle accusation ne mériterait pas la peine d'être relevée. Ce n'est pas au milieu des persécutions, à travers les hasards d'une vie active et militante, alors qu'il faut faire face à des attaques de toute nature, ce n'est pas dans de pareilles circonstances qu'on s'amuse à interpoler des livres : une opération de ce genre suppose un calme et des loisirs que n'avaient pas les apologistes du deuxième siècle. Du reste, ce travail de rema-

---

[1] Grotius : *Excerpta Trag. et Com.* — Valckenaër : *Diatrib. de Aristobulo Jud.*, Lugd. Batav., 1806. — Beckius : *Aeschyli, Sophoclis, Euripidis, num ea quæ supersunt et genuina omnia sint*, Heidelberg, 1808. — Brunck : *Gnomici poetæ Græci*, Argentorat, 1784.

niement est antérieur à l'établissement du christianisme et trahit une main toute différente. Voici, Messieurs, comment la critique est parvenue à l'origine de cette retouche assez bizarre. On a remarqué d'abord, dans les fragments en question, des expressions inusitées chez les auteurs grecs, divers hébraïsmes, le parallélisme en usage dans la poésie des livres saints, des traces manifestes du style de la version des *Septante,* souvent même des paraphrases de quelques endroits des Psaumes. C'en était assez déjà pour porter le soupçon sur des Juifs hellénistes. Mais le fond, plus encore que la forme, autorisait cette hypothèse. Comment, en effet, ne pas conclure à une origine juive, lorsqu'on trouve, dans ces mêmes passages, l'éloge indirect des grands hommes du judaïsme ; qu'on entend dire à Orphée : « Nul n'a connu Dieu, nul, si ce n'est un descendant d'une famille chaldéenne, » c'est-à-dire, comme l'observe Clément d'Alexandrie, Abraham ou son fils Isaac ; et un peu plus loin : « Un simple mortel a appris lui-même ces dogmes sublimes des deux tables de la loi, » phrase qui désigne Moïse à ne pas s'y tromper ? Enfin, ce qui changeait en certitude des conjectures déjà plausibles, c'est qu'en remontant aux premiers écrivains de l'école juive d'Alexandrie, on y trouvait précisément l'interpolation changée en système. C'est dans les commentaires d'Aristobule sur Moïse qu'apparaissent pour la première fois les fragments apocryphes d'Orphée, d'Homère, d'Hésiode, de Linus ; et c'est par ce canal que les premiers apologistes ont reçu le faux Eschyle, le faux Euripide, le faux Sophocle et le faux Ménandre. La conclusion était évidente. Alexandrie a été la grande officine de ces écrits apocryphes dont l'école juive établie en cette ville a été l'artisan. Valckenaër, dans son ouvrage sur le Juif Aristobule, et Beck, dans ses recherches sur l'origine des fragments d'Eschyle, de Sophocle et d'Euripide, ont établi ce fait historique par une réunion de preuves auxquelles il est difficile de ne pas se rendre.

Je conçois, Messieurs, que nous ayons quelque peine, de

nos jours, à nous expliquer tous ces procédés de supposition ou d'interpolation si fort en dehors de nos mœurs et de nos habitudes. En général, dans l'antiquité, les œuvres littéraires étaient plus impersonnelles, si je puis m'exprimer de la sorte, qu'aujourd'hui, où chaque auteur tient à signer de son nom le produit de sa pensée. On ne garde plus l'anonyme que dans un pamphlet ou dans une brochure, pour laquelle on craindrait de se compromettre en apposant son nom ; hors de là, les ouvrages sont parfaitement signés, estampillés : il n'y a guère moyen de se méprendre sur leur authenticité. Grâce à l'imprimerie, les exemplaires se multiplient sans peine, et, si l'on essayait d'en altérer quelques-uns, la confrontation, devenant facile, ferait découvrir immédiatement la fraude ou l'imposture. Il n'en était pas de même à l'origine de l'Église et dans les siècles antérieurs à sa fondation : c'est ce qui explique la facilité avec laquelle des écrits apocryphes purent se produire et se propager à cette époque. Je n'ai pas besoin de vous dire qu'on ne courait pas risque d'être poursuivi en contrefaçon devant les tribunaux de l'empire pour avoir altéré un ouvrage : l'absence de gain matériel faisait qu'on se montrait moins soucieux de la propriété littéraire. De plus, le peu de manuscrits qu'on avait à sa disposition, la grande latitude que laissait aux copistes le soin exclusif de la rédaction, ménageaient à l'interpolation un succès que nos moyens de publicité ont rendu impossible à jamais. Enfin, je le répète, une œuvre littéraire n'était pas envisagée comme tellement personnelle qu'on ne se crût pas permis d'y introduire quelque changement pour un motif sérieux. Ce procédé, fort étrange pour nous, et qui a mis en défaut la critique de quelques Pères, s'explique mieux encore lorsqu'on envisage le caractère général de la littérature grecque pendant la période alexandrine et les tendances particulières de l'école juive établie dans la capitale de l'Égypte.

Vous n'ignorez pas, Messieurs, que ce qui caractérise la

littérature grecque pendant la période alexandrine, c'est le défaut d'originalité. Aux grands poètes et aux philosophes des âges précédents avaient succédé les grammairiens et les commentateurs, qui demandaient à l'érudition ce que leur refusait le génie. Incapables de produire des œuvres neuves et originales, ils s'appliquaient à imiter les anciennes; et, pour assurer plus de succès à ces compositions souvent ingénieuses, ils allaient jusqu'à les insérer dans le recueil des ouvrages d'auteurs connus, de manière à les faire passer sous le couvert d'un grand nom. Il est à croire que des idées de spéculation ou de profit matériel n'étaient pas toujours étrangères à ces opérations peu scrupuleuses. Lorsqu'on songe avec quelle prodigalité les Ptolémées dépensaient des sommes énormes pour compléter la bibliothèque d'Alexandrie, on conçoit jusqu'à un certain point cette tentation d'exploiter la munificence ou la crédulité royale par quelque mystification intéressée. Une tragédie de Sophocle ou d'Euripide, habilement supposée, ne pouvait manquer de devenir pour son auteur une source de revenu, comme serait aujourd'hui, par exemple, une copie de Raphaël ou de Rembrandt qu'on chercherait à faire passer pour l'original, et vous savez si l'on s'en fait faute. Les Ptolémées non plus n'ont pas manqué d'imitateurs : l'accueil que le Grec Simonides a trouvé récemment auprès d'un des souverains les plus instruits de l'Europe n'est pas précisément de nature à décourager cette industrie. Toutefois, s'il faut faire une certaine part à des calculs de ce genre dans l'origine des écrits apocryphes sortis d'Alexandrie, elle s'explique surtout par la tendance générale de la littérature grecque à cette époque. Comme plus tard à Rome, on choisissait, pour thèmes de composition ou de déclamation, des sujets analogues à ceux qu'avaient traités les anciens, en reproduisant le plus exactement possible leur style et leurs pensées. Par suite de ce calque ou de cette imitation servile, de simples exercices poétiques et oratoires prirent le nom des auteurs que l'on avait copiés, et donnèrent le change aux lecteurs : après avoir induit en erreur les contemporains, on parvint à tromper la postérité. C'est ainsi qu'Alexandrie devint la grande fabrique des écrits supposés ou des compositions apocryphes de l'antiquité.

Or, ce que les rhéteurs et les grammairiens d'Alexandrie entreprenaient dans un but littéraire ou par des calculs égoïstes, l'école juive, établie dans cette ville, le faisait par un motif religieux, celui d'attirer les Gentils vers la révélation mosaïque. Tandis que les Juifs restés en Palestine ne songeaient guère à faire des prosélytes, ceux de l'Égypte, dispersés au milieu des païens, conçurent dès l'origine une idée de propagande plus vaste et plus hardie. C'est en vue d'accomplir ce projet qu'ils avaient consenti d'abord à traduire en grec les livres saints. Pour ménager le rapprochement par d'autres voies, quelques-uns d'entre eux ne craignirent pas d'emprunter les formes de la littérature grecque pour vulgariser leur histoire et leur culte. C'est ainsi qu'une tragédie sur la sortie d'Égypte, dont l'historien Démétrius nous a transmis des fragments assez considérables, et un poème sur Jérusalem composé par Philon l'Ancien, initièrent les Grecs aux fastes du peuple juif. Cette tendance à rapprocher l'hellénisme du mosaïsme est encore plus manifeste dans Aristobule et dans Philon. Tous deux n'hésitent pas à se déclarer disciples, l'un d'Aristote, l'autre de Platon, pour concilier les données de la philosophie grecque avec la révélation mosaïque. Ce système d'accommodation conduit Philon à des transactions incompatibles avec la foi d'un Israélite sincère : par une méthode d'interprétation très arbitraire, il transporte dans l'Écriture sainte les erreurs de Platon, voire le panthéisme qui existait en germe chez le philosophe grec. Mais, pour gagner les païens à la loi de Moïse, il ne suffisait pas de faire des concessions à l'hellénisme ; il fallait, de plus, chercher des auxiliaires dans les auteurs grecs eux-mêmes. Qui pouvait, en effet, commander aux païens le respect pour la religion juive avec plus d'autorité qu'Homère, Orphée, Linus, Hésiode,

Sophocle, Euripide ? Quel argument ne formeraient pas, en faveur du mosaïsme, les témoignages réunis de ces hommes si recommandables à la fois par leur antiquité et par la célébrité de leur nom ? En cela, l'école juive d'Alexandrie ne se trompait pas : aucune autre preuve n'était plus de nature à faire impression sur l'esprit des Grecs, et, sans sortir des monuments authentiques de la littérature profane, on pouvait donner à l'argument une grande force. Mais Aristobule et son école dépassèrent la mesure en exagérant une thèse légitime au fond. Dans leur ardeur à vouloir démontrer aux Gentils que les poètes et les philosophes grecs avaient eux-mêmes enseigné les principaux dogmes de la religion mosaïque, ils appliquèrent le procédé d'interpolation généralement en usage autour d'eux, comme un savant critique anglais, Richard Bentley, l'a prouvé dans son *Épître à Millius*. Se couvrant d'un masque étranger, ils firent parler, en Juifs, poètes, historiens et philosophes grecs, transformés, par ce stratagème, en autant de missionnaires de la loi ancienne. Sans citer les noms d'Abraham et de Moïse, ce qui eût dévoilé la ruse, Aristobule mit dans la bouche d'Orphée que « nul n'avait connu le vrai Dieu, si ce n'est un descendant d'une famille chaldéenne, et qu'un simple mortel avait appris ces dogmes sublimes à la double table de la loi. » Adoptant la même tactique, ses successeurs chargèrent Eschyle de démontrer l'unité de Dieu, Sophocle, la vanité du culte des idoles, Ménandre et Philémon, l'inefficacité des sacrifices de la gentilité. Cette manœuvre eut un plein succès par les raisons que je développais tout à l'heure pour expliquer la facilité avec laquelle certains écrits apocryphes pouvaient passer, à cette époque là, pour authentiques. Il ne paraît même pas que les païens, dans leur polémique avec les Juifs et les premiers chrétiens, aient réclamé contre ces fragments de poètes, imaginés ou du moins altérés par l'école juive d'Alexandrie, et qu'ils acceptaient probablement comme tout le monde. Les livres sibyllins seuls leur fournirent matière au reproche, comme on le voit par la controverse d'Origène avec Celse [1].

Je tenais, Messieurs, à traiter cette question avec quelque étendue, pour montrer que, si saint Justin, Clément d'Alexandrie et Eusèbe se sont appuyés sur quelques passages apocryphes de Sophocle, d'Eschyle, d'Euripide et de Ménandre, c'est à l'école juive d'Alexandrie qu'ils doivent cette légère mystification. L'habileté traditionnelle d'Israël a surpris leur bonne foi sur ce point et mis leur critique en défaut. Du reste, l'ensemble de la thèse ne souffre aucunement de cette inexactitude de détails. Comme l'école juive d'Alexandrie, saint Justin avait raison de dire aux Grecs que leurs principaux écrivains rendent témoignage à la doctrine de l'unité de Dieu : il n'aurait eu besoin que d'en appeler à leurs ouvrages authentiques pour montrer que le monothéisme avait survécu aux erreurs des nations polythéistes. Mais une fois ce fait constaté, surgissait une deuxième question parallèle à la première. Si l'on trouvait ainsi, dans les poètes et dans les philosophes de l'antiquité, quelques-uns des dogmes de la religion chrétienne, d'où provenait cette connaissance anticipée? Fallait-il y voir le résultat des investigations de la raison humaine, ou bien les restes de la révélation divine? Telle est l'importante matière qui se présentait à saint Justin. Rapporter à la révélation seule toutes les semences de vérités éparses dans le vieux monde, c'était faire une trop large part à l'élément traditionnel ; les attribuer à la raison seule, c'était exagérer outre mesure l'élément rationnel. Nous verrons la prochaine fois quelle solution saint Justin a donnée à ce problème qui, comme vous le voyez, n'est autre que la question agitée entre ce qu'on est convenu d'appeler le rationalisme et le traditionalisme.

---

[1] Orig. : *contr. Cels.*, v, 61.

ONZIÈME LEÇON

Rapport de similitude entre le christianisme et certaines doctrines religieuses ou philosophiques de l'antiquité. — D'où provenait cette ressemblance ? — Concordance des faits de l'histoire profane avec ceux de l'histoire sainte. — Comment l'expliquer ? — Saint Justin admet un emprunt direct fait aux livres de Moïse par les philosophes grecs. — Examen de ce sentiment. — Éléments traditionnels dans l'enseignement philosophique de la Grèce. — Aveux de Platon, d'Aristote, de Cicéron sur ce point. — Ce qu'il y a de vrai et de contestable dans l'opinion de saint Justin. — L'hypothèse d'une influence directe des livres saints sur la philosophie grecque est admise pour la première fois par l'école juive d'Alexandrie. — Saint Justin voit dans les fables païennes une altération des faits bibliques. — Examen de ce système embrassé par Clément d'Alexandrie, Origène, Eusèbe, et défendu par Huet, Vossius, Bochart, Thomassin. — Conclusion. — Controverse philosophique parallèle à cette discussion historique. — Saint Justin n'est ni rationaliste ni traditionaliste. — Il fait la part de l'élément rationnel et de l'élément traditionnel dans les connaissances de l'antiquité.

MESSIEURS,

Nous avons vu, dans notre dernier entretien, comment saint Justin cherche à gagner l'esprit des Grecs en faveur de la religion chrétienne, par le propre témoignage de leurs philosophes et de leurs poètes. Pour montrer qu'au milieu des égarements du polythéisme l'idée du vrai Dieu ne s'était jamais complétement perdue, il interroge les principaux écrivains de l'antiquité profane. Homère et Eschyle, Pythagore et Platon, Sophocle et Euripide, Ménandre et Philémon viennent attester l'un après l'autre que le monothéisme avait eu de tout temps des organes et des défenseurs. Concluante par elle-même, cette démonstration empruntait une force particulière au sentiment de ceux auxquels elle s'adressait ; et, bien qu'en argumentant contre les Grecs, saint Justin, comme plus tard Clément d'Alexandrie et Eusèbe, se soit appuyé sur quelques textes d'une authenticité suspecte, l'ensemble de sa thèse ne souffre point de cette inexactitude de détails. C'est en toute vérité qu'il pouvait soutenir la conformité de certaines maximes de la sagesse antique avec les doctrines chrétiennes.

Mais cette première question une fois élucidée en appelait une deuxième. S'il existait, en effet, des points de contact, des rapports de similitude entre le christianisme et certaines doctrines religieuses ou philosophiques de l'antiquité, d'où provenait cette ressemblance ? A quelle source fallait-il rapporter ces parcelles de vérités répandues dans le monde ancien ? A la raison humaine ? A la révélation divine ? Ou bien à l'une et à l'autre réunies ? Et dans ce dernier cas, quelle part convenait-il de faire à l'élément rationnel, quelle autre à l'élément traditionnel ? C'est ainsi que ce problème, si agité depuis lors, ce problème toujours ancien et toujours nouveau, se présentait à saint Justin, le premier de tous les écrivains catholiques qui ait essayé de le résoudre par le raisonnement appuyé sur les faits.

Cette priorité dans l'ordre des temps est précisément ce qui double l'attention que méritent les écrits des Pères les plus anciens. Rien n'est plus intéressant, à coup sûr, que de voir comment les questions de philosophie et d'histoire religieuse, qui sont encore l'objet de la controverse actuelle, ont été envisagées et discutées pour la première fois dans le monde. Aussi, Messieurs, nul d'entre vous ne sera étonné d'apprendre que, dans les jugements critiques portés à cette époque sur les faits et les doctrines des âges précédents, il s'est glissé çà et là quelque appréciation peu sûre ou même erronée. Car, nous ne considérons pas, en ce moment, les Pères de l'Église comme organes de la foi ou de la tradition catholique, mais, ce qui est tout différent, comme défendant la cause du christianisme avec les armes de l'éloquence et de l'érudition. C'est le degré de science, de pénétration relative, de sens philosophique, d'élévation ou de profondeur morale, de culture littéraire que nous cherchons à déterminer dans leurs écrits. Or, sur ces divers points, chacun d'eux a dû naturellement montrer les qualités et les défauts de son esprit, l'étendue et les lacunes de son savoir. Si la foi guide le savant et l'empêche de s'égarer dans les questions dogmatiques et morales, elle ne le préserve pas de toute erreur en matière d'érudition ou de critique historique. Ne soyons donc pas surpris que plusieurs écrivains de l'Église primitive aient pu accorder trop de confiance à des documents d'une valeur douteuse, ou bien se laisser tromper par des analogies apparentes, par des rapprochements plus subtils que fondés. Lorsqu'on songe que la plupart de ces matières étaient toutes neuves et se présentaient pour la première fois à l'examen de la science, on s'étonne à bon droit qu'avec si peu de loisirs et de ressources matérielles, les Pères de l'Église aient pu embrasser une telle variété de faits et de doctrines avec une sûreté de coup d'œil qui se dément rarement.

Pour nous renfermer dans le point particulier qui nous occupe en ce moment, nous pouvons réduire à ces termes le problème qui s'offrait à saint Justin : existe-t-il entre certaines doctrines des philosophes, des poètes de l'antiquité, et les livres saints, d'une part, entre les faits de l'histoire sainte et ceux de l'histoire profane, de l'autre, une concordance telle qu'il faille conclure à un rapport d'origine ou d'emprunt ? Saint Justin n'hésite pas à résoudre cette question affirmativement dans l'*Exhortation aux Grecs*. Voici sur quels fondements il appuie son opinion :

« S'il est, dit-il, un fait attesté par Diodore de Sicile et par d'autres historiens, c'est qu'Homère et Orphée, Solon, Pythagore et Platon ont voyagé en Égypte pour s'instruire dans la vérité religieuse. Là, ils ont recueilli quelques traditions mosaïques encore vivantes dans le pays et pris connaissance des livres saints dont ils ont profité dans leurs écrits. C'est ainsi qu'ayant appris en Égypte que Dieu avait dit à Moïse :

« Je suis celui qui est, » Platon, frappé de cette belle définition l'a reproduite dans *le Timée*, en appelant Dieu « Ce qui est; » bien qu'un peu plus loin, par crainte de l'Aréopage, il ait enseigné la multiplicité des dieux. Ce qui prouve qu'en parlant ainsi Platon avait en vue Moïse, c'est qu'il s'exprime en ces termes touchant l'éternité de Dieu, dans son *Traité des Lois* : « Dieu est le principe, la fin et le milieu des choses, comme l'enseigne l'antique tradition. » Évidemment, par ce mot « l'antique tradition, » Platon voulait désigner Moïse, plus ancien que tous les philosophes, historiens et poètes de la Grèce. En affirmant dans *le Timée* que « les principes des choses sont connus de Dieu et des hommes qui lui sont chers, » Platon n'a pu faire allusion qu'à Moïse et aux prophètes dont il avait lu les prédictions. La fable d'Aridée qu'il rapporte dans le dixième livre de *la République* n'est qu'un altération de la doctrine du jugement dernier qu'il avait trouvée en Égypte dans les écrits des prophètes. Lorsqu'il parle, dans *le Ménon*, de l'inspiration divine, qui souvent devient le partage des hommes, ne fait-il pas une allusion voilée aux dons communiqués par l'Esprit-Saint aux prophètes ? Les mêmes emprunts se manifestent dans Homère qui montre, par les supplices infligés à Titye, à Sisyphe et à Tantale, qu'il avait appris en Égypte le dogme de la résurrection des corps. La création du monde, telle qu'elle est écrite sur le bouclier d'Achille, est une imitation du récit de la Genèse. Les jardins d'Alcinoüs dans *l'Odyssée* rappellent le paradis terrestre dépeint par Moïse. La fable des Titans qui veulent escalader le ciel signifie la construction de la tour de Babel ; Até, bannie de l'Olympe sans espoir de retour, figure l'ange rebelle précipité au fond de l'abîme. Le char ailé sur lequel Jupiter parcourt les cieux, qu'est-ce sinon un souvenir du passage où le prophète montre le Seigneur s'avançant sur les ailes des chérubins ? C'est ainsi que les philosophes et les poètes grecs ont dû à leurs voyages en Égypte, à la connaissance des écrits de Moïse et des prophètes, plusieurs données religieuses et historiques qu'ils ont transportées dans leurs propres ouvrages en les remaniant à leur gré[1]. »

Telle est, Messieurs, la thèse soutenue par saint Justin et, après lui, par plusieurs autres Pères et écrivains ecclésiastiques, Clément d'Alexandrie, Eusèbe, saint Cyrille, saint Augustin, dans le but de démontrer que la philosophie grecque doit aux livres saints quelques-unes de ses plus belles doctrines, et que les fables du polythéisme sont, pour la plupart, une altération des faits véritables de l'histoire primitive du genre humain. Reprise à diverses époques, elle a été défendue avec vigueur au dix-septième siècle par Bochart, Huet, évêque d'Avranches, le P. Thomassin, et à une époque plus rapprochée de nous, par Guérin du Rocher, Delort de Lavaur et d'autres écrivains [2]. Nous allons l'examiner de près, pour distinguer ce qu'il y a d'incontestable en elle de ce qui ne nous paraît avoir que la valeur d'une simple conjecture.

D'abord, on ne saurait révoquer en doute le fait allégué par saint Justin touchant les pérégrinations des sages de la Grèce en Égypte. Voici le passage de Diodore de Sicile que l'apologiste chrétien invoque à l'appui de son sentiment. « Nous devons dire que les Grecs des temps anciens, les plus vénérés par leur sagesse et leur instruction, visitèrent l'Égypte pour connaître ses mœurs et s'instruire des sciences qu'on y enseignait. En effet, les prêtres égyptiens rapportent, d'après l'autorité de leurs livres sacrés, que l'on vit autrefois arriver dans ce pays Orphée, Musée, Mélampode, Dédale, comme aussi le poète Homère, le Spartiate Lycurgue, Solon l'Athénien, qui furent suivis par Platon le philosophe, Pythagore de Samos, le mathématicien Eudoxe, Démocrite d'Abdère et Œnopidas de Chio... Lycurgue, Platon et Solon introduisirent, dans les lois qu'ils rédigèrent, beaucoup de coutumes

---

[1] *Exhort. aux Grecs*, XIV, XIX-XXXV.
[2] Huet: *Démonst. évang.* — Thomassin: *Méthode d'étudier les poètes.* — Guérin du Rocher: *Histoire véritable des temps fabuleux.* — Delort de Lavaur: *Concordance de la Fable avec l'Histoire sainte.*

empruntées aux Égyptiens ; Pythagore apprit d'eux pareillement le langage mystérieux, les théorèmes de la géométrie, l'arithmétique et le passage des âmes d'un corps dans un autre, etc.[1] » Dans son Traité sur Isis et Osiris, Plutarque ne se montre pas moins explicite à cet égard que l'historien d'Agyre : il affirme comme lui que les premiers philosophes de la Grèce étaient allés s'instruire en Égypte des anciennes traditions religieuses. Enfin, Platon lui-même rapporte dans *le Timée* qu'un prêtre d'Égypte avait dit à Solon, lors de son arrivée dans ce pays : « Solon, Solon, vous autres Grecs, vous n'êtes que des enfants, et il n'y a point de vieillard dans la Grèce. Votre esprit, toujours jeune, n'a point été nourri des opinions anciennes transmises par la tradition ; vous n'avez pas de science blanchie par le temps. » En présence de ces témoignages, il est impossible de nier que l'Égypte ait été pour les sages de la Grèce un point d'études sérieuses et, par suite, que les traditions religieuses de ce pays aient eu une certaine influence dans le développement de leurs doctrines.

Mais, quelle que soit la certitude de ce fait historique, est-on autorisé à conclure de là que les anciens poètes et les philosophes de la Grèce ont puisé directement dans les écrits de Moïse et des prophètes ? Je ne le pense pas. Sans nul doute, il serait aussi difficile de prouver l'impossibilité de cet emprunt que sa réalité. Il y avait, selon toute apparence, des Juifs en Égypte à l'époque où Pythagore et Platon vinrent dans ce pays. Le mariage de Salomon avec la fille d'un Pharaon prouve que longtemps avant le cinquième siècle il y avait eu des rapports entre l'Égypte et la Palestine. C'est sur les bords du Nil que beaucoup de Juifs avaient cherché un refuge pour échapper à la violence des rois d'Assyrie ; les prophéties de Jérémie, en particulier, ne permettent pas le doute à cet égard[2]. On se donnerait donc une peine inu-

---

[1] *Biblioth. hist.*, l. I.
[2] XLIX, 10 ; L, 7.

tile en cherchant à prouver qu'avant l'époque d'Alexandre il n'y avait pas en Égypte de Juifs avec lesquels les Grecs pussent communiquer. De même, absolument parlant, rien n'empêche de croire qu'avant la version des Septante il y ait eu quelque traduction grecque des livres saints, du moins de ceux de Moïse, bien que le contraire soit infiniment plus probable ; car, avant la conquête de l'Asie par Alexandre, la langue grecque n'était guère usitée dans les pays soumis à la domination persane. Mais enfin, cette traduction eût-elle existé, elle ne prouverait pas positivement qu'Homère et Platon aient eu connaissance de l'Écriture sainte : suivant le vieil adage de la logique, de la simple possibilité à la réalité, il n'y a pas de conclusion. Or, non-seulement les preuves de faits manquent complétement, mais de plus tout se réunit pour écarter la probabilité d'un pareil emprunt. Si, avant l'expédition d'Alexandre, il y avait un certain nombre de Juifs disséminés en Égypte, il n'est pas vraisemblable que Pythagore et Platon se soient adressés à eux pour s'instruire dans les traditions religieuses. En supposant même que ces philosophes eussent connu la nation juive, ce qui est très douteux, ils ne se seraient pas sentis portés à la consulter, car, de l'aveu de Josèphe, elle a toujours été méprisée par les anciens pour sa philosophie[1]. De leur côté, les Juifs se souciaient très peu de livrer leurs dogmes et leurs écritures à la connaissance de voyageurs inconnus ; leur loi, en leur interdisant tout contact religieux avec les étrangers, excluait plutôt qu'elle ne facilitait un commerce de cette nature. Plus tard, sans doute, à l'époque d'Aristobule ou de Philon, de tels scrupules n'auraient plus arrêté les Juifs établis en Égypte ; mais il s'agit en ce moment d'une époque bien antérieure à cette tentative de fusion entre le mosaïsme et l'hellénisme. Ainsi, Messieurs, même dans l'hypothèse très peu plausible d'une traduction grecque des livres saints faite avant le cinquième siècle, il resterait

---

[1] *Antiq. Jud. cont. Appion.*, l. I, 8.

des invraisemblances de toute espèce qui, en l'absence de preuves contraires, suffisent pour infirmer l'opinion de saint Justin. Le seul fait qui puisse arrêter un instant, c'est l'analogie observée par l'apologiste chrétien entre quelques passages des poètes, des philosophes grecs, et certains endroits parallèles de l'Écriture; mais ce rapport de similitude ne suppose pas une connaissance directe et immédiate des livres saints ; il s'explique tout naturellement par les restes de la révélation primitive conservés chez toutes les nations du vieux monde.

Qu'est-ce donc, Messieurs, qui a pu porter saint Justin et quelques autres Pères à croire que les sages de la Grèce avaient puisé à pleines mains dans les livres de Moïse ? A quelle source faut-il faire remonter cette opinion ? Ici nous trouvons la même explication qu'à propos des fragments apocryphes d'Orphée, d'Eschyle, de Sophocle, d'Euripide, de Ménandre, dont nous avons discuté l'origine dans notre dernière leçon. C'est l'école juive d'Alexandrie qui la première a imaginé ce commerce intime des poètes et des philosophes grecs avec les livres saints. Blessée dans sa vanité nationale de voir que les Grecs affectaient un profond mépris pour la religion mosaïque, elle mit tout en œuvre pour leur démontrer la supériorité de ceux qu'ils appelaient barbares sur leurs propres écrivains. Or, quoi de plus propre à faire éclater cette prééminence, qu'une thèse tendant à prouver que les sages de la Grèce avaient mis à contribution les livres saints auxquels ils étaient redevables de leurs plus belles maximes. Écoutons Aristobule. S'il n'est pas l'inventeur de ce stratagème, c'est chez lui du moins que nous le trouvons pour la première fois en usage : « Il est évident, dit-il, que Platon a mis à contribution notre législation : il a étudié avec le plus grand soin chacune des dispositions qu'elle renferme ; car, avant Démétrius de Phalère, avant l'empire d'Alexandre et des Perses, d'autres avaient déjà traduit en grec les livres où sont rapportées la sortie d'Égypte des Hébreux, nos concitoyens, la série des miracles opérés en leur faveur, leur entrée dans la terre promise et l'exposition de leur législation tout entière. Il est donc évident que ce philosophe a fait de nombreux emprunts à nos livres, car ses connaissances étaient vastes comme celles de Pythagore, qui a transporté dans son corps de doctrines plusieurs des nôtres.... Il me semble que Pythagore, Socrate et Platon avaient une profonde connaissance de nos livres dont ils avaient bien traduit le sens, quand ils disaient qu'ils entendaient la voix de Dieu en contemplant la création et la disposition de cet univers, œuvre admirable de la divinité[1]. » Philon est d'accord avec Aristobule pour signaler les livres saints comme la source commune où puisèrent Pythagore, Socrate, Platon, ainsi que les premiers poètes de la Grèce ; et l'historien Josèphe, en confirmant l'opinion des deux philosophes juifs, montre assez qu'elle s'était accréditée parmi ceux de sa nation[2]. Telle est l'origine de ce sentiment qui n'a pas laissé de trouver des contradicteurs dans les premiers siècles de l'Église, entre autres Origène et Lactance. L'école juive d'Alexandrie a été le canal par lequel l'hypothèse d'une influence directe des livres saints sur la philosophie grecque a passé dans les écrits des premiers Pères. C'est ce qui explique pourquoi elle a été accueillie avec plus de faveur par les auteurs chrétiens qui se sont trouvés en rapport avec la capitale de l'Égypte, comme saint Justin et Clément d'Alexandrie.

Est-ce à dire, Messieurs, qu'en repoussant l'idée d'un emprunt direct fait aux livres de Moïse par Platon et les sages de la Grèce, il faille rejeter absolument, comme dénuée de toute espèce de fondement, l'opinion de l'école juive d'Alexandrie et de ceux d'entre les Pères de l'Église qui l'ont suivie sur ce point? Non, certes. Le sentiment d'Aristobule et de Philon, et, après eux, de saint Justin et

---

[1] Eusèbe : *Prépar. évang.*, l. XIII, c. 12.
[2] Philon: *quod Deus immutab.*, 32 ; *quis per. Div. hœr.*, 43 ; *Vita Mosis*, II, 4 ; *de Judic.*, II, 5 ; *quod omnis probus liber.*, 8. — Josèphe : *cont. Appion.*, I, 22 ; I, 16.

de Clément d'Alexandrie, n'est que l'exagération d'une thèse véritable au fond, celle qui attribue, en partie, les résultats de la sagesse antique à l'influence des traditions primitives du genre humain, conservées à travers le polythéisme, bien qu'altérées et défigurées. Pour défendre cette proposition, il n'est pas nécessaire de soutenir que les poètes et les philosophes grecs aient eu connaissance des livres saints; il suffit de prouver qu'ils ont profité d'un enseignement traditionnel, qui avait fait arriver jusqu'à eux quelques données de la révélation primitive. Or, cela est incontestable. Sans doute, il n'est pas facile de déterminer au juste ce qui, dans Platon par exemple, revient à la tradition et ce qui est le fruit de la réflexion naturelle. Dans l'ordre moral il serait puéril de vouloir tracer de pareilles lignes de démarcation. Ce qui suffit pleinement, c'est de constater, par les aveux des philosophes de l'antiquité, qu'ils sont redevables à l'enseignement traditionnel de la plus saine partie de leurs doctrines. Or, rien n'est plus aisé, pour peu qu'on veuille bien parcourir leurs écrits. S'agit-il de découvrir la vérité religieuse, ce n'est pas tant à la raison naturelle qu'à la tradition qu'ils en appellent: là est, selon eux, la grande source à laquelle il faut puiser la vraie doctrine. Ils sont unanimes à placer dans l'antiquité le critérium de la vérité. « *Les anciens*, dit Socrate dans le Philèbe, *les anciens, qui valaient mieux que nous et qui étaient plus près des dieux, nous ont transmis cette tradition:* que toutes les choses auxquelles on attribue une existence éternelle sont composées d'un et de plusieurs, et réunissent en elles, par leur nature, le fini et l'infini... Faut-il dire, *comme ceux qui nous ont précédés*, qu'une intelligence, une sagesse admirable a formé le monde et le gouverne[1]? » Aristote exprime la même pensée dans sa *Métaphysique:* « *Une tradition venue de l'antiquité la plus reculée*, et transmise à la postérité sous le voile de la fable, nous apprend que la divinité embrasse

---

[1] *Philèbe*, t. II, p. 304, 341, trad. de M. Cousin.

toute la nature... Si on sépare du récit le principe lui-même, et qu'on ne considère que cette idée que toutes les essences premières sont des dieux, alors on verra que c'est là *une tradition vraiment divine...* Ces croyances sont, pour ainsi dire, des *débris de la sagesse antique,* conservés jusqu'à notre temps [1]. » « *C'est une tradition ancienne,* dit-il dans son livre du Monde, transmise partout des pères aux enfants : que c'est Dieu qui a tout fait et qui conserve tout. » Vous voyez, Messieurs, avec quelle insistance ces grands hommes appuyaient sur l'enseignement traditionnel, comme offrant le moyen le plus sûr d'arriver à la vraie doctrine. En cela ils se montraient bien plus raisonnables que nos rationalistes modernes, qui attribuent à la raison individuelle le pouvoir de découvrir la vérité religieuse par ses seules forces. Platon, en particulier, est l'homme de la tradition, tout autant et plus encore que de la raison : rien ne lui est plus familier que des expressions semblables : « comme disent les anciens, comme le rapporte l'antique tradition [2]. » C'est dans le témoignage de la tradition qu'il cherche pour le dogme une base inébranlable. « Il faut croire ces choses, dit-il dans le douzième livre des Lois, sur la foi des législateurs et *des traditions antiques,* à moins qu'on n'ait perdu l'esprit. » « Dieu, dit-il dans le quatrième livre des Lois et dans *le Théétète,* Dieu, comme l'enseigne *l'antique tradition,* fait invariablement ce qui est bien... Qu'est-ce qui est agréable à Dieu et conforme à sa volonté ? Une seule chose, selon la *parole ancienne et invariable,* qui nous apprend qu'il n'y a d'amitié qu'entre les êtres semblables. » « On doit certainement, dit-il dans sa septième épître, toujours croire à *l'antique et sacrée tradition,* qui nous apprend que l'âme est immortelle et qu'après sa séparation d'avec le corps, un juge inexorable lui inflige les supplices qu'elle a mérités. » Si de Platon nous passons à Cicéron, son grand disciple,

---

[1] *Métaph.,* XII, 8, t. II, p. 232, trad. de MM. Pierzon et Zévort.
[2] Ὥς φασίν οἱ παλαοί, ὡς φησίν ὁ παλαιὸς λόγος.

nous trouverons dans maint écrit le recours à l'enseignement traditionnel plus fréquent encore et plus explicite, s'il est possible. Pour confirmer la croyance à l'immortalité de l'âme, dans le premier livre de ses *Tusculanes,* il invoque le témoignage de l'antiquité, « parce qu'étant plus proche de l'origine et de Dieu même, elle savait mieux ce qui était vrai. » Au sujet de l'existence de Dieu, il suit la même voie dans le troisième livre du traité *de Naturâ Deorum*, où il donne la préférence à l'argument de tradition sur la preuve de raison que le sophisme peut toujours ébranler. Si donc il y a un fait certain, c'est que l'élément traditionnel occupe une grande place dans la philosophie ancienne. C'est par le canal de la tradition que les sages de la Grèce déclaraient eux-mêmes avoir reçu la vérité religieuse. Loin de se l'attribuer en propre comme le fruit de leur intelligence, de vouloir la faire passer pour une découverte de leur génie personnel, ils la rapportaient à une communication primitive de Dieu aux hommes. Voilà pourquoi ils jugeaient des croyances par leur antiquité, les estimant d'autant plus pures qu'elles étaient plus rapprochées de leur source, suivant la belle maxime de Cicéron : « Ce qu'il y a de meilleur, c'est ce qui est le plus ancien et le plus près de Dieu [1]. »

Voilà, Messieurs, le côté vrai, incontestable de la thèse soutenue par saint Justin, à l'exemple des écrivains de l'école juive d'Alexandrie. Au lieu de faire valoir un emprunt direct fait aux livres saints eux-mêmes, ce que rien n'autorise à conclure, il eût fallu se borner à constater l'influence certaine de la révélation primitive, des traditions orales, affaiblies, mais non effacées, sur le développement de la philosophie grecque. Cela posé, il nous reste à examiner une autre face de la question. Si la conformité de certaines maximes de la sagesse antique avec l'Écriture sainte portait

---

[1] *Et profecto ita est, ut id habendum sit antiquissimum et Deo proximum quod sit optimum.* (De Legib., l. II, c. 16.)

Justin à admettre le sentiment que nous venons de discuter, la concordance des faits de l'histoire profane avec ceux de l'histoire sainte l'autorisait-elle à voir dans les uns une imitation ou une contrefaçon des autres ? Tel est le système que l'ordre des matières nous amène à envisager rapidement.

Le fondement de ce système, c'est la ressemblance qui existe entre les fables du paganisme et les faits bibliques, et l'impossibilité d'expliquer l'origine de celles-là sans le secours de ceux-ci. Or, cette similitude est-elle assez frappante pour faire supposer un rapport d'origine ou de dérivation ? Je ne crois pas, Messieurs, qu'on puisse affirmer le contraire, sans méconnaître les lois de l'analogie. Nul doute que la contestation ne soit possible sur des points de détail ; mais pris dans l'ensemble et dans ses traits principaux, le système qui consiste à voir dans quelques mythes du paganisme des faits bibliques altérés et travestis, ce système, dis-je, repose sur une base certaine. Il est évident qu'en se disséminant sur toute l'étendue du globe, les diverses tribus ont dû emporter avec elles le souvenir des faits primitifs de l'histoire du genre humain. Avec l'altération progressive des croyances, ces faits eux-mêmes ne tardèrent pas à se modifier dans l'esprit des peuples. Le temps les fit oublier en partie ; l'imagination les embellit ou les défigura ; la poésie leur fit perdre peu à peu leur caractère historique, pour leur prêter une physionomie toute différente ; il en résulta tout autant de récits fabuleux qui s'écartent notablement de l'histoire véritable, mais qui, par l'air de parenté qu'ils conservent avec elle, trahissent néanmoins une origine commune.

C'est ainsi, par exemple, que la tradition de Noé et du déluge se retrouve incontestablement dans le mythe de Deucalion, bien qu'ensevelie sous un amas de fables. Comme l'a fort bien observé Georges Cuvier dans son *Discours sur les révolutions du globe*, ces faits primitifs de l'histoire du genre humain se réduisaient peu à peu aux proportions d'un évènement local. Chaque peuple en plaçait le théâtre dans la contrée qu'il habitait : c'est là que, selon lui, les premiers hommes avaient vécu, que le déluge avait eu lieu, que la terre s'était repeuplée à la suite du cataclysme, etc. Vous concevez facilement combien ces traditions, non fixées par l'écriture, ont dû se diversifier, en l'absence de tout monument historique : mais, ce qui oblige précisément à les rapporter à une seule et même source, c'est la ressemblance qu'elles conservent au milieu de leurs différences. Un simple hasard ne saurait produire un résultat aussi frappant : les mythologies de peuples qui ont si peu de rapport entre eux, dont la langue, la religion, les lois n'ont presque rien de commun, ne s'accorderaient pas sur le fond de la narration biblique, si elles n'avaient la vérité pour base. Pour me borner aux fables grecques, comment ne pas voir un souvenir de l'état d'innocence où vivait le premier homme, dans ces descriptions de l'âge d'or si fréquentes chez les poètes de l'antiquité? Est-il possible de ne pas reconnaître un récit allégorique de la faute originelle et du châtiment qui en est la conséquence, dans la fable de Pandore, la première femme, qui, par une curiosité coupable, déchaîne tous les maux sur l'humanité ; dans le mythe de Prométhée, le premier homme, qui, pour avoir voulu dérober à la divinité son secret, entraîne avec lui tous les hommes dans le malheur? De même, il est difficile de ne pas rapprocher, avec saint Justin, la tentative des géants de la fable ou des Titans pour escalader le ciel, de l'évènement biblique de la tour de Babel ; et le mythe d'Até qui, précipitée du ciel par Jupiter, n'est plus occupée qu'à tendre des pièges aux hommes, de l'histoire des anges rebelles, ennemis du genre humain. Si l'on considère maintenant que les mêmes faits se reproduisent dans la tradition de tous les anciens peuples, des Égyptiens et des Perses, des Indiens et des Scandinaves, des Mexicains et des Péruviens, qui tous s'accordent à reproduire sous des formes différentes le fond de la narration biblique, touchant la création de l'homme, sa déchéance, la chute des anges rebelles, la promesse d'un libérateur, le déluge, on ne saurait se refuser à la conclusion qui ressort de ce rapprochement. Évidemment le mode d'explication adopté par les Pères de l'Église est légitime. Il existe entre les faits de l'histoire véritable et les mythes principaux de l'antiquité profane une concordance qui oblige à voir dans ces derniers une altération manifeste des traditions primitives du genre humain.

Mais, Messieurs, cette concordance de la fable avec l'histoire trouve son écueil dans l'application même du principe qui lui sert de base. Si, envisagé dans ses lignes principales, le système que nous discutons ne me paraît sujet à aucune difficulté sérieuse, il n'offre pas la même clarté dans ses traits secondaires. N'ayant d'autre guide que l'analogie, une étude de détails ouvre nécessairement la voie à des conjectures arbitraires, à des rapprochements plus ingénieux que solides. Ici, la critique des premiers Pères de l'Église et de quelques écrivains plus rapprochés de nous n'a pas toujours su se défendre d'un parti pris de comparaison qui ne rachète point par la finesse des aperçus ce qu'il a de trop systématique. Ainsi, le rapport d'analogie que saint Justin observe entre la description du jardin d'Alcinoüs et celle du paradis terrestre qui se trouve dans la Bible n'est pas tel qu'il faille voir dans l'une l'imitation de l'autre. Il en est de même du rapprochement qu'il établit entre le char ailé que les poètes donnaient à Jupiter, et le char allégorique décrit par Ézéchiel. Une coïncidence de ce genre s'explique d'une manière satisfaisante sans qu'on ait besoin de recourir à l'hypothèse d'un emprunt quelconque. Cette tendance à l'exagération, nous la retrouverons plus forte encore chez quelques écrivains postérieurs à saint Justin, tels que Clément d'Alexandrie, Origène et Eusèbe de Césarée. Mais nul, après eux, n'a plus tourmenté sous ce rapport les faits et les textes que Huet, évêque d'Avranches, dans sa démonstration évangélique. A ses yeux toute la mythologie païenne est un travestissement de la Bible : Pan, Apollon, Priape,

Esculape, Prométhée, Cécrops, Minos, Amphion, Éaque, Rhadamanthe, toute la foule des génies, des demi-dieux ou personnages fabuleux, n'est pas autre chose que Moïse, dont l'histoire, embellie et défigurée, a donné naissance à ces mythes. Pour démontrer sa thèse, le savant évêque d'Avranches se livre à une étude de comparaison aussi ingénieuse qu'habile, mais qui repose le plus souvent sur des conjectures hasardées. Dans sa Concordance de la Fable avec l'Histoire sainte, Delort de Lavaur renchérit encore, s'il est possible, sur Huet, Vossius, Bochart et le P. Thomassin. Chez lui, le système est poussé jusqu'à ses dernières limites. A l'entendre, Saturne et Janus sont des copies de Noé ; les trois fils de Saturne, qui se partagent l'empire du monde, sont l'image des trois fils de Noé qui se distribuent la terre, Sem, Cham et Japhet ; Vulcain est le Tubal-Caïn de la Bible, qui inventa l'art de fondre et de travailler les métaux ; Minerve qui sort tout armée du cerveau de Jupiter, c'est la sagesse divine que les livres saints font procéder de la bouche du Très-Haut[1] ; Bacchus et toutes les merveilles que la fable a réunies autour de son nom sont calqués sur Moïse et ses prodiges ; Jason et les Argonautes, c'est la longue suite des aventures héroïques de Moïse et de Josué ; Hercule n'est qu'une copie dont l'original est dans Samson ; la fable d'Orphée et d'Eurydice est une contrefaçon poétique de l'histoire véritable de Loth et de sa femme ; le mythe de Niobé et d'Amphion qui tombent de la plus haute prospérité dans l'abîme du malheur, c'est l'épisode de Job travesti par l'imagination des poètes ; Iphigénie sacrifiée par Agamemnon son père, c'est la fille de Jephté offerte en sacrifice par le juge d'Israël ; il n'y a pas jusqu'à Philémon et Baucis qui ne reçoivent les honneurs d'une descendance biblique, en rappelant quelques traits de la vieillesse d'Abraham et de Sara.

Assurément, je le répète, ce système est fort ingénieux :

---

[1] *Ex ore Altissimi. Eccli.*, XXIV, 5.

et je conçois que son harmonie apparente ait pu faire illusion sur sa valeur. Je suis loin de prétendre qu'il n'y ait absolument rien de fondé dans ces rapprochements. Parmi toutes les fables créées par l'imagination des Grecs, il peut s'en trouver qui aient eu réellement l'origine que leur assignent Huet et ceux qui l'ont suivi dans cette voie. Mais pris dans tous ses détails et avec cette rigueur systématique qu'on lui prête, ce système d'interprétation ne s'élève pas au-dessus d'une hypothèse savante, mais gratuite. Si on voulait appliquer cette méthode à l'histoire comparée des peuples, on la bouleverserait de fond en comble. Chaque fois qu'on observerait des faits analogues, des personnages offrant quelques traits de ressemblance, on serait porté à les identifier, ou du moins à supposer une imitation, un calque. Du reste, une simple remarque suffira pour vous montrer combien peu cette hypothèse est plausible. Certainement on conçoit que les faits primitifs de l'histoire du genre humain soient restés gravés dans la conscience des peuples, et qu'on en retrouve des traces sensibles dans les plus anciennes traditions. Avant de se disséminer sur la surface du globe, les descendants de Noé ont dû emporter avec eux la connaissance de ces faits généraux, dont le souvenir s'est mêlé à leur histoire particulière. De là ces mythes qui recouvrent sans les effacer les données primordiales de l'histoire, telles que la félicité originelle des premiers hommes, leur déchéance, la promesse d'une réhabilitation, le châtiment par un déluge universel, la dispersion des races. C'étaient là autant d'événements accomplis avant la séparation des peuples et dont la connaissance formait pour tous un fonds traditionnel qui pouvait s'altérer dans la suite sans se perdre complétement. Mais il n'en est pas de même des faits particuliers au peuple juif, tels que l'histoire de Moïse, de Josué, de Jephté, de Samson : ceux-là se renfermaient dans les limites d'une nationalité et, par conséquent, ne pouvaient servir de thème à des fables imaginées dans une autre partie du monde. La mythologie grecque était achevée, dans ses linéaments principaux, longtemps avant que l'histoire des Juifs fût connue des autres peuples. C'est la captivité de Babylone qui a mis pour la première fois Israël en contact durable avec le reste des nations; et rien ne prouve qu'avant la version des Septante les livres saints aient été répandus parmi les Grecs. On peut même affirmer, sans crainte de se tromper, que le christianisme seul a vulgarisé les écritures de l'Ancien Testament dont Israël avait été l'unique dépositaire. C'est donc un anachronisme manifeste de faire dériver les fables des Grecs d'une histoire qu'ils ne connaissaient même pas à cette époque. Voilà pourquoi le système de Huet et du P. Thomassin ne supporte pas l'examen sérieux de la critique.

Résumons nos conclusions. Nous avons vu dans quels termes le problème se posait devant saint Justin. Existe-t-il entre certaines doctrines des philosophes, des poètes de l'antiquité, et les livres saints, d'une part, entre les faits de l'histoire sainte et ceux de l'histoire profane, de l'autre, une concordance assez grande pour qu'il faille conclure à un rapport d'origine ou d'emprunt? Marchant sur les traces de l'école juive d'Alexandrie et frayant les voies à Clément et à Eusèbe, le philosophe chrétien n'hésite pas à résoudre affirmativement les deux parties de la question. En même temps qu'il admet un emprunt direct fait aux livres saints par les sages de la Grèce, il voit dans la mythologie païenne une contrefaçon et un travestissement de l'histoire sainte. Sans admettre cette solution dans toute son étendue, nous avons dit à quelles limites il convient de la restreindre pour rester dans le vrai. Tout en repoussant comme douteuse, et même comme improbable, l'hypothèse d'un emprunt direct à l'Écriture elle-même par les sages de la Grèce, nous avons démontré, par leurs propres aveux, qu'ils doivent la plus saine partie de leurs doctrines aux traditions orales provenant d'une révélation primitive. Examinant ensuite l'autre face de la question, nous n'avons pu méconnaître, avec l'apologiste chrétien, la concordance partielle de la fable et de l'histoire ; mais tout en retrouvant dans les mythes helléniques le souvenir des faits généraux de l'histoire primitive du genre humain, nous avons dû rejeter un système qui attribue la formation de la mythologie grecque à l'altération des faits particuliers à l'histoire des Juifs. Telles sont les conclusions auxquelles nous nous arrêtons sur ce point historique, que l'étude de saint Justin nous a portés à examiner quelques instants. Il ne me reste plus qu'à vous présenter une courte observation.

J'ai dit, Messieurs, que cette discussion toute historique touche par un côté à une controverse philosophique qui, vieille comme le monde, s'agite avec une nouvelle vivacité depuis plusieurs années. Je veux parler du débat qui porte sur les forces et les limites de la raison livrée à elle seule dans l'acquisition des connaissances religieuses et morales. Là-dessus, deux systèmes contraires peuvent se produire, selon qu'ils placent, l'un, dans la raison, l'autre, dans la révélation, la source unique des vérités nécessaires à l'homme pour arriver à sa fin dernière. Je n'ai pas besoin de vous dire que ces deux systèmes, qu'on est convenu d'appeler le rationalisme et le traditionalisme, sont faux parce qu'ils sont exclusifs l'un et l'autre. L'homme, par cela seul qu'il est un être raisonnable, peut tirer de son propre fonds, par la réflexion naturelle s'appliquant à lui-même et à ce qui l'environne, certaines vérités premières auxquelles il donne son assentiment. C'est ce que saint Paul enseigne de la manière la plus formelle en écrivant dans l'*Épître aux Romains* : « Les perfections invisibles de Dieu se manifestent par le spectacle de ses œuvres, » et un peu plus loin : « La loi de Dieu est écrite dans le cœur de toutes les nations. » Mais, si la raison naturelle de l'homme peut s'élever par elle-même, par sa vertu propre et intime, à quelques vérités fondamentales, il n'est pas moins vrai de dire que, par suite de notre déchéance, de l'état d'affaiblissement où se trouvent nos facultés, avec les mille causes d'erreur qui surgissent de nous-mêmes et de tout ce qui nous entoure, il est extrêmement difficile, pour ne pas dire moralement impossible, de parvenir, sans le secours de la révélation, à un ensemble de connaissances pleinement suffisantes pour notre vie religieuse et morale. En deux mots, l'élément rationnel et l'élément traditionnel, la raison et la révélation se combinent dans une juste proportion pour assurer à l'homme la complète satisfaction de tous ses besoins. Il est tout aussi déraisonnable de faire abstraction, avec Descartes, de l'enseignement traditionnel pour élever sur la raison pure tout l'édifice de nos connaissances, que de se renfermer, avec d'autres, dans la parole extérieure, sans lui chercher dans les principes de la raison une base première et certaine. Je ne veux pas m'étendre en ce moment sur une question que nous aurons l'occasion de traiter plus tard avec les développements qu'elle comporte. Je cherche uniquement à prévenir une objection qui pourrait s'élever dans votre esprit à propos de saint Justin. Il faut avouer qu'à s'en tenir à l'Exhortation aux Grecs, on serait tenté de lui prêter sur ce point une opinion trop exclusive. En rapportant à la révélation seule ou à l'enseignement traditionnel la somme de vérités dont le monde ancien était en possession, il semble exclure le travail de la raison naturelle. Mais ne nous hâtons pas de porter notre jugement avant d'avoir parcouru l'ensemble de ses écrits. Nous ne pouvons pas exiger des premiers apologistes, de leurs ouvrages nés du moment et pour les besoins de la circonstance, cette rigueur de méthode et cette plénitude de développements qui supposent plus de loisir et une vie moins agitée. Ce qui paraît peu défini quelque part reçoit ailleurs son explication ou son complément. Ainsi, après avoir donné une large place à l'enseignement traditionnel par l'Exhortation aux Grecs, saint Justin indique dans ses deux apologies les ressources que l'homme possède dans son intelligence. Là, il montre le Verbe ou la sagesse divine éclairant l'homme par les lumières de la raison naturelle, l'aidant dans ses recherches, secondant ses efforts pour arriver à la connaissance des choses divines, lui faisant comprendre par cet enseignement intérieur la parole du dehors, et répandant à travers le monde ancien ces semences de vérités que le christianisme devait faire germer et fleurir. Doctrine lumineuse et féconde qui jette les plus vives clartés sur l'histoire religieuse de l'humanité! Nous la trouverons dans l'œuvre capitale de saint Justin, ses deux apologies, dont nous commencerons l'étude la prochaine fois.

DOUZIÈME LEÇON

Première apologie de saint Justin. — L'attaque et la défense. — Analyse du discours. — Grandeur et beauté des sentiments qui s'y trouvent exprimés. — Dans quel sens l'apologiste revendique pour les chrétiens le libre exercice du culte ou la tolérance civile. — Il réclame le droit commun accordé aux diverses religions de l'empire. — Caractère et forme de cet argument personnel ou *ad hominem*. — Deuxième base de l'argumentation : le droit essentiel et inhérent à la vérité. — La liberté de conscience revendiquée par l'apologétique chrétienne n'a rien de commun avec les théories imaginées sur ce point par le rationalisme contemporain. — Examen de ces systèmes dans leur comparaison avec la doctrine et la pratique des premiers apologistes.

Messieurs,

Jusqu'ici nous avons suivi l'éloquence chrétienne sur le terrain de l'attaque plutôt que sur celui de la défense. Les deux discours de saint Justin aux Grecs et son traité de la monarchie ou de l'unité de Dieu sont moins une apologie du christianisme qu'une réfutation des erreurs polythéistes. Avec la requête adressée à l'empereur Antonin nous entrons au cœur de l'apologétique chrétienne. Non pas qu'en répondant à la violence et à la calomnie, saint Justin quitte tout à fait l'offensive pour la défensive. Dans la situation où se trouvaient les chrétiens, se défendre, c'est attaquer et réciproquement. En s'affirmant dans le monde, le christianisme niait par le fait même toutes les religions qui avaient cours autour de lui. Il aspirait à la souveraineté exclusive des intelligences, du droit qu'a la vérité de ne point admettre l'erreur au partage de sa légitimité. C'est pourquoi toute apologie de la religion chrétienne devenait une attaque au moins indirecte contre les doctrines païennes.

Donc, Messieurs, en passant des écrits de saint Justin que nous avons étudiés jusqu'à présent à sa première apologie, nous ne changeons pas de sujet, autant que la différence des titres semblerait l'indiquer. Tout en vengeant le christianisme des accusations de ses adversaires, l'apologiste ne laissera pas de poursuivre ces derniers sur leur propre terrain. Ce qui ne veut pas dire assurément que la partie défensive ne prédomine dans l'ouvrage dont nous commençons l'examen. Les circonstances lui imprimaient cette direction. Au calme passager dont l'Église jouissait sous Adrien avait succédé une période de troubles et d'agitations. Bien que le caractère d'Antonin ne l'inclinât pas à la violence, les haines populaires entraînaient le pouvoir dans la voie des persécutions. Un ensemble de calamités publiques mentionnées par Julius Capitolinus dans la vie de ce prince, la famine, une inondation du Tibre, des tremblements de terre dans l'Asie Mineure et dans l'île de Rhodes, de fréquents incendies à Antioche, à Carthage et à Rome, avaient surexcité la fureur des masses toujours promptes à imputer aux chrétiens leurs maux et leurs souffrances[1]. Il en était résulté un déchaînement général contre la religion nouvelle vers le milieu du deuxième siècle. C'est alors que saint Justin présenta au chef de l'État et à ses deux fils adoptifs, Marc-Aurèle et Lucius Vérus, cette mémorable défense qui a servi de modèle aux apologies postérieures. Plusieurs raisons m'obligent à m'écarter de l'opinion commune qui fait remonter à l'année 139 la date de cet écrit. A cette époque Lucius Vérus n'avait que huit ans; or, saint Justin lui décerne les titres de « philosophe » et « d'ami de la science, » ce qui ne cadre pas avec un âge si peu avancé. De plus, l'hérésie de Marcion est représentée dans le corps de l'ouvrage comme arrivée à la plénitude de son développement : or, les Pères de l'Église sont unanimes à déclarer que les opinions de ce sectaire n'ont eu cours qu'après l'année 139. Enfin, saint Justin compte lui-même cent-cinquante ans depuis la naissance de Jésus-Christ; et bien que sa

---

[1] Julii Capitolini: *Vita Antonini Pii*, 9.

chronologie soit parfois en défaut, nous avons toute raison de croire que, sur ce point particulier, il n'a pu être induit en erreur. Ces divers motifs me paraissent suffisants pour conclure avec Halloix, Tillemont, Nourry, Grabe, Dom Maran, Gercken et Ritter, que la première apologie de saint Justin a été composée vers l'année 150 après Jésus-Christ, à Rome même, comme Eusèbe nous l'apprend [1]. Avant de l'examiner dans ses traits principaux et de discuter les questions qu'elle soulève, je vais la résumer aussi brièvement qu'il me sera possible.

C'est un devoir dicté par la raison qu'il faut chercher avant tout la vérité et n'aimer qu'elle seule. Commune à tous les hommes, cette règle de conduite convient surtout à des princes qui se font gloire d'être philosophes. Conséquemment avant de condamner les chrétiens, il faut rechercher s'ils sont coupables ou non ; car le nom seul n'est point une preuve de vertu ni de vice : ce sont les actes qui permettent de juger si les hommes sont dignes de louange ou de blâme. Oui, vraiment, il n'y a que les démons qui aient pu exciter une telle rage contre nous : cet acharnement, ils l'avaient déjà montré contre Socrate et ceux qui, à son exemple, voulaient secouer leur joug. C'est à leur instigation qu'on nous fait passer pour athées. Si, pour être athée, il suffit de ne pas honorer des dieux qui ne valent pas les hommes, nous l'avouons : nous méritons ce titre ; sinon, nous le repoussons, car nous adorons le Père, le Fils et l'Esprit-Saint comme un seul Dieu. S'il y a des criminels parmi nous, punissez-les, mais que leur faute ne retombe pas sur nous. Pour vous convaincre de notre innocence, il vous suffirait de considérer une chose, c'est que par une simple négation nous pourrions

---

[1] Halloix : *Vita et Docum. Justin. mart.*, p. 28 et 332. — Tillemont : *Mémoires pour servir à l'histoire eccl.*, t. II, p. 172, 289, 313. — Nourry : *Apparatus ad bibl. maxim.*, I, p. 367. — Grabe : *Spicileg. patr.*, II, p. 150. — Dom Maran : *Prolegom. in opera Just.*, III, 5, n° 4. — Gercken : *de Justin. mart. ad rel. christ. conversione*, p. 17. — Ritter : *Animadvers. in primam apolog. Justini*, p. 7 et ss.

sauver notre vie ; mais, détestant le mensonge, nous aspirons au règne de Dieu que nous n'honorons pas d'un culte insensé comme celui des idoles. Ce règne est tout spirituel, tout céleste, et ne saurait porter ombrage aux chefs de l'empire dont nos doctrines sont la meilleure sauvegarde. Je pourrais m'arrêter là, mais je n'ignore pas que l'esprit subjugué par l'erreur ne se rend que difficilement à la vérité. Quel homme sensé pourrait nous accuser d'athéisme, nous qui adorons Dieu le Père, créateur de l'univers, son fils Jésus-Christ et l'Esprit prophétique ? Vous vous étonnez que nous rendions nos hommages à un Dieu crucifié : ce qui devrait vous surprendre bien davantage, c'est le changement que ce culte a opéré dans notre vie. Car le Christ nous a enseigné la chasteté, la charité, la patience, la bonne foi, l'obéissance aux pouvoirs établis. Ceux qui n'accomplissent pas ces préceptes ne sont chrétiens que de nom. Et pourquoi les observons-nous ? Parce que nous croyons à la résurrection des corps, nous espérons à une vie future où chacun sera traité comme il le méritera. Ne pensez pas que ces choses-là soient tellement neuves que vos poètes et vos philosophes n'aient absolument rien dit qui s'en rapproche. Cette ressemblance entre vos fables et nos doctrines suffirait déjà pour nous faire tolérer comme tout le monde ; mais nous y avons un droit particulier, parce que seuls nous enseignons la vérité, parce que Jésus-Christ est vraiment le Verbe de Dieu. Examinez plutôt. Seuls, nous sommes persécutés, parce que seuls nous n'adorons pas les idoles. Nous bravons la mort pour devenir vertueux ; la vérité seule peut nous donner cette force. Vous honorez les corrupteurs de notre religion, Simon le Mage, Ménandre, Marcion ; donc vous ne persécutez en nous que la vérité. Comparez les désordres qui se passent chez vous aux vertus que pratiquent nos frères. Ce n'est pas nous, certes, qui aurions jamais rendu un culte à Antinoüs, nous parmi lesquels il s'en trouve un grand nombre qui gardent une continence perpétuelle. Vous direz peut-être que le Christ a été regardé comme fils de Dieu, parce qu'il était doué d'une puissance magique ? Lisez nos prophètes. Vous serez bien forcés d'accepter leur témoignage, puisqu'ils ont prédit tant de siècles à l'avance ce qui est arrivé depuis, l'époque et les circonstances de la nativité du Sauveur, les miracles de sa vie, les détails de sa passion, sa résurrection, son ascension, la diffusion de sa doctrine, l'incrédulité des Juifs et leurs calamités. Si donc l'évènement a vérifié toutes ces prophéties, il en sera de même de celles qui devront s'accomplir dans la suite. Voilà sur quelles bases certaines repose la vérité de notre religion. Vos fables, au contraire, ne s'appuient sur aucune preuve ; elles parodient le christianisme pour le compromettre à l'avance : elles ne sont qu'une invention diabolique. Justin termine cette argumentation par un tableau des cérémonies du culte chrétien. Il décrit d'abord le rit de régénération, le baptême, dont il montre la parodie dans l'eau lustrale des païens; la célébration de l'eucharistie dont il exprime le dogme dans les termes les plus formels et les plus précis ; l'office du dimanche qu'il retrace dans ses diverses parties. « Si ce que je viens de dire, ajoute-t-il, vous paraît conforme à la raison et à la vérité, ayez-y égard ; si vous n'y voyez que des bagatelles, vous êtes libres de les mépriser, mais non de décréter la mort contre des hommes innocents, comme s'ils étaient vos ennemis. Car nous vous prédisons que vous n'éviterez pas le jugement de Dieu, si vous persévérez dans l'injustice. Quant à nous, notre cri sera toujours : Que la volonté de Dieu se fasse ! » Pour appuyer sa requête, saint Justin reproduit en terminant une lettre d'Adrien au proconsul Minutius Fundanus, et il en demande l'exécution.

Telle est, Messieurs, cette fameuse requête tant célébrée dans l'antiquité chrétienne où elle a inspiré l'éloquence de Tatien, d'Athénagore, de Théophile d'Antioche, de saint Irénée, de Minutius Félix et de Tertullien, qui tous lui ont emprunté quelques traits. Si, avant de l'examiner à fond, on l'envisage dans son aspect général pour apprécier le caractère ou la couleur morale qu'elle revêt, on ne peut qu'être frappé de la noblesse et de l'élévation des sentiments qui s'y trouvent exprimés. Certes, l'éloquence païenne n'avait pas accoutumé les dépositaires de la force et du pouvoir à une telle dignité jointe à une si grande énergie. Depuis longtemps elle n'élevait plus la voix que pour faire entendre aux princes le langage de la flatterie : n'osant pas censurer leurs vices, elle ne savait plus qu'exagérer leurs vertus. Elle exaltait leur orgueil par des panégyriques dont l'emphase n'avait d'égale que la bassesse qui les dictait : seul exercice oratoire auquel se livrassent les Romains de la décadence ! Eh bien ! par un de ces contrastes que l'histoire ménage quelquefois, avec l'ère des panégyriques païens coïncide précisément celle des apologies chrétiennes. C'est entre le panégyrique de Trajan par Pline et les fades harangues des Claudius Mamertinus, des Euménius, des Nazarius, des Drepanius, des Ausone, que viennent se placer les vigoureuses protestations des Justin, des Athénagore et des Tertullien. C'est à l'époque où une éloquence servile cherche à persuader aux empereurs romains que leur pouvoir est sans limites, que leur volonté est la mesure du juste et de l'honnête, c'est dans ce moment-là que la parole chrétienne s'adresse à eux respectueuse, mais libre, digne, sévère. Ce qui l'anime, ce qui l'inspire, c'est l'amour de la vérité, le sentiment du droit, la conscience du devoir, le respect de la justice, la conviction qu'au-dessus des pouvoirs humains, si grands, si absolus qu'ils paraissent, il est une puissance qui les domine et les juge. Voilà ce qui, à première vue et sans aller plus avant, élève le langage des apologistes chrétiens à une hauteur morale où n'atteignit jamais l'éloquence profane. Qu'on me dise après cela que le style de saint Justin n'est plus celui des beaux temps de la Grèce ancienne, que sa diction est inégale, diffuse, raboteuse, que le panégyriste de Trajan s'entendait mieux à combiner des mots, à construire des périodes, à exprimer une pensée, à tourner un compliment : je l'avoue sans peine ; là n'est pas le mérite de l'apologiste chrétien. Ce qui fait la grandeur et la beauté de sa parole, c'est la justesse des idées qu'elle exprime, la noblesse des sentiments qu'elle révèle, l'élévation des principes qu'elle proclame ; c'est le calme d'une raison sûre d'elle-même, la sérénité d'une conscience forte de son droit ; une mâle franchise, une fermeté exempte d'amertume, qui ne recule pas devant la libre expression d'une âme indignée ; une logique simple et nerveuse qui n'attend son triomphe ni des surprises de l'émotion ni des calculs de l'art ; c'est l'enthousiasme d'une foi qui se produit sans effort comme sans crainte, parce qu'elle puise dans sa propre énergie une chaleur de conviction qui persuade et qui entraîne. Voilà l'éloquence dans saint Justin : l'éloquence du philosophe qui instruit, de l'orateur qui cherche à convaincre ; et non celle du sophiste qui éblouit ni du rhéteur qui charme. C'est l'éloquence de l'apôtre qui, en plaidant la cause de ses frères, entrevoit sans pâlir, au bout de ses protestations, la persécution qui le menace, le martyre qui l'attend, pourvu qu'il puisse laisser après sa mort la vérité libre et l'Église en paix.

Aussi, Messieurs, je ne comprends pas qu'on ait pu se méprendre sur le caractère de ces apologies jusqu'à y voir de simples exercices oratoires, auxquels se seraient livrés les écrivains du christianisme à l'exemple des déclamateurs de l'époque, sans avoir l'intention de les faire parvenir aux empereurs païens. C'est le sentiment que Brucker et Semler ont cherché à faire prévaloir dans les temps modernes [1]. En vérité, on se demande de quoi servent à certaines gens l'érudition et l'esprit de critique, lorsqu'on les voit aboutir à de pareilles conclusions. En trouvant peu vraisemblable que saint Justin ait osé adresser aux empereurs païens une requête si énergique, les deux auteurs que je viens de nommer se trompent évidemment de date : ils transportent dans

---

[1] Brucker : *Hist. crit. phil.*, t. VI, p. 536. — Semler : *Geschichte der christlichen Glaubenslehre*, II, p. 44, 62, 70. — Lange : *Geschichte der Dogmen*, I, p. 95.

l'ère des martyrs un esprit de servilité qui est d'une autre époque. Les premiers chrétiens n'avaient pas de position à ménager et ne craignaient pas de se compromettre auprès de princes qui ne leur donnaient que la mort. Du reste, il suffit de parcourir rapidement ces pages si vives et si animées pour y trouver autre chose que le ton ou l'accent d'un déclamateur. Il n'y a qu'un pédantisme aveugle qui puisse confondre cette éloquence toute franche et toute spontanée avec les laborieux apprêts d'une rhétorique qui s'épuise dans les lieux communs sans but ni caractère pratique. Les temps de persécution ne produisent pas de rhéteurs et les rhéteurs ne meurent pas martyrs.

Venons à présent au fond de l'apologie. Bien qu'il ne faille pas y chercher un ordre très rigoureux dans la disposition des matières, on y trouve néanmoins trois parties assez distinctes. Dans la première saint Justin s'attache à démontrer l'injustice de la procédure dirigée contre les chrétiens, dans la deuxième il prouve la vérité de la religion persécutée, et dans la troisième il expose les principales cérémonies du culte chrétien. Conséquemment, la question qui se présente à nous dès l'abord est celle-ci : Dans quel sens et en vertu de quels principes saint Justin a-t-il revendiqué pour le christianisme la tolérance civile ou la liberté du culte ?

Pour démontrer à Antonin et à Marc-Aurèle l'iniquité de la procédure appliquée aux chrétiens, l'apologiste prend son point de départ dans le droit naturel, dans les principes de justice qui doivent diriger les pouvoirs civils. En effet, l'équité demande qu'on examine avec calme et impartialité les chefs d'accusation intentés contre une classe d'hommes. Les condamner à cause du nom qu'ils portent et sans faire une enquête sérieuse sur leur conduite [1], c'est un acte de tyrannie odieuse. Les chrétiens sont-ils coupables ou non ? Telle est l'unique question que des magistrats aient à

---

[1] *Indictâ causâ punire,* ἀκρίτως κολάζειν. *Apol.*, I, n° 5.

éclaircir et à juger. Or, là-dessus il ne faut s'en rapporter ni à des opinions préconçues ni à de vagues rumeurs qui circulent dans la multitude, mais il convient de se livrer à une recherche consciencieuse. En deux mots, la vérité doit être le but de nos investigations : et la justice, la règle de notre conduite. Tels sont les principes que Justin proclame en tête de son apologie. Assurément, Messieurs, rien ne nous paraît plus simple ni plus élémentaire que ces maximes dictées par la raison naturelle. Et cependant, lorsqu'on songe que, plus de deux siècles durant, les apologistes n'ont cessé de les répéter sans parvenir à les faire prévaloir, on mesure à quel degré l'idée de la justice était oblitérée dans la conscience païenne, et ce qu'il a fallu au christianisme de temps et d'efforts pour ramener dans le monde l'intelligence nette et sûre des principes du droit naturel ou de l'équité.

Après avoir établi en principe que les chrétiens ne doivent pas être condamnés s'ils ne sont pas coupables, saint Justin prouve leur innocence en discutant l'un après l'autre les reproches qu'on leur adresse. Et de quoi seraient-ils coupables ? D'athéisme ? mais quoi de plus injuste et de plus déraisonnable que de faire passer pour athées des hommes qui adorent un Dieu en trois personnes, le Père, le Fils et l'Esprit-Saint ? D'immoralité ? mais jamais on n'a professé ni pratiqué dans le monde une morale plus pure ni plus sévère. De conspiration contre l'État ? mais le royaume qu'attendent les chrétiens n'est pas de la terre ; c'est dans les choses du ciel qu'ils placent toute leur espérance. Il n'y a donc rien dans leur conduite qui soit de nature à exciter la défiance des pouvoirs ou à justifier la poursuite des magistrats ; par conséquent ils méritent qu'on tolère le libre exercice de leur culte. Saint Justin se montre aussi pénétrant qu'habile lorsque, pour disposer les empereurs païens en faveur de la religion chrétienne, il prouve qu'elle est le meilleur soutien de leur autorité, parce qu'elle fait sentir son influence là où n'atteignent pas les lois humaines :

« Nous sommes vos auxiliaires les plus utiles pour le maintien de la paix, nous qui enseignons que personne n'échappe à l'œil de Dieu, le méchant, l'ambitieux, le conspirateur comme l'homme vertueux, et que tous reçoivent une récompense ou un châtiment éternel, selon le mérite de leurs œuvres. Si tous les hommes étaient pénétrés de cette vérité, nul ne choisirait le mal pour un temps si court, sachant que le feu éternel lui est réservé. L'espérance des biens que Dieu nous a promis et la crainte des supplices les détourneraient du vice pour les porter à la vertu. Car ceux qui veulent faire le mal le font malgré vos lois, dans l'espoir de dérober leur crime à la vue des hommes. Mais s'ils étaient persuadés qu'aucune action ne reste cachée à Dieu, pas même la moindre pensée, ils s'abstiendraient de mal faire, ne fût-ce que par crainte du châtiment qui les menace [1]. »

On imaginerait difficilement un argument plus propre à faire impression sur l'esprit d'Antonin et de Marc-Aurèle. Sous ce point de vue, le christianisme se recommandait de lui-même à la bienveillance d'un pouvoir intéressé au maintien de l'ordre et de la tranquillité publique. En montrant qu'il arrête le désordre dans son principe, qui est la pensée ou le désir coupable, saint Justin énonce la même vérité que Montesquieu proclamait au siècle dernier : « Les principes du christianisme, bien gravés dans le cœur, seraient infiniment plus forts que ce faux honneur des monarchies, ces vertus humaines des républiques, et cette crainte servile des États despotiques [2]. » L'apologiste n'est pas moins heureux quand il cherche à incliner l'esprit des princes vers la religion chrétienne par le tableau du changement qu'elle opère dans ceux qui l'embrassent :

« Nous vous prions de ne pas vous laisser détourner par les démons du soin d'examiner nos paroles. Naguère nous étions livrés aux désordres les plus honteux ; aujourd'hui,

---

[1] 1re *Apol.*, XII.
[2] *Esprit des Lois*, XXIV, 6.

c'est la chasteté qui est le but de nos efforts. Nous étions adonnés aux opérations magiques ; nous nous sommes consacrés au Dieu bon et éternel. Nous cherchions par-dessus tout le moyen d'augmenter nos richesses et nos possessions ; aujourd'hui nous mettons en commun ce que nous possédons, pour faire une part aux indigents. Nous nous déchirions par des haines réciproques, jusqu'à ne vouloir communiquer en rien avec ceux qui n'étaient pas de la même tribu ; depuis que le Christ s'est manifesté à nous, nous prenons nos repas en commun, nous prions pour nos ennemis, nous cherchons à fléchir par la persuasion ceux qui nous accablent de leurs colères injustes, pour qu'ils puissent espérer d'arriver au même bonheur que nous, en suivant les préceptes de Jésus-Christ [1]... »

Assurément, une doctrine qui produisait de tels résultats méritait, à tout le moins, d'être tolérée comme licite. Mais c'est là précisément ce que les hommes d'État de l'ancienne Rome ne voulaient pas admettre. Égarés par la théorie païenne de la religion d'État, ils se refusaient à toute discussion de doctrines pour se retrancher sur le terrain de la légalité. *Non licet esse vos*, votre existence n'est pas légale, comme dit Tertullien : telle est la fin de non-recevoir qu'ils opposaient aux raisons dogmatiques que faisaient valoir les défenseurs de la religion persécutée. De toutes les difficultés, celle-là était la plus sérieuse pour l'apologétique chrétienne qui venait se heurter contre le principe de l'intolérance civile, écrit dans la constitution même de l'empire. Il est vrai qu'on avait dérogé depuis longtemps à cette maxime fondamentale : à mesure qu'elle entrait en contact avec toutes les nations du monde, Rome s'était vue obligée d'admettre leur culte dans son sein et d'en tolérer l'exercice. Cette tolérance de fait servait à merveille les apologistes qui pouvaient arguer de là pour revendiquer le bénéfice du droit commun en faveur de la religion chrétienne. De cette

---

[1] 1ʳᵉ *Apol.*, XIV.

manière, ils s'autorisaient de la pratique des empereurs romains pour échapper aux rigueurs d'une légalité intolérante. J'aime, Messieurs, à mettre ce point en lumière : il importe de bien préciser dans quel sens les premiers chrétiens demandaient le libre exercice de leur culte.

Vous ne voulez pas ajouter foi à nos doctrines, disait Justin à Antonin et à Marc-Aurèle : vous les traitez de superstitions, de chimères. Soit : vous êtes libres de les admettre ou non ; mais, en tout cas, ce sont des erreurs fort innocentes, qui, loin de faire aucun mal, produisent un grand bien. Dès lors, pourquoi les proscrire avec tant de violence et de cruauté ? Du moment qu'elles n'offrent pas de danger et qu'on ne saurait convaincre d'aucun crime ceux qui les professent, rien ne justifie vos rigueurs. Vous tolérez bien vos poètes qui chantent les impudicités de Jupiter et de ses enfants : loin de mettre obstacle à la propagation de pareilles leçons, vous comblez de récompenses et d'honneurs ceux qui les débitent. Pourquoi votre colère ne retombe-t-elle que sur nous, sur une religion qui enseigne et recommande toutes les vertus ? Parmi les doctrines de vos poètes et de vos philosophes, il s'en trouve qui ressemblent aux nôtres : d'où vient que vous poursuivez en nous ce que vous tolérez chez eux ? Vous ne vous faites pas faute d'attribuer à Jupiter une foule d'enfants : pourquoi ne nous serait-il pas permis d'appeler Jésus-Christ le fils unique de Dieu ? Vous nous persécutez parce que nous n'adorons pas le même Dieu que vous ; mais, vous-mêmes, vous êtes divisés sur ce point : tandis que les uns adorent comme des dieux les chats et les crocodiles, d'autres n'y voient que des bêtes. Accordez-nous donc le même droit qu'à tout le monde, le droit commun [1].

Voilà, Messieurs, sur quel terrain saint Justin se plaçait pour revendiquer en faveur des chrétiens le libre exercice

---

[1] IV, V, VIII, XX, XXI, XXIV. — *Jus commune*, dit Athénagore, τὸ πρὸς ἅπαντας ἴσον. (*Legat. pro Christ.*, II.) Cette argumentation se retrouve chez tous les apologistes, comme nous le verrons en parcourant leurs écrits.

de leur culte. S'appuyant sur la coutume qui avait porté l'intolérance romaine à se relâcher dans la pratique, il demande que les disciples de l'Évangile soient admis à jouir du droit commun, qu'ils puissent professer leurs doctrines au même titre que les païens. Cette position prise par l'apologétique chrétienne était extrêmement favorable à sa cause, et il n'y avait qu'un parti pris de violence qui pût en méconnaître la légitimité. Que répondre, en effet, à un raisonnement si net et si concluant : vous tolérez ceux qui propagent les fables les plus corruptrices, souffrez donc que nous pratiquions une religion qui enseigne toutes les vertus, traitez-nous sur un pied d'égalité? Cet argument personnel ne laissait à la mauvaise foi que le recours à l'arbitraire et à la force brutale. Toutefois, l'apologétique chrétienne n'aurait pas compris toute l'étendue de sa mission, si elle s'était bornée à revendiquer le droit commun au même titre que les doctrines païennes. C'est là, sans doute, pour la vérité, un premier moyen de se frayer une voie à travers l'erreur. Mais il s'en faut bien qu'elle doive renoncer à son privilège pour s'en tenir au partage d'un droit égal. Si elle doit participer au bénéfice de la tolérance là où la tolérance existe, elle a toujours et partout le droit d'être et de vivre, parce qu'elle est la vérité. Voilà ce que saint Justin ne manquait pas de dire aux empereurs païens. Après avoir demandé pour la vérité chrétienne la tolérance que la coutume, sinon la loi, avait fini par accorder à toutes les superstitions païennes, il ajoute : « Si nous demandons à être acceptés, ce n'est pas seulement parce qu'il y a quelque analogie entre nos doctrines et celles de vos écrivains, mais parce que seuls nous enseignons la vérité[1]. » Partant de ce principe, saint Justin démontre aux empereurs païens la vérité de la religion catholique, en s'attachant à faire ressortir l'accomplissement des prophéties de l'Ancien Testament. C'est sur le droit essentiel de la vérité qu'il se fonde pour obtenir le libre exercice du culte chrétien.

---

[1] ὅτι τό ἀληθὲς λέγομεν. *Quia vera loquimur.* 1re *Apol.*, XXIII.

Cette analyse des principes sur lesquels repose l'argumentation de saint Justin est de la plus haute importance. En voyant les premiers chrétiens réclamer la liberté de conscience, on s'est parfois mépris sur le caractère de cette requête, jusqu'à transformer les apologistes en défenseurs d'un système tout moderne. D'après ce système condamné par le pape Grégoire XVI dans ses mémorables encycliques de 1832 et de 1834, tout homme aurait le droit imprescriptible, inaliénable, de professer et de répandre en tout temps et en tout lieu tel culte qui lui semble bon ; ce serait un devoir d'assurer et de garantir à qui que ce soit la liberté de conscience : en d'autres termes, la tolérance universelle, ou la liberté absolue des cultes, serait l'état normal des sociétés, à tel point qu'on ne pourrait s'en écarter, dans aucun cas, sans porter atteinte aux droits de l'homme et du citoyen. Or ce n'est qu'au moyen d'une équivoque assez grossière qu'on pourrait imputer aux apologistes une pareille doctrine. Il n'y a pas trace chez eux de ce prétendu droit inhérent à la nature humaine et que les lois ne pourraient ni entraver ni restreindre. Ils ne s'appuient point sur des théories de ce genre pour demander le libre exercice de leur culte. Ils ne viennent pas dire aux païens : chaque homme a le droit absolu et illimité de croire ce qu'il veut, d'enseigner ce que bon lui semble, de pratiquer tel culte qui lui agrée : donc ne mettez pas d'obstacles à la propagation de nos doctrines. La voie qu'ils adoptent pour triompher de l'intolérance païenne est toute différente. Au lieu de s'égarer dans des maximes abstraites, fausses en théorie, irréalisables dans la pratique, ils prennent leur point de départ dans l'état social qu'ils trouvent autour d'eux. Ils profitent de la brèche faite aux lois romaines par l'invasion des cultes du monde entier, pour s'introduire sous le bénéfice du droit commun. Loin de s'arroger le droit de prêcher une doctrine quelconque, sous prétexte que rien ne doit gêner l'homme dans la manifestation de sa pensée quelle qu'elle soit, ils demandent qu'on examine leur religion ; ils énumèrent les titres qu'elle possède au respect des peuples et à la confiance des princes, l'élévation de son dogme, la pureté de sa morale, son influence salutaire sur les mœurs publiques. En un mot, c'est sur la valeur intrinsèque du christianisme qu'ils s'appuient avant tout pour en demander la libre profession. Ce n'est pas dans saint Justin ni chez les apologistes postérieurs qu'on trouve cette singulière théorie, d'après laquelle la vérité sera tenue de procurer à l'erreur une liberté pleine et entière. S'ils demandent à être reçus sur un pied d'égalité avec le paganisme, ce n'est pas qu'ils reconnaissent à l'erreur les mêmes droits qu'à la vérité ; mais, prenant la situation telle qu'elle est, ils cherchent à en tirer le meilleur parti possible, en faisant valoir cet argument *ad hominem* : vous permettez à d'autres de propager le vice, permettez-nous au moins d'enseigner la vertu. Puis, faisant un pas de plus, ils réclament au nom de la vérité la liberté qui lui revient de droit indépendamment de toute forme ou de tout état social. Ainsi, pour me résumer, revendication du droit commun au milieu d'une société qui permettait la libre circulation de toutes les superstitions, même des plus pernicieuses, revendication du droit essentiel à la vérité résultant de la divinité du christianisme, tel est le mode d'argumentation, tantôt relative, tantôt absolue, que nous trouvons dans les apologistes chrétiens : c'est uniquement dans ce sens qu'ils ont demandé la liberté de conscience.

Vous voyez d'après cela avec quelle réserve judicieuse l'apologétique chrétienne procédait dans une matière si neuve et si délicate. Tout en revendiquant la liberté du christianisme avec une courageuse fermeté, elle était bien éloignée de la théorie de quelques écrivains modernes, de M. de Lamennais par exemple, qui demandent pour tout homme, comme un droit absolu et illimité, la libre manifestation de sa pensée. En parcourant les écrits de saint Justin et de ceux qui ont marché sur ses traces, on se convainc sans peine que le sophisme seul pourrait assimiler leur déclaration de principes à celle des théoriciens de la liberté religieuse sans frein ni limites. Voici par exemple ce que nous lisons dans un ouvrage sur la liberté de conscience publié il y a deux ans : « Pendant trois siècles, les bourreaux ne se lassèrent pas de frapper, ni les victimes de souffrir. Le christianisme recevait le baptême du sang. Il rendait témoignage à la liberté de conscience. C'était son âge héroïque... Montée au pouvoir, l'Église chrétienne devint l'ennemie de la liberté qu'elle avait si longtemps défendue [1]. » Dans un livre qui vient de paraître sous ce titre « *la Liberté religieuse,* » par un membre de l'Institut, la même proposition est répétée en ces termes : « Tant que la persécution a duré, on ne voit pas que les chrétiens aient demandé autre chose que la liberté ; mais une fois maîtres du pouvoir et persécuteurs à leur tour, ils ont distingué entre les droits de la vérité et les droits de l'erreur. Suivant eux, la résistance des premiers martyrs était juste, parce qu'ils étaient dans l'Église ; celle des ariens était criminelle, parce qu'Arius était hérétique [2]... » S'il fallait en croire les deux auteurs que je viens de citer, les premiers apologistes auraient demandé la liberté de conscience dans le sens rationaliste, tandis qu'après la persécution l'Église aurait changé de système, appliquant ainsi deux poids et deux mesures, selon qu'elle était elle-même ou dominante ou persécutée. Pour soutenir de pareilles propositions, il faut ne s'être jamais donné la peine d'ouvrir les apologistes des premiers siècles de l'Église. Jamais il ne leur est venu dans l'esprit de demander autre chose, si ce n'est la liberté de la vérité. C'est parce que nous enseignons la vérité, disait saint Justin, que nous réclamons le droit d'être admis au milieu de vous. Qui ne voit qu'il y a un abîme entre cette théorie chrétienne de la liberté de conscience basée sur le droit essentiel de la vérité et la théorie rationaliste qui

---

[1] *Liberté de conscience,* par M. Jules Simon, p. 72 et 75. Paris, 1857.
[2] *Liberté religieuse,* par M. Édouard Laboulaye, p. 7. Paris, 1859.

étend cette liberté à toutes les mille formes de l'erreur, sans que rien puisse y mettre un frein ? Ce serait vraiment chose par trop plaisante de s'imaginer qu'en revendiquant le libre exercice du culte catholique, saint Justin et les apologistes aient voulu en même temps plaider la cause du paganisme, du judaïsme et des hérésies. Ce qu'ils demandaient, encore une fois, c'est la liberté de la vérité, non pas la libre propagation de toutes les erreurs possibles, sous prétexte que tout homme a le droit d'enseigner ce que bon lui semble : il n'y a pas trace d'un pareil système dans leurs écrits. Si donc, dans les temps postérieurs aux persécutions, les États chrétiens ont mis des entraves à la libre propagation des hérésies, il n'est pas vrai de dire « que l'Église montée au pouvoir devint l'ennemie de la liberté qu'elle avait si longtemps défendue, » parce qu'elle n'avait jamais demandé ni défendu d'autre liberté que celle de la vérité. Il n'y a pas la moindre contradiction entre la conduite des apologistes revendiquant le libre exercice du culte chrétien et celle des conciles du moyen âge s'opposant au progrès des hérésies, parce que la généreuse protestation des uns et la vigoureuse initiative des autres n'avaient pour objet unique que d'affirmer et de défendre le droit de la liberté de la vérité.

J'insiste sur ce point, Messieurs, parce que ce n'est pas d'aujourd'hui qu'on cherche à retourner contre le moyen âge catholique les écrits des apologistes du deuxième et du troisième siècle, pour montrer que dans l'Église la liberté de conscience a été tour à tour invoquée et refusée selon les besoins de la cause. Dans ce parallèle entre les premiers chrétiens et les hérétiques des siècles suivants, on n'oublie qu'un point qui est capital : ceux-ci réclamaient la liberté de l'erreur, tandis que ceux-là ne demandaient pas autre chose que la liberté de la vérité. Or, il s'en faut bien que l'erreur, par elle-même, possède les mêmes droits que la vérité. Je dirai plus : l'erreur, en tant qu'erreur, n'a pas plus de droit dans l'ordre intellectuel que le vice, en tant que vice, n'a de droit dans l'ordre moral. Ce qui ne veut pas dire que la vérité ne doive jamais tolérer l'erreur à côté d'elle : les circonstances peuvent lui en faire une nécessité et même un devoir, pour empêcher un plus grand mal. Il peut arriver, par la force des évènements, que l'erreur acquière une extension telle qu'il vaut mieux la laisser subsister que de songer à l'éteindre au risque de troubler la société ou d'ensanglanter le monde. Je dirai même qu'une longue possession ou bien des conventions positives peuvent assurer à l'erreur, ici et là, une sorte d'existence légale. Mais il n'y a que le scepticisme qui puisse prétendre que l'erreur n'est pas un mal, ou qu'elle possède par elle-même le droit d'être et de vivre au même titre que la vérité. Pour soutenir cette proposition il faut affirmer que la vérité n'offre pas un caractère de certitude assez frappant pour que tous les hommes puissent et doivent la reconnaître. Je sais bien que les partisans de la liberté de conscience absolue et illimitée ne reculent pas devant cette conséquence. Voici par exemple ce que dit à ce sujet l'auteur de *la Liberté religieuse*, que je citais tout à l'heure : « Non, il n'est pas juste de dire que la possession de la vérité soit la mesure de notre droit ; car la vérité n'a point de signe certain que reconnaissent tous les hommes, et elle n'a point été promise à tous [1]. » Certes, voilà une singulière théorie, et il n'est pas besoin de la presser beaucoup pour en faire sortir le scepticisme pur. Il ne s'agit pas de savoir si tous les hommes reconnaissent la vérité, mais si elle a des signes certains qui leur permettent à tous de la reconnaître ; or, on ne saurait prétendre le contraire sans nier la distinction radicale de l'erreur et de la vérité. La vérité seule a le pouvoir d'engendrer la certitude, tandis que l'erreur ne peut donner que des opinions. De même, il est vrai de dire que Dieu n'a point promis la vérité à ceux qui ne feraient aucun effort pour la trouver ; mais il l'a promise à tous ceux qui la chercheraient de bonne foi. Voilà pourquoi on ne saurait établir de parallèle entre les

---

[1] M. Laboulaye : *la Liberté religieuse*, p. 8.

premiers chrétiens et les hérétiques des âges postérieurs, parce que les uns demandaient la liberté de la vérité, que les autres réclamaient la liberté de l'erreur, et que l'erreur n'a point, par elle-même, les mêmes droits que la vérité.

Je n'ignore pas, Messieurs, ce qu'on a coutume d'opposer à cette solution qui est fort simple et que nous maintenons dans la région des principes sans vouloir en faire l'application à un état social déterminé. Pour soutenir que l'erreur doit avoir, toujours et partout, le droit d'être et de vivre comme la vérité, on dit : les uns et les autres se croient en possession de la vérité, donc il faut leur accorder à tous le même droit et une égale liberté. Que cette tolérance puisse s'appliquer à un État où l'erreur a déjà conquis droit de cité par la force ou par des conventions, je le reconnais sans peine. Mais il ne faut pas l'ériger en système tellement absolu que le droit de coercition à l'égard de l'erreur ne puisse s'exercer dans aucun cas donné. Sans doute, les uns et les autres se croient en possession de la vérité ; mais il s'agit en définitive de savoir qui a tort et qui a raison. Or, cela n'est pas plus difficile en religion que dans toute autre matière. Comment démontre-t-on les théorèmes d'Euclide ? Par le raisonnement. De quelle manière peut-on prouver la vérité religieuse ? Par des preuves morales aussi certaines que les preuves mathématiques ; car la certitude n'admet pas de degrés, elle est ou elle n'est pas. Je veux bien qu'on n'ait jamais pensé à empêcher les gens de déraisonner en géométrie, parce que le carré de l'hypoténuse n'a jamais produit de révolution ; mais les erreurs religieuses ont des conséquences morales et sociales qui peuvent jeter la perturbation dans les États et les mener à deux doigts de leur ruine. Les guerres de religion depuis trois siècles en sont une preuve suffisante. Voilà pourquoi, tant pour la défense de la vérité que pour celle de l'ordre et de l'unité nationale, les États catholiques du moyen âge ont pu exercer contre les hérétiques un droit de coercition, dont il est impossible de méconnaître la légitimité, bien qu'il ne faille pas en étendre l'usage à des situations auxquelles il ne peut ni ne doit s'appliquer.

Il ne faut donc pas s'étonner, Messieurs, que nous ne trouvions pas dans les apologistes des premiers siècles la théorie de la liberté de conscience absolue et illimitée, d'après laquelle il ne serait jamais permis d'entraver qui que ce soit dans la libre manifestation de sa pensée. C'est qu'en effet cette théorie est aussi chimérique que fausse. Ce qui le prouve, c'est que ses propres partisans la restreignent dans la pratique, pour peu qu'on les presse. Voici de quelle manière l'auteur de *la Liberté de conscience* se défend des conséquences qui découlent de son système : « Nous voilà, dit-on, par cette liberté absolue des cultes, obligés de souffrir chez nous la doctrine des Mormons, qui consacre la pluralité des femmes ou les mystères de la bonne déesse ; car c'est l'argument, c'est l'exemple invoqué par Portalis... On dirait, à entendre ces arguments, que la communauté des femmes ou les sociétés secrètes sont permises en France, que nous n'y avons pas de lois pénales, ou que nous n'avons pas confiance dans la justice et la sévérité de nos tribunaux [1]. » Assurément, c'est un bon sentiment d'avoir confiance dans la justice et dans la sévérité des tribunaux ; mais, dans ce cas, il faut être conséquent avec soi-même et ne pas nier d'une manière absolue le droit de coercition en matière religieuse. Car, si la liberté des cultes ne souffre aucune limite, il n'est pas plus permis d'entraver celui des Mormons que tout autre. Par une inconséquence non moins forte, l'auteur de *la Liberté religieuse*, tout en attribuant à chaque homme le droit de professer tel dogme qui lui semble bon, n'entend pas qu'on touche à la morale [2] : comme si le dogme n'était pas la sanction de la morale, comme si la science des devoirs ne recevait pas le contre-coup des erreurs dogmatiques, et que, selon la belle expression de Bossuet, le bien

---

[1] M. Jules Simon : *la Liberté de conscience*, p. 178.
[2] M. Laboulaye : p. 37.

croire ne fût pas le fondement du bien vivre[1]. Vous le voyez, Messieurs, quoi qu'on fasse pour défendre la liberté de conscience absolue et illimitée, on est obligé malgré soi de la restreindre pour échapper aux conséquences anarchiques qui en découlent. Après cela, que cette limite posée à la libre propagation de l'erreur soit le dogme catholique comme au moyen âge, la loi naturelle comme de nos jours, il importe peu quant au principe. Toujours est-il que le droit de coercition en matière religieuse s'est toujours exercé et s'exercera toujours, à des degrés divers, selon les conditions où se trouvent les sociétés.

Ainsi, Messieurs, pour me résumer, en revendiquant des empereurs païens le libre exercice du culte chrétien, saint Justin et les apologistes des premiers siècles n'ont jamais songé à demander autre chose si ce n'est la liberté de la vérité. L'on chercherait en vain dans leurs écrits la théorie de quelques écrivains modernes, d'après laquelle il ne serait permis dans aucun temps ni dans aucun lieu d'entraver la libre propagation d'une doctrine quelconque. Ils ne s'appuyaient point sur de pareilles maximes que leurs propres défenseurs sont obligés d'abandonner ou de restreindre dans la pratique. Partant du fait de la tolérance accordée à toutes les superstitions païennes, ils ont réclamé pour l'Évangile un droit égal. Puis, après avoir employé cet argument personnel, *ad hominem,* ils ont affirmé le droit essentiel qu'a la vérité d'être et de vivre dans le monde. Voilà de quelle manière ils ont émancipé la conscience et affranchi l'âme humaine en faisant prévaloir le droit de la vérité contre l'abus de la force. En agissant de la sorte, ils ont montré comment la vérité doit procéder dans l'un des trois cas où elle peut se trouver. En effet, ou la vérité cherche à pénétrer au milieu de l'erreur, ou elle règne en souveraine, ou bien l'erreur est parvenue à se placer à côté d'elle. Dans ces trois hypothèses la marche qu'elle doit ou qu'elle peut

---

[1] 6ᵉ *Avert. aux prot.*, p. 347.

suivre est également simple et facile. S'agit-il de pénétrer au milieu de l'erreur, la vérité possède, à tout le moins, le droit d'être tolérée au même titre qu'elle. C'est l'histoire de l'Église pendant les persécutions des trois premiers siècles, où ses défenseurs revendiquent le droit commun à tous les cultes tolérés à cette époque et le droit propre et essentiel à la vérité. La vérité a-t-elle triomphé de l'erreur, règne-t-elle exclusivement dans un État, cet État peut légitimement exercer le droit de coercition contre les erreurs qui cherchent à l'envahir, à troubler la conscience de ses citoyens, à ébranler sa constitution, à déchirer et à ensanglanter la société. C'est l'histoire de l'Église pendant le moyen âge, où les divers États, professant tous un seul et même culte, cherchent à sauvegarder l'unité nationale dans l'unité religieuse. Enfin, l'erreur est-elle parvenue à pénétrer au milieu de la vérité, a-t-elle acquis une sorte d'existence légale consacrée par le temps, accordée par des traités ou par des conventions, il est du devoir de la vérité d'accepter franchement et sans arrière-pensée la situation que les évènements lui ont faite. C'est l'état de l'Église dans les temps modernes, où diverses sociétés religieuses sont venues se placer à côté d'elle. Eh bien ! Messieurs, sans sacrifier le principe qui a régi les États catholiques du moyen âge, sans dire que, par elle-même, l'erreur a les mêmes droits que la vérité, nous pouvons voir dans la liberté de conscience, restreinte et limitée, telle qu'elle est inscrite dans nos lois et plus encore dans nos mœurs, nous pouvons, dis-je, y voir, relativement à notre époque, un fait légitime, salutaire. Quiconque songerait à y porter atteinte nuirait à la cause de la vérité, bien loin de la servir. La pratique sincère de la tolérance civile est devenue pour nous tous un devoir de conscience. Il a plu à Dieu de permettre que cette magnifique unité chrétienne, qui a fait la grandeur du passé, fût rompue par la faute des uns et par les passions des autres. La reconstituer, c'est le devoir du présent ; ce sera, sans nul doute, le résultat de l'avenir. Mais, de même que la vérité s'est établie dans le monde par la force que Dieu a mise en elle, elle pourra s'y rétablir par les mêmes moyens ; et ce serait assurément la plus haute preuve de sa puissance que d'avoir triomphé par elle-même, sans l'intervention d'une force étrangère qui a trompé plus d'une fois ceux qui s'y confiaient, et coûte souvent cher à ceux qui la demandent.

TREIZIÈME LEÇON

Preuve de la divinité du christianisme par l'excellence de sa morale. — Caractère et valeur de cet argument. — Forme dans laquelle saint Justin le présente. — Adressée aux Antonins, cette démonstration pouvait être décisive. — Comparaison de la morale stoïcienne avec la morale évangélique. — Analogie et différence. — Défauts essentiels de la théorie morale d'Épictète. — Les *Pensées* de Marc-Aurèle. — Qualités de ce recueil de sentences morales. — Vice radical du système. — Le stoïcisme éloigne les Antonins de la religion chrétienne plutôt qu'il ne les en rapproche. — Action indirecte de la doctrine évangélique sur le stoïcisme romain au temps d'Épictète et de Marc-Aurèle. — En constatant l'efficacité de l'Évangile pour la réformation des mœurs, l'apologétique s'appuyait sur un fait surhumain.

Messieurs,

Nous avons cherché, la dernière fois, à montrer dans quel sens et en vertu de quels principes saint Justin revendiquait pour les premiers chrétiens le libre exercice de leur culte. S'appuyant d'une part sur la tolérance de fait accordée par les empereurs romains à toutes les superstitions de l'époque, il essayait, par voie d'argument personnel, de faire participer les chrétiens au bénéfice du droit commun. D'autre part, en démontrant la divinité du christianisme, il réclamait pour lui le droit d'être et de vivre que la vérité tire de sa nature et de son essence même. Après avoir dégagé le double principe qui sert de base à son argumentation, nous en avons rapproché la théorie toute moderne de la liberté de conscience absolue et illimitée; et nous avons vu que loin d'attribuer à tout homme le droit de manifester librement sa pensée quelle qu'elle soit, sans gêne ni entrave, saint Justin et les apologistes qui l'ont suivi n'ont jamais demandé autre chose, si ce n'est la liberté du vrai et la liberté du bien.

Tel est, Messieurs, le premier ordre d'idées autour duquel se développe le discours que nous étudions. Comme vous le voyez, ce qui s'y rattache directement, c'est la preuve de la divinité du christianisme. Je n'appellerai pas cette démonstration une deuxième partie de l'apologie, parce que l'absence de divisions laisse au discours une forme moins régulière et plus libre. Il n'est pas moins vrai qu'à défaut de liaison artificielle, un lien logique unit entre elles les diverses matières traitées par l'apologiste chrétien. C'est ainsi qu'il n'est point difficile de suivre la marche choisie par saint Justin pour établir la divinité du christianisme par les deux preuves qu'il affectionne de préférence : l'accomplissement des prophéties de l'Ancien Testament et l'excellence de la morale évangélique[1]. Je ne m'attacherai qu'à celle-ci, parce que la première se retrouve avec plus d'étendue dans le *Dialogue avec Tryphon*, où nous l'examinerons de plus près.

Parmi tous les caractères de divinité que présente le christianisme, celui qui a toujours frappé davantage la généralité des hommes, c'est la supériorité de sa morale. Ses plus grands adversaires, depuis Julien l'Apostat jusqu'à Rousseau, se sont vus forcés de rendre hommage à la sublimité des préceptes que renferme l'Évangile, et tandis que le dogme chrétien n'a cessé d'être en butte aux attaques les plus diverses, la morale évangélique a eu moins à souffrir de ces négations systématiques. Ce n'est pas, Messieurs, que le devoir repose sur une base plus certaine que le dogme : la conscience n'a pas plus d'autorité que la raison, et la parole de Dieu mérite une égale croyance soit qu'elle s'adresse à l'une ou à l'autre. Malgré cela le dogme a toujours soulevé plus d'oppositions, du moins en théorie, que la morale, parce que celle-ci parle au cœur non moins qu'à la raison

---

[1] XIV-XVII ; XXX-LII.

elle subjugue l'intelligence par le sentiment ; or, quand les impressions de l'âme viennent s'ajouter aux jugements de l'esprit, le sophisme ne triomphe qu'avec peine de cette double force. Tel qui aura résisté à la plus belle démonstration de la Trinité se sentira désarmé à la vue d'un homme qui, au nom du Christ, pardonne à son ennemi. Voilà pourquoi il n'est pas rare de trouver une admiration sincère pour la morale chrétienne là où a disparu la foi au dogme révélé. Il y a plus. Dans la vie des individus comme dans celle des sociétés la loi morale est d'une application plus directe et plus fréquente que le dogme : la nécessité d'un frein pour la volonté est plus évidente aux yeux du grand nombre que le besoin d'une règle pour l'intelligence. De là ces terreurs paniques des hommes d'État et des gens d'esprit, dès qu'on touche à la morale qu'ils défendent comme l'arche sainte, tandis qu'ils font assez bon marché du dogme comme d'une affaire de pure spéculation. Enfin, il est vrai de dire que le dogme, se rapportant plus directement à Dieu ou à l'infini, est par le fait même enveloppé de mystères, tandis que la morale, s'appliquant à l'homme, se présente sous un jour plus lumineux. Il en résulte que la divinité du christianisme se manifeste d'une manière plus sensible par l'ensemble de ses préceptes que par le symbole de ses croyances; ou du moins la supériorité de sa morale est plus accessible à toutes les intelligences que l'élévation ou la profondeur de son dogme. C'est donc avec raison que saint Justin s'attachait à faire ressortir l'excellence de la théorie chrétienne du devoir, pour gagner l'esprit des empereurs romains en faveur de la religion persécutée.

Une raison toute personnelle ajoutait au poids de cette argumentation. A qui s'adressait la première apologie de saint Justin ? A des princes qui se faisaient gloire d'appartenir à l'école stoïcienne, aux Antonins. Or l'école stoïcienne était une école de moralistes qui plaçaient dans la science des devoirs le but principal, pour ne pas dire unique, de la philosophie. Dès lors rien ne semblait plus propre à incliner l'esprit des Antonins vers la religion chrétienne que l'excellence de la morale évangélique. Avant de voir ce que le stoïcisme romain pouvait mettre en parallèle par l'organe d'Épictète et de son disciple Marc-Aurèle, écoutons saint Justin exposant aux empereurs philosophes les principaux préceptes du christianisme :

Les discours du Christ notre Maître étaient courts et précis ; car il n'était pas sophiste, mais sa parole avait une force divine. C'est ainsi qu'il nous a enseigné la chasteté, ne se bornant pas à resserrer le mariage dans l'unité d'un lien perpétuel, mais étouffant le désir coupable au fond même de l'âme. Suivant ses conseils, il en est beaucoup parmi nous qui gardent une continence perpétuelle. Après nous avoir inculqué cette première vertu, il nous a fait un devoir de la charité : il nous a ordonné d'aimer tous les hommes, de prier pour nos ennemis, de bénir ceux qui nous maudissent. Ici, saint Justin transcrit ces magnifiques passages de l'Évangile qui recommandent l'oubli des offenses, le pardon des injures, l'aumône désintéressée. Il ne craint pas d'en appeler à l'expérience pour montrer que ces divers préceptes ne sont pas restés à l'état de théorie, mais qu'ils se réalisent tous les jours dans la pratique. Car, dit-il, parmi nous il ne s'agit pas de se dire chrétien ; il faut le prouver par les actes ; le Christ l'a dit : « Ce n'est pas celui qui aura dit Seigneur, Seigneur, qui entrera dans le royaume des cieux, mais celui qui aura fait la volonté de mon Père. » Notre Maître exige de nous une telle droiture qu'il nous interdit tout jurement : une simple affirmation doit garantir notre véracité. Nous n'adorons que Dieu et nous lui rendons l'hommage de tout notre être ; ce qui ne nous empêche pas de rendre à César ce qui est à César, d'honorer les princes de la terre et de leur donner ce qu'ils ont le droit de nous demander. Que s'ils cherchent à nous faire violence, nous n'en ressentirons aucun dommage ; car le Christ nous a prémunis contre tout péril de ce genre, en nous disant : Ne craignez pas ceux qui deuvent vous tuer, craignez plutôt celui qui après votre mort peut jeter votre âme et votre corps dans l'enfer. Voilà le mobile de notre conduite et la règle de nos actions [1].

Lorsqu'on songe que cette analyse ou plutôt ce résumé de la morale évangélique s'adressait aux princes les plus vertueux qui se soient assis sur le trône impérial de Rome, on s'étonne à bon droit qu'elle n'ait pas complétement triomphé de leurs préjugés. Sans doute, à cette époque, Marc-Aurèle n'était pas encore le moraliste profond qui devait laisser plus tard dans ses *Pensées* un monument remarquable de la philosophie ancienne: le brillant élève de Fronton n'avait pas encore fait place à l'émule d'Épictète. Toutefois l'esclave d'Épaphrodite avait déjà fait sentir son influence sur le fils adoptif d'Antonin. Or, s'il est une morale qui se rapproche sur certains points de la morale évangélique, c'est celle d'Épictète.

Cette ressemblance, il ne faut ni l'exagérer ni l'amoindrir. Ceux qui ont voulu en tirer parti pour prétendre que le christianisme n'a été qu'une transformation ou un développement du stoïcisme en sont évidemment pour leurs frais d'imagination. On constaterait plutôt l'influence des lois de Manou sur le Code Napoléon que celle de l'école stoïcienne sur l'Évangile né dans une contrée et au milieu de circonstances toutes différentes. Ce serait néanmoins se jeter dans un autre extrême que de nier toute analogie entre les écrits d'Épictète ou de Marc-Aurèle et la morale chrétienne. Voilà pourquoi il importe de comparer la théorie des deux contemporains de saint Justin au passage que je viens d'analyser, pour montrer qu'en dépit d'une certaine similitude de détails, saint Justin avait raison de proclamer l'excellence et la supériorité de la morale évangélique.

Ce qui frappe, en effet, lorsqu'on examine avec attention le Manuel d'Épictète, les fragments de sa doctrine conservés par Stobée et les dissertations qu'Arrien son disciple a recueillies ou mises dans sa bouche, c'est le mélange d'éléva-

---

[1] 1re *Apolog.*, 14, 15, 16, 17, etc.

tion et de bassesse, de vérité et de fausseté qu'on trouve dans ses maximes. Tantôt il s'élève à une telle hauteur qu'il semble toucher au christianisme ; tantôt il descend à une trivialité de sentiments que rien ne rachète. Ce sont les aspirations d'un grand esprit, doué d'un sens moral supérieur, mais qui n'a pas de règle sûre pour marquer la ligne du devoir. Aussi, loin de redouter pour la morale évangélique le voisinage de celle d'Épictète, nous trouvons précisément dans les lacunes et dans les contradictions de cette dernière la confirmation de cette parole de Rousseau : « L'Évangile seul est, quant à la morale, toujours sûr, toujours vrai, toujours unique et toujours semblable à lui-même... L'intelligence nous dit qu'il convient aux hommes de suivre ses préceptes, mais qu'il était au-dessus d'eux de le trouver[1]. » Plus la morale d'Épictète se rapproche de celle de l'Évangile, mieux elle laisse voir ce qui l'en sépare.

Ainsi, Messieurs, on ne peut qu'être surpris de trouver dans l'esclave phrygien quelques linéaments d'une vertu qui n'avait pas même de nom dans l'antiquité païenne, l'humilité. « Le commencement de la philosophie, dit-il, est la conscience de notre faiblesse et le sentiment de notre impuissance dans les choses nécessaires[2]. » Il ne veut pas que l'homme se fie à ses seules forces pour sortir victorieux des combats de la vertu ; mais, après avoir célébré la grandeur morale de cette lutte intérieure, où il s'agit pour l'homme d'assurer son bonheur et sa liberté, il ajoute : « Souvenez-vous de Dieu, invoquez-le pour qu'il vous aide et combatte avec vous, comme les navigateurs implorent la protection de Castor et de Pollux[3]. » Certes, voilà de beaux sentiments, et l'on chercherait en vain dans la philosophie antique une théorie qui rappelle davantage l'humilité chrétienne, basée sur le double principe qu'exprime Épictète, la défiance de

---

[1] J.-J. Rousseau : *Lettres écrites de la Montagne.* Paris, 1773, p. 30, 86, 87.

[2] *Dissert. Arriani* : II, 11.

[3] *Ibid.*, II, 18.

soi-même et la confiance en Dieu. Mais voyez ce que l'absence d'une règle infaillible et sûre laisse de vague et d'incertain dans la science des devoirs. L'orgueil qui fait le fond du stoïcisme reprend le dessus, et inspire à Épictète un contentement de soi-même et un retour de complaisance sur ses belles qualités, qui forment tout juste le contre-pied de l'humilité : « Jupiter veut connaître s'il a un soldat tel qu'il en faut. Il veut me produire devant les autres hommes comme témoin des choses qui ne sont pas en notre pouvoir... Est-ce qu'il me hait? Nullement. Qui pourrait haïr *le meilleur de ses serviteurs ?...* Je veux que la mort me trouve ainsi occupé pour que je puisse dire à Dieu : Seigneur, ai-je violé vos commandements ? Ai-je fait abus des désirs que vous m'avez donnés ? De mes sens, de mes opinions ? Vous ai-je jamais accusé? Ai-je jamais murmuré contre votre providence ? J'ai été malade quand vous l'avez voulu : sans doute, les autres l'ont été également; mais moi, j'ai accepté la maladie. J'ai été pauvre, parce que vous l'avez voulu ; mais je l'ai été gaiement. Je n'ai pas commandé parce que vous ne l'avez pas voulu ; je n'ai jamais désiré le commandement et je n'en ai pas été plus triste[1]... » Cela se réduit à dire : je suis le meilleur des hommes et n'ai jamais fait que du bien. La confession d'Épictète est précisément l'opposé de la confession chrétienne et consiste à énumérer le bien qu'on a fait pour taire le mal qu'on a commis. Voilà de quelle manière le stoïcisme entendait l'humilité. Du reste, Épictète ne cache pas ce soin de la pose commun à toute la secte : « On nous demande pourquoi nous tenons le sourcil haut, pourquoi tant de gravité qui ne nous sied pas? Je ne suis pas encore bien ferme dans les matières que j'ai apprises et auxquelles je donne mon assentiment. Je crains encore ma faiblesse. Mais laissez-moi devenir plus ferme, plus constant. Alors je prendrai le visage et l'air qui me convient. Alors je vous montrerai mon effigie, quand elle

---

[1] *Dissert. Arriani :* III, 5, 24.

sera achevée et resplendissante. Que regardez-vous? Mon sourcil? Est-ce qu'à Olympie la statue de Jupiter fronce quelquefois le sourcil? Son visage est tel qu'il convient à celui qui parle ainsi : je ne dis rien que de vrai et d'irrévocable. Ainsi me montrerai-je à vos yeux, fidèle, plein de prudence et de courage, inaccessible au trouble. Te verrai-je aussi immortel, ne vieillissant jamais et sans maladie! Non, mais vous me verrez mourant divinement, malade divinement. Cela est en mon pouvoir : je puis te le montrer; le reste ne m'appartient pas. Je te ferai voir les nerfs d'un philosophe. Quels nerfs? Désirs jamais frustrés, aversion bien placée, efforts réglés, plan circonspect, consentements sans repentir. Admire ce spectacle[1]! »

Il me paraît difficile, Messieurs, de pousser plus loin l'exaltation de l'orgueil. Comme vous l'entendez, Épictète cherche à poser en Jupiter Olympien : il en prend toutes les allures; s'il ne peut pas se donner l'immortalité comme le dieu, il tâchera du moins de prouver à tout le monde qu'un philosophe peut être malade et mourir divinement[2]. Ai-je besoin de vous dire qu'entre ces prétentions à l'héroïsme, cette superbe et perpétuelle contemplation de soi-même, et l'humilité chrétienne, il y a tout un abîme? Non, malgré quelques lueurs de vérité dues peut-être à l'influence chrétienne déjà forte à cette époque, le stoïcisme d'Épictète manquait d'humilité et par suite de charité.

Sans doute, ici encore nous trouvons la même contradiction. Parfois l'on dirait qu'Épictète pressent ou devine le précepte chrétien de la charité; mais la dureté du stoïcisme vient comprimer à chaque instant cet élan généreux de l'amour. Il y a comme un souffle de christianisme dans ces maximes : « Le sage ne loue personne, ne blâme personne, ne se plaint de personne, n'accuse personne : il ne parle ni de ce qu'il est ni de ce qu'il sait; vient-il se heurter contre

---

[1] *Dissert. Arriani* : II, 8.
[2] Ἀποθνήσκοντα θείως, νοσοῦντα θείως.

un obstacle : il ne s'en prend qu'à lui-même ; reçoit-il des éloges : il rit en lui-même de celui qui le loue ; reçoit-il des reproches : il ne songe pas à s'en laver... A-t-il reçu quelque mauvais traitement en parole ou en action : il se souvient aussitôt que la déception est pour celui qui fait l'offense. Partant de ce principe, il supporte patiemment celui qui l'outrage, en se disant : c'est son opinion [1]. » Malgré les réserves qu'on peut faire sur la justesse de quelques-unes de ces maximes, je suis convaincu que plus d'un d'entre vous les aura rapprochées du magnifique tableau de la charité tracé par saint Paul dans sa première épître aux Corinthiens : « La charité est bénigne, elle est patiente. La charité n'est pas envieuse, elle n'est point téméraire et précipitée ; elle ne s'enfle pas d'orgueil. Elle n'est point ambitieuse, elle ne cherche pas ses propres intérêts ; elle ne se pique ni ne s'aigrit ; elle ne pense point le mal. Elle ne se réjouit point de l'injustice, mais elle se réjouit de la vérité. Elle supporte, elle croit tout, elle espère tout, elle souffre tout. » Mais ce parallèle fait ressortir précisément la différence des doctrines. Ce qui anime la charité dans saint Paul, c'est l'amour de Dieu et du prochain ; rien de pareil dans Épictète. S'il veut que son sage ne s'émeuve ni du blâme, ni de l'insulte, ni de l'outrage, ce n'est ni par humilité, ni par charité ; c'est par égoïsme, afin qu'aucune émotion trop forte ne vienne troubler la tranquillité de son âme ; c'est pour ne pas sortir de cette impassibilité, de cette *ataraxie* qui est le caractère propre de la vertu stoïcienne. Aussi loin de s'apitoyer sur les souffrances de ses semblables, de s'attendrir sur les maux de ses frères, le disciple d'Épictète, insensible à ses propres malheurs, restera impassible devant celui des autres. Écoutons cette étrange charité dans la bouche du maître de Marc-Aurèle : « Un fils est mort, qu'en est-il résulté ? Un fils est mort, rien de plus, rien de moins... Un vaisseau a péri, qu'en est-il arrivé ? Un vaisseau a péri. Un

---

[1] Ὅτι ἔτοξεν αὐτῷ. — *Manuel*, 42, 48.

tel a été jeté en prison : c'est un malheur, dira-t-on ; point du tout, Jupiter a voulu que ces évènements ne fussent pas des maux[1]. » Plus loin, il compare la mort d'un ami à une vieille marmite brisée par accident. « Devez-vous mourir de faim parce que vous avez cassé la vieille marmite dans laquelle vous prépariez vos aliments ? N'en achetez-vous pas plutôt une autre sans perdre le temps en de vaines lamentations[2] ? » Cette assimilation d'un ami que l'on perd à une marmite qui se casse peut être très pittoresque, mais elle est, à coup sûr, peu charitable. Enfin voici qui, en fait de charité, dépasse tout le reste. Épictète n'est pas plus touché de la mort des hommes que de la destruction des bœufs ou des moutons. C'est qu'en effet, du moment qu'il s'agit de ne pas se créer d'émotions, il faut aller jusqu'au bout et ne pas rester en route : « Qu'y a-t-il d'étrange dans la mort d'un grand nombre de bœufs ou de moutons, dans la destruction des nids de cigognes et d'hirondelles ? Y a-t-il quelque chose de plus terrible dans les malheurs de la guerre ? Tout cela, n'est-ce pas à peu près la même chose ? Les corps des hommes sont détruits comme ceux des bœufs et des moutons ; les maisons des hommes sont réduites en cendre comme les nids des cigognes et des hirondelles ; qu'y a-t-il là qui doive nous affliger[3] ? » Je n'en veux pas à Épictète d'avoir été insensible au sort des bœufs et des moutons ; mais il faut avoir une peur étrange des émotions pour chercher la force d'âme dans les abattoirs.

Et maintenant, je vous le demande, Messieurs, est-ce là le précepte de la charité ? Quelle distance de cette impassibilité cruelle à la tendresse d'âme avec laquelle le divin fondateur du christianisme pleurait sur la tombe d'un ami, sur une ville ingrate dont il prévoyait les malheureuses destinées ! Quelle différence entre ces paroles d'Épictète, froides comme le marbre, et ce langage de saint Paul, tout brûlant

[1] *Dissert. Arriani:* I, 28.
[2] *Dissert. Arriani:* IV, 10.
[3] *Ibid.*, I, 28.

d'amour : « O Corinthiens, ma bouche s'ouvre et mon cœur se dilate vers vous. Vous n'êtes point à l'étroit dans mon cœur... Quelqu'un est-il infirme parmi vous sans que je ne le sois avec vous ? » Conçoit-on que l'ignorance ou la mauvaise foi ait pu songer un instant à opposer une théorie si peu humaine à la morale évangélique ? Évidemment, la charité manquait au stoïcisme d'Épictète non moins que l'humilité : c'est avec raison que saint Justin rappelait aux Antonins les préceptes de la religion chrétienne pour en démontrer la divinité. Sans nul doute, il y a dans cette affectation d'insensibilité, qui nie la souffrance ou qui la méprise, une force apparente ou réelle propre à faire illusion. « Mais, comme l'écrivait Montaigne dans ce style qui lui est familier, c'est faire la poignée plus grande que le poing, la brassée plus grande que le bras, c'est espérer d'enjamber plus que l'étendue de nos jambes[1]. » Ou bien, comme disait Bossuet, « c'est le prendre d'un ton bien haut pour des hommes faibles et mortels. Mais, ô maximes vraiment pompeuses ! ô insensibilité affectée ! ô fausse et imaginaire sagesse, qui croit être forte parce qu'elle est dure, et généreuse parce qu'elle est enflée[2] ! » Si j'ajoutais maintenant que la loi de la chasteté n'est guère moins défectueuse dans Épictète que le précepte de l'humilité et de la charité ; qu'il ne parvient pas à dégager la liberté humaine de l'empire du destin ou des étreintes de la fatalité ; qu'il réduit le vice à une simple erreur de l'intelligence, et qu'enfin cette morale fastueuse n'a pas de sanction certaine dans l'immortalité de l'âme, vous concluriez avec moi, Messieurs, que les maximes d'Épictète sont aussi éloignées du christianisme qu'une conception humaine peut l'être d'une œuvre divine.

Mais ce qui, plus encore que les défauts ou les imperfections de cette morale, trahissait son origine tout humaine, c'était son impuissance dans la réforme des mœurs ou sa

---

[1] *Essais* : liv. II, c. XII.
[2] *Sermon sur la Providence*.

complète stérilité. Dans une de ces saillies de bon sens qui lui échappaient par intervalle, Voltaire s'écriait : « Depuis Thalès jusqu'à nos jours, aucun philosophe n'a influé seulement sur les mœurs de la rue où il demeurait. » Voilà pourquoi saint Justin s'efforçait de montrer aux Antonins qu l'Évangile transformait réellement la vie de ceux qui l'embrassaient. Épictète sentait si bien la difficulté de cette entreprise, qu'il disait : « Montrez-moi quelqu'un qui soit formé selon les dogmes qu'il prêche. Montrez-moi quelqu'un qui dans la maladie soit heureux, qui dans le péril soit heureux, qui dans la mort soit heureux, qui dans l'exil soit heureux, qui dans l'ignominie soit heureux. Montrez-le-moi, par les dieux ! Je désire voir un pareil stoïcien. Vous n'en avez pas d'achevé. Montrez-moi un ouvrier qui ait commencé une œuvre semblable. Rendez-moi ce service, n'enviez pas à un vieillard de contempler un spectacle que jusqu'à présent il n'a point vu. Ce n'est pas un Jupiter ou une Minerve de Phidias que je vous demande, une statue d'or et d'ivoire. Montrez-moi l'âme d'un homme qui veuille se conformer à la volonté de Dieu, qui ne se plaigne jamais ni de Dieu ni des hommes, qui ne soit jamais frustré dans ses vœux, qui ne soit blessé de rien, qui n'ait ni colère, ni envie, ni jalousie ; qui, pour tout dire en un mot, désire dépouiller l'homme pour devenir un dieu, et qui, dans ce corps mortel, ait résolu d'entretenir un commerce avec Jupiter. Mais vous n'en avez pas à me montrer[1]. »

Le sage qu'Épictète demandait à son temps et qu'il désespérait de trouver, il aurait pu le rencontrer à ses côtés, s'il l'avait cherché ailleurs que dans la philosophie païenne. Il y avait, en effet, à l'époque où le philosophe d'Hiérapolis jetait ce cri de détresse, des hommes que ni les opprobres, ni les tourments, ni la mort ne parvenaient à abattre ni à vaincre ; qui conservaient, au milieu des supplices, cette sérénité de l'âme, cette résignation forte et tranquille que

---

[1] *Dissert. Arriani :* II, 19.

demandait Épictète ; des hommes qui plaçaient toute leur confiance en Dieu, qui acceptaient la souffrance sans plainte ni murmure ; des hommes qui, loin de se déchirer entre eux, se regardaient comme des frères et mettaient en commun leurs forces et leurs biens, leurs espérances et leurs joies ; des hommes enfin qui aspiraient à l'union avec Dieu, et qui, dans un corps mortel, entretenaient un commerce divin fondé sur la foi et sur l'amour. Ces hommes nouveaux, dont saint Justin traçait l'image sous les yeux des Antonins, c'étaient les chrétiens, vrais philosophes formés par l'Évangile, véritables stoïciens avec l'orgueil de moins et la charité de plus.

Et pourquoi cette différence ? D'où vient que l'Évangile se montrait fécond là où le stoïcisme restait stérile? Saint Justin l'expliquait aux Antonins : « Le Christ n'était pas un sophiste, mais sa parole était la vertu même de Dieu. » Comment un homme tel que Marc-Aurèle pouvait-il méconnaître ce caractère de divinité qui éclatait dans la religion persécutée ? Cela est d'autant plus étrange que ses *Pensées,* le seul ouvrage qui nous reste de lui avec ses *Lettres,* paraissent tout imprégnées de christianisme. Lorsqu'on passe d'Épictète à Marc-Aurèle, on est frappé du progrès qui se manifeste de l'un à l'autre. Esprit moins vigoureux que l'esclave philosophe, le fils d'Antonin a subi une influence qui le rend supérieur à son maître. On ne saurait nier cette influence étrangère au développement naturel du stoïcisme, sans aller à l'encontre des faits les mieux établis. Quand Marc-Aurèle écrivait, sur la fin de ses jours, ses *Mémoires,* véritables commentaires de sa vie morale, il connaissait le christianisme de longue date : il avait des chrétiens dans son palais, dans ses armées ; suivant une tradition assez autorisée, il avait attribué lui-même sa victoire sur les Marcomans aux prières de la Légion fulminante toute composée de chrétiens [1]. Un observateur si pénétrant n'aurait-il jeté

---

[1] Tertullien ne craint pas d'arguer de ce fait dans son *Apologétique,* v.

qu'un coup d'œil superficiel sur une doctrine qui remplissait l'empire? Sans doute, les préjugés du philosophe, s'ajoutant à ceux de l'homme d'État, mettaient obstacle à une appréciation équitable de la religion chrétienne; mais il arrive souvent qu'on se laisse gagner à son insu et malgré soi par l'influence des idées que l'on cherche à combattre. C'est ce qui eut lieu, à n'en pas douter, pour Marc-Aurèle. Comme l'a fort bien remarqué un éminent jurisconsulte, dans son livre de l'*Influence du christianisme sur le droit romain* : « Marc-Aurèle, qui persécutait les chrétiens, était plus chrétien qu'il ne croyait dans ses belles méditations[1]. » Ce fait n'a rien qui doive nous surprendre. Depuis plus d'un siècle, le christianisme vivait au milieu de la société païenne et s'insinuait en elle par tous les pores. Son enseignement, l'exemple de ses disciples, leurs vertus agissaient sur le monde, sur ceux-là même qui ne se convertissaient pas. C'était un levain fécond qui, venant à se mêler à la masse des idées répandues à cette époque, y produisait une fermentation salutaire. On a beau dire que l'action de la doctrine évangélique sur le stoïcisme romain n'a été qu'indirecte; elle n'est pas moins réelle, pour avoir été secrète et voilée. Je ne prétends pas que les adeptes de ce système aient puisé à pleines mains dans les documents mêmes de la révélation : non, ce qu'on trouve chez eux et ce qui frappe d'étonnement, ce sont des lueurs échappées au christianisme qui déjà éclairait le monde, un reflet d'idées chrétiennes qui colore leurs compositions de teintes toutes nouvelles. Cette influence peut seule expliquer comment Marc-Aurèle, qui n'a ni l'élévation de Platon, ni l'étendue d'esprit de Cicéron, ni la pénétration de Sénèque, est néanmoins beaucoup plus avancé qu'eux dans sa théorie morale. Il y a telle page, dans ses *Pensées*, qu'on dirait, à certains détails près, inspirée par le christianisme, témoin cette belle peinture du néant des choses humaines :

---

[1] M. Troplong : pp. 76 et 89.

« Dans un instant tu ne seras plus que de la cendre, un squelette, un nom, ou pas même un nom. Et le nom n'est qu'un bruit, un écho ! Ce que nous estimons tant dans la vie n'est que vide, pourriture, petitesse : des chiens qui mordent, des enfants qui se battent, qui rient, qui pleurent bientôt après. La foi, la pudeur, la justice et la vérité ont, pour l'Olympe, quitté la terre spacieuse. Qu'y a-t-il donc qui te retienne ici-bas ? Les choses sensibles sont sujettes à mille changements et n'ont rien de solide ; les sens n'ont que des perceptions obscures, toutes pleines de fausses images ; la force vitale elle-même est une vapeur de sang ; la gloire n'est rien, si tu songes à ce que sont les hommes. Qu'attends-tu donc ? Tu attends avec calme l'instant où tu vas t'éteindre, te déplacer peut-être. Jusqu'à ce que ce temps arrive, que te faut-il ? Te faut-il autre chose que d'honorer, louer les dieux, de faire du bien aux hommes, de savoir supporter et t'abstenir ? Rappelle-toi que tout ce qui est en dehors de ton corps et de ton esprit n'est ni à toi, ni sous ta puissance [1]. »

Voilà, Messieurs, le détachement chrétien sinon dans toute la pureté de son principe, du moins dans une partie de ce qui le constitue, un vif sentiment de la fragilité des biens de ce monde. Marc-Aurèle ne se rapproche pas moins de l'Évangile, lorsqu'il cherche à étouffer dans le cœur des hommes la colère, la vengeance, la haine [2]. Sans doute, ce n'est pas tout à fait le pardon des injures dans le sens chrétien, puisque la charité n'en est pas le principe. Si le sage oublie les offenses, c'est qu'elles ne peuvent l'atteindre ; il doit passer outre et ne pas y prendre garde ; elles n'excitent en lui que la pitié. Il y a de l'imperfection dans ces règles de conduite ; mais enfin ce stoïcisme nouveau, c'est du christianisme commencé. Marc-Aurèle est plus tendre, plus sympathique aux maux de l'humanité qu'Épictète dont

---

[1] *Pensées de Marc-Aurèle :* v, 33.
[2] *Ibid.*, II, 1 ; VI, 20 ; VII, 22, et 26 ; XI, 13.

la froideur, l'insensibilité est contre nature. Je dirai même qu'on trouve un accent de piété véritable dans la prière par laquelle il remercie les dieux « de lui avoir donné de bons aïeux, de bons parents, une bonne sœur, de bons maîtres et, dans son entourage, dans ses proches, dans ses amis, des gens presque tous remplis de bonté [1]. » Je conçois qu'en présence de telles maximes, le cardinal Barberini, neveu du pape Urbain VIII, ait pu dire, dans la préface de sa traduction des *Pensées de Marc-Aurèle*, « qu'il voulait rendre son âme plus rouge que sa pourpre au spectacle des vertus de ce gentil. » Toutefois, n'exagérons rien. Si Marc-Aurèle dépasse de beaucoup l'ancien stoïcisme, si la religion nouvelle l'a pénétré, malgré lui et à son insu, d'une secrète influence, sa morale n'en reste pas moins entachée de vices radicaux qui suffisent pour en détruire l'effet. Il peut y avoir, entre ses *Pensées* et l'Évangile, une certaine conformité de détails; il règne entre eux une opposition de principes. Lorsqu'on parcourt l'ouvrage de l'empereur philosophe, on y sent comme deux courants contraires qui se combattent : c'est l'esprit de l'ancien monde et l'esprit du monde nouveau qui s'y rencontrent, se mêlent et tour à tour l'emportent l'un sur l'autre. Pour rendre ma pensée d'une manière plus précise, il y a deux hommes dans Marc-Aurèle, l'homme du stoïcisme qui en subit les erreurs, et l'homme de la raison naturelle éclairée par une lumière du dehors que l'on ressent et que l'on devine. Ce conflit de deux principes contradictoires donne la clef d'une œuvre, trop élevée pour être le produit pur du paganisme, trop défectueuse pour être chrétienne. Oui, il reste un abîme entre la théorie morale de Marc-Aurèle et l'esprit évangélique. Le dogme de la fatalité pèse sur ce livre comme une main de fer pour y comprimer tout élan généreux. Non pas que le fils d'Antonin ne cherche à s'y soustraire par intervalle pour s'engager dans d'autres perspectives. Comme toujours, il est ballotté

---

[1] *Pensées de Marc-Aurèle* : I, 17.

par deux souffles venant de sens contraires. Vingt fois, dans le cours de ses *Méditations,* il se pose cette terrible alternative : ou il y a dans le monde une nécessité fatale, ou bien une Providence qu'on peut fléchir ; et jamais il ne parvient à franchir le doute ni à secouer le joug de l'ancien dogme stoïcien. Même incertitude sur la question de la vie future. Il ne sait si l'âme est immortelle ; il affirme même le contraire : « Les âmes, dit-il, quand elles sont transportées dans l'air, y font quelque séjour, puis changent, se dissipent, s'enflamment, absorbées par la puissance génératrice de l'univers et, de cette façon, font place aux survenantes [1]. » On ne saurait nier d'une façon plus explicite la permanence de la personnalité humaine. De là, Messieurs, cette tristesse profonde répandue dans tout l'ouvrage et qui serre le cœur : ennui, dégoût de la vie bien différent de la mélancolie chrétienne, de cette aspiration vers l'infini d'une âme qui se sent à l'étroit au milieu des choses d'ici-bas. Non, Marc-Aurèle ne sait pas consoler l'homme des épreuves de son existence terrestre, parce qu'il n'a rien à lui offrir en échange. Il faut en prendre son parti, dit-il, se consoler par l'idée que tout ce qui nous arrive est le résultat des lois universelles : voilà son grand mot. Aussi se sent-il impuissant à sauver l'âme humaine du découragement ; il ne connaît pour remède au désespoir que le suicide : « Si tu n'as pas la force nécessaire pour supporter ce qui arrive, ne te fâche point ; en te détruisant, l'accident périra lui-même... Prends la ferme résolution de cesser de vivre, si tu n'avais plus ces vertus, car la raison, dans ce cas, ne te commande plus de vivre... Si tu t'aperçois que tu n'es plus le maître, sors pour jamais du monde, non pas dans un accès de colère, mais simplement, en homme libre, modeste, qui aura du moins fait une chose dans sa vie, de la quitter dans ces sentiments [2]. » C'est ce qu'il appelle ailleurs l'examen de

---

[1] *Pensées de Marc-Aurèle :* IV, 21.
[2] *Ibid.,* X, 3, 8, 32.

l'opportunité de notre affranchissement[1]. Comme vous le voyez, le suicide, dans Marc-Aurèle, n'est pas cet acte de délire que le paroxysme de la passion ou la prostration complète des forces physiques et morales peut expliquer, jusqu'à un certain point, sans le rendre moins odieux ; c'est la destruction de soi-même, froide, calme, raisonnée, philosophique, c'est-à-dire l'action la plus criminelle et la plus épouvantable que la raison puisse concevoir. Jugez par ce seul trait si cette théorie des devoirs mérite d'être comparée à la morale évangélique.

C'est donc à bon droit que saint Justin s'efforçait de faire ressortir l'excellence et la supériorité de la doctrine chrétienne, son efficacité pour la transformation des mœurs. L'enseignement de ses deux contemporains, Épictète et Marc-Aurèle, n'avait rien qui pût être mis en parallèle avec une morale appuyée sur un dogme certain et réalisant l'idée de la perfection. Nous l'avons vu, Messieurs, malgré d'incontestables qualités, le stoïcisme des Antonins péchait par la base. Il plaçait ou trop haut ou trop bas l'idéal de la vertu. Il outrait le devoir par l'affectation d'une insensibilité inhumaine et il l'amoindrissait en brisant le lien qui rattache l'homme à la vie. Il éblouissait l'âme par la perspective d'une grandeur chimérique, et il ne savait pas la défendre contre le découragement le plus vulgaire. Tant il y a de profondeur dans ce mot de Pascal : Qui veut faire l'ange fait la bête ! En deux mots, le stoïcisme d'Épictète et de Marc-Aurèle ne prenait racine ni en Dieu ni dans l'homme : il ne se rattachait pas plus à la divinité qu'il ne s'appliquait à la nature humaine. La Providence reste pour lui une croyance indécise ; la liberté, un objet de doute ; l'immortalité, un rêve. Dès lors, ni sanction pour la morale, ni fondement. Il trahit ce qu'il a de faux et d'illusoire jusque dans les vertus qu'il prêche. S'il ne les change pas en vices, il les gâte par les motifs qu'il suggère ou par les

---

[1] *Pensées de Marc-Aurèle* : III, 1.

mobiles qu'il met en jeu. Son humilité est une modestie de commande ; sa résignation, un courage de parade ; sa philanthropie, une vaine sentimentalité qui dissimule mal un secret égoïsme. De là, son impuissance et sa stérilité. Le christianisme, au contraire, s'adapte à la nature humaine, en même temps qu'il cherche en Dieu le principe, la règle et le motif du devoir. Tout divin qu'il est par son origine et par son caractère, il est profondément humain, parce qu'il est en harmonie avec les besoins et les puissances de notre être. Il place l'idéal de la perfection dans le sacrifice accompli avec amour : sacrifice des sens à l'esprit, de la raison à la foi, de l'intérêt au devoir, de la passion à la loi, de la volonté propre à l'autorité, du bien-être particulier au bien-être général, de tout notre être à Dieu. Inspiré par l'amour, ce sacrifice est de plus soutenu par l'espoir d'une récompense divine proportionnée au mérite. Sans doute, Messieurs, ce sacrifice que demande la morale évangélique exige également des efforts et coûte à la nature ; mais, comme saint Justin le disait aux Antonins, le Christ n'a point parlé à la manière des philosophes qui formulent des préceptes sans donner la force de les accomplir ; sa parole était la vertu même de Dieu : une grâce surnaturelle lui communiquait le pouvoir de changer les cœurs et de les purifier. Aussi, pour répéter le mot de Voltaire, tandis qu'aucun philosophe n'a jamais influé sur les mœurs de la rue où il demeurait, la morale évangélique a transformé le monde. Ce privilège unique est le signe de sa divinité. C'est pourquoi l'apologétique chrétienne trouvait dans ce triomphe un argument que le préjugé philosophique, joint au préjugé politique, pouvait affaiblir dans l'esprit d'Antonin et de Marc-Aurèle, mais dont l'évènement a vérifié la force.

QUATORZIÈME LEÇON

L'éloquence chrétienne quitte tour à tour la défensive pour l'offensive en face des païens. — En démontrant la divinité de l'Évangile, elle prouve la fausseté des religions polythéistes. — Saint Justin attribue au démon l'origine de l'idolâtrie. — Rôle du démon dans le paganisme. — Examen et justification de ce sentiment. — Rapport de cette question avec celle de l'origine du mal. — Les trois solutions du problème : la solution manichéenne, la solution panthéiste et la solution chrétienne. — Satan a introduit dans l'humanité le mal individualisé dans sa personne. — L'idolâtrie, règne du mal ou de Satan. — Croyance universelle du genre humain à l'action des puissances infernales sur la création terrestre. — Rôle du démon dans les oracles du paganisme. — Controverse entre Fontenelle et le P. Baltus au dix-huitième siècle. — Réhabilitation de Satan dans quelques écrits modernes. — *La Mystique* de Goerres, défense philosophique de la thèse de saint Justin et des Pères sur le rôle du démon dans l'histoire de l'humanité.

MESSIEURS,

En démontrant à l'empereur Antonin et à Marc-Aurèle l'excellence ou la supériorité de la morale évangélique, saint Justin développait l'argument le plus propre à les convaincre de la divinité du christianisme. Élevés dans la doctrine du Portique, ces princes auraient dû, ce semble, accueillir avec faveur une théorie morale qui possédait à un degré supérieur toutes les qualités du stoïcisme, sans reproduire aucun de ses défauts. Nous avons vu, en effet, par l'examen des écrits d'Épictète et de Marc-Aurèle, que l'enseignement des deux contemporains de saint Justin, loin de soutenir le parallèle avec l'Évangile, en fait ressortir le caractère surnaturel et divin. Vicieuse dans son principe, chimérique dans ses applications, n'ayant d'autre base ni d'autre sanction qu'un dogme incertain, la morale stoïcienne n'offrait ni un moyen sûr de connaître le devoir, ni une force suffisante pour l'accomplir. Dès lors, pour un esprit droit et exempt de préjugés, le choix n'était pas douteux. Mais, comme il arrive trop souvent, ce qui pouvait mener les Antonins dans le chemin de la vérité fut précisément ce qui les en détourna. Ennemi des chrétiens par raison politique, Marc-Aurèle se fortifia dans son hostilité par esprit de secte. Indécis sur la question de l'immortalité de l'âme, qu'il rejetait plutôt qu'il ne l'admettait, il ne comprenait pas que l'espérance d'une vie future pût animer les disciples de l'Évangile jusqu'au sacrifice de leur sang. Voilà pourquoi il traitait de fanatisme aveugle leur force d'âme au milieu des tourments. Triste exemple de l'empire des préjugés dans un homme que ses grandes qualités ne savaient pas défendre des illusions du vulgaire et qui restait éloigné de la vérité par ce qui aurait dû l'en rapprocher !

Examinons, à présent, une autre face de la première apologie de saint Justin. Si, pour obtenir la tolérance civile, l'apologiste se voyait conduit à développer les preuves de la divinité du christianisme, cette démonstration appelait d'elle-même la réfutation des erreurs païennes. Je l'ai déjà dit, pour les chrétiens, se défendre, c'était attaquer : toute justification de leurs doctrines impliquait la fausseté de celles de leurs adversaires. Dans son zèle pour gagner les âmes à la vraie foi, Justin n'avait garde de faillir sur cette partie de sa tâche. Ici sans doute, nous retrouvons les mêmes arguments qu'il avait fait valoir dans ses discours aux Grecs et dont nous avons discuté le mérite dans nos précédentes leçons. Il est néanmoins une idée que nous n'avons fait qu'effleurer jusqu'à présent et qui domine en réalité toute l'appréciation morale du polythéisme : je compte m'y arrêter aujourd'hui. Quand les premiers écrivains de l'Église se trouvèrent en présence de cet amas de vices et d'erreurs, qu'on appelle l'idolâtrie, le travail naturel de la réflexion leur en fit attribuer l'origine à l'ignorance et aux passions des hommes. Mais la révélation devait les conduire plus avant dans l'analyse des causes de cette grande aberration. Suffisait-il, en effet, de constater les ténèbres qui enveloppaient l'intelligence de l'homme déchu et les passions qui égaraient sa volonté, pour expliquer tant de crimes et de folies ? Tout en laissant au genre humain la pleine et entière responsabilité de ses œuvres, ne fallait-il pas admettre une action du dehors l'inclinant au mal, une puissance étrangère dont l'influence pernicieuse se révélait à chaque pas ? L'humanité elle-même n'avait-elle pas reconnu de tout temps cette pression d'un agent mystérieux et occulte dont elle retrouvait la trace aux différentes époques de son histoire ? Dès lors, quelle part revenait à cette force malfaisante dans l'œuvre du mensonge et de la corruption universelle, ou, pour parler en termes plus clairs et plus précis, quel avait été le rôle du démon dans le paganisme ? Telle est la question qui se présentait aux Pères de l'Église et qu'ils ont résolue avec une complète unanimité, sinon dans tous ses détails, du moins quant au principe. Voyons de quelle manière saint Justin a saisi et développé ce point si grave dans l'histoire religieuse du genre humain.

C'est au démon, dit-il, que remonte l'origine de tous nos malheurs. Trompés par ses promesses fallacieuses, les premiers hommes se sont vu exiler du paradis terrestre. Là ne s'est point bornée l'action des esprits mauvais. Persévérant dans leur système d'hostilité contre le genre humain, ils ont cherché à se faire adorer à la place de Dieu et ils y sont parvenus à force d'illusions et de prestiges. Car, ne vous y trompez pas, les dieux des nations ne sont que des démons. Ceux-ci ont frappé l'imagination des hommes par toutes sortes de prodiges qui ont fait transporter à eux l'idée de la divinité. L'idolâtrie est leur règne : les simulacres portent leur nom et représentent leur personne. Ils ont leurs serviteurs et leurs ministres qu'ils séduisent par de vains songes ou par des opérations magiques. Ils manifestent leurs volontés par des oracles, ceux d'Amphiloque, par exemple, de Dodone, de Delphes. Sachant par les prophètes que le christianisme détruirait leur empire, ils ont mis tout en œuvre pour empêcher son établissement. C'est dans ce but qu'ils ont imaginé un tissu de fables qui, par une certaine similitude avec la religion chrétienne, devaient servir à la discréditer par avance. Ils ont appliqué à Bacchus, à Hercule, à Esculape, à Bellérophon, à Persée, quelques traits qui ne devaient convenir qu'au Christ, afin que les faits évangéliques eux-mêmes parussent une fiction ou du moins une imitation des fables païennes. N'ayant pu mettre obstacle à l'établissement du christianisme, ils cherchent à l'entraver dans son développement. A cet effet, ils emploient deux moyens qui prouvent également leur perversité. Ce sont eux qui ont suscité les hérésiarques, Simon le Mage, Ménandre, Marcion, pour affaiblir la religion chrétienne par des divisions intestines. Puis, non contents de souffler parmi nous le feu de la discorde, ils ont allumé la rage des persécuteurs. C'est à eux que nous devons la haine dont nous sommes l'objet au milieu des nations. Mais leur fureur est impuissante, et ne fait que tourner à la gloire de notre religion ; car il nous suffit d'invoquer le nom de Jésus-Christ, qui a été crucifié sous Ponce Pilate, pour chasser le démon de ceux qu'il possède. Du reste, notre Maître nous a déclaré que Satan et ses anges sont voués au supplice du feu éternel et que désormais leur règne est passé [1].

Tel est, Messieurs, le rôle que saint Justin assigne au démon dans l'œuvre du paganisme. Comme je le disais tout à l'heure, les Pères de l'Église, sans en excepter un seul, sont d'accord avec lui pour voir dans l'idolâtrie le règne de Satan et pour rapporter en grande partie à l'esprit du mal cette longue servitude des peuples. Il importe, par conséquent, d'étudier cette partie de l'apologétique chrétienne, non pas avec la légèreté d'esprit qu'on porte trop souvent dans des matières de ce genre, mais avec tout le sérieux et l'attention qu'elle mérite.

Je n'ai pas besoin de vous faire remarquer que la question du démon se rattache directement à celle de l'origine du mal.

---

[1] Ire *Apolog.*, 14, 15, 16, 17, etc.

Or, là-dessus, il n'y a eu et il ne peut y avoir que trois solutions : la solution panthéiste, la solution manichéenne et la solution chrétienne. Dans le panthéisme, le mal n'existe pas en réalité et son opposition avec le bien n'est qu'apparente, parce qu'ils sont l'un et l'autre une manifestation nécessaire du même principe : c'est vouloir résoudre la question en niant l'un de ses termes. Allant à l'extrême opposé, le manichéisme exagère la réalité du mal qu'il érige en principe absolu et coéternel au bien. Je ne m'arrête pas à réfuter ces deux systèmes qui détruisent également la notion de Dieu et la liberté de l'homme : ils ne résistent ni à la logique ni au sentiment moral. Deux principes absolus et par suite infinis ne répugnent pas moins à la raison qu'un principe infini et fini à la fois. D'autre part, l'homme sent qu'il est libre de faire le bien ou le mal, et qu'il ne lui est pas indifférent de se décider pour l'un ou pour l'autre. Entre ces deux solutions désavouées par le sens commun et par la conscience vient se placer la doctrine véritable, dont le genre humain s'est trouvé en possession dès l'origine. Pour elle, la lutte entre le bien et le mal n'est pas apparente seulement comme dans le système panthéiste ; elle n'est pas absolue non plus, ni éternelle, comme dans le système manichéen : elle a son principe dans l'abus que la créature a fait de sa liberté. Cette doctrine est la seule qui ait su placer Dieu et la créature dans leurs véritables rapports, et résoudre d'une manière satisfaisante une question qui a tourmenté si longtemps l'esprit humain. D'après elle, le bien seul est éternel. Le mal s'est produit dans le temps ; ce n'est pas Dieu qui l'a créé, parce que rien de mauvais ne peut sortir d'un être infiniment bon. Il n'a donc pu venir que d'un être fini, personnel et libre, ayant en soi le principe de ses actes ou de ses déterminations. Cet être, bon en tant que créé de Dieu, est devenu mauvais précisément pour être sorti des conditions où Dieu l'avait placé. Le mal a pris son origine dans l'abus que cet être a fait de sa liberté. L'acte qui l'a produit n'est point un acte créateur positif ; c'est, au contraire, un acte négatif, en ce sens qu'il a détruit et nié l'ordre établi de Dieu. Telle est la solution chrétienne de la question de l'origine du mal : la rejeter, c'est nier le mal lui-même ou le rendre infini.

En se plaçant de la sorte entre le panthéisme et le manichéisme, la doctrine catholique ne fait pas remonter à l'humanité la première origine du mal. Avant le drame de l'Éden, point de départ de notre histoire, elle suppose un acte de même nature accompli dans un autre monde. Or, à n'envisager ce fait que comme une simple hypothèse, abstraction faite des preuves positives qui l'établissent, la raison humaine n'y trouve rien qui puisse la heurter. Il n'y a qu'un matérialisme grossier ou une philosophie peu digne de ce nom qui puisse méconnaître ce qu'il y a de vraisemblable et d'harmonique dans l'existence d'esprits supérieurs à l'homme et dégagés de tout lien matériel. Si de l'être inorganique au végétal, du végétal à l'animal, de l'animal à l'homme, le principe de l'existence s'élève par degrés et suit un mouvement progressif, pourquoi cette chaîne des êtres s'arrêterait-elle à l'homme comme à son dernier anneau et ne se prolongerait-elle pas au delà pour se rattacher à Dieu par une série d'intelligences plus parfaites ? A coup sûr, cette continuation de l'échelle de la vie n'a rien qui ne soit en harmonie avec le système général de l'univers dont l'existence angélique forme le faîte et le couronnement. Si l'esprit et la matière viennent se rencontrer dans l'homme qui les unit dans sa personne, si d'autre part la matière existe seule sans l'esprit, pourquoi l'esprit n'existerait-il pas seul sans la matière ? Pourquoi le mode d'existence le plus parfait serait-il le seul qui ne fût point réalisé dans la création, tandis que le plus grossier apparaît sous une multitude de formes ? Par là je ne prétends pas prouver *a priori* l'existence des anges ; seule la révélation peut l'établir d'une manière positive et certaine : je cherche uniquement à vous montrer que, sur ce point comme ailleurs, la doctrine catholique est en accord avec les lois de l'analogie et les inductions les plus légitimes de la raison.

Cela posé, la révélation soulève un autre coin du voile qui nous dérobe les réalités du monde invisible ; et vous allez voir que ce nouveau point de doctrine a son fondement rationnel dans la nature même des êtres personnels et libres. L'être privé du franc arbitre reçoit du dehors le mouvement ou l'activité, et ne peut sortir de l'état où Dieu l'a créé : il reste jusqu'à la fin ce qu'il était au commencement, sans déchéance ni progrès ; la loi mathématique ou physiologique, suivant laquelle il est régi, lui assure une stabilité qui exclut le mérite parce qu'elle est nécessaire, fatale. Il n'en est pas ainsi de l'être intelligent qui possède en soi le principe de ses actes. Pour agir conformément à sa nature, il faut qu'il accepte de plein gré la condition dans laquelle Dieu l'a placé, qu'il tende vers sa fin par une action libre et volontaire : en d'autres termes, il a besoin de passer par une épreuve qui le fixe, l'enracine, le consomme dans le bien. Avant d'avoir subi cette épreuve ou cette série d'épreuves auxquelles il plaît à Dieu de soumettre sa liberté, et à moins d'être sorti victorieux de cette crise suprême de la vie morale, l'être intelligent n'est pas définitivement constitué dans l'ordre. C'est pourquoi, tout en créant les anges dans un état de sainteté, Dieu a mis leur constance à l'épreuve, afin qu'ils pussent conserver par un acte de leur volonté ce qu'ils avaient acquis par l'acte créateur, et qu'ainsi le privilège de la nature devînt en même temps la récompense du mérite. En quoi consistait précisément cet acte décisif que Dieu exigea des esprits angéliques ? Il est difficile, pour ne pas dire impossible, de le déterminer dans l'état présent de nos facultés et de nos connaissances. Ce que nous pouvons affirmer en principe, sans crainte de nous tromper, c'est qu'ils devaient par cet acte subordonner leur liberté à la volonté divine et confesser la souveraine autorité de Dieu par une soumission pleine et entière. La révélation nous apprend qu'un certain nombre d'anges succombèrent dans cette épreuve offerte à leur liberté. Ce fut la première invasion du mal dans la création. De ce moment-là il y eut une scission dans le monde invisible : d'un côté, une hiérarchie d'esprits fidèles consommés dans le bien ; de l'autre, une gradation d'esprits rebelles consommés dans le mal : ici, le royaume de la lumière ; là, celui des ténèbres. Si la raison manque de données pour établir par elle-même la réalité de cette doctrine, elle ne peut mettre en avant aucun principe qui l'infirme. Toute cette partie de la révélation chrétienne est parfaitement conforme à la nature des êtres intelligents et libres, en même temps qu'elle explique d'une manière satisfaisante l'origine du mal et ses conséquences.

Or, Messieurs, cette scission produite par le mal dans le monde invisible s'est prolongée dans l'humanité, avec cette différence que le premier homme, chef physique et moral du genre humain, entraîna toute sa descendance dans sa chute, tandis que les anges, ne procédant pas l'un de l'autre, n'avaient entre eux aucun lien de solidarité. La scène de l'Éden a été comme la répétition du drame invisible qui s'était accompli dans la région des intelligences pures ; elle en diffère cependant par un deuxième point : en succombant à l'épreuve à laquelle Dieu avait soumis leur liberté, les anges rebelles n'obéirent point à une suggestion étrangère, tandis que l'homme se vit entraîné dans le mal par voie de séduction. L'excitation à la révolte partit de celui-là même qui le premier était sorti de l'ordre. Ici encore on peut défier la critique la plus audacieuse de trouver un motif plausible pour s'inscrire en faux contre cette influence du monde invisible sur le monde visible. Pourquoi les esprits déchus n'auraient-ils pas cherché à entraîner dans leur révolte le premier-né de la création terrestre ? Le mal n'est-il pas contagieux de sa nature ? Quelle raison de nier les rapports qui peuvent exister entre les esprits purs et les esprits incarnés ? Si l'homme exerce une action sur les différents règnes qui composent cet univers visible, pourquoi serait-il soustrait à l'influence des êtres que leur nature élève au-dessus de la sienne ? N'est-il pas plus logique d'admettre une relation avec un monde supérieur que d'imaginer un isolement qui rompt tout lien d'union entre les êtres et détruit l'harmonie de la création? La révélation ne démontrerait point par des preuves authentiques l'action des puissances célestes ou infernales sur l'humanité, que la raison serait en droit de la supposer.

En introduisant au sein de la création terrestre le mal individualisé dans sa personne, Satan a pris pied dans l'humanité. Et quand je dis Satan j'emploie ce terme tant pour désigner la classe entière des esprits consommés dans le mal que l'archange rebelle qui se trouve à leur tête. En effet, l'Écriture sainte insinue clairement que cette association des esprits dégénérés est gouvernée par un chef sous lequel le mal se partage comme en autant de groupes et sous des formes diverses. Si le principe du mal s'est individualisé dans Satan, s'il faut chercher en lui la première racine de tous les vices, chaque vice pris en détail a sa racine particulière dans un être personnel comme Satan et subordonné à lui: de sorte que le prince des ténèbres tient sous sa dépendance un certain nombre de démons, dont chacun fait sentir et exerce son pouvoir dans un vice qui lui est spécialement dévolu. On conçoit sans peine cette gradation des esprits mauvais, lorsqu'on songe que le mal a des nuances multiples, non moins que le bien, et peut comme lui se réaliser à des degrés divers dans un certain nombre d'êtres, selon la nature et le caractère de chacun. Il en résulte que le règne du mal dans l'humanité est à la lettre le règne de Satan ou des démons. Ce sont eux qui ont cherché à entraîner dans leur défection cette partie de l'univers dont l'homme est le centre et le chef. Ils n'y réussirent qu'à demi, puisque l'homme, tout en cédant à leur influence, ne fut pas comme eux consommé dans le mal, sans espoir de rédemption. N'étant pas le premier auteur du mal, il ne méritait pas le même châtiment que les anges rebelles dont les suggestions mensongères avaient amené sa chute. Il n'est pas moins vrai qu'en ouvrant une brèche aux puissances de l'abîme, le premier homme les déchaîna sur toute sa race. Satan entra dans l'humanité avec le mal dont il était la personnification : il y entra pour continuer l'œuvre qu'il avait commencée, pour développer indéfiniment le germe du mal qu'il avait déposé dans le monde terrestre. Détourner le genre humain de Dieu, transporter à la créature l'hommage dû au Créateur, faire triompher le vice sous toutes ses formes, tels furent désormais le but et l'objet de son activité. Or, ce plan de corruption universelle se trouva réalisé, en grande partie, dans l'idolâtrie.

Comment nier, en effet, que l'idolâtrie ait été le règne du mal, partant, le règne de Satan ? Le principe de l'idolâtrie n'est-il pas le principe même du mal, c'est-à-dire la révolte contre Dieu, une usurpation sacrilège des droits de la divinité au profit de l'homme, de ses caprices et de ses passions ? Envisagé en lui-même, dans sa nature et dans son caractère propre, le mal n'est pas autre chose que la substitution d'une idole de fantaisie à la souveraineté divine. Mais si l'idolâtrie consacrait le mal dans son principe, elle le déifiait sous toutes ses formes. Les dieux qu'elle se créait étaient le plus souvent autant de vices personnifiés ou de véritables démons. Je n'entends pas dire que par là l'intention des païens fût toujours et uniquement de rendre un culte aux esprits mauvais ; mais, par le fait, c'est à ces derniers que se rapportaient leurs hommages. De là ce mot de l'Écriture si vrai dans son énergique concision : *Dii gentium dæmonia*[1]. L'idolâtrie était la personnification de tous les vices sous les traits de Baal, de Moloch, d'Astarté, de Mars, de Bacchus, de Vénus, etc. Or, les démons ne sont que les mille formes du vice individualisées dans des êtres personnels. Donc en adorant leurs dieux, véritables incarnations du mal, les païens adoraient les démons. Les Pères de l'Église étaient pleinement fondés à soutenir que le paganisme était à la lettre le culte ou l'empire de Satan.

---

[1] *Ps.* XCVI, 5. — Voyez également *Ps.* CV, 37 ; *Lévitiq.*, XVII, 7 ; 1re *aux Cor.*, X, 20 ; *Apocal.*, IX, 20.

Il y a plus, Messieurs : si le paganisme était par le fait la déification du mal, l'action directe et personnelle du démon a puissamment contribué à cette perversion du sens religieux des peuples. En d'autres termes, le rôle du démon dans l'antiquité polythéiste a été un rôle actif et permanent. Sans doute l'ignorance et les passions des hommes expliquent en grande partie cette prodigieuse aberration ; mais j'ose affirmer qu'elles ne l'expliquent pas toutes seules. Lorsqu'on parcourt cette longue page de l'histoire du genre humain, qui s'appelle le paganisme, qu'on suit cet enchaînement de crimes et de folies, qu'on examine de près cet amas de superstitions bizarres, de rites sanguinaires, de cérémonies obscènes, de pratiques ténébreuses, cette série sans fin de faits étranges, d'oracles, de sortilèges, d'incantations, d'apparitions : le premier mouvement de la pensée, c'est de faire une grande part à la faiblesse de l'esprit humain et au jeu des passions. Mais, quand vous aurez fait à la supercherie, à l'illusion et au vice, la plus grande part possible, il restera une action du dehors, une influence étrangère sans laquelle vous n'expliquerez pas le polythéisme tout entier. La malice de l'homme a des bornes comme sa crédulité. Il y a eu dans le paganisme telle scène, telle institution dont le caractère dénote une déraison, une perversité qui n'est pas de l'homme seulement. Voyez par exemple le culte de Baal ! Un dieu adoré sous la forme d'un bouc, des prêtres dansant en chœur autour de lui, poussant des cris sauvages, s'ouvrant les veines, se livrant aux orgies les plus infâmes ; ou bien un dieu honoré sous la forme d'un taureau, recevant dans ses flancs embrasés les enfants qu'on lui immole, dévorant ses victimes dont les cris sont étouffés par les sons des instruments les plus bruyants et par les acclamations féroces d'une multitude insensée, tandis que d'autres se jettent par troupes dans les flammes : cela est-il humain, je vous le demande ? N'y a-t-il pas, dans un tel culte qui a duré pendant des siècles et s'est étendu à plusieurs peuples, un degré d'inhumanité qui dépasse l'homme livré aux seuls instincts de sa nature ? N'est-on pas fondé à y voir l'influence des forces sataniques dont l'homme s'était rendu le jouet, non pas fatalement, mais par une coopération libre avec les puissances de l'abîme ? Je n'ai touché qu'à une particularité dans l'histoire de l'idolâtrie ; mais, si je voulais énumérer toutes les orgies et les pratiques où l'action de Satan a été manifeste, sensible, je serais obligé de faire l'historique de tous les cultes païens. En dehors du peuple juif, il n'est aucune nation de l'antiquité chez laquelle cette influence n'apparaisse dans le caractère de folie et de perversité qui distingue sa religion. Si, en divinisant le mal, l'idolâtrie a établi le règne de Satan, elle a été en grande partie l'œuvre de celui dont elle consacrait le pouvoir.

Rien n'est plus facile à expliquer que ce rôle du démon dans le paganisme. Du moment que les anges rebelles s'efforcèrent de prolonger le règne du mal, ils durent mettre à profit les ressources que leur assurait une nature supérieure à celle de l'homme. On ne saurait objecter que Dieu fût tenu d'enchaîner les puissances de l'abîme, puisque l'homme avait donné prise à leurs attaques par sa propre faute : pourvu que la liberté humaine restât sauve et intacte, cette action de Satan sur l'humanité n'avait rien qui répugnât à la bonté divine ; au contraire, cette épreuve permanente pouvait servir à faire éclater le mérite de l'homme, s'il avait voulu sortir victorieux de la lutte. On conçoit donc sans peine que Dieu ait pu permettre à l'esprit du mal de continuer l'œuvre commencée dans le paradis terrestre. Pour y réussir, le rôle du démon était tout tracé, si je puis m'exprimer de la sorte. Séduire l'humanité par des artifices de tout genre, imiter les œuvres de la toute-puissance divine, faire passer de vains prestiges pour de vrais miracles, opposer l'art de la divination au don de prophétie, contrefaire l'ordre surnaturel par les sciences occultes, pervertir dans tous les sens l'œuvre divine et se faire adorer à la place de Dieu sous divers noms : tel fut le plan qu'il conçut et dont le paganisme devint la réalisation. En effet, l'idolâtrie avec ses pratiques, ses trépieds, ses oracles, ses sacrifices, a été une contrefaçon, une vraie caricature du plan divin dans l'humanité.

Je n'ignore pas, Messieurs, que le rationalisme n'admet point cette explication de l'idolâtrie. On a beau lui objecter que le genre humain a cru constamment à l'existence d'esprits supérieurs à l'homme et à leur influence bonne ou mauvaise sur la création terrestre : cet argument est de nulle valeur aux yeux de gens qui se croient plus d'esprit à eux seuls que n'en ont tous les hommes réunis. Les déistes ne se gênent pas pour supprimer l'action de la Providence dans le gouvernement du monde ; il n'est pas étonnant qu'ils cherchent à réduire Satan à l'état de mythe. Ce procédé est assez commode pour se tirer d'embarras ; il est tout à fait digne d'une science qui se paie de mots et borne l'horizon de la pensée aux réalités sensibles. Du reste, cette élimination de Satan comme agent historique n'est pas une tentative bien neuve. Au siècle dernier, un homme qui avait de l'esprit, mais pas assez de bon sens pour se défendre de certains préjugés déjà fort en vogue, essaya de réduire le rôle du démon dans le paganisme sur un point déterminé. Jusque-là, tout en faisant une large part à la supercherie et à l'illusion, la science et la foi s'étaient accordées pour voir dans les oracles du paganisme une contrefaçon des prophéties divines, due à une influence étrangère à l'humanité. Fontenelle entreprit de prouver le contraire. Mettant à profit un ouvrage composé sur ce sujet par Van Dale, médecin anabaptiste de Harlem, l'académicien français se proposa de montrer que les oracles n'ont jamais été qu'un jeu ou un artifice des prêtres païens auquel les démons n'avaient pas la moindre part. Fontenelle ne niait pas l'existence des démons ni la possibilité de leur intervention dans les oracles du paganisme. « Il est indubitable, dit-il dans sa préface, que le démon se mêle de la magie. » Mais, cédant à un penchant secret vers le naturalisme, dont il ne se rendait pas bien compte, il trouva piquant de soutenir que les Pères de l'Église avaient eu tort de voir quelque chose de surnaturel dans les oracles païens. Non pas que Fontenelle ne se crût obligé de faire force réserves en faveur du mérite et de l'autorité des Pères : on n'en était pas encore venu au ton inconvenant que prennent certains critiques de nos jours envers les grands écrivains de l'Église primitive. Ce qui séduisait Fontenelle, c'était la nouveauté du paradoxe. L'auteur de la *Pluralité des mondes* croyait ajouter par cette thèse un nouveau titre à la réputation de bel esprit dont il jouissait à son époque et que je n'ai pas la moindre envie de lui enlever.

L'*Histoire des oracles* de Fontenelle trouva un adversaire aussi savant qu'habile dans le P. Baltus. Sa réponse au médecin hollandais et à l'académicien français est péremptoire. Tout en faisant la part de la fourberie des hommes dans les prédictions de Delphes, de Dodone et d'autres lieux célèbres, le docte religieux soutient avec raison que les oracles n'auraient pas subsisté plus de deux mille ans, consultés, admirés, respectés par tout le paganisme, s'il n'y avait pas eu en eux quelque chose de surnaturel et d'extraordinaire. Cette croyance constante et générale prouve évidemment que tout ne s'y réduisait pas à des impostures faciles à dévoiler. Pour que ces institutions aient pu être envisagées par les Grecs et les Romains comme la partie la plus auguste de leur religion, il faut qu'une puissance supérieure à l'homme s'en soit servie pour tromper les peuples par des effets magiques. Car les philosophes s'accordaient sur ce point avec le vulgaire : comme Platon dans le Phèdre, ils plaçaient le principe et la cause de la divination dans une fureur surnaturelle qui transporte l'âme ; c'est par là qu'ils expliquaient les oracles de Delphes et de Dodone : explication ridicule et absurde, si la supercherie avait fait tous les frais de ces prédictions. Il est vrai que Fontenelle s'était appuyé sur le sentiment des anciens philosophes pour montrer que les premiers chrétiens s'étaient laissé induire en erreur par les platoniciens. Mais le P. Baltus n'eut pas de peine à prouver que les apologistes se fondaient sur des raisons toutes différentes pour admettre l'action du démon dans les oracles du paganisme. L'Écriture sainte suffisait, à elle seule, pour leur apprendre que les devins et les pythonisses étaient le plus souvent l'organe de Satan. Ce qui les confirmait dans ce sentiment, c'est que les chrétiens de leur temps n'avaient qu'à invoquer le nom du vrai Dieu pour rendre les oracles muets. Aussi la cessation des oracles date-t-elle de l'avènement du christianisme. Les auteurs païens eux-mêmes, tels que Strabon, Juvénal, Stace, Lucain, Porphyre, ont été obligés de reconnaître ce fait. Plutarque l'a constaté dans un traité composé tout exprès sur cette matière : les raisons futiles qu'il allègue pour expliquer le silence des oracles prouvent que ce phénomène n'était dû qu'à la destruction du règne de Satan par Jésus-Christ. Après avoir détruit la thèse de son adversaire, le père Baltus dévoile le motif secret qui inspirait Fontenelle peut-être à son insu et malgré lui : « Souffrez, monsieur, que je vous dise pourquoi vous rejetez sur ce point le témoignage des Pères de l'Église, des chrétiens de tous les siècles, et des païens eux-mêmes. Je n'en vois pas d'autre raison que le penchant que nous avons vous et moi à l'incrédulité. Vous ne croyez pas facilement les choses où il entre du merveilleux : comme vous avez reconnu que c'est là une faiblesse de l'esprit humain, vous tâchez de vous en garantir. Il n'y a que dans la physique où vous me paraissez bien différent de vous-même. Car lorsqu'il s'agit d'établir la pluralité des mondes, et de placer des habitants dans les planètes et dans toutes les étoiles, alors il me semble que le merveilleux vous plaît extrêmement et que vous avez même beaucoup de penchant à le croire [1]. »

La controverse de Fontenelle avec le P. Baltus ne portait que sur un point, le rôle du démon dans les oracles du

---

[1] *Réponse à l'histoire des oracles*, par M. de Fontenelle. Strasbourg, 1709, p. 143.

paganisme. Depuis lors elle s'est fort élargie : comme à toutes les époques de scepticisme, les réalités du monde invisible ont été niées par plusieurs. Deux systèmes qui se touchent par plus d'un côté, le matérialisme et le panthéisme, ont contribué à diminuer ou à affaiblir ce sens du surnaturel : le matérialisme, en niant les substances spirituelles ; le panthéisme, en dépouillant les êtres de leur personnalité pour les réduire à l'état de forces aveugles ou de conceptions purement idéales. Tous les systèmes modernes qui inclinent vers ces deux erreurs ont cherché à éliminer Satan de la scène historique. Selon eux, c'est l'humanité elle-même qui aurait créé Satan pour personnifier dans cet être fantastique le mal physique et le mal moral. Il va sans dire que nul parmi ces esprits forts n'a encore expliqué pourquoi le genre humain a été unanime depuis six mille ans à reconnaître l'existence d'une classe d'êtres que rien ne l'obligeait d'admettre ni d'imaginer. Qu'un homme ou un peuple puisse sans motif se passer une fantaisie de cette nature, je suis loin de vouloir le nier ; ce qu'il serait impossible de comprendre, c'est que tous les hommes, sauf quelques faiseurs de systèmes, eussent pu se rencontrer dans une frayeur chimérique, dans une croyance sans fondement ni objet. Mais, Messieurs, de pareilles considérations n'arrêtent pas des gens qui traitent l'humanité comme une réunion d'esprits faibles, occupés à vivre d'illusions et à se créer des fantômes. Il est vrai que Satan, nié par les uns, a eu la bonne fortune de se voir réhabilité par d'autres. Selon Schelling, c'est le principe latent qui sollicite continuellement l'homme pour arriver à une existence réelle ; le principe mobile de l'histoire qui, sans lui, arriverait bientôt à un état de stagnation et de sommeil : il dresse toujours des embûches à la conscience de l'homme, car la vie consiste dans la conscience du moi. Ce qu'il y a de plus clair dans cette phraséologie nuageuse de Schelling, c'est que Satan n'est pas plus un être personnel pour lui que pour les autres coryphées de la philosophie allemande. On se ferait difficilement une idée de toutes les extravagances auxquelles la satanalogie a donné lieu dans quelques systèmes contemporains. Nous en avons eu un échantillon assez curieux dans un ouvrage français qui n'est qu'un écho de ces témérités étrangères. L'auteur de *la Justice dans la Révolution et dans l'Église* ne pouvait manquer de trouver Satan sur son chemin ; or, voici le salut fraternel qu'il échange avec lui. Permettez-moi de vous lire cette touchante prosopopée, pour vous montrer jusqu'où la passion antireligieuse peut mener un homme qui saute à pieds joints sur les croyances et les traditions du genre humain tout entier :

« Viens, Satan, viens, le calomnié des prêtres et des rois, que je t'embrasse, que je te serre sur ma poitrine ! Il y a longtemps que je te connais et tu me connais aussi. Tes œuvres, ô le béni de mon cœur, ne sont pas toujours belles ni bonnes ; mais elles seules donnent un sens à l'univers et l'empêchent d'être absurde. Que serait sans toi la justice ? un instinct ; la raison ? une routine ; l'homme ? une bête. Toi seul animes et fécondes le travail ; tu ennoblis la richesse, tu sers d'excuse à l'autorité, tu mets le sceau à la vertu. Espère encore, proscrit [1] !.... »

Je ne sais si l'auteur s'est cru éloquent en cet endroit ; mais, à coup sûr, on n'est pas plus divertissant. Scarron, en parodiant le sublime, n'a jamais trouvé de ces tons-là. Du reste, il y a encore une certaine logique dans cette sympathie pour Satan : du moment qu'on appelle Dieu le mal, il n'y a pas de raison pour ne point nommer Satan le bien. Cela est tout simple. Mais c'est nous arrêter trop longtemps à des fureurs qui ne sont que comiques et qui, par suite, méritent le rire ou la compassion. Ce qui est plus sérieux que ces réhabilitations grotesques de Satan, c'est la tendance actuelle à éliminer de l'histoire et de la conscience tout ce qui appartient à l'ordre surnaturel, et, par une conséquence nécessaire, l'action des forces sataniques dans le

---

[1] *De la Justice dans la Révolution et dans l'Église*, tome II, p. 540.

monde. L'hypothèse démonologiste, comme on se plaît à l'appeler, est traitée avec dédain par quelques-uns de nos critiques modernes : ils ne trouvent pas, dans leur tendresse d'âme, assez de commisération pour les Pères de l'Église qui l'ont soutenue. L'un d'eux n'hésite pas à qualifier de grossier le système d'explication adopté sur ce point par saint Justin, par Tertullien et par la plupart des apologistes chrétiens [1]. Je veux bien que l'un ou l'autre Père ait pu exagérer le rôle du démon dans l'histoire en général et dans les siècles païens en particulier. En étudiant l'idolâtrie, qui est tout à la fois le fait de l'homme et l'œuvre de Satan, il est difficile de préciser au juste la part qui revient à l'un ou à l'autre. Quand deux agents moraux concourent à un même effet, on ne saurait déterminer le point exact où s'arrête l'action de celui-ci et où commence l'influence de celui-là. Ainsi, je ne crains pas de dire que saint Justin me semble avoir étendu l'opération du démon à des faits qui s'expliquent suffisamment par celle de l'homme, tels que les fictions des poètes dues aux caprices de l'imagination et à l'altération des évènements de l'histoire. Mais le principe sur lequel repose son appréciation du paganisme est incontestable. Il est évident, par le mouvement général de l'histoire et par certains phénomènes particuliers qui ne s'expliquent pas naturellement, que les anges rebelles ont déployé toutes les ressources dont ils pouvaient user pour prolonger dans l'humanité le règne du mal. Ici, la prétention à l'esprit fort n'est au fond que de la faiblesse ; car l'humanité réunie a plus d'esprit que chacun de nous, et l'on ne s'expliquerait pas comment elle aurait, de gaieté de cœur et sans motif réel, cru depuis six mille ans à l'action bonne ou mauvaise du monde invisible sur le monde visible. Ce ne sont pas les clameurs d'un écrivain violent ou les ricanements d'esprits légers qu'une critique sérieuse peut opposer à cette croyance unanime et constante.

---

[1] *Études d'Hist. relig.*, par M. Renan, pp. 62 et 63.

Sans doute, l'imagination des peuples a dû s'emparer de ces réalités du monde invisible pour leur prêter ses formes et ses couleurs. Mais la poésie suppose l'histoire qu'elle défigure en l'embellissant. La légende ne s'explique que par les faits qui lui servent de base. Ni l'Até d'Homère, ni les Titans d'Hésiode, ni la Nirriti et les Asouras des Védas, ni les Ases et les Sylphes noires de l'Edda ne se conçoivent sans l'existence d'esprits véritables dont l'influence s'est fait sentir à différentes époques de l'histoire. On a dit que l'esprit humain n'est jamais absurde à plaisir ; cela est vrai, surtout lorsqu'il s'agit d'une croyance ou d'un sentiment général. Il ne brode jamais que sur un canevas historique le tissu léger et capricieux de ses fictions. Bien loin que les métamorphoses de la légende diabolique à travers les siècles forment aux yeux de la critique un préjudice quelconque à la réalité des puissances du mal, elles la confirment en montrant à quel point la foi au surnaturel est enracinée dans le cœur de l'humanité. Il y a, entre la légende diabolique et le rôle véritable du démon dans les choses humaines, la même différence qu'entre le *Faust* de Goethe et *la Mystique* de Goerres. Le drame allemand est un essai grandiose qui revêt des couleurs de la poésie la croyance de tous les peuples aux phénomènes de l'ordre satanique. Faust, c'est l'homme qui cherche à déchirer les voiles du monde invisible pour pénétrer, par les sciences occultes, les secrets que la nature ne peut lui dévoiler. Méphistophélès, c'est l'esprit du mal, railleur et cruel, tel qu'il apparaît dans les contes du moyen âge. Voilà, Messieurs, la légende diabolique résumée, dramatisée, par l'esprit sceptique du dix-huitième siècle. Au contraire, *la Mystique* de Goerres envisage le rôle véritable du démon dans l'humanité au point de vue philosophique et historique. Permettez-moi, avant de terminer, de dire deux mots de cet ouvrage encore peu connu en France, bien qu'il ait été traduit il y a quelques années.

Chose singulière! c'est à notre époque, où le sens du

surnaturel est assez émoussé, que la thèse des Pères sur le rôle du démon dans l'histoire a trouvé le défenseur le plus solide et le plus profond. Je considère *la Mystique* de Goerres comme une œuvre capitale sur les rapports du monde visible avec le monde invisible. Jamais peut-être l'esprit philosophique n'a pénétré plus avant dans ces problèmes si délicats et si élevés. Pour analyser des faits si complexes et les réunir dans une synthèse complète, il fallait tout le génie de Goerres. Naturaliste, historien, mythologue, critique, cet homme, à qui Napoléon Ier faisait l'honneur de l'appeler la quatrième des puissances alliées contre lui, avait toutes les connaissances nécessaires pour suffire à cette immense tâche. Sa *Mystique* est un vrai chef-d'œuvre de science et d'érudition, où tous les phénomènes de l'ordre surnaturel, depuis l'extase jusqu'à la possession, sont observés, analysés, critiqués, approfondis, classés avec une sagacité et une précision qui frappent d'étonnement. Goerres distingue avec soin la mystique naturelle, la mystique divine et la mystique diabolique. Après avoir cherché les fondements de cette triple mystique dans le dogme et dans l'histoire, il décrit les faits relatifs à chacune d'elles. S'appliquant à la mystique naturelle, il étudie les rapports extraordinaires qui peuvent exister entre l'homme et le monde sidéral, le règne végétal, le règne animal, etc. Il développe à ce sujet les formes diverses de la clairvoyance et du magnétisme animal, où le système nerveux et l'élément psychique ont une prédominance marquée. Puis, arrivé à cette extrême limite du monde sensible où les forces de la nature tendent en quelque sorte à se spiritualiser, il entre de plain-pied dans l'ordre surnaturel. Là, dans ces régions supérieures, la mystique se divise en deux branches, selon que l'âme peut être sollicitée par des puissances contraires, qu'elle descend vers l'abîme du mal ou qu'elle s'élève jusqu'à la source du bien. Examinant cette double face de son grand sujet, Goerres aborde successivement les différents faits merveilleux qui se sont produits dans la vie des saints. Il suit la mystique dans les Pères du désert, dans les martyrs, dans la solitude du cloître, dans les situations multiples où s'est manifestée une sainteté extraordinaire. Il montre comment cette action surnaturelle de Dieu peut influer, chez les saints, sur les organes, les fonctions des sens, les diverses régions du corps, sur les facultés de l'esprit, pour les élever et les transformer. Ce que les grands mystiques chrétiens n'ont fait le plus souvent qu'exposer et décrire, Goerres le discute en critique dans son explication des phénomènes de l'extase, de la vision surnaturelle, des dons les plus élevés que Dieu puisse communiquer à l'homme. Passant ensuite à la mystique diabolique, le philosophe de Coblentz fait voir comment elle forme la contre-partie de la mystique divine : il constate les opérations des esprits mauvais qui veulent assurer leur pouvoir sur l'homme, les degrés de ce pouvoir selon que l'âme cède à leur domination, les pratiques ténébreuses par lesquelles certains hommes ont cherché de tout temps à se mettre en rapport avec les puissances du mal ; et, sans lui faire négliger la part de la supercherie et de l'illusion, le sens profond qu'il a des choses morales le prémunit contre un pyrrhonisme superficiel et léger. Telle est la grande œuvre que le génie de Goerres a dressée hardiment devant l'esprit sceptique de son siècle. On peut y contester certains faits, quelques vues de détail, des rapprochements plus ingénieux que fondés, mais, prise dans l'ensemble, elle défie la critique. On peut la définir d'un trait en disant qu'elle offre une application merveilleuse de l'esprit philosophique aux rapports du monde invisible avec le monde visible. Je ne saurais mieux justifier le sentiment de saint Justin et des autres apologistes sur le rôle du démon dans l'histoire en général et dans les siècles païens en particulier, qu'en vous renvoyant à un ouvrage qui restera comme l'une des productions les plus sérieuses et les plus originales du dix-neuvième siècle.

QUINZIÈME LEÇON

Description de la liturgie catholique dans la première apologie de saint Justin. — Le baptême ou le rit sacré de l'initiation chrétienne. — Caractère éminemment rationnel de la théorie catholique des sacrements. — Tableau du sacrifice de la messe. — Haute importance de ce passage. — Il suffit à lui seul pour condamner le protestantisme qui n'a pas de sacrifice. — La description de saint Justin répond trait pour trait au sacrifice de la Messe tel qu'il a été célébré dans l'Église catholique. — Recueil des anciennes liturgies envisagées au point de vue littéraire et sous le rapport dogmatique. — Ce rituel de la prière publique dans l'Église primitive permet d'apprécier la révolution morale opérée par le christianisme dans le monde. — La prière publique ou privée chez les païens. — Les Éleusinies et les Thesmophories. — Comparaison avec les cérémonies du culte chrétien. — Esprit nouveau qui respire dans la prière chrétienne telle qu'elle est formulée dans les liturgies primitives. — Caractère surnaturel de cette transformation de la prière par le christianisme.

MESSIEURS,

Nous terminons aujourd'hui l'étude de la première apologie de saint Justin. Revendiquer pour les chrétiens le libre exercice de leur culte, démontrer la vérité de leur religion en même temps que la fausseté des fables païennes, tel est, en grande partie, l'objet de cette mémorable requête adressée à l'empereur Antonin et à Marc-Aurèle. A ce sujet nous avons été amenés à examiner trois questions successives : la première, dans quel sens saint Justin réclamait la liberté de conscience ; la deuxième, à quel degré la morale évangélique dépassait la morale stoïcienne ; la troisième enfin, quel rôle l'apologiste assignait au démon dans l'œuvre du paganisme. La dernière partie du discours va nous mettre en présence d'une nouvelle question qui ne le cède aux précédentes ni en importance ni en intérêt.

En étudiant avec vous les causes de l'opposition que le christianisme rencontrait dans les diverses classes de la société païenne, j'ai dû constater les idées étranges que se formaient les ennemis de la religion nouvelle touchant ses mystères et ses rites sacrés. Esclaves d'une imagination toute sensuelle, les sectateurs de l'idolâtrie transportaient en esprit dans les assemblées du culte chrétien les abominations qui se pratiquaient chez eux. De là les calomnies aussi odieuses que ridicules répandues dans le peuple. Ici, Messieurs, les apologistes se trouvaient en face d'une grave difficulté. Dévoiler aux païens ce que le christianisme a de plus auguste dans sa doctrine et dans ses sacrements, c'était s'exposer en pure perte à leur risée ou à leur fureur. D'autre part, cependant, il était impossible de laisser sans réponse des imputations si grossières. Il en résulta qu'en se plaçant à des points de vue différents, les uns, tels que saint Justin, par exemple, repoussèrent la calomnie par une exposition nette et franche de la liturgie chrétienne, tandis que d'autres, comme Minutius Félix, se contentèrent d'une simple dénégation appuyée sur la vie exemplaire des fidèles. Je ne veux pas traiter en ce moment la question de la loi de l'arcane ou de la discipline du secret : nous la retrouverons sur notre chemin en étudiant l'éloquence chrétienne dans les premières catéchèses. A quelle époque faut-il faire remonter cette discipline, et à quelle partie de la doctrine s'étendait-elle précisément ? Voilà un double point d'étude que les catéchèses de saint Cyrille d'Alexandrie ne nous permettront pas de négliger. Qu'il me suffise de faire observer, quant à présent, que cette loi était dans la nature même des choses, qu'elle résultait nécessairement des circonstances au milieu desquelles le christianisme se présentait dans le monde. Règle générale, ce n'est qu'avec précaution et par degrés qu'on pouvait initier aux mystères de la révélation des âmes enfoncées dans le matérialisme païen. Ce que la prudence et l'esprit de méthode suggéraient d'eux-mêmes devenait une nécessité par suite de la condition intellectuelle et morale du monde ancien. D'ailleurs, le Sauveur lui-même avait posé le principe de cette loi du secret en défendant de livrer les choses précieuses aux indignes ; saint Paul, écrivant aux Corinthiens, distinguait également les commençants, qui ne peuvent digérer que le lait de la doctrine, et les parfaits auxquels convient une nourriture plus solide [1]. Donc, même sans recourir au témoignage positif de la tradition, on est en droit de supposer qu'une discipline appuyée sur la parole du Sauveur et sur l'enseignement des apôtres, commandée par les circonstances, fondée dans la nature des choses, remonte au berceau même de la religion. Ce qui ne veut pas dire, à coup sûr, qu'on doive l'y retrouver aussi rigoureusement formulée qu'au quatrième siècle : ce qui pouvait n'être à l'origine, selon toute apparence, qu'un principe général dont l'application variait suivant les lieux et les personnes, a dû prendre plus tard une forme plus précise et devenir une loi positive avec le développement de la discipline. De là vient qu'au milieu du deuxième siècle saint Justin pouvait, sans déroger à une loi formelle qui n'existait pas encore, s'écarter dans une circonstance particulière d'une coutume généralement observée, pour ôter aux païens tout prétexte de calomnier les assemblées chrétiennes. C'est à ce dessein hardi, mais sagement conçu, que nous devons cette belle description de la liturgie catholique, la première qu'on trouve dans l'histoire de l'éloquence sacrée, du moins avec cette étendue et cette précision.

Saint Justin commence par le rit de l'initiation chrétienne ou le baptême : « Je dois vous exposer le moyen par lequel nous sommes consacrés à Dieu et renouvelés dans le Christ, car si j'omettais ce point, vous pourriez chercher matière à reproche dans mon discours. Quelqu'un est-il convaincu de la vérité de nos doctrines, nous exigeons de lui qu'il promette de vivre en conséquence, nous jeûnons avec lui,

---

[1] *S. Matth.:* VII, 6; 1re *aux Corinth.*, II, 6, etc.

nous unissons nos prières aux siennes, pour qu'il obtienne de Dieu le pardon de ses péchés. Nous conduisons ceux qui se sont ainsi préparés près d'un lieu où il y a de l'eau : là, ils sont régénérés de la même manière que nous l'avons été nous-mêmes. Car ils reçoivent la purification dans l'eau au nom du Père, souverain de toutes choses, de Jésus-Christ, notre sauveur, et de l'Esprit-Saint... Ce sont les apôtres qui nous ont appris à faire de la sorte. Nous naissons, en effet, une première fois, sans que nous en ayons eu conscience, sous la loi de la nécessité et par l'acte de la génération ; nous sommes élevés sous l'influence des mauvaises mœurs et d'une éducation vicieuse. Or, nous ne devons pas rester les fils de la nécessité et de l'ignorance, mais devenir les enfants de l'élection et de la connaissance ; nous sommes appelés à recevoir dans l'eau la rémission de nos fautes antérieures : c'est à cette fin qu'on prononce le nom du Père, souverain de toutes choses, sur quiconque veut être régénéré après avoir fait pénitence de ses péchés... Le baptême s'appelle également illumination, parce qu'il donne la lumière aux initiés. Or quiconque reçoit ainsi la lumière est baptisé au nom de Jésus-Christ, qui a été crucifié sous Ponce Pilate, et au nom de l'Esprit-Saint, qui a prédit par les prophètes tout ce qui devait s'accomplir en Jésus[1]. »

Voilà de quelle manière saint Justin décrit le baptême des adultes dans l'Église primitive. Vous comprenez sans peine l'importance de ce passage qui confirme si clairement la doctrine et la pratique de l'Église catholique touchant le sacrement de la régénération. Les éléments constitutifs du baptême, ou ce qu'on est convenu d'appeler la matière et la forme du sacrement, les dispositions requises dans les adultes qui veulent le recevoir, sa nécessité, les effets qu'il produit dans l'âme, tout cela est indiqué avec une netteté qui ne laisse rien à désirer. Il n'y a pas jusqu'aux promesses

---

[1] 1re *Apologie*, 61.

ou vœux du baptême qui ne se trouvent compris dans cette description du rit sacré de l'initiation chrétienne. La foi c'est-à-dire la croyance aux vérités révélées, est la première condition nécessaire pour recevoir la grâce de la justification. Cette foi se traduit dans les œuvres de la pénitence qui l'animent et la complètent, telles que la prière et le jeûne. Quand l'âme est ainsi disposée, elle trouve sa régénération dans l'eau du baptême administré au nom du Père, du Fils et de l'Esprit-Saint. Et pourquoi l'homme a-t-il besoin d'une deuxième naissance ? Évidemment pour réparer le vice de la première. Nous naissons, dit saint Justin, dans l'ignorance et sous l'empire de la nécessité ; de plus, nos mauvais penchants se fortifient avec l'âge par l'influence du dehors. Il faut donc que nous trouvions dans une deuxième naissance le principe d'une vie nouvelle, la connaissance du vrai et la liberté du bien. C'est pourquoi, continue l'apologiste, nous appelons le baptême une illumination, parce qu'il nous fait ouvrir les yeux à la lumière d'en haut. Vous voyez, Messieurs, que le dogme du péché originel ne se trouve pas moins exprimé en cet endroit que la nature et les effets du baptême.

S'adressant à des païens, saint Justin ne pouvait manquer de constater l'analogie apparente qu'offrait le rit de l'initiation chrétienne avec les purifications qui se pratiquaient chez eux. On ne saurait nier, en effet, que les aspersions et les cérémonies lustrales ne fussent prodiguées dans les religions polythéistes comme moyens de se laver des fautes commises. Mais cette comparaison ne prouve qu'une chose, c'est que le baptême, comme toutes les grandes institutions chrétiennes, a été pressenti et en quelque sorte ébauché à l'avance dans le monde ancien. Toujours et partout l'humanité a eu le sentiment de sa déchéance ; il n'est aucun peuple qui n'ait cherché dans un rit extérieur et sensible le moyen d'obtenir le pardon du ciel. Le rationalisme a fait grand bruit des traits de ressemblance qu'on observe entre certaines pratiques usitées chez les nations païennes et la liturgie catholique : il en conclut que cette dernière s'est formée par voie d'emprunt ou d'imitation. Autant vaudrait dire que les Français ont copié les Chinois parce que les mandarins remplissent à peu près les mêmes fonctions que nos préfets. On se rencontre facilement dans l'expression naturelle de la vérité ou d'un besoin de l'âme humaine. Ainsi l'eau employée dans le baptême est de tous les signes celui qui en soi exprime le mieux l'action mystérieuse par laquelle l'homme est purifié de sa faute. Voilà pourquoi les païens eux-mêmes symbolisaient par des aspersions la purification de l'âme. Ce n'est affaiblir en rien la divine originalité du baptême que de constater l'existence d'un rit d'initiation dans la plupart des religions et des philosophies anciennes. Cette concordance, plus apparente que réelle, prouve tout simplement que le christianisme s'adapte à notre nature et satisfait à merveille tous nos besoins, puisque la raison, abandonnée à elle-même, a deviné ou préfiguré quelques-unes de ses institutions. Le plus beau témoignage que l'erreur puisse rendre à la vérité, c'est le besoin qu'elle éprouve de se conformer à celle-ci pour se faire accepter.

Messieurs, j'ai plus d'une fois insisté devant vous sur le caractère rationnel du christianisme et de ses institutions. La théorie des sacrements le fait ressortir dans toute sa netteté, et, par un contraste assez frappant, la partie la plus mystérieuse de la religion chrétienne est également celle qui s'impose à la raison avec le plus d'autorité. Sans parler de l'exacte correspondance de ces grands actes de religion avec les divers âges et les situations de la vie, on peut affirmer que le principe général sur lequel repose la doctrine des sacrements est éminemment rationnel. Il ne s'agit pas, en effet, d'objets matériels, comme l'eau ou l'huile, qui posséderaient par eux-mêmes la vertu de produire un effet spirituel, ni de formules magiques destinées à ensorceler les âmes. Toute la question est là : étant donné que l'homme doive participer à la vie divine, est-il logique que cette communication de Dieu à l'homme se fasse au moyen d'un acte extérieur et sensible ? Or, cela est de toute évidence. Si l'homme était un pur esprit, dégagé de tout contact avec la matière, un mode de communication purement spirituel serait sans nul doute approprié à sa nature. Mais l'homme est un esprit fait chair, une intelligence incarnée, il est âme et corps tout ensemble ; par conséquent, pour répondre à sa nature à la fois corporelle et spirituelle, le sacrement ou le canal de la vie divine doit être invisible dans la grâce qu'il transmet et visible dans l'acte qui la confère. Il faut, en d'autres termes, que les deux faces du sacrement soient en harmonie avec le double aspect de l'existence humaine. Si, comme l'enseigne la doctrine catholique, l'homme est appelé à jouir de la vie divine, couronnement de sa vie corporelle et de sa vie spirituelle, cette transmission doit s'opérer par un acte qui rentre par un côté dans le domaine des choses sensibles : sinon, c'est vouloir trancher de l'ange et sortir des conditions de l'humanité. Il n'y a qu'un esprit superficiel qui puisse méconnaître la profondeur de cette doctrine. Voyez de quelle manière la vérité se communique à l'homme : par la parole. Or, qu'est-ce que la parole ? Un signe extérieur et sensible qui produit ce qu'il signifie, c'est-à-dire la connaissance : la parole est, si je puis m'exprimer ainsi, le sacrement naturel de l'idée. Règle générale, la vérité ne se communique pas à l'homme sans le secours matériel du son ou de l'écriture : invisible par elle-même, elle est comme attachée à des signes visibles qui la transmettent. Tant il est vrai que la loi des sacrements n'est qu'une loi générale résultant de la nature même de l'homme et transportée dans l'ordre surnaturel où elle trouve sa plus haute application.

Reprenons le récit de saint Justin ; car le rit sacré de l'initiation chrétienne ne fait que donner à l'homme le droit et le pouvoir de participer à de plus grands mystères. « Lors donc, dit-il, que nous avons baptisé de la sorte celui qui a donné son assentiment à nos doctrines, nous le conduisons dans l'assemblée des frères. Là, nous prions en commun pour nous-mêmes, pour celui que Dieu vient d'éclairer de sa grâce et pour tous en général, afin qu'ayant connu la vérité nous arrivions au salut éternel par l'accomplissement des préceptes ou les œuvres d'une vie sainte. Nous terminons nos prières en nous saluant par le baiser de paix. Ensuite on présente à celui qui préside l'assemblée du pain et une coupe remplie de vin mêlé d'eau ; il les reçoit et rend gloire au Père de toutes choses par le nom de son Fils et de l'Esprit-Saint : il célèbre l'eucharistie ou fait l'action de grâces pendant un assez long temps, remerciant Dieu d'avoir agréé les dons. Les prières faites et l'eucharistie achevée, le peuple qui est présent répond tout d'une voix : *Amen*. Or, *Amen* est un mot hébreu qui signifie Ainsi soit-il ! Après l'acclamation du peuple qui suit la célébration de l'eucharistie, ceux que nous appelons diacres distribuent aux assistants et vont porter aux absents le pain et le vin mêlé d'eau qui ont été consacrés. Or, cet aliment porte chez nous le nom d'eucharistie : pour y participer, il faut croire à la vérité de nos doctrines, avoir reçu dans le baptême une seconde naissance avec le pardon des fautes, et de plus vivre selon les préceptes du Christ. Car, nous ne prenons pas ces dons comme un pain ou un breuvage ordinaire ; mais de même que par la parole de Dieu Jésus-Christ notre sauveur a été fait chair, a pris un corps et du sang pour notre salut, ainsi cet aliment consacré par la parole du Christ est-il sa chair et son sang : c'est cet aliment qui nourrit notre sang et notre chair selon le changement qui s'est opéré. Tel est l'enseignement que nous avons reçu. En effet, dans leurs mémoires appelés Évangiles, les apôtres rapportent que Jésus leur avait donné ce commandement : après avoir pris du pain et rendu grâces, il dit : Faites pareillement en mémoire de moi, ceci est mon corps ; de même après avoir pris le calice et rendu grâces il dit : Ceci est mon sang... etc [1]. »

---

[1] 1re *Apologie*, 65, 66.

C'est ainsi que la liturgie chrétienne se célébrait du temps de saint Justin, c'est-à-dire dans la première moitié du deuxième siècle. Mais, comme si l'apologiste craignait de ne pas avoir décrit suffisamment cet acte capital de la religion, il revient quelques lignes plus loin sur le même sujet, pour faire connaître à ses lecteurs l'office du dimanche. Tous ces passages sont trop importants pour que je ne doive pas les placer sous vos yeux :

« Le jour qu'on est convenu d'appeler le jour du soleil, tous ceux qui habitent les villes ou les campagnes se réunissent en un même lieu. On lit les mémoires des apôtres et les écrits des prophètes dans la mesure que le temps permet. Après que le lecteur a terminé, celui qui préside l'assemblée adresse une exhortation aux frères pour les porter à imiter ces belles choses. Ensuite, nous nous levons tous et nous faisons la prière, après quoi l'on présente le pain et le vin mêlé d'eau, comme je le disais tout à l'heure : le chef de l'assemblée adresse à Dieu des actions de grâces de toute l'ardeur de son âme, et le peuple répond *Amen*. Chaque assistant participe aux dons consacrés que les diacres vont porter aux absents. On fait une quête à laquelle contribuent tous ceux qui en ont le désir et les moyens : cette collecte est remise au chef de l'assemblée qui vient au secours des veuves et des orphelins, des pauvres et des malades, des prisonniers et des étrangers : en un mot, il prend soin de tous les indigents. Or, nous nous réunissons le jour du soleil parce que c'est le premier jour de la création et celui où Jésus-Christ notre Sauveur est ressuscité d'entre les morts [1]. »

Voilà, Messieurs, le sacrifice de la Messe dans toutes ses parties essentielles ou intégrantes : l'offertoire, la consécration et la communion. Un seul officiant avec des diacres, la lecture d'un fragment de l'Ancien et d'un fragment du Nouveau Testament, une exhortation aux fidèles faite sur

---

[1] 1re *Apologie*, 67.

ce thème, l'oblation du pain et du vin mêlé d'eau comme matière du sacrifice, des actions de grâces rendues à Dieu par celui qui préside et des hymnes de louanges auxquelles toute l'assistance mêle sa voix, une longue prière faite par le célébrant seul et pendant laquelle il consacre les dons par les paroles mêmes du Sauveur, le changement du pain et du vin au corps et au sang de Jésus-Christ, de nouvelles actions de grâces entrecoupées par l'acclamation du peuple qui exprime d'un mot sa participation à l'acte accompli par le célébrant, le baiser de paix, signe public de la fraternité chrétienne, la communion distribuée aux assistants et portée par les diacres aux infirmes et aux absents, une quête ou collecte faite au profit des pauvres : tout ce tableau de la liturgie chrétienne au milieu du deuxième siècle est évidemment celui du sacrifice de la Messe tel qu'il est célébré aujourd'hui dans l'univers entier : la description de saint Justin répond trait pour trait à la grande action qui fait le centre du culte catholique ; et l'on imaginerait difficilement une condamnation plus éclatante du protestantisme que ce témoignage du premier apologiste de la religion chrétienne.

Car enfin, il ne s'agit pas d'opposer que le mot de *Messe* ne se trouve ni dans l'Écriture sainte ni dans les écrivains des trois premiers siècles. Mettons qu'il en soit ainsi, bien que le mot Missah soit employé dans le Deutéronome pour désigner le sacrifice[1] : le nom ne fait rien à la chose. Que le mot *Messe* soit une altération d'un mot grec signifiant l'initiation aux mystères[2], ou qu'il provienne, selon plus de probabilité, de ce qu'on *renvoyait* les catéchumènes après la première partie de l'office et les fidèles à la fin[3] : il importe peu. On conçoit facilement qu'un terme particulier ait pu prévaloir dans l'usage sur les autres dénominations employées dans les premiers siècles, comme celles de cène,

---

[1] מסה, oblation, de מסס, offrir, sacrifier. *Deutéron.*, XVI, 10.
[2] Μύησις.
[3] « *Dimittere, ite, missa est.* »

eucharistie, collecte, synaxe, liturgie, mystagogie, saints mystères, etc. C'est là une question de philologie qui n'intéresse pas le dogme. De même, il serait puéril de vouloir contester la légitimité de la Messe parce qu'on a fait quelques additions aux prières de la liturgie primitive ou opéré des changements dans le costume du célébrant. Il est infiniment probable que les apôtres ne portaient pas plus une robe d'avocat comme les ministres protestants que la chasuble sous sa forme actuelle. Un esprit tant soit peu sérieux ne placera jamais le débat dans de pareils détails. La question est celle-ci : est-il vrai qu'au temps de saint Justin, c'est-à-dire peu d'années après la mort des apôtres, l'Église chrétienne, fidèle à leurs préceptes, célébrait une liturgie exactement conforme à la nôtre dans ses parties essentielles ou intégrantes ? est-il vrai qu'elle voyait dans la grande action liturgique un véritable sacrifice qui avait remplacé les sacrifices de l'ancienne loi ? Voilà ce que le témoignage de saint Justin ne permet pas de révoquer en doute. Ses deux descriptions, l'une de l'office du dimanche, l'autre de l'office ordinaire, sont un tableau complet bien qu'abrégé du sacrifice de la Messe. Si nous voulions formuler le dogme de la présence réelle et de la transsubstantiation, en face des protestants, nous ne trouverions pas de termes plus expressifs que ceux dont il se sert. L'eucharistie n'est pour lui qu'une incarnation prolongée ou rendue permanente : « Elle est, dit-il, la chair et le sang de Jésus incarné. De même que la parole de Dieu a opéré le miracle de l'incarnation, ainsi le pain et le vin sont-ils changés au corps et au sang de Jésus-Christ en vertu des paroles divines. » Et qu'on ne dise pas que dans l'esprit de saint Justin ou de l'Église primitive, cette consécration mystérieuse n'avait pas le caractère d'un véritable sacrifice ; car, revenant sur ce point capital dans le dialogue avec Tryphon, il oppose le sacrifice eucharistique aux sacrifices de l'ancienne loi. « Déjà Malachie, dit-il, a prédit le sacrifice que nous offrons en tout li u, c'est-à-dire le pain de l'eucharistie et le calice de l'eucharistie [1]. » C'est en lisant de pareils témoignages qu'on comprend les hésitations de Luther et la lutte opiniâtre qui s'engageait dans son esprit au moment où, foulant aux pieds l'autorité de la tradition, il supprimait ce qui est l'âme et le point central de la liturgie chrétienne, le sacrifice de la Messe.

En effet, Messieurs, la collection des anciennes liturgies forme, en faveur de la présence réelle, de la transsubstantiation et du sacrifice de la Messe, le monument le plus imposant que l'on puisse désirer. Si je m'y arrête un instant, à propos du tableau que saint Justin nous a laissé de la liturgie de son temps, c'est que cet antique recueil des prières de l'Église n'offre pas, au point de vue littéraire, un moindre intérêt que sous le rapport dogmatique.

Nous avons vu que saint Justin attribue à Jésus-Christ lui-même et aux apôtres la forme de l'administration du baptême et de la célébration de l'eucharistie. Nul doute qu'en accomplissant eux-mêmes l'action liturgique les disciples du Seigneur n'en eussent déterminé le mode pour les siècles futurs. C'est ce qui explique pourquoi, dans les trois premiers siècles, il ne s'éleva pas la plus légère controverse sur la manière de célébrer l'eucharistie. Non pas qu'il y ait eu dans l'origine un rituel écrit réglant l'office divin avec ses prières et ses cérémonies. La tradition suppléait à l'Écriture et conservait dans les diverses Églises la pratique des apôtres. Quelle était, dans ses principaux traits, cette liturgie primitive, non écrite, mais consacrée par l'usage quotidien ? Saint Justin vient de nous l'apprendre, et ce qui prouve que sa description est fidèle, c'est qu'elle reproduit le fond commun à toutes les liturgies tant orientales qu'occidentales : une partie préparatoire à l'action principale, la lecture de l'Écriture sainte, l'exhortation de l'évêque ou du prêtre, l'oblation du pain et du vin, un cantique de louanges qui est devenu notre *Préface,* une longue prière faite par le

---

[1] *Dialog. avec Tryphon,* 41 ; 117. — Θυσία.

célébrant seul ou le *Canon*, pendant laquelle a lieu la consécration du pain et du vin, les prières par lesquelles le peuple s'unit à l'officiant, le baiser de paix, la communion et l'action de grâces. Il est deux points cependant sur lesquels saint Justin, bien qu'écrivant à Rome, se rapproche des liturgies orientales plus que de celles de l'Occident : il place avant l'offertoire le baiser de paix qui, dans l'usage de l'Église latine, précède immédiatement la communion ; et tandis qu'à Rome les diacres ne présentaient que le calice, il leur attribue la distribution de la communion sous les deux espèces. Cette divergence prouve qu'à cette époque déjà, la liturgie primitive, tout en restant la même dans l'ensemble, subissait sur des points de détail de légères modifications, suivant les diverses Églises.

On conçoit, en effet, que les différentes Églises aient pu, sans s'écarter de la tradition des apôtres, développer la liturgie primitive en y ajoutant de nouvelles prières et de nouvelles cérémonies. Par là, elles cherchaient à satisfaire la piété des fidèles et à exprimer avec plus de force le dogme chrétien dans la prière publique. Ici devaient se produire tout naturellement les diversités résultant des besoins de l'époque et du génie de chaque peuple. Ce n'est pas qu'en principe l'unité liturgique ne soit un bien fort désirable, parce qu'elle fait mieux ressortir l'unité de la foi dans l'uniformité de la prière ; mais il est évident que ce résultat ne devait pas être atteint dans les premiers siècles de l'Église, dans ces temps de persécution où l'action du pouvoir central nécessairement plus restreinte n'aurait pu, en raison des circonstances, ramener à l'unité la variété des rites. C'est pourquoi je n'hésite pas à regarder comme un fait providentiel l'épanouissement primitif de la liturgie catholique sous ses diverses formes, afin que la divergence dans les détails fît ressortir d'autant mieux l'identité du fond. Je ne sache pas d'argument plus favorable contre le protestantisme que cette antique collection de liturgies grecques, latines, arméniennes, coptes, syriaques, etc., témoignant toutes de la croyance de l'Église primitive à la présence réelle, à la transsubstantiation et au sacrifice de la Messe. Ce sont autant de témoins qui se lèvent du berceau même de la religion chrétienne en attestant la foi des premiers siècles sous la forme la plus vive et la plus saisissante de toutes, celle de la prière publique.

Pour atténuer la force de cette preuve, il ne suffit pas d'établir que la plupart de ces liturgies ne remontent, sous leur forme actuelle, qu'au troisième ou au quatrième siècle, qu'elles n'ont pas été écrites ou rédigées par les apôtres dont elles portent le nom. Qu'importe, si la tradition conservait de vive voix ce que l'Écriture devait fixer plus tard? Dans une chose d'usage quotidien, public, comme la liturgie, on ne saurait introduire de changement notable sans éveiller l'attention de tous ou exciter leurs réclamations. Quiconque est tant soit peu familier avec l'histoire de l'Église n'ignore pas quelle ardeur mettaient les chrétiens des premiers siècles à repousser toute innovation qui pût mettre la foi en péril. Un évêque de Chypre veut-il substituer le mot lit au mot grabat dont se sert l'Évangile dans le récit de la guérison du paralytique, les assistants réclament avec force contre cette nouveauté. A Constantinople, les murmures du peuple en pleine église avertissent Nestorius qu'en changeant un terme il ébranle l'orthodoxie. A Hippone, le peuple s'élève contre saint Augustin (c'est lui-même qui nous l'apprend) parce qu'il fait réciter pendant la semaine sainte la Passion selon les quatre évangélistes, tandis qu'avant lui on ne lisait que celle qui est de saint Matthieu[1]. Vous concevez qu'en présence d'un pareil attachement aux usages traditionnels, les évêques aient pu développer la liturgie primitive, mais non la changer. Donc, que les liturgies de saint Jacques, de saint Marc, de saint Basile, de saint Jean Chrysostôme aient été rédigées ou non par les apôtres ou par les Pères dont elles portent le titre, ce détail, qui peut être important pour

---

[1] *Serm.* 144, de Temp.

la critique et pour l'érudition, n'intéresse pas la doctrine : ce qu'il y a de certain, c'est qu'envisagées dans leurs parties principales, elles avaient cours dans les Églises de Jérusalem, d'Alexandrie, de Césarée, de Constantinople, fondées et gouvernées par ces grands témoins de l'orthodoxie chrétienne.

En étudiant ce rituel du sacrifice et de la prière publique dans l'Église primitive, on apprécie pleinement la révolution religieuse et morale que le christianisme opérait dans le monde. Si nous voulons mesurer d'un coup d'œil l'immense progrès qui s'accomplissait dans l'humanité, comparons un instant, Messieurs, les pratiques du culte polythéiste à l'office chrétien exprimé dans l'une de ces anciennes liturgies. Car c'est par les grands actes de la vie religieuse des peuples que leurs doctrines s'expriment et se laissent juger. Pour faire ressortir le contraste, je ne mettrai pas en ligne les Bacchanales ou les fêtes d'Aphrodite : le nom seul de ces assemblées religieuses rappelle l'immoralité érigée en culte. Prenons ce que le polythéisme grec a eu de moins indécent et de plus relevé, les Thesmophories et les Éleusinies célébrées en l'honneur de Cérès. Voici comment un auteur fort enthousiaste de la mythologie grecque décrit cette partie tant vantée de la iturgie païenne.

« Chaque journée avait son nom, ses exercices, ses jeux, ses stations que les mystes exécutaient en compagnie. Un jour c'était une petite guerre ou lithobolie, où l'on s'attaquait à coups de pierres ; un autre jour, on rendait hommage à la *Mater dolorosa (Da-mater Achœa)* probablement une statue représentant Cérès en *addolorata,* une vraie *Pietà...* Un autre jour, on buvait le cycéon ; on imitait les plaisanteries par lesquelles la vieille Iambé réussit à égayer la déesse; on faisait des processions aux lieux voisins d'Éleusis, au figuier sacré, à la mer ; on mangeait des mets déterminés ; on pratiquait des rites mystiques, dont le sens presque toujours était perdu pour ceux qui les accomplissaient. Il s'y mêlait des cérémonies orgiastiques, des danses, des fêtes nocturnes avec des instruments symboliques. Au retour, on donnait carrière à la joie ; le burlesque reprenait sa place dans les *géphyrismes* ou *farces du pont*. Sitôt que les initiés étaient arrivés au pont du Céphise, les habitants des lieux voisins, accourus de toutes parts pour voir la procession, se répandaient sur la troupe sainte en sarcasmes et en plaisanteries licencieuses, auxquels celle-ci répondait avec une égale liberté. Nul doute qu'il ne se joignît à tout cela des scènes d'un comique grotesque, des espèces de mascarades dont l'influence sur les premières ébauches de l'art dramatique se laisse apercevoir, etc.[1] »

Je veux bien que ce tableau des Éleusinies ne présente rien de très immoral, quoique les recherches de Sainte-Croix sur ce sujet prouvent avec évidence que ces mystères, beaucoup trop exaltés par certains mythologues, étaient fort souvent un théâtre d'obscénités[2]. Expliquons, si vous le voulez, cette partie la moins répréhensible de la liturgie païenne dans le sens le plus large et le plus favorable. A quoi se réduisait tout cet appareil extérieur, ce déploiement scénique ? Au culte de la nature honorée dans ses principaux phénomènes tels que la germination du blé, la production des récoltes, le passage d'une saison à l'autre, etc. Semailles, fleuraison, moissons, vendanges, les diverses phases de la vie agricole, symbolisées dans la légende mythique, faisaient l'objet de ces représentations. A mon avis, c'est leur rendre suffisamment justice que de les rapprocher des processions de bœufs aux cornes dorées, des chars symboliques qui figuraient dans les fêtes du travail ou de l'agriculture dont les théologiens de la Convention voulaient doter la France et le monde. Tel devait être à peu près leur caractère religieux ou leur valeur morale. C'est qu'en effet, chez les païens, la prière publique ou privée ne sortait pas de l'ordre temporel. Comme le naturalisme panthéistique faisait le fond de

---

[1] M. Renan : *Études d'Hist. relig.*, 56 et 54.

[2] Sainte-Croix : *Recherches sur les mystères du paganisme*, I, p. 90 et suiv.

leur religion, la liturgie, qui est l'expression du dogme, devait se limiter au culte de la nature sous ses différentes formes. A des dieux, qui n'étaient que la personnification des forces physiques, on ne pouvait demander que les biens de la terre. Aussi la prière païenne se renfermait-elle dans ces vœux intéressés. Xénophon nous en a laissé une formule complète : il demande aux dieux la santé, la force du corps, la considération dans la cité, la bienveillance de la part de ses amis, le salut dans la guerre et l'accroissement de ses richesses [1] : voilà tout ; les dons spirituels, le bienfait de la vertu et d'une bonne conscience ne figurent pas dans cette énumération. Au moins Platon laisse-t-il à la divinité le choix des biens qu'il réclame d'elle : « O Zeus, notre roi, dit-il, donne-nous, à nous qui te prions et à ceux qui ne te prient pas, les véritables biens, éloigne de ceux qui t'implorent les maux cruels [2]. » Mais le spiritualisme de Platon l'élevait, sur ce point comme sur bien d'autres, au-dessus du reste des païens. En général, leur liturgie n'exprimait que le culte de la nature et leurs prières se bornaient aux choses temporelles. Là-dessus, nous avons le témoignage le plus sûr, celui de Cicéron : « Quel homme, dit-il, a jamais rendu grâces aux dieux de ce qu'il était homme de bien ? On les remercie du bienfait des richesses, des honneurs, de la santé ; c'est pour l'obtenir que l'on invoque le très bon, le grand Jupiter ; mais on ne lui demande pas la tempérance, la justice, la sagesse. Jamais, pour devenir sage, personne n'a voué à Hercule la dîme de ses biens [3]. » On ne saurait rien désirer de plus formel que cette appréciation. Donc, en résumé, de véritables orgies appelées mystères, des représentations obscènes, des cérémonies fort légères quand elles n'étaient pas immorales, des fêtes plus agricoles ou plus civiles que religieuses, le culte de la nature symbolisé dans la légende mythique, des sacrifices et des rites sans profit

---

[1] *Œconom.*, XI, § 8.
[2] Platon : 2ᵉ *Alcibiade*, § 9, p. 101, édit. Becker.
[3] *De Nat. Deor.*, III, 36.

sérieux pour la pureté intérieure, pour la sainteté de l'âme, une prière purement intéressée, n'ayant d'autre motif que le désir des biens temporels : c'est à quoi se réduisait la liturgie dans les religions polythéistes.

Avec le christianisme, la prière se transforme et s'épure comme les croyances. Expression vivante du dogme, la liturgie chrétienne prend dès le principe le caractère de pureté et d'élévation qui la distingue. Telle que saint Justin la décrit, elle offre l'idéal d'une assemblée d'hommes réunis pour rendre à Dieu un culte public. Un acte commémoratif de la puissance, de la sagesse et de l'amour de Dieu en est le centre. Dans cet acte à la fois réel et symbolique viennent se résumer la doctrine et l'histoire : c'est le drame entier de l'humanité qui s'y trouve représenté, signifié, accompli. Les rapports de Dieu avec l'homme, c'est-à-dire ce qui fait l'essence de la religion, s'y expriment au degré le plus élevé par l'union de la divinité avec l'humanité, fait souverain qui, se renouvelant sans cesse, permet à l'homme d'offrir à Dieu le sacrifice le plus auguste. Appuyé sur ce témoignage de l'amour rendu présent, sur ce gage permanent du pardon, la prière publique monte vers le ciel, ardente et pure. Ce qu'elle demande avant les biens temporels, avant le pain de chaque jour, c'est la glorification de Dieu, l'avènement de son règne dans les âmes, l'accomplissement de sa volonté sur la terre comme dans le ciel. Tel est, Messieurs, l'esprit de ces admirables prières recueillies dans les anciennes liturgies, véritables modèles de poésie religieuse, où les plus nobles sentiments de l'âme se traduisent dans un langage plein de charme et d'onction. Quoi de plus beau, par exemple, que cette prière qui, dans la liturgie de saint Marc, précédait le baiser de paix que les fidèles se donnaient dans l'Église primitive ? Je choisis de préférence l'antique liturgie d'Alexandrie, parce que, dans son tableau de l'office chrétien, saint Justin me paraît avoir eu en vue les coutumes d'une Église d'Orient où il avait séjourné.

« Seigneur, Dieu tout-puissant, regardez du haut du ciel

votre Église, votre peuple, votre troupeau tout entier. Conservez-nous, nous vos indignes serviteurs, nous les brebis de votre troupeau ; accordez-nous votre paix et votre charité ; envoyez-nous le don de l'Esprit-Saint, afin que nous puissions nous saluer du saint baiser de paix avec un cœur pur et une conscience sans tache. Bannissez de nous toute fausseté et toute hypocrisie ; faites que nous soyons unis par le lien de la paix et de la charité, que nous ne formions qu'un corps et qu'une âme dans une même foi, comme nous sommes appelés dans une même espérance, afin que nous nous rencontrions tous dans un même amour en Jésus-Christ notre Seigneur [1]. »

C'est, Messieurs, en parcourant ces premiers monuments de la prière chrétienne, qu'on touche du doigt la fausseté de ces systèmes rationalistes qui ont voulu voir dans le christianisme un simple développement de ce qui le précédait. Je demanderai à tout homme de bonne foi d'où venait l'esprit nouveau qui respire dans ces prières, cet esprit de foi, d'espérance, de charité. Est-ce là du stoïcisme ou du platonisme ? Ce souffle divin sortait-il des liturgies païennes ? Est-ce là l'esprit qui animait les Bacchanales ou les Thesmophories, les Panathénées ou les Éleusinies ? Car il ne suffit pas de rapprocher les doctrines l'une de l'autre ; il faut de plus comparer entre elles les prières et les liturgies. Là est l'expression publique des croyances et leur efficacité vivante. Or, sur aucun autre point, le contraste n'est plus frappant. Jamais pareille chose ne s'était vue dans le monde ancien ; et quand je veux saisir à son plus haut degré la divine originalité du christianisme, étudier les deux sociétés en présence l'une de l'autre pour voir ce qui les distingue, je les prends au moment où toutes deux se réunissent pour célébrer leur culte. Le jour des fêtes de Bacchus et de Saturne est arrivé : Rome entière tressaille à l'idée des jouissances qu'elle se promet à la faveur et sous le nom de la

---

[1] *Lit. divi Marci*, Renaudot : collect., tome I, 142.

religion. Dès la pointe du jour, des hommes, des femmes, dans un état d'ivresse complète ou d'exaltation furieuse, parcourent les rues de la cité impériale, brandissant des thyrses, agitant des cymbales, courant et folâtrant les cheveux épars, se livrant aux actes les plus désordonnés. Voilà ce qui s'appelait célébrer la fête des dieux. Commencée dans l'orgie, la cérémonie finira par le cirque, et le drame frivole ou indécent du temple se dénouera dans l'arène sanglante du Colisée. C'est ainsi que Rome païenne comprenait la religion. Eh bien ! tandis que ces choses, que je ne veux pas décrire plus au long, se passent à la surface, une autre scène s'accomplit sous les pieds de ce peuple, dans le silence des catacombes, la scène que saint Justin décrivait aux empereurs païens. Là, dans cette Rome souterraine qui leur offre un abri, quelques hommes se réunissent et se saluent du nom de frères, prient en commun, chantent des cantiques à Dieu, s'exhortent entre eux à la piété, aux bonnes mœurs, à la persévérance dans le bien, offrent à Dieu la victime sainte immolée pour le salut du monde, participent aux dons du sacrifice, puis se séparent après l'action de grâces, contents et joyeux, prêts à confesser leur foi et à verser leur sang pour la vérité. Voilà les deux sociétés en face l'une de l'autre : le monde ancien qui finit dans l'immoralité du temple et dans la barbarie de l'amphithéâtre ; le monde nouveau qui commence sous ces voûtes silencieuses et ignorées où s'accomplissent, au milieu des effusions de la charité fraternelle, les saints mystères de la liturgie chrétienne.

SEIZIÈME LEÇON

Deuxième apologie de saint Justin. — Analyse. — Rapport avec la première apologie. — Analogie et différence. — Doctrine du Verbe divin. — Place qu'elle occupe dans le système théologique de saint Justin. — Dans quel sens l'apologiste admet les anciens philosophes à la participation du Verbe ou de la vérité éternelle. — Le Verbe est la lumière qui éclaire tout homme venant en ce monde. — Avant l'incarnation, le monde ancien ne possédait que la semence du Verbe ou une connaissance partielle de la vérité. — Le monde chrétien participe au Verbe lui-même ou à la vérité complète. — Saint Justin appelle du nom de chrétiens ceux d'entre les anciens philosophes qui ont conformé leur vie à ce qu'ils avaient pu connaître du Verbe. — Condition dans laquelle se trouvait le monde païen par rapport au salut éternel. — Sentiment des Pères à cet égard.

MESSIEURS,

En présentant aux Antonins la défense de la religion chrétienne, saint Justin avait eu soin de dire qu'il ne demandait pas une grâce, mais le respect d'un droit strict et rigoureux. De plus, il avait terminé sa requête en produisant une lettre d'Adrien au proconsul Minutius Fundanus, par laquelle ce prince défendait de condamner les chrétiens à moins qu'on ne pût les convaincre d'avoir transgressé les lois de l'empire. Sans doute, il y avait loin d'un pareil rescrit à un édit de tolérance formel : les termes un peu vagues dont Adrien s'était servi permettaient à la malveillance des gouverneurs de provinces de voir dans la profession du christianisme une infraction aux lois de l'État. Mais en exigeant une accusation et une enquête en forme, à la place des clameurs d'une foule ameutée, la lettre d'Adrien améliorait sans contredit la situation des chrétiens. C'est pourquoi la production de cette pièce formait la meilleure péroraison que saint Justin pût imaginer. On aimerait à croire, pour l'honneur des Antonins, que cette apologie si noble et si solide eût obtenu quelques résultats ; et, par le fait, s'il fallait s'en rapporter au témoignage de deux historiens postérieurs, Paul Orose et Zonaras, la supplique du philosophe chrétien aurait été suivie de mesures favorables à l'Église [1]. Ce revirement dans la politique impériale serait mieux constaté, s'il n'y avait pas de doute sérieux sur l'authenticité d'une lettre adressée par Antonin le Pieux à l'assemblée générale des villes de l'Asie. Mais l'auteur de ce document conservé par Eusèbe tient plutôt le langage d'un empereur païen : ce qui ne laisse pas d'en infirmer la valeur aux yeux de la critique [2]. Quoi que l'on puisse conjecturer à ce sujet, il est difficile de croire que la requête de saint Justin ait passé inaperçue : si l'absence de témoignages ne permet pas d'affirmer qu'elle amena un adoucissement dans les rigueurs de la persécution, du moins est-il certain qu'elle dut puissamment contribuer à fortifier les chrétiens dans leur foi.

La mort d'Antonin le Pieux et l'avènement de Marc-Aurèle au trône impérial fournirent à saint Justin une nouvelle occasion de déployer son zèle pour la cause et les intérêts de l'Église persécutée. J'ai déjà montré plus d'une fois comment les préventions philosophiques s'alliant chez ce prince aux préjugés politiques en firent un ennemi acharné du christianisme. Le commencement de son règne devint le signal d'un déchaînement universel contre la religion. Faut-il admettre que Marc-Aurèle, dépassant la teneur du rescrit de Trajan et de la lettre d'Adrien, donna de nouveaux édits de persécution, comme l'insinue Méliton de Sardes dans le fragment qu'Eusèbe nous a conservé de son apologie ? Ou bien se borna-t-il à permettre aux gouverneurs de provinces d'interpréter les paroles de ses prédécesseurs dans le sens défavorable qu'on pouvait y trouver [3] ? L'une ou l'autre

---

[1] Orose : *Hist.*, VII, 14. — Zonaras : *Annal.*, tome II, p. 206.
[2] Eusèbe : *Hist. eccl.*, IV, 13.
[3] Eusèbe : *Hist eccl.*, IV, 26.

hypothèse suffit également pour expliquer les violences que l'Église chrétienne eut à souffrir dans les premières années de son règne. Comme il arrivait d'ordinaire, des malheurs publics avaient rallumé la fureur des païens. Le fléau de la peste qui, parti de l'Éthiopie, ravageait tout l'empire jusqu'à l'extrémité des Gaules, leur servait de prétexte pour imputer aux chrétiens les effets de la colère des dieux. Au lieu de calmer le fanatisme des masses, les sophistes, tout-puissants sous un prince philosophe, ne faisaient que l'irriter davantage. C'était le moment où l'un de ces charlatans qui parcouraient le monde romain, Alexandre d'Abonoteichos, dont Lucien a raconté la vie, soulevait contre les disciples de l'Évangile les populations du Pont; où l'antagoniste de saint Justin, Crescens, de la secte des cyniques, ameutait la populace de Rome. Entraînés par l'hostilité des masses et par les clameurs des sophistes, les magistrats prêtaient l'oreille à toutes les dénonciations. L'avenir s'annonçait plus menaçant que jamais. Alors l'apologétique chrétienne chercha de nouveau à dominer ces cris sauvages pour faire entendre la voix de la justice. La courageuse attitude qu'il avait prise dix années auparavant assignait à saint Justin le premier rang parmi ceux qui allaient combattre en faveur des chrétiens opprimés.

Nul doute, en effet, que la deuxième apologie de saint Justin n'ait été adressée à Marc-Aurèle et à Lucius Vérus, ainsi qu'au sénat et au peuple romain, entre l'année 161 et l'année 166. Le témoignage d'Eusèbe est formel à cet égard; aussi saint Jérôme et Photius l'ont-ils suivi sur ce point sans la moindre hésitation [1]. Je ne ferai que mentionner, sans les discuter, les sentiments contraires de quelques érudits. Les uns avancent la date de la deuxième apologie de saint Justin dont ils placent la composition sous Antonin [2]. D'autres la

---

[1] Eusèbe: *Hist. eccl.*, iv, 15. — S. Jérôme: *de Viris illustr.*, c. 23. — Photius: *Bibl. cod.*, 125.

[2] Valesius: *Annot. ad. Eusebii Hist. eccl.*, iv, 17. — Dodwell: *Dissertat. in Iren.*, 3, 19. — Néander: *Hist. univ. de l'Église*, I, 364, éd. de Gotha.

reculent jusqu'en l'année 176, sous le règne simultané de Marc-Aurèle et de Commode [1]. Plusieurs, enfin, veulent y voir la préface de la grande apologie adressée à Antonin [2]. Ces diverses hypothèses ne reposent sur aucun fondement solide. Néander lui-même est obligé de convenir que la situation des chrétiens, telle que saint Justin la dépeint dans ce discours, répond davantage aux persécutions générales suscitées sous Marc-Aurèle ; et, s'il trouve que l'épithète de *Pieux* employée par l'apologiste convient mieux à Antonin, le témoignage de Thémistius et de Suidas, les inscriptions d'anciennes médailles romaines prouvent que cette qualification était également usitée pour Marc-Aurèle. Enfin, les divers endroits où saint Justin rappelle ce qu'il a dit ailleurs montrent que ce discours a suivi la première apologie, bien loin d'avoir servi de préface ou d'introduction [3]. Il en résulte que nous n'avons pas de motif suffisant pour nous écarter de l'opinion d'Eusèbe et des anciens.

Une circonstance particulière fut l'origine de ce nouvel écrit. Deux époux vivaient dans le désordre depuis de longues années. La femme s'étant convertie au christianisme exhorta vainement son mari à commencer un nouveau genre de vie. Après avoir épuisé auprès de lui tous les moyens de persuasion, elle songeait enfin à le quitter ; mais les conseils de ses maîtres dans la foi l'engagèrent à tenter de nouveaux efforts. Voyant que le malheureux s'enfonçait de plus en plus dans le vice, elle résolut de mettre son projet à exécution en sollicitant le divorce suivant la loi romaine. Loin de rentrer en lui-même, le mari n'écoutant que sa vengeance l'accusa auprès des magistrats d'être chrétienne. Alors la femme s'adressant à l'empereur obtint qu'il lui fût permis d'arranger ses affaires domestiques avant de répondre à l'accusation. Irrité de ce délai, le païen tourna sa fureur contre celui qui avait instruit sa femme dans la

---

[1] Kestner: *Die Agape*, 457.
[2] Papebrock : Scaliger *in notis ad Euseb. Chronic.*, p. 219.
[3] 2° *Apologie*, 4, 6, 8.

religion chrétienne et qui se nommait Ptolémée. Ayant gagné un centurion de ses amis il le fit traduire devant le tribunal d'Urbicus, préfet de Rome, qui condamna au supplice le généreux confesseur. A la vue de cet acte de violence, un autre chrétien, nommé Lucius, interpella vivement Urbicus auquel il reprocha la condamnation d'un innocent. Pour toute réponse le magistrat l'associa au supplice de Ptolémée ; un troisième chrétien, animé des mêmes sentiments, partagea le sort des deux athlètes de la foi. Telle est la scène dont Rome entière avait été témoin il y a peu de jours et que saint Justin décrit en commençant sa requête, pour faire sentir aux pouvoirs publics l'injustice d'un pareil procédé.

Après avoir raconté ce fait particulier, il ajoute que lui-même s'attend à quelque machination de ce genre de la part d'un philosophe cynique, Crescens, son ennemi personnel. Ce sycophante, dit-il, ne cesse de nous dénoncer comme des athées et des impies, bien que je lui aie prouvé dans des conférences publiques son ignorance des choses chrétiennes ou sa mauvaise foi. Justin se déclare prêt à le réfuter devan l'empereur lui-même, si ce prince consent à entendre les deux parties. On me dira, continue-t-il, puisque vous voulez à toute force aller à Dieu, donnez-vous la mort à vous-mêmes ; vous nous épargnerez la besogne. Non, telle ne doit pas être notre ligne de conduite. Si nous affrontons la mort, c'est par amour pour la vérité ; mais il nous est défendu d'attenter à notre vie, parce que nous devons propager le règne de Dieu sur la terre. On a coutume de dire également que si Dieu était pour nous, il ne permettrait pas à nos ennemis de nous opprimer : cette objection est futile. Le péché a fait de l'ange un démon : or, c'est la malice du démon qui soulève ces tempêtes contre nous ; mais déjà la justice de Dieu a éclaté dans l'avènement de son Fils, puisqu'au nom de Jésus-Christ crucifié sous Ponce Pilate les chrétiens chassent les démons de ceux qui en sont possédés. Toutefois, pour ne pas troubler l'ordre de choses actuel et ne pas envelopper les bons et les méchants dans une catastrophe commune, Dieu met un délai à sa justice définitive ; en attendant qu'il opère la séparation des bons et des méchants, ne soyons pas surpris que, pour éprouver ceux-là, il permette à ceux-ci de les persécuter : agir autrement, ce serait ôter à l'homme sa liberté, condition essentielle du mérite et du démérite. Les maux que nous souffrons démontrent précisément la vérité de nos doctrines. Si les démons ont déchaîné leur fureur contre ceux qui ne possédaient que la semence du Verbe tels qu'Héraclite, Musonius et tant d'autres, il n'est pas étonnant qu'ils redoublent de rage contre nous qui avons reçu en partage la science du Verbe complète. Car tout ce que les philosophes et les anciens législateurs ont dit de beau et de bon, ils le devaient au Verbe qu'ils connaissaient en partie : c'est ce qui a valu à Socrate d'avoir été persécuté comme nous le sommes aujourd'hui. Déjà Xénophon exprimait cette vérité morale dans l'apologue où il représente Hercule entre la vertu et le vice figurés sous l'image de deux femmes dont l'une, au visage riant, lui promet le plaisir, tandis que l'autre, à l'aspect sévère, l'invite au combat. Le mépris des jouissances et le courage des luttes de la vertu, telle est la meilleure marque de la vérité. C'est pour avoir reconnu dans les chrétiens une intrépidité sans égale, que moi-même j'ai passé du système de Platon à leur doctrine, estimant que la vérité devait se trouver chez de pareils hommes. Non pas que les principes de Platon soient absolument contraires à l'enseignement du Christ : chaque philosophe s'est rapproché du christianisme dans la mesure de vérité que le Verbe divin lui a fait connaître. Mais ce qui n'existait qu'à l'état de semence chez les sages de l'ancien monde s'est pleinement développé en nous par la grâce du Verbe fait chair. Justin termine sa pétition en priant les empereurs de la sanctionner de leur autorité dans la forme qu'il leur plaira, pour dissiper les calomnies répandues contre les chrétiens. Ce qu'il souhaite par-dessus tout, c'est que tous les hommes arrivent à la connaissance de la vérité.

En comparant cette pièce assez courte à la grande apologie de saint Justin, on n'a pas de peine à saisir la différence que l'étendue relative des deux discours établit entre eux. Tandis que la supplique adressée à Antonin contient une véritable discussion du droit des chrétiens et une démonstration assez complète de la vérité évangélique, la requête à Marc-Aurèle se borne à peu près à deux objections qu'elle réfute avec autant de vigueur que de clarté. C'est l'explosion soudaine d'une grande âme que la vue d'une scène de violence a vivement émue : ce caractère d'improvisation rapide, qu'elle trahit d'un bout à l'autre, la rend peut-être plus énergique et plus véhémente. En plaidant une dernière fois la cause de ses frères, Justin a le pressentiment de sa fin prochaine : il prévoit que la haine étouffera sa parole dans le sang. Loin de fuir le danger, il s'y expose avec courage : il redoute si peu la mort qu'il rappelle aux empereurs un des motifs de sa conversion, l'intrépidité des chrétiens en face des tourments. Mais ce qui, dans ce testament du philosophe martyr, nous intéresse au plus haut point en dehors des nobles sentiments qu'il exprime, c'est la doctrine du Verbe divin ou du Logos qui s'y trouve développée.

Ici, Messieurs, nous sommes sur un terrain qui, plus qu'aucun autre, a été remué dans tous les sens par la critique moderne. La place importante qu'occupe la théorie du Logos dans le système théologique de saint Justin est une des raisons qui ont appelé de tout temps l'attention de la science sur le premier des philosophes chrétiens. Interprète élevé des célèbres paroles de saint Jean, il a préparé les travaux de l'école d'Alexandrie sur cette partie de la métaphysique révélée. Et comme la doctrine du Verbe touche au problème de la connaissance humaine non moins qu'à la notion de Dieu, les lumières que saint Justin a répandues sur un point si capital éclairent à la fois ce double horizon. C'est pourquoi nous ne saurions accorder trop d'importance à l'examen de cette question. Pour procéder avec méthode, nous déterminerons d'abord dans quel sens saint Justin admet les philosophes anciens à la participation du Verbe ou de la vérité éternelle ; puis, nous rechercherons à quelle source il a puisé sa théorie du Logos ; enfin nous défendrons contre quelques attaques récentes son orthodoxie sur cet article du symbole catholique.

En étudiant avec vous les deux discours de saint Justin aux Grecs et son Traité de la Monarchie ou de l'unité divine, nous avons vu qu'il rapporte à la révélation extérieure et positive la somme de vérités dont le monde ancien était en possession. S'il fallait s'en tenir uniquement aux propositions développées dans cette partie de ses ouvrages, on ne saurait nier que, dans cette hypothèse, il ferait une part trop large à l'élément traditionnel, en excluant le travail ou les résultats de la raison naturelle. Mais, comme nous le faisions observer, il serait peu sage de porter un jugement définitif sur un auteur quelconque avant d'avoir parcouru l'ensemble de ses écrits. On ne saurait exiger, Messieurs, des premiers apologistes, de leurs discours nés du moment et pour les besoins de la circonstance, cette rigueur de méthode et cette plénitude de développements qui supposent plus de loisirs et une vie moins agitée. Ce qui paraît peu défini quelque part reçoit ailleurs son explication ou son complément. C'est ainsi qu'après avoir laissé une grande place à l'enseignement traditionnel dans l'Exhortation aux Grecs, saint Justin constate en d'autres endroits les forces naturelles de l'intelligence humaine : il évite de cette manière ce qu'ont d'excessif les deux systèmes contraires qu'on désigne d'ordinaire sous le nom de rationalisme et de traditionalisme.

En effet, à moins de faire violence aux paroles de saint Paul, on est obligé d'admettre que, suivant l'enseignement de l'apôtre, la raison possède une force propre et intime qui la rend capable de s'élever par elle-même à une certaine connaissance de Dieu. Il n'hésite pas à dire dans l'Épître aux Romains, que Dieu se manifeste à tous les hommes par ses œuvres : « Ce qui est connu de Dieu est manifeste en eux ; car Dieu le leur a manifesté. En effet, ses perfections invisibles aussi bien que son éternelle puissance et sa divinité sont devenues visibles depuis la création du monde par tout ce qui a été fait; en sorte qu'ils sont inexcusables[1]. » Donc la raison naturelle a le pouvoir de s'élever par elle-même de l'effet à la cause et de reconnaître Dieu dans ses œuvres. Du reste, cette capacité naturelle à l'homme, l'auteur inspiré du Livre de la Sagesse l'avait déjà déterminée dans les termes les plus précis : « Le Créateur peut être connu et devenir visible par la beauté et la grandeur de la créature; » et il ne craignait pas d'ajouter « que les idolâtres ne méritent point de pardon ; car s'ils ont pu avoir assez de connaissance pour apprécier la création, comment n'ont-ils pas trouvé plus facilement Celui qui en est le maître[2] ? » Conséquemment, la raison des idolâtres avait la force de remonter par elle-même de la créature au Créateur ; s'ils n'ont pas trouvé Dieu, ils sont inexcusables parce qu'ils en avaient le moyen. Ce pouvoir naturel, que saint Paul reconnaît à la raison dans l'ordre théorique, il le lui attribue également dans l'ordre moral. Répondant aux Juifs qui se glorifiaient d'être seuls en possession de la loi divine, il leur dit : « Quand les Gentils qui n'ont pas la loi (la loi de Moïse) font naturellement les choses que la loi commande, n'ayant pas de loi de ce genre, ils sont à eux-mêmes la loi : ils font voir que les préceptes de la loi sont écrits dans leur cœur, car leur conscience leur rend témoignage et leurs propres pensées les accusent ou les défendent[3]. » Rien de plus clair que ce texte, quand on l'examine avec attention et sans parti pris. Il est évident que saint Paul reconnaît l'existence d'une loi naturelle, écrite dans le cœur de tous les hommes, de ceux-là même qui, à l'exemple des Gentils, n'ont pas eu connaissance d'une loi révélée

---

[1] *Ép. aux Rom.*, I, 19, 20.
[2] *Livre de la Sagesse*, XIII, 1, 5, 8, 9, etc.
[3] *Ép. aux Rom.*, II, 14, 15.

comme celle de Moïse. Donc, la révélation extérieure et positive n'est pas pour l'homme l'unique moyen de parvenir à connaître une vérité quelconque de l'ordre religieux et moral. Pour rester fidèle à l'enseignement de saint Paul, il faut admettre qu'au milieu des ténèbres de l'idolâtrie, c'est-à-dire dans la plus déplorable condition où elle se soit jamais trouvée, la raison naturelle conservait assez de force, néanmoins, pour s'élever à une certaine connaissance de Dieu et des devoirs de l'homme.

Le principe posé par saint Paul reçoit, des paroles de saint Jean, une nouvelle clarté. Saint Paul prend la raison en elle-même, dans sa force propre et intime ; saint Jean l'envisage dans son rapport avec Dieu : l'un détermine ce que permet à l'homme sa nature d'être raisonnable ; l'autre, cela même qui le rend raisonnable. Or, ce qui constitue la raison de l'homme, c'est une certaine participation à la raison divine ou au Verbe. Le Verbe est la lumière qui éclaire tout homme venant en ce monde : il est le soleil des intelligences. Et de même que, dans le monde visible, l'œil de l'homme resterait plongé dans les ténèbres si la lumière physique ne venait à l'éclairer, ainsi la raison humaine serait-elle incapable de percevoir une vérité quelconque du monde invisible, si le Verbe ne l'illuminait de ses rayons. C'est à la clarté de cette lumière incréée qu'elle distingue certaines vérités éternelles et nécessaires dont la perception claire et distincte est la condition indispensable de la vie intellectuelle. Une fois en possession de ces vérités premières qui sont l'apanage de tout être intelligent, elle peut développer ce fonds naturel par le travail de la réflexion. Sans doute, il en est de la raison affaiblie par la déchéance de l'homme comme d'un œil malade qui éprouve une certaine difficulté à distinguer les objets et qui, par suite, est exposé à les confondre ; mais, s'il ne lui est pas donné d'atteindre par elle-même à la vérité entière sans mélange d'erreur, elle peut du moins en saisir une partie. Le Verbe, qui éclaire tout homme venant en ce monde, ne cesse d'exercer sur lui une action illuminatrice ; et si, au lieu de s'aveugler lui-même, de faire la nuit dans son intelligence, l'homme ouvre les yeux à cette lumière qui l'enveloppe de toutes parts, il peut, malgré sa faiblesse native, percevoir la vérité sous quelques-uns de ses aspects [1].

Telle est la doctrine énoncée en principe, sinon développée par les apôtres. Si maintenant nous appliquons cette règle à la philosophie païenne, il nous sera facile de déterminer les deux sources auxquelles on doit rapporter les vérités partielles qu'elle a enseignées. D'une part, il est certain qu'elle a largement profité des restes de la révélation primitive altérée, il est vrai, dans la conscience des peuples, mais jamais complétement effacée : comme nous l'avons constaté il y a quelque temps, les propres aveux de Platon, d'Aristote et de Cicéron ne permettent pas de doute sérieux à cet égard. Mais s'ils sont redevables à l'enseignement traditionnel d'une bonne partie de leurs doctrines, il n'est pas moins vrai de dire que le travail de la réflexion, fécondant ces données premières, leur a permis de se rapprocher davantage de la vérité. C'est ainsi qu'en remontant du relatif à l'absolu, du contingent au nécessaire, du fini à l'infini, de l'effet à la cause, Platon, par exemple, s'est élevé à une notion de Dieu, imparfaite sans doute, mais de beaucoup supérieure à tout ce qu'il rencontrait autour de lui. Sa théorie des idées, si défectueuse qu'elle puisse être, ses magnifiques développements sur le beau et le bien absolu témoignent du pouvoir qu'a la raison d'arriver

---

[1] Nous sommes bien loin de vouloir méconnaître que la célèbre parole de saint Jean peut et doit s'entendre également de la lumière surnaturelle ou de la grâce intérieure qui rayonne du Verbe sur tout homme, ainsi que de la révélation extérieure et positive par laquelle le Verbe a communiqué sa lumière à l'humanité aux différentes époques de l'histoire. Mais on aurait une idée bien faible de la fécondité et de la plénitude de sens propres à l'Écriture sainte, en s'imaginant que cette deuxième interprétation exclut la première ; au contraire l'une complète l'autre, et toutes deux réunies font ressortir ce qu'il y a de largeur et de profondeur dans la pensée de l'apôtre.

par elle-même à une connaissance partielle de la vérité. Conséquemment, pour expliquer ce qu'il y a de vrai et d'élevé dans les philosophes païens, il faut tenir compte à la fois du travail de la raison et du secours de la tradition. Leurs propres investigations, jointes aux lumières que la révélation primitive envoyait jusqu'à eux à travers les siècles, leur ont permis d'entrevoir en partie la vérité que le christianisme devait présenter au monde tout entière et sans mélange d'erreur.

Ce que je viens de dire, Messieurs, n'est que le résumé des idées exposées par saint Justin avec une largeur d'esprit vraiment remarquable. Sans retirer ce qu'il avait dit ailleurs du profit que les philosophes païens ont retiré, selon lui, de leur voyage en Égypte et de l'étude des livres saints, il insiste davantage dans ses apologies sur la deuxième source de leurs connaissances. Il commence par reconnaître « que l'homme possède la capacité naturelle de distinguer le vrai et l'honnête de ce qui leur est contraire. » Puis, après avoir défini la raison comme faculté de connaître, il en détermine les forces et les limites. Employant une métaphore, empruntée peut-être au vocabulaire des stoïciens et depuis lors fort usitée en philosophie, il compare le développement de la raison à l'évolution d'un germe déposé dans l'homme. « Tous les hommes, dit-il, participent au Verbe divin dont la semence est implantée dans leur âme [1]... » C'est en vertu de cette raison séminale dérivant du Verbe que les anciens sages ont pu, de temps à autre, enseigner de belles vérités... Car, tout ce que les philosophes et les législateurs ont dit ou trouvé de bon, ils le devaient à une vue ou connaissance partielle du Verbe... Socrate, par exemple, connaissait le Christ d'une certaine manière, parce que le Verbe pénètre toute chose de son influence... Voilà pourquoi les doctrines de Platon ne sont

---

[1] 2ᵉ *Apol.*, VIII. Ἔμφυτον παντὶ γένει ἀνθρώπων σπέρμα τοῦ λόγου, *insitum omni hominum generi Verbi semen.*

pas tout à fait contraires à celles du Christ, bien qu'elles ne soient pas absolument semblables, non plus que celles des stoïciens, des poètes et des historiens ; car chacun d'eux disait vrai dans la mesure qu'il participait au Verbe disséminé dans le monde... Aussi nous pouvons dire que tout ce qu'ils ont enseigné de bon nous appartient, à nous chrétiens... Bien plus, tous ceux qui ont vécu selon le Verbe sont chrétiens, quoiqu'ils aient été regardés comme athées : tels étaient Socrate et Héraclite chez les Grecs, et parmi les Barbares, Abraham, Ananias, Azarias, Misaël et Élie, ainsi que beaucoup d'autres. De même, ceux qui ont vécu sans le Verbe ont été vicieux et ennemis du Christ : ils ont mis à mort ceux qui vivaient selon le Verbe, tandis que ces derniers méritent d'être appelés chrétiens... Toutefois, comme ceux-ci n'ont connu le Verbe qu'en partie, ils n'ont pas possédé cette science élevée, cette connaissance à l'abri de tout reproche qui est devenue notre partage. C'est pourquoi le Verbe s'est fait homme ; car, si la semence de lui-même qu'il a déposée dans chaque homme a permis à ces écrivains de percevoir la vérité, ils ne l'ont vue que confusément. Autre est posséder une semence du Verbe seulement, autre le Verbe lui-même dont la communication nous est accordée par sa grâce[1].

Voilà dans quel sens saint Justin admet les anciens philosophes à la participation du Verbe ou de la vérité éternelle. Telle est, Messieurs, cette doctrine lumineuse et féconde qui va ouvrir à l'école d'Alexandrie ces vastes perspectives où Clément et Origène se plongeront avec hardiesse et non sans quelque péril. Comme vous le voyez, c'est tout un programme de philosophie chrétienne qui embrasse à la fois la théorie de la connaissance humaine, la condition intellectuelle de l'ancien monde et ses rapports avec le christianisme. Selon Justin, le fait de la connaissance résulte de l'union morale de la raison humaine avec la raison divine,

---

[1] 1re *Apol.*, 46 ; 2e *Apol.*, 8, 10, 13, 14.

de l'homme avec le Verbe. La vérité, pour l'homme, c'est le Verbe présent à son intelligence qu'il enveloppe des rayons de sa lumière. Or, le Verbe se communique à l'homme de deux manières, soit comme la sagesse invisible qui illumine tout homme venant en ce monde, soit comme la sagesse rendue visible et apparaissant sous forme humaine. Avant l'incarnation, le monde ancien ne possédait que la semence du Verbe ou une connaissance partielle de la vérité; depuis l'incarnation, l'humanité participe au Verbe lui-même ou à la vérité complète. Ce que la sagesse invisible avait ébauché dans l'intelligence de quelques philosophes, le Verbe fait chair l'a terminé, achevé dans l'esprit de tous, des hommes du peuple non moins que des savants[1]. Mais, partielle ou totale, la connaissance de la vérité est le fruit d'une communication du Verbe. Ceux donc qui, avant l'incarnation du Verbe, réglaient leur vie conformément à ce qu'ils entrevoyaient de la sagesse divine, étaient chrétiens sous ce rapport, en tant que disciples du Verbe; car, tout ce qui s'est dit de vrai et fait de bien dans le monde appartient au christianisme : le christianisme est le foyer universel d'où partent et où convergent toute vérité, toute justice, toute sainteté.

Assurément, cette doctrine est large et élevée. Elle domine toute l'histoire de l'humanité qu'elle rattache à Dieu par la médiation du Verbe, lumière unique des intelligences. La raison éternelle qui projette un reflet d'elle-même sur toute âme raisonnable, qui s'est manifestée au genre humain dans la révélation primitive, est la même qui, apparaissant sous une forme visible, s'est communiquée à nous dans la plénitude des temps. Non, le christianisme, dans le sens complet du mot, ne commence pas seulement à l'incarnation du Verbe; il date de l'origine du monde. Avant de se montrer dans tout son éclat, il a disséminé quelques rayons à travers les siècles par la révélation primitive et par la

---

[1] 2ᵉ Apol., 10.

raison naturelle ; et, de même que l'aurore emprunte ses clartés au soleil dont elle précède l'apparition, ainsi les lumières répandues dans l'ancien monde forment-elles l'aube du grand jour que le Christ a fait luire sur l'humanité. Ne croyez pas, Messieurs, que ce soit là un jeu de l'imagination ou une théorie arbitraire : rien n'est plus rigoureusement vrai. Le Christ n'est autre que le Verbe fait chair. Donc, s'il est vrai de dire que toute lumière émane du Verbe, le Christ est le soleil de vérité qui a éclairé les intelligences, même avant que la raison divine vînt s'incarner sur la terre ; par conséquent, le christianisme, ou la révélation du Christ peut, selon l'expression de saint Justin, revendiquer comme appartenant à son corps de doctrines, toutes les parcelles de vérités déposées au sein du vieux monde. C'est dans le même sens que saint Augustin dira : « La chose même qu'on appelle maintenant religion chrétienne existait chez les anciens, et n'a jamais cessé d'être depuis l'origine du genre humain, jusqu'à ce que le Verbe lui-même fût venu dans la chair, et qu'on eût commencé à nommer chrétienne la vraie religion qui existait auparavant [1]. »

Par là, l'humanité forme un grand tout dont les différentes parties sont ramenées à l'unité par le Christ qui en est l'âme et le centre. C'est à cette illumination permanente des intelligences que s'applique en partie cette parole si belle et si féconde de saint Paul : « Le Christ était hier, il est aujourd'hui, il sera dans tous les siècles. » Il régnait sur l'humanité, en tant que le Verbe éclaire tout homme venant en ce monde ; il régnait sur elle, en tant que la révélation primitive développée par la révélation mosaïque prolongeait à travers les siècles ses lumières, bien qu'affaiblies au sein des nations païennes ; il règne enfin sur elle d'une manière plus souveraine, depuis que la vérité s'est manifestée dans sa plénitude et sous la forme la plus accessible à l'homme. Tous ceux qui ont participé au Verbe ou à la vérité de

---

[1] *Retract.*, l. V, c. 13, n° 3.

quelque manière que ce soit, dans tous les temps et dans tous les lieux, ont eu part au Christ dans cette même mesure : ils se sont rapprochés du christianisme au même degré qu'ils ont connu et aimé la vérité, parce que le christianisme et la vérité, c'est tout un.

Saint Justin pouvait donc, sans s'écarter le moins du monde de l'orthodoxie la plus sévère, appeler du nom de chrétiens ceux d'entre les anciens philosophes qui ont conformé leur vie à ce qu'ils avaient pu connaître du Verbe ou de la vérité par la révélation primitive et par la raison. Il les appelle chrétiens parce que disciples du Verbe ils étaient, par le fait même, les disciples du Christ ou du Verbe fait chair. Sans doute, pour ne rien confondre, il est absolument nécessaire de bien distinguer l'acte par lequel le Verbe éclaire tout homme venant en ce monde, acte qui est de l'ordre naturel, et celui par lequel le Verbe fait chair illumine l'intelligence humaine, ce qui appartient à l'ordre surnaturel. Or, il est certain qu'une connaissance purement naturelle, dans son principe et dans son objet, ne saurait suffire pour conduire l'homme à sa fin surnaturelle, qui est la vue et la possession de Dieu en lui-même et non dans les choses créées. Si donc le monde ancien avait vécu en dehors de la grâce divine, nul doute qu'il se fût trouvé exclu de la voie du salut. Mais ce serait là une supposition que la doctrine catholique désavoue pleinement. Dieu, dit l'apôtre saint Paul, veut sauver tous les hommes sans exception [1] ; par conséquent, il leur donne, à tous, les moyens absolument suffisants pour arriver au salut, c'est-à-dire la grâce sans laquelle il est impossible d'être sauvé. Donc si, comme tout permet de le croire, il s'en est trouvé parmi les païens qui, répondant à la grâce intérieure ou extérieure que Dieu leur offrait, ont fait tout ce qui était en eux pour connaître la vérité et pour y conformer leur vie, pour vivre selon le Verbe, comme dit saint Justin, ceux-là ont pu être sauvés :

---

[1] 1re *Ép. à Timothée*, II, 3 et 4.

bien que ne se rattachant pas au christianisme par des liens visibles, ils lui appartenaient de cœur et d'âme ; ils méritaient, dans un sens très réel, le titre de chrétiens que l'apologiste n'hésite pas à leur donner.

J'aime, Messieurs, à dégager ce point de tout nuage, parce qu'il importe de ne pas se faire d'idées fausses sur la condition dans laquelle se trouvait le monde païen par rapport au salut. Sans nul doute, Bossuet reprochait avec raison à Zwingle d'avoir placé dans l'assemblée des bienheureux, pêle-mêle et sans distinction de vices ou de vertus, Hercule, Thésée, Socrate, Aristide, Antigone, Numa, Camille, les Catons, les Scipions ; et il s'étonnait à bon droit qu'ouvrant ainsi la porte du ciel à deux battants, le docteur de Zurich n'y fît pas entrer également Apollon ou Bacchus et Jupiter lui-même [1]. Pour être juste, il faut ajouter que ce beau zèle de Zwingle en faveur des païens, voire même de leurs dieux, lui valut, de la part du chef de la Réforme, une sortie violente, mais méritée : pour le récompenser d'avoir voulu sauver tout le monde, Luther lui déclara nettement qu'il désespérait de son salut [2]. Mais, tout en évitant les exagérations que le rationalisme pélasgien inspirait à Zwingle, on peut affirmer sans crainte que les païens n'étaient pas fatalement exclus de la voie du salut. Il suffit d'exposer à ce sujet l'enseignement de l'Église et ce qu'elle permet de croire en dehors des définitions de la foi, pour dissiper tout nuage et couper court aux difficultés. Le principe supérieur qui domine toute la question, c'est que Jésus-Christ ou le Verbe incarné est l'unique médiateur entre Dieu et les hommes, parce qu'il n'y a pas d'autre nom sous le ciel par lequel un homme quelconque puisse être sauvé. Si ce principe fondamental ne souffre aucune exception, il n'est pas moins certain, d'autre part, que la grâce de ce médiateur unique ou la vertu du sacrifice de Jésus-Christ s'étend

---

[1] *Hist. des Variations,* liv. II, 19.
[2] *Parva confess. Luth.*, p. 2, 187.

à tous les hommes dans l'universalité des temps et des lieux ; car Jésus-Christ est mort pour tous les hommes, et Dieu ne veut la perte d'aucun. Je ne fais que citer des textes de l'Écriture sainte ou énoncer des articles de foi définis par l'Église. Cela posé, il s'ensuit, comme conséquence nécessaire, que chaque païen avait à la rigueur la grâce suffisante pour se sauver, c'est-à-dire pour former l'acte de foi surnaturel et pour acquérir le don de la charité; car sans la foi et la charité il est impossible d'arriver au salut. Voilà donc la part de Dieu ; que fallait-il du côté de l'homme? Le concours de la volonté dans la limite des efforts possibles : en d'autres termes, la disposition positive, habituelle, à croire toutes les vérités qu'il plairait à Dieu de lui faire connaître et la disposition, également ferme et permanente, à remplir tous les préceptes qu'il plairait à Dieu de lui imposer. Dans ces conditions, il est de la justice et de la bonté de Dieu d'admettre le païen ou l'infidèle dans le séjour de la gloire ; car, selon la belle parole de saint Augustin, « c'est une très ferme croyance en nous que le Dieu juste et bon ne peut demander l'impossible [1]. »

Essayons de préciser davantage encore cette foi surnaturelle qui, dans le païen, pouvait devenir le principe de sa justification, et cette disposition d'esprit et de cœur qui, excitée, soutenue, fortifiée par la grâce, pouvait lui mériter le don de la charité. La foi du chrétien est surnaturelle dans son principe, parce qu'il adhère aux vérités révélées sous l'influence d'une lumière et d'une motion surnaturelles ; dans son objet, parce que les vérités auxquelles il donne son adhésion sont précisément des vérités révélées ; dans son motif, parce qu'il admet ces vérités sur l'autorité de Dieu qui les lui révèle et de l'Église qui les lui propose. Or, ces trois conditions peuvent se retrouver, jusqu'à un certain point, dans la foi du païen soit actuellement soit vir-

---

[1] *De Nat. et Gratia*, c. 69.

tuellement. Et d'abord, la grâce, ne lui faisant pas défaut, peut incliner son esprit à croire les vérités qu'il plaît ou qu'il plairait à Dieu de lui faire connaître. De plus, s'il est dans la disposition ferme et sérieuse d'admettre toutes les vérités que la Providence voudra bien lui manifester et par tous les moyens qu'elle choisira de préférence, cette disposition positive, née de la grâce, implique d'une certaine manière le motif et l'objet de la foi surnaturelle. Or, cela peut suffire pour assurer à la foi du païen le caractère et la valeur d'un acte proportionné à la fin surnaturelle que Dieu nous assigne ; car, si la foi implicite ne pouvait suppléer dans aucun cas à la foi expresse, s'il fallait que l'acte de foi portât, d'une manière explicite et formelle, sur chacune des vérités particulières qui sont l'objet de la révélation divine, la plupart des chrétiens eux-mêmes en seraient incapables, en raison de leur degré de connaissances ou de l'état de leurs facultés. Du reste, il ne faudrait pas s'imaginer qu'aucune des vérités révélées de Dieu ne pût être l'objet direct de la foi du païen. Le dogme du médiateur ou de la rédemption, qui forme le point central de la révélation divine dont il est le résumé ou l'abrégé, vivait au cœur de tous les peuples. C'est là un fait historique qui ne souffre plus aucune difficulté. Les incrédules les plus obstinés ont été obligés de le reconnaître. Voltaire disait : « De temps immémorial toutes les nations ont attendu un sage. » Volney ajoutait : « Les traditions sacrées et mythologiques avaient répandu dans toute l'Asie la croyance d'un grand Médiateur qui devait venir, d'un juge final, d'un législateur, d'un sauveur futur, qui délivrerait les hommes de l'empire du mal. » Boulanger confirmait en ces termes l'aveu que la vérité arrachait à ses deux contemporains : « Il n'y a eu aucun peuple qui n'ait eu son expectative de cette espèce, et qui n'ait attendu, comme les Hébreux, un être indéfinissable que tous les peuples attendaient du côté de l'Orient qu'on pourrait appeler le pôle et l'espérance de toutes les nations. » D'ailleurs l'universalité des sacrifices, des rites d'expiation, suffirait pour prouver que le germe de la foi en Jésus-Christ, Médiateur futur, déposé sur le berceau du genre humain, s'est conservé et développé dans le monde ancien. Je ne parle pas des autres vérités de la révélation primitive qui s'étaient prolongées à travers les siècles. Donc, à défaut d'une croyance formellement exprimée, la foi implicite au Rédempteur à venir n'était pas chose impossible dans le vieux monde ; par conséquent, surnaturelle dans son principe qui est la grâce offerte à tous les hommes, la foi du païen pouvait l'être même, à un degré rigoureusement suffisant, dans son motif et dans son objet.

Ce que je viens de dire, en analysant l'acte de foi implicite possible chez le païen, je dois le répéter au sujet de la charité qui pouvait devenir son partage. Sans doute, il reste toujours une distance incalculable entre la condition du païen et la situation du chrétien, qui trouve dans la parole du Christ et dans les sacrements autant de moyens efficaces pour se mettre en état de grâce, pour y persévérer et pour y rentrer après avoir eu le malheur d'en déchoir. Mais, à moins de renverser les principes que nous avons établis tout à l'heure, c'est-à-dire les fondements mêmes de la doctrine chrétienne, nous sommes obligés de soutenir qu'il n'était pas absolument impossible aux païens d'acquérir la charité ou le don de la grâce sanctifiante. A la vérité, le baptême est un moyen nécessaire pour obtenir la grâce de la régénération ; mais la doctrine catholique enseigne également que le désir du baptême, dans ceux qui ne peuvent pas le recevoir, est propre à suppléer au baptême lui-même[1]. Or, qui oserait dire qu'un païen, pleinement disposé du fond de l'âme à profiter de tous les moyens de salut que Dieu daignera lui indiquer, n'a pas le désir implicite du baptême ? Nul doute encore que le repentir joint à l'aveu des fautes ou le sacrement de pénitence ne soit le moyen nécessaire de rentrer en grâce auprès de Dieu : mais la doctrine

---

[1] Concil. Trid., sessio VI, c. 4.

catholique ajoute en même temps que le repentir parfait, impliquant le désir de recevoir le sacrement, suffit pour justifier l'homme qui se trouve dans l'impossibilité d'accomplir les autres actes de la pénitence[1]. Or, qui oserait affirmer que le même repentir n'impliquerait pas chez un païen le désir de se soumettre à toutes les humiliations qu'il plairait à Dieu de lui imposer? Le principe qui domine cette dernière face de la question, c'est que nul homme ne sera jugé si ce n'est d'après la loi qu'il aura connue ou pu connaître. Donc, s'il a existé des païens qui ont rempli fidèlement tous les devoirs qu'ils connaissaient, ou qui ont réparé autant qu'il était en eux, par un sincère repentir, les fautes qu'ils avaient commises, et qui, de plus, étaient dans la disposition positive d'accomplir religieusement tout ce qu'ils connaîtraient des volontés et des commandements de Dieu, ces hommes-là étaient dans la voie du salut : ils appartenaient à l'Église, c'est-à-dire à la grande société des intelligences unies à Dieu par la foi et par la charité ; ils étaient chrétiens de cœur et d'âme, selon l'expression de saint Justin.

Vous voyez, Messieurs, que sans s'écarter des règles de l'orthodoxie la plus sévère, sans confondre sur aucun point l'ordre naturel avec l'ordre surnaturel, il est possible d'admettre les païens au bénéfice de la médiation du Verbe ou de la rédemption. Ne croyez pas, en effet, qu'en appréciant ainsi la condition des païens relativement au salut, nous cherchions à nous accommoder à de prétendues idées de tolérance qui ont cours dans le monde. Non, nous ne sommes qu'un écho de la grande tradition catholique dont la voix ne saurait être couverte par les déclamations de quelques sophistes. Tout en célébrant l'immense bienfait que l'avènement du Verbe fait chair a valu aux chrétiens, les Pères et les docteurs n'ont jamais songé à fermer aux païens la voie du salut. Voici d'abord saint Paul qui trace

---

[1] Concil. Trid., sessio XIV, c 4.

d'une main sûre la règle qu'il faut suivre dans cette appréciation : « Gloire, honneur et paix à tout homme qui fait le bien, au Juif d'abord, puis au Grec. » Cette parole énergique et précise est le thème que développera l'enseignement catholique. Nous avons entendu saint Justin ranger parmi les chrétiens ceux qui, dans le monde ancien, ont sincèrement cherché la vérité et conformé leur vie à ce qu'ils connaissaient du Verbe. Clément d'Alexandrie, traitant le même sujet plus à fond, nous dira que Dieu s'est communiqué aux Gentils par la révélation primitive et la tradition orale ; aux Juifs, par la loi écrite ; et que des Juifs et des Gentils il a composé son Église, réunissant ainsi en un seul faisceau les trois alliances fondées sur la parole divine, sur le même Verbe, soit qu'il parle naturellement à la conscience, soit qu'il s'exprime par la loi écrite, soit enfin qu'il revête notre nature et qu'il s'incarne pour se proportionner à notre misère et se donner tout entier à nous. Saint Jean Chrysostôme, touchant à cette question dans l'une de ses homélies, dira : « Ceux qui, sans avoir connu Jésus-Christ avant l'incarnation, se sont abstenus du culte des idoles, ont adoré le seul vrai Dieu et mené une vie sainte, jouissent du souverain bien, selon ce que dit l'apôtre : gloire, honneur et paix à tous ceux qui ont fait le bien, soit Juifs, soit Gentils. » Saint Augustin unira sa voix autorisée à celle du grand docteur de l'Orient pour dire : « Dès le commencement du genre humain, tous ceux qui ont cru en Jésus-Christ, qui l'ont connu autant qu'ils pouvaient, et qui ont vécu selon ses préceptes dans la piété et la justice, en quelque temps et en quelque lieu que ce soit, ont été, sans aucun doute, sauvés par lui. » Enfin, pour ne toucher qu'aux sommités principales de la tradition catholique, saint Thomas, précisant les moyens de salut réservés aux Gentils, résumera la question en ces termes : « Si quelques hommes ont été sauvés sans avoir connu la révélation du Médiateur, ils n'ont pas été sauvés néanmoins sans la foi du Médiateur ; car, bien qu'ils n'eussent pas la foi explicite, ils avaient cependant une foi implicite en la divine Providence, croyant que Dieu était le libérateur des hommes, les sauvant par les moyens qu'il lui avait plu de choisir et selon que son esprit l'avait révélé à ceux qui connaissent la vérité [1]. » Ces courtes citations, auxquelles il m'eût été facile d'en ajouter un plus grand nombre, suffisent, Messieurs, pour vous prouver que les Pères et les docteurs n'ont pas laissé à Rousseau et aux sophistes du dix-huitième siècle le privilège de s'intéresser au salut des païens : l'Église a toujours compté parmi ses enfants et les héritiers du Christ ceux qui, dans tous les temps et dans tous les lieux, ont fait tout ce qui était en eux pour connaître la vérité et accomplir la justice, et qui, aidés de la grâce divine, s'appliquant les mérites du Rédempteur, ont été unis à Dieu par la foi et par la charité.

Nous avons cherché à déterminer dans quel sens saint Justin admet le monde ancien à la participation du Verbe ou de la vérité éternelle ; il nous reste à rechercher à quelle source il a puisé la théorie du Logos, et à défendre contre quelques attaques récentes son orthodoxie sur cet article du symbole catholique.

---

[1] *Ép. aux Rom.*, II, 10. — S. Justin : 1re et 2e *Apol.*, loco citat. — Clém. d'Alex. : *Stromat.*, l. VI. — S. Jean Chrys. : *Hom.* 36. — S. Augustin : *Sex. quæst. contra pagan.* — S. Thomas d'Aquin : *Sec. secund. quæst*, II, art. 7. — Voyez également Sixte de Sienne : *Bibl. sancta*, l. VI. — S. Bernard : *Tract. de Bapt. qui olim erat. Ep.* 77, etc., etc.

DIX-SEPTIÈME LEÇON

Source de la doctrine du Verbe exposée par saint Justin. — Opinions diverses soutenues sur ce point par le rationalisme contemporain. — Développement de l'idée du Verbe ou de la Sagesse divine à travers l'Ancien Testament.—La Sagesse dans le Livre de Job. — Dans les Proverbes de Salomon. — Dans l'Ecclésiastique. — Dans le Livre de la Sagesse. — Rapport d'identité entre la Sagesse ou *Sophia* de l'Ancien Testament et le Verbe ou *Logos* du Nouveau. — Le Verbe de saint Jean diffère essentiellement du Logos de Platon. — Analyse du Logos de Philon. — Différences essentielles entre le Logos de Philon et le Verbe de saint Jean. — Absurdité de l'hypothèse d'un emprunt quelconque fait par saint Jean à Platon ou à Philon.

Messieurs,

Nous avons cherché à déterminer dans quel sens saint Justin admet les anciens philosophes à la participation du Verbe ou de la raison éternelle. Partant de ce principe que toute vérité est le fruit d'une communication du Verbe, il n'hésite pas à rapporter à ce soleil unique des intelligences tous les rayons de lumière répandus dans le vieux monde par la révélation primitive et par la raison naturelle. Cette appréciation large et équitable de la philosophie païenne ne l'empêche pas de reconnaître qu'elle ne possédait qu'une semence du Verbe ou de la vérité, tandis que l'incarnation a mis le monde chrétien en possession du Verbe lui-même ou de la vérité complète. Si, malgré cette infériorité relative de la condition des Gentils comparée à celle des Juifs ou des chrétiens, saint Justin ne craint pas d'appliquer ce dernier nom à ceux d'entre les philosophes anciens qui ont conformé leur vie à ce qu'ils connaissaient du Verbe, cette qualification n'a rien de contraire à l'orthodoxie la plus rigoureuse. Dans le cas d'une ignorance invincible de la loi évangélique on peut être chrétien de cœur et d'âme sans se rattacher au christianisme par des liens extérieurs. La doctrine catholique, n'excluant pas les païens de la voie du salut, permet de croire que, s'il s'en est trouvé qui ont cherché la vérité de bonne foi et accompli leurs devoirs autant qu'il était en eux, ces Gentils ont pu, avec le secours de la grâce suffisante pour tous, faire des actes d'un caractère et d'une valeur proportionnés à la fin surnaturelle assignée à l'homme. Les organes les plus accrédités de la tradition catholique confirment ce sentiment fondé sur les principes mêmes de la foi chrétienne.

Maintenant, Messieurs, il est une autre question découlant de la précédente, et que la deuxième apologie de saint Justin nous oblige d'examiner : à quelle source le philosophe chrétien a-t-il puisé la doctrine du Verbe exposée dans ce discours et dans le reste de ses écrits ? Pour quiconque s'est donné la peine de lire la première page de l'Évangile de saint Jean, il semble que la réponse soit clairement indiquée. Mais il y a des critiques qui ont horreur, à ce qu'il paraît, des solutions simples et faciles : ce qui s'offre tout d'abord à l'esprit est précisément ce qu'ils admettent en dernier lieu. Le rationalisme s'est donc efforcé de chercher à la doctrine de saint Justin des sources en dehors de l'Ancien et du Nouveau Testament. Parmi les écrivains modernes qui ont traité cette question d'une manière plus spéciale, les uns, tels que Gruner, Priestley et l'auteur français d'une « Histoire de l'école d'Alexandrie, » ont voulu voir dans le Logos de saint Justin un emprunt fait à Philon ; d'autres, comme Starck, Bretschneider, Onymus, Hahn, du platonisme pur, soit pour le fond et dans l'ensemble, soit pour la forme et dans les détails ; plusieurs enfin, à la suite d'Oelrichs, de Martini et d'Ackermann, du néo-platonisme. C'est ce qui nous force à reprendre la question de plus haut, pour montrer que le Logos de saint Justin ne diffère aucunement du Logos de saint Jean et que le Logos de saint Jean n'est ni celui de Philon ni celui de Platon, mais la Sagesse de l'Ancien Testament qui apparaît dans le Nouveau avec le caractère d'une personne divine et se manifeste comme telle dans le fait de l'incarnation et de la rédemption du genre humain [1].

C'est un fait reconnu par tous les théologiens, que le dogme de la Trinité n'est pas clairement formulé dans les Écritures de l'Ancien Testament : insinué en certains endroits de la Bible, supposé dans la plupart des prophéties messianiques, connu peut-être dans une certaine mesure par quelques âmes privilégiées, il appartient, dans sa forme nette et précise, à la révélation évangélique. Ce qui domine dans l'Ancien Testament, c'est l'idée de l'unité de Dieu en opposition aux religions polythéistes : Moïse et les prophètes ne cessent d'inculquer à Israël ce dogme fondamental, et d'écarter de son esprit tout ce qui pourrait l'en détourner. Quant à la distinction des trois personnes en Dieu, la connaissance claire et explicite en était réservée à l'époque où l'incarnation du Verbe la rendait nécessaire. De cette manière, Dieu faisait pour le genre humain ce que l'éducation fait pour chaque homme, en l'initiant par degrés à la vérité ; et la révélation divine, se graduant selon l'état et les besoins de l'humanité, suivait cette grande loi du développement qui est celle de la nature et de l'esprit.

Toutefois, d'après ce que je disais tout à l'heure, si le dogme de la Trinité n'est pas formellement enseigné dans l'Ancien

---

[1] Gruner: *Instit. theol. dogmat.*, p. 91, 113. — Priestley: *Geschichte der Verfalschungen des Christenthums* (trad. de l'anglais), Berlin, 1785, I, p. 11, 32. — Vacherot: *Hist. de l'école d'Alex.*, t. I, liv. II, p. 230 et ss. — Starck: *Versuch einer Geschichte des Arianismus*, I, p. 57, 66, 112 et ss. — Bretschneider: *Probabilia de Evang. et Epistol. Joannis*, p. 84, 191 — Onymus: *Justini de præcipuis rel. Christ. dogmatibus sententiæ*, p. 17, 20 et ss. — Hahn: *de Platonismo theol. veterum doctor. corruptore*, p. 24, 26 et ss. — Oelrichs: *de Patrum sæculi secundi sentent.*, p. 69 et ss. — Martini: *Versuch einer pragmatischen Geschichte des Dogma der Gottheit Christi*, I, p. 111, 115 et ss. — Ackermann: *Das Christliche in Plato*, p. 297.

Testament, il y est comme dessiné à l'avance dans ses lignes principales. La loi mosaïque est à la loi évangélique ce que le demi-jour est au jour complet : avant que le soleil se montre à l'horizon, les objets n'offrent pas à la vue de formes précises ni bien arrêtées : ce ne sont ni les ténèbres de la nuit, ni les clartés du plein midi, mais des lueurs vacillantes qui ne permettent souvent à l'œil qu'une perception vague et confuse. Il faut se résigner à ne rien comprendre au rapport des deux Testaments, ou bien voir dans l'un une préparation à l'autre, un acheminement progressif, une économie moins parfaite où toutes les réalités futures existent à l'état de germe ou d'ébauche. Il n'y a pas un dogme, pas un sacrement de la loi nouvelle, que la loi ancienne ne fasse pressentir en quelque sorte et deviner à moitié. Cette corrélation étroite entre les deux alliances, que les Pères de l'Église ont suivie dans ses moindres détails, fait ressortir tout ce qu'il y a dans les œuvres divines d'harmonique et de bien ordonné. Ainsi, pour m'en tenir au sujet qui nous occupe, la divinité du Rédempteur à venir proclamée par les prophètes laissait entrevoir le mystère de la vie intime de Dieu révélé dans l'Évangile. Ce qui se trouve énoncé dans les livres prophétiques reçoit une nouvelle lumière des livres sapientiaux : c'est dans cette partie plus proprement philosophique de l'Écriture sainte que nous pourrons suivre le développement de l'idée du Verbe ou de la Sagesse divine à travers l'Ancien Testament.

Dans le Livre de Job, la Sagesse apparaît comme un attribut essentiel de Dieu, auquel l'homme peut participer dans la mesure qui lui est propre, lorsqu'il plaît à Dieu de la lui communiquer. Après avoir célébré les merveilles de la science de l'homme dans un langage tout frémissant de poésie lyrique, l'écrivain sacré s'interrompt pour dire : « Mais où trouver la Sagesse ? Où est le lieu de l'intelligence ? L'homme ignore son prix ; elle n'habite pas la terre des vivants. L'abîme dit : elle n'est pas en moi ; et la mer : elle n'est pas avec moi. On ne l'achète pas au poids de l'or le plus pur, on n'échange pas l'argent contre elle. L'or d'Ophir n'en égale pas le prix ; elle surpasse l'onyx et le saphir. Le cristal, l'émeraude ne sont rien auprès d'elle, ni les ornements les plus beaux ; le corail et le béryl s'effacent en sa présence ; elle l'emporte sur les perles de la mer. On ne la compare pas à la topaze d'Éthiopie ; on ne l'échange pas pour les tissus les plus précieux. D'où vient donc la Sagesse et où est le séjour de l'intelligence ? Elle est cachée aux yeux des vivants, elle est inconnue aux oiseaux de l'air. La perdition et la mort ont dit : nous en avons entendu parler. Dieu connaît sa voix, seul il sait où elle habite. Car il voit jusqu'aux extrémités de la terre et il contemple tout ce qui est sous le ciel. Quand il pesait la force des vents et qu'il mesurait les crues de l'abîme ; quand il donnait des lois à la pluie et qu'il marquait leur route à la foudre et aux tempêtes ; alors, il vit la sagesse et il la manifesta ; il la prépara et il la rechercha ; et il a dit à l'homme : craindre le Seigneur, voilà la sagesse ; se détourner du mal, voilà l'intelligence [1]. »

Ainsi, d'après le Livre de Job, la Sagesse ne se trouve pas sur la terre, elle réside en Dieu ; c'est là qu'est son lieu. Dieu seul la connaît, parce qu'elle est en lui. C'est en la contemplant qu'il a organisé le monde, et l'ordre admirable qui règne dans l'univers n'est que la manifestation de cette Sagesse cachée en lui-même. L'homme y participe quand il se détourne du mal pour craindre le Seigneur et accomplir ses préceptes. L'auteur inspiré distingue nettement la Sagesse incréée qui est l'attribut de Dieu, et la sagesse qui peut devenir le don de l'homme. Mais, bien que la Sagesse incréée apparaisse en cet endroit comme le principe de l'ordre dans l'univers et de la moralité dans l'homme, il y a loin assurément de ce qui pourrait n'être à la rigueur qu'un attribut divin à une personne divine telle que le Verbe ou Logos de saint Jean.

Les Proverbes de Salomon sont plus explicites sur ce point que le Livre de Job. Ici, la distinction purement logique de

---

[1] *Livre de Job*, XXVIII, 12-28.

Dieu et de la Sagesse son attribut essentiel devient, non pas une séparation, mais une distinction réelle où l'idée de la personnalité se fait jour à travers le voile du langage poétique. Après avoir décrit les effets de la Sagesse divine, le philosophe inspiré remonte à sa source :

« Le Seigneur m'a possédée au commencement de ses voies ; avant ses œuvres, j'étais. J'ai été constituée dès l'éternité, longtemps avant que la terre fût. Les abîmes n'étaient pas et j'étais engendrée ; les sources étaient sans eau. Les montagnes n'étaient pas encore affermies, j'étais engendrée avant les collines. Le Seigneur n'avait pas fait la terre et les fleuves, ainsi que les fondements du globe. Lorsqu'il disposait les cieux, j'étais là ; lorsqu'il entourait l'abîme d'une digue ; lorsqu'il suspendait les nuées et qu'il fermait les sources de l'abîme ; lorsqu'il donnait à la mer des limites que les eaux ne dépasseront point ; lorsqu'il posait les fondements de la terre, j'étais avec lui, ordonnant toutes choses ; je formais tous les jours ses délices, me jouant sans cesse devant lui, me jouant dans l'univers : et mon bonheur est d'habiter avec les enfants des hommes. Maintenant donc, mes enfants, écoutez-moi [1]. »

En parcourant cette description de la Sagesse, on se demande si l'auteur des Proverbes aurait pu parler de la sorte d'un simple attribut de Dieu. Sans doute, l'imagination orientale se plaît à dramatiser les vérités métaphysiques ou morales : pour exprimer la doctrine d'une manière plus frappante, elle aime à mettre en scène les idées qu'elle veut rendre, à leur prêter un corps, une figure. Mais, en examinant de près ce morceau, on admettra difficilement qu'il ne s'agit ici que d'une pure prosopopée. D'où vient, en effet, cette persistance des livres saints à choisir parmi les attributs de Dieu la sagesse pour lui prêter le caractère de la personnalité ? Évidemment, à s'en tenir à la lettre même du texte, il est question en cet endroit d'une génération divine :

---

[1] *Proverb.*, c. VIII, 22-32.

or, qui dit génération distingue nécessairement celui qui engendre de celui qui est engendré. La Sagesse est engendrée par Dieu de toute éternité ; tout en restant unie à lui, elle a une subsistance propre ; elle agit, elle opère par elle-même. Elle fait les délices de celui qui l'engendre ; elle est l'objet de sa complaisance ; c'est par elle qu'il dispose toutes choses ; elle est sa conseillère, la règle de sa puissance. Le mot Père et le mot Fils ne sont pas prononcés comme plus tard dans la révélation évangélique, je le veux bien ; mais le fait de la génération divine implique de soi cette relation mystérieuse. Quand saint Jean dira que « toutes choses ont été faites par le Verbe, » il ne fera, comme l'observe Bossuet, qu'employer une formule plus précise pour déterminer le rôle de la Sagesse dans la création du monde ; et lorsque saint Justin rappellera ce passage des Proverbes pour appuyer la théorie chrétienne du Logos sur l'Ancien Testament, il ne fera pas violence aux paroles de Salomon [1]. Par là, je n'entends pas dire que l'idée de la personnalité du Verbe soit rendue dans ce fragment avec tant de netteté qu'il n'y ait pas moyen de s'y méprendre ; mais, si elle n'y est pas formellement exprimée, elle y est du moins clairement insinuée.

A mesure que nous approchons de l'époque où le Verbe devait se manifester par l'incarnation sous une forme visible, l'idée de la Sagesse, comme personnalité divine, se détache et rayonne à travers l'Écriture sainte avec plus de clarté. Les ténèbres s'enfuient et le jour se fait par degrés jusqu'au moment où le soleil lui-même va se lever sur l'horizon. Insinuée faiblement dans le Livre de Job, avec plus de force dans les Proverbes de Salomon, la distinction réelle de la Sagesse engendrée d'avec Celui qui l'engendre est mieux accusée dans l'Ecclésiastique et dans le Livre de la Sagesse, composés dans le quatrième et dans le deuxième siècle avant Jésus-Christ. Voici les paroles que le premier de ces deux documents de la révélation biblique prête à la Sagesse :

---

[1] *Dial. avec Tryphon*, 61, 62.

« Je suis sortie de la bouche du Très-Haut, je suis née avant toute créature. C'est moi qui fais naître dans le ciel une lumière toujours brillante et qui ai couvert toute la terre comme d'un nuage. J'ai habité dans les lieux très hauts, mon trône est dans une colonne de nuée. Seule j'ai parcouru le cercle des cieux, j'ai pénétré dans les profondeurs des abîmes ; j'ai marché sur les flots de la mer. Je me suis assise dans tous les lieux de la terre et parmi tous les peuples : j'ai eu l'empire sur toutes les nations. J'ai foulé aux pieds, par ma puissance, les cœurs de tous les hommes, grands et petits ; et en toutes ces choses j'ai cherché un lieu de repos et je demeurerai dans l'héritage du Seigneur. Alors le créateur de l'univers a ordonné et il m'a dit : Celui qui m'a créée a reposé dans mon tabernacle et il m'a dit : Habitez dans Jacob, placez votre héritage dans Israël, au milieu de mes élus. J'ai été créée dès le commencement et avant tous les siècles ; je ne cesserai d'être dans la suite des âges et j'ai exercé devant lui mon ministère dans la maison sainte. Et j'ai été affermie dans Sion, je me suis reposée dans la cité sainte et ma puissance est dans Jérusalem, etc.[1] »

Ne vous arrêtez pas, Messieurs, à cette confusion apparente de la sagesse incréée qui réside en Dieu avec la sagesse qui peut devenir le partage de l'homme. C'est le propre du style prophétique de passer rapidement du présent au futur, du temps à l'éternité, des choses divines aux choses humaines, sans marquer la transition. Mais la distinction est facile, lorsqu'on dégage cette haute théologie du voile poétique qui l'enveloppe. En lisant attentivement ce passage, on y découvre sans peine la génération éternelle de la Sagesse, et sa communication temporelle aux hommes. La sagesse, dit le fils de Sirach, procède de la bouche du Très-Haut avant toute créature ; elle est donc son Verbe, sa parole éternelle. Vous voyez qu'il suffira d'une formule plus précise pour donner à

---

[1] *Ecclésiastique*, c. XXIV, 5-15.

l'idée du Logos la netteté qu'elle trouve dans l'Évangile de saint Jean. De plus, continue l'écrivain sacré, cette Sagesse qui procède de la bouche du Très-Haut, qui est née avant toute créature, s'est répandue sur toute l'humanité qu'elle éclaire de ses rayons ; elle s'est manifestée de préférence à Israël, elle a fixé son siège au milieu de la théocratie juive. De là cette idée si familière aux Pères de l'Église, que les théophanies de l'Ancien Testament doivent être rapportées au Verbe qui préludait à son incarnation par ses manifestations anticipées. Enfin le Livre de la Sagesse marque le dernier terme de ce développement de l'idée du Logos à travers la Bible :

« La Sagesse, qui a tout fait, m'a enseigné. En elle est l'esprit d'intelligence, saint, un, varié, subtil, disert, prompt, incorruptible, sûr, doux, aimant le bien, pénétrant, invincible, bienfaisant, ami des hommes, stable, calme, doué de toute vertu, prévoyant toutes choses, scrutant tous les esprits, intelligible, vif et pur. Car la Sagesse est plus prompte que les mouvements les plus rapides et elle atteint partout à cause de sa pureté. Elle est une vapeur de la vertu de Dieu, elle est une émanation pure de la clarté du Tout-Puissant ; rien de souillé ne l'atteint. Elle est la splendeur de la lumière éternelle, le miroir sans tache de la majesté de Dieu et l'image de sa bonté. Quoique unique, elle peut tout ; immuable en soi, elle renouvelle toutes choses ; elle se répand parmi les nations dans les âmes saintes et elle fait les amis de Dieu et les prophètes, etc.[1] »

Je ne crois pas, Messieurs, abuser du texte en y voyant la distinction de Dieu et de la Sagesse qui réside en lui portée à un degré que le caractère de la personnalité peut seul expliquer d'une manière satisfaisante. A moins de réduire ces propositions à de simples jeux de mots, on ne saurait nier qu'il existe une distinction entre la lumière éternelle et ce qui en est la splendeur, entre la majesté de Dieu et le miroir

---

[1] *Livre de la Sagesse*, c. VII, 21-27.

sans tache qui la reflète, entre la bonté de Dieu et son image. Tout en procédant de Dieu et sans se séparer de lui, la Sagesse apparaît ici comme une individualité subsistant, agissant, opérant par elle-même. Et lorsqu'on songe que saint Paul applique ces mêmes expressions au fils de Dieu, il est difficile de ne pas admettre que le développement de l'idée du Verbe à travers l'Ancien Testament atteint son apogée dans ce passage du livre de la Sagesse [1].

De tout ce que nous venons de voir, Messieurs, il est permis de conclure que les éléments de l'idée du Logos se trouvent dans l'Ancien Testament, bien qu'enveloppés d'un voile qui se déchirera plus tard : son éternité, sa génération divine, sa subsistance individuelle ou sa personnalité. Cela posé, pour donner à cette grande doctrine sa formule nette et précise, pour la faire briller dans tout son éclat, il suffira que le Verbe lui-même se manifeste sous une apparence sensible, qu'il s'incarne, et qu'ainsi, se montrant à découvert aux yeux des hommes, il révèle, par autant d'opérations qui lui sont propres, sa distinction réelle d'avec le Père ou sa personnalité. Alors tous ces textes de la Bible restés, pour ainsi dire, dans un demi-jour, s'illumineront à la clarté de la révélation chrétienne ; ces germes de vérité déposés au sein du peuple juif s'épanouiront dans leur fécondité latente auparavant ; l'apparition du Verbe dans sa chair, sa parole, son sacrifice dissiperont les obscurités, combleront les lacunes d'un enseignement imparfait ; et le plus sublime des disciples du Christ, inspiré par l'Esprit-Saint, écrira en tête de son Évangile cette préface qui achève et couronne toutes les révélations divines touchant le Verbe et la vie intime de Dieu :

« Au commencement était le Verbe, et le Verbe était avec Dieu, et le Verbe était Dieu. Il était au commencement avec Dieu. Toutes choses ont été faites par lui et rien de ce qui a

---

[1] *Ép. aux Coloss.*, I, 15 et ss. ; 2ᵉ *Ép. aux Corinth.*, IV, 4 ; *Ép. aux Héb.*, I, 3.

été fait n'a été fait sans lui. En lui était la vie, et la vie était la lumière des hommes. Et la lumière luit dans les ténèbres, et les ténèbres ne l'ont point comprise. Un homme fut envoyé de Dieu, et son nom était Jean. Il vint pour rendre témoignage à la lumière afin que tous les hommes crussent par lui. Il n'était pas la lumière, mais il était venu pour rendre témoignage à celui qui était la lumière. Celui-là était la vraie lumière qui éclaire tout homme venant en ce monde. Il était dans le monde, et le monde a été fait par lui, et le monde ne l'a pas connu. Il est venu chez lui, et les siens ne l'ont pas reçu. Mais il a donné le pouvoir de devenir enfants de Dieu à tous ceux qui l'ont reçu, à ceux qui croient en son nom, qui ne sont pas nés du sang, ni de la volonté de la chair, ni de la volonté de l'homme, mais de Dieu même. Et le Verbe s'est fait chair et il a habité parmi nous, et nous avons vu sa gloire, comme la gloire que reçoit de son Père le Fils unique plein de grâce et de vérité [1]. »

Voilà, Messieurs, la Sagesse ou Sophia de l'Ancien Testament identique au Verbe ou Logos du Nouveau. Ce qu'insinuaient clairement les Proverbes, l'Ecclésiastique et le Livre de la Sagesse, saint Jean l'exprime formellement. Il place le Verbe au commencement dans le sein de Dieu, comme les Proverbes placent la Sagesse avec Dieu avant tous les siècles. Les Proverbes avaient énoncé la génération éternelle de la Sagesse sans se servir des mots Père et Fils : saint Jean emploie ces deux termes pour préciser la relation de celui qui engendre avec celui qui est engendré. L'Ecclésiastique avait montré la Sagesse procédant de la bouche du Très-Haut ; il avait même choisi le mot Verbe ou parole pour exprimer le terme de cette procession [2] : saint Jean fait usage du même mot dont il détermine la signification. L'apôtre affirme que toutes choses ont été créées par le Verbe, qu'il est la source de tout ce qu'il y a de vie et de

---

[1] *Év. selon s. Jean*, I, 1-14.
[2] *Ecclésiastiq.*, I, 5.

lumière dans les créatures, absolument dans le sens des livres sapientiaux. Enfin, témoin autorisé de ce qu'il a vu, entendu, touché de sa main, il ajoute un dernier trait, l'incarnation du Verbe. De cette manière, la doctrine du Logos se trouve formulée avec une pleine rigueur et achevée dans toutes ses parties. Ce rapport d'identité entre la Sagesse de l'Ancien Testament et le Logos du Nouveau, saint Justin, saint Athanase, saint Cyrille de Jérusalem, saint Grégoire de Nazianze, saint Ambroise et saint Augustin l'ont constaté comme nous venons de le faire [1].

Maintenant, Messieurs, je demanderai à tout homme tant soit peu versé dans ces matières ce que Philon et Platon ont à voir ou à faire dans cette doctrine. Même dans l'hypothèse rationaliste, excluant l'inspiration de saint Jean, l'explication la plus simple et la plus rationnelle serait encore celle qui chercherait la source de sa théorie du Logos dans les livres répandus parmi les Juifs, plutôt que dans des traités de philosophie dont il n'est pas prouvé que l'apôtre ait eu connaissance. Certes, le Logos occupe une certaine place dans le platonisme et dans le philonisme ; mais, sans faire valoir qu'on ne saurait découvrir aucune trace de filiation historique, il est facile de montrer que le Verbe de saint Jean diffère essentiellement du Logos de Platon et de celui de Philon.

Et d'abord, pour ce qui regarde Platon, c'est par inadvertance seulement qu'on pourrait lui attribuer une influence quelconque sur saint Jean et sur les auteurs du Nouveau Testament. Je ne veux pas nier qu'on ne puisse absolument découvrir dans Platon une sorte de triade, bien qu'on ne se soit jamais accordé sur les trois termes qui la composent. Est-ce Dieu, l'intelligence et l'âme du monde ? ou bien Dieu, la matière et les idées ? Il faudrait être doué d'une perspicacité bien grande pour trouver dans cet idéalisme indécis et

---

[1] Just. : *Dial. avec Tryphon*, 61, 62. — Athan. : *orat.* III *contra Arianos*. — Grég. de Nazianze : *orat.* IV *de Theol.* — S. Ambroise : *lib. de Incarn*, x. — S. August. : l. V *de Trinitate*, c. 12, etc., etc.

flottant quelque chose qui ressemble, de près ou de loin, à la Trinité chrétienne. Sans doute, ce philosophe parle en maint endroit du monde intelligible, du Verbe, de l'entendement divin ; mais pas une syllabe n'indique qu'il ait soupçonné dans le sein de Dieu une génération éternelle ou une distinction de personnes. S'il mentionne dans le Timée un Dieu unique, immortel, parfait, bienheureux, engendré par le Dieu suprême, ses propres expressions montrent clairement que ce Dieu n'est autre, dans sa pensée, que le monde lui-même ou l'univers [1]. Du reste, je dois dire qu'il n'y a plus qu'une voix dans la critique moderne pour rejeter comme inutile et désespérée la tentative d'attribuer à Platon une part, si minime qu'elle soit, dans la doctrine du Verbe exposée par saint Jean. Les écrivains allemands, même les plus connus pour leur audace en pareille matière, n'ont rien négligé pour ruiner cette hypothèse dont l'absurdité saute aux yeux. Qu'il me suffise de vous citer un témoignage non suspect, celui d'un auteur français qui, dans son Histoire de l'école d'Alexandrie, est loin de se placer sur le même terrain que nous. Je n'ai pas besoin de vous faire observer que, même en rendant justice à la vérité, il conserve une couleur rationaliste facile à distinguer :

« Ce qui est parfaitement certain, c'est qu'il n'apparaît encore aucune trace de la philosophie grecque dans le christianisme primitif. Il n'y a aucune raison historique de croire que saint Jean, le grand métaphysicien de la doctrine, ait connu Platon ou même les livres postérieurs de la philosophie platonicienne. Il est d'ailleurs tout à fait inutile de le supposer ; car la doctrine du Verbe proprement dit, qu'il ne faut pas confondre avec le λόγος θεῖος de Platon, est étrangère à la philosophie grecque et propre à l'Orient. C'est dans les livres saints et particulièrement dans les livres de

---

[1] *Timée*, VII, p. 19, 106. — M. Vacherot : *Histoire de l'école d'Alexandrie*, I, 26. — Oelrichs : *Doctrina Platonis de Deo*, etc., 1788, p. 12 et ss. — Baur : *Das Christliche des Platonismus*, p. 64, 67, 76, etc. — Staudenmaier : *Philosophie des Christenthums*, I, 391, Giessen, 1840.

la Sagesse et de l'Ecclésiastique que saint Jean l'a puisée, à moins de l'avoir empruntée à Philon qui la tenait certainement de la tradition. Mais il est douteux que saint Jean, qui n'a jamais visité Alexandrie, ait connu les livres du philosophe juif. En toute hypothèse, il est évident que la doctrine primitive du christianisme découle tout entière des sources orientales, et qu'avant la philosophie des Pères de l'Église grecque, elle ne s'était inspirée, ni directement, ni indirectement, des idées de la Grèce [1]. »

En disant que la doctrine du Verbe est propre à l'Orient, que la doctrine primitive du christianisme découle des sources orientales, l'auteur que je viens de citer serait fort embarrassé de signaler le moindre vestige de cette doctrine en dehors des livres de l'Ancien Testament ; mais, ces façons de parler qui étendent à tout l'Orient ce qui n'a été que le partage du peuple juif sont fort commodes parce que, ne précisant rien, elles permettent de tout penser. On voit bien que, tout en renonçant à Platon, il aimerait à se reporter vers Philon, n'était l'embarras des dates. Il faudrait en effet, pour être en droit de supposer un emprunt quelconque, établir que saint Jean a pu connaître les ouvrages de Philon à peine composés en Égypte, qu'il les a connus réellement et que, les ayant connus, il en a profité : toutes choses qu'on peut défier la critique la plus osée d'appuyer sur le fondement le plus léger. Mais, si la chronologie coupe court à toute supposition de ce genre, la comparaison des doctrines suffit pour prouver que le Verbe de Philon ne ressemble pas plus à celui de saint Jean que le Verbe de Platon. Un écrivain moderne a dit avec beaucoup de raison :

---

[1] M. Vacherot : *Histoire de l'école d'Alexandrie*, p. 200 et 201. — Baur: *Das Christliche des Platonismus*, p. 58, 62. — Tennemann : *Ueber den göttlichen Verstand aus der platonischen Philosophie*, I, 34 et ss. — Tiedemann: *Geist der speculativen Philosophie*, II, 118 et ss. — Buhle, *Geschichte der Philosophie*, II, 172. — Martini : *Versuch einer pragmatischen Geschichte*, p. 112. — Tzschirner : *Fall des Heidenthums*, I, 599. — Ackermann : *Das Christliche in Plato*, p. 44, 297. — Oelrichs : *Doctrina Platonis de Deo*, p. 8 et ss. — Sémisch : *Justin der Martyrer*, II, 301.

« En histoire comme en philosophie, rien n'est plus opposé aux intérêts de la vérité que de s'emparer d'analogies superficielles pour identifier des principes contraires [1]. » Ce qui trompe tout particulièrement dans la comparaison des doctrines, ce sont les analogies verbales. Sans doute, le mot Logos se trouve dans Philon ; mais il s'agit de savoir dans quel sens le philosophe juif l'a entendu. Le mot Dieu est employé par Homère comme par l'Évangile : qui oserait dire que la même idée répond précisément à cette expression de part et d'autre ? On ne saurait nier, tout d'abord, que Philon ne se soit trouvé, par rapport à la doctrine du Verbe, dans une condition plus favorable que Platon. Ayant sous les yeux les livres saints qu'il avait étudiés avec soin, le Juif alexandrin pouvait appliquer aux données de la révélation son coup d'œil philosophique d'une pénétration incontestable ; et, par le fait, ce fut à une pareille tentative qu'il consacra sa vie : il essaya de construire ce que nous appellerions aujourd'hui une philosophie du dogme, en s'appuyant sur les principes de la révélation biblique. Mais un travail de cette nature ne pouvait avoir chance de succès qu'en restant fidèle à la tradition, en suivant les lignes tracées par l'orthodoxie la plus rigoureuse. Au lieu de marcher à l'aide de ce fil conducteur, Philon prit une voie toute contraire. Cédant à cette préoccupation fatale de vouloir concilier en tout point l'hellénisme avec le mosaïsme, il tenta une fusion impossible qui, par suite, devint une véritable confusion, un amalgame d'éléments hétérogènes. Décidé d'avance à rejeter tout simplement ou à interpréter au gré de son système tout ce qui, dans l'Écriture sainte, ne s'accorderait pas avec Platon, il sacrifia la religion de ses pères à la philosophie grecque. C'est ainsi que, tout en acceptant de la tradition l'idée de Dieu qu'elle lui fournissait, il l'altéra en y mêlant la théorie platonicienne de l'éternité de la matière. Dès lors, le Dieu créateur de la Bible ne fut

---

[1] M. Jules Simon: *Histoire de l'école d'Alexandrie,* I, 341.

plus pour lui, comme pour Platon, qu'un simple organisateur de la matière. Encore n'osa-t-il plus le placer en rapport direct avec le monde : envisageant la matière comme le siège du mal, il se vit obligé d'imaginer entre elle et Dieu un être intermédiaire qui pût servir d'organe ou d'instrument dans la formation des choses. Cet être intermédiaire, qui deviendra le Démiurge des gnostiques, cet être qui occupe le milieu entre Dieu et l'homme, inférieur à l'un et supérieur à l'autre, c'est le Logos. De là une première différence essentielle avec le Verbe de la Trinité chrétienne qui est Dieu dans le même sens que le Père. Mais, si le Logos perd dans Philon le caractère de l'absolu, s'il devient un deuxième dieu inférieur au Dieu suprême, il ne conserve pas non plus fidèlement le caractère de la personnalité : c'est ce qui le sépare de nouveau du Verbe de saint Jean.

Pour s'expliquer ces fluctuations dans la doctrine de Philon, il faut savoir y distinguer deux courants d'idées qui se contrarient sans cesse : le courant de la tradition mosaïque et celui de la philosophie grecque. Aussi longtemps que le contemporain des apôtres ne s'écarte pas de la lettre ou de l'esprit des livres saints, le Verbe conserve, dans ses écrits, ce caractère d'une individualité subsistant par elle-même que les Proverbes, l'Ecclésiastique et le Livre de la Sagesse insinuent clairement. C'est ainsi qu'il appelle le Verbe le premier-né, le fils aîné de Dieu, le grand prêtre, l'archange, etc. ; à côté de ces qualifications, qui de soi paraissent supposer une personne, il lui attribue une action propre et individuelle dans la formation du monde. Mais, sitôt que Philon revient à sa pensée favorite de concilier Moïse et Platon, la Genèse et le Timée, toute idée de personnalité s'évanouit. Le Logos n'est plus, alors, que l'entendement divin dans le sens de Platon, le monde intelligible, le lieu des idées divines, le sceau imprimé à toutes choses, le lien de l'univers, l'harmonie du monde, la forme des êtres, l'idée universelle, l'idée des esprits, l'esprit ou l'âme du monde, etc. Il paraît même se résoudre dans l'idée de l'homme ou de l'humanité, comme l'a fort bien montré celui de tous les critiques modernes qui me semble avoir pénétré le plus avant dans le philonisme [1]. L'idéalisme grec entraîne Philon dans une confusion générale où la personnalité du Verbe disparaît comme tout le reste.

Enfin, ce qui achève de creuser un abîme entre le Logos de Philon et le Verbe de saint Jean, c'est l'impossibilité d'une incarnation de Dieu dans le système du Juif d'Alexandrie. La matière lui paraît tellement imparfaite et impure qu'il n'admet pas que Dieu aurait pu l'organiser par lui-même sans en être souillé. A plus forte raison, l'idée d'une apparition de Dieu dans la chair, d'une union réelle de la nature divine avec la nature humaine, lui aurait-elle semblé absurde et contradictoire. Il faut avoir jeté un coup d'œil bien superficiel sur le philonisme pour vouloir y trouver le principe de la doctrine de l'incarnation, comme l'a fait un auteur français que je citais tout à l'heure ; et l'on ne sait ce qu'il faut admirer davantage, la naïveté de ses assertions ou leur audace [2]. Rien n'est plus diamétralement opposé à la théorie de Philon que cette phrase de saint Jean : « Le Verbe s'est fait chair et il a habité parmi nous. » Les idées du philosophe juif sur la matière y répugnent essentiellement. Cela est si vrai que, pour exclure de Dieu tout contact avec la matière, il réduit les théophanies de l'Ancien Testament à de pures apparences sans réalité : il n'hésite même pas à y voir autant de fables. Jugez par là si le dogme de l'incarnation du Verbe aurait pu entrer dans son système comme élément essentiel. Aussi Philon, tout porté qu'il est vers l'idéalisme, a-t-il les idées les plus grossières sur le règne messianique : il rêve la glorification temporelle d'Israël en place de la rédemption spirituelle par le Christ, dont il n'existe pas une trace dans ses nombreux écrits. Donc, en résumé, divinité, personnalité, incarnation du Verbe, ces

---

[1] Staudenmaier : *Philosophie des Christenthums*, I, p. 438 et ss.
[2] M. Vacherot : *Histoire de l'école d'Alexandrie*, I, 147.

rois points d'une même doctrine, ou sont opposés au système de Philon, ou ne s'y rencontrent qu'altérés et défigurés.

Ainsi, Messieurs, la comparaison du Logos de Philon avec le Verbe de saint Jean fait ressortir la différence capitale qui existe de l'un à l'autre. L'analogie est purement dans les mots ; l'opposition porte sur les idées. Tandis que la doctrine de l'apôtre est celle de l'Ancien Testament précisée, développée par la révélation du Nouveau, la théorie du Juif alexandrin s'écarte de la Bible et heurte l'Évangile. D'une part, c'est le fleuve sans mélange de la tradition hébraïque, auquel le christianisme vient ouvrir un lit plus large et plus profond ; de l'autre, un ruisseau détourné de sa source qui va se perdre sur un sol étranger. D'origine diverse, ces deux doctrines auront un prolongement différent. L'une sera le thème invariable de l'orthodoxie chrétienne, l'autre le fonds commun où puiseront les hérétiques. Certes, l'influence de Philon a été grande, plus forte même qu'on ne le pense d'ordinaire, et c'est précisément à sa fausse théorie du Logos ou du Verbe divin qu'elle est due. Des Docètes aux Sabelliens, des Gnostiques aux Ariens, tous ceux qui ont attaqué sur un point quelconque la doctrine catholique du Verbe se rattachent à Philon par quelque lien. L'arianisme en particulier n'a fait que reproduire, et dans les mêmes termes, l'opinion du Platon juif sur le Logos, être intermédiaire, selon lui, entre Dieu et l'homme, inférieur à l'un et supérieur à l'autre ; et lorsqu'on songe qu'Alexandrie a été le berceau du philonisme et de l'arianisme, cette ressemblance dans le fond et dans la forme ne saurait être envisagée comme purement fortuite. Nous aurons occasion de constater plus au long ces affinités de doctrine, en étudiant l'éloquence chrétienne dans saint Irénée. En un mot, Philon mérite, à bien plus de titres que Platon, d'être appelé le patriarche des hérétiques. J'ajouterai même que, si des écrivains de l'école d'Alexandrie, comme Clément et Origène, se sont exprimés parfois d'une manière inexacte sur le Verbe, ils ont dû peut-être cette terminologie équivoque à l'étude de Philon, Pour lequel ils professaient une estime exagérée, et dont les écrits étaient très répandus à cette époque dans la ville où ils écrivaient. Ces considérations, que je ne fais qu'émettre pour le moment, doivent justifier à vos yeux le soin que nous avons mis à examiner de près la théorie du Logos dans Philon.

Revenons maintenant à saint Justin pour voir à quelle source il a puisé sa doctrine du Verbe, si elle est le développement exact du magnifique prologue de l'Évangile de saint Jean, ou si, comme on l'a prétendu, il est possible d'y découvrir des traces de platonisme, de philonisme, ou même de néo-platonisme.

DIX-HUITIÈME LEÇON

Saint Justin ne fait que développer la doctrine du Verbe exposée par saint Jean. — Preuves de cette identité pour le fond et pour la forme. — Exemples dont saint Justin se sert pour éclaircir le mystère de la génération du Verbe. — Exposition nette et précise de l'unité de nature et de la distinction des personnes en Dieu.—Défense de l'orthodoxie de saint Justin contre les attaques de quelques écrivains du dix-septième siècle et des rationalistes du dix-neuvième. — Quelques expressions peu exactes expliquées par l'ensemble des doctrines de l'apologiste. — Peut-on surprendre quelques traces de platonisme ou même de néo-platonisme dans cette partie de l'enseignement de saint Justin ?

Messieurs,

L'étude de l'éloquence chrétienne dans les premiers apologistes de la religion ne saurait avoir pour objet unique le caractère ou la forme littéraire de leurs écrits. Nous pourrions même ajouter qu'en présence des controverses actuelles ce travail de pure rhétorique n'offre qu'un intérêt secondaire. Il est impossible, assurément, de séparer la forme du fond, lorsqu'on veut porter un jugement complet sur un orateur ou un écrivain quelconque. Aussi devrons-nous relever le mérite particulier du style de saint Justin, les qualités et les défauts qu'on y remarque, après avoir parcouru l'ensemble de ses ouvrages ; et la comparaison de sa méthode ou de sa diction avec celles des Pères apostoliques nous permettra de constater l'influence toute nouvelle des lettres profanes sur l'éloquence chrétienne. Mais cette critique littéraire n'est pas la partie la plus importante de notre tâche. Dans les ouvrages de l'esprit faits pour instruire plutôt que pour plaire, le choix ou l'arrangement des mots mérite moins d'attention que le mouvement des idées. Ce principe général s'applique surtout aux monuments du premier âge de l'Église, où la doctrine se produit pour l'ordinaire sans grand souci des ornements du langage. Voilà pourquoi nous nous appliquons de préférence à suivre la pensée des anciens Pères, soit dans la réfutation du paganisme, soit dans le développement des vérités révélées. Depuis que le rationalisme contemporain s'est reporté vers le berceau de la religion chrétienne pour la dépouiller de son caractère surnaturel, nous ne devons rien négliger pour combattre cette tentative extrême d'une cause désespérée. Il s'agit pour nous de montrer, les faits en main, à l'aide des premiers documents de l'éloquence sacrée, que le christianisme ne s'est pas formé par une élaboration lente et successive : aussitôt né, il est lui-même dans tout son jet, dans toute sa plénitude, il est complet et parfaitement homogène ; loin d'être le produit de la rencontre ou du mélange des idées platoniciennes et orientales, il n'a fait qu'emprunter à la société au milieu de laquelle il est apparu, ses formes et son langage, absolument comme le Verbe divin avait pris les conditions de l'humanité pour se manifester aux hommes.

C'est dans ce but que nous avons démontré, mardi dernier, que le Verbe de saint Jean n'est ni le Logos de Platon, ni celui de Philon, mais la Sagesse ou Sophia de l'Ancien Testament apparaissant dans le Nouveau avec le caractère d'une personne divine et se révélant comme telle par le fait de l'incarnation et de la rédemption du genre humain. Examinons à présent à quelle source saint Justin a puisé sa théorie du Verbe : si elle est le développement fidèle de l'Évangile de saint Jean, ou bien, s'il est possible d'y découvrir des traces de platonisme, de philonisme ou de néo-platonisme.

En disant que saint Justin reproduit exactement la doctrine du Verbe exposée dans l'Évangile de saint Jean, j'ai hâte, Messieurs, de prévenir une idée qui pourrait s'élever dans votre esprit. Si nous cherchons à constater ce rapport d'identité, ce n'est pas, certes, que la doctrine du Verbe soit particulière à saint Jean. Sans doute, le rationalisme ne s'est pas fait faute de le soutenir ; mais je ne sache pas d'assertion qui reçoive des textes un démenti plus éclatant. Cette critique de fantaisie, qui traînait depuis longtemps dans les écrits de quelques rationalistes protestants de l'Allemagne, a été recueillie comme une nouveauté par l'auteur d'une Histoire de l'école d'Alexandrie, que je prends plus volontiers à partie parce qu'il est le seul qui, en France, se soit fait l'écho de ces témérités d'outre-Rhin. A l'entendre, saint Jean serait en progrès sur saint Paul et sur les autres écrivains du Nouveau Testament, « parce qu'il est le premier auteur sacré qui ait conçu le Verbe dans son essence ; parce qu'en rapportant au Verbe tout ce qu'il y a de lumière dans le monde, il énonce une pensée nouvelle par rapport à saint Paul ; parce qu'il conçoit plus intime que ne fait saint Paul le lien qui rattache le Verbe à Dieu, et qu'il ne se contente pas de dire que le Verbe est en Dieu, mais encore qu'il est Dieu [1]. » Autant de mots, autant d'erreurs. Il n'y a pas une proposition de saint Jean qu'on ne retrouve d'une manière équivalente dans saint Paul. Pour le prouver rapidement, décomposons l'idée chrétienne du Verbe en ses quatre éléments : la divinité, la personnalité, la génération éternelle, l'incarnation. Saint Jean dira que le Verbe est Dieu : mais saint Paul avait dit : le Christ est le Dieu béni de tous les siècles... Nous attendons l'avènement de la gloire de notre grand Dieu et sauveur Jésus-Christ... Nous avons vu l'humanité, la bonté de notre Dieu sauveur... Étant formellement Dieu, le Christ n'a pas cru injuste de se dire égal à Dieu... En lui habite substantiellement la plénitude de la divinité, etc. [2] » Saint Jean dira que toutes

---

[1] M. Vacherot: *Hist. de l'école d'Alexandrie*, T. I, p. 194 et 195.
[2] *Ép. aux Rom.*, IX, 5 ; *à Tit.*, III, 13 ; II, 4; *aux Phil.*, II, 6 ; *aux Coloss.*, II, 9.

choses ont été faites par le Verbe ; qu'il est pour les créatures la source de la vie et le foyer de la lumière; mais saint Paul avait dit dans son magnifique langage : « Le Fils est l'image du Dieu invisible ; il est né avant toutes les créatures. C'est par lui que tout a été créé dans le ciel et sur la terre, les choses visibles comme les invisibles, les trônes, les dominations, les principautés, les puissances, tout a été créé par lui et pour lui. Il est avant tout, et toutes choses subsistent par lui... C'est par lui que Dieu a créé les siècles : il est la splendeur de sa gloire et le caractère de sa substance, soutenant tout par la parole de sa puissance [1]. » Il est impossible de mieux exprimer la subsistance individuelle du Fils, son ministère personnel dans la création des choses. Si tout est créé et subsiste par lui, il est évident que tout homme venant en ce monde reçoit par lui la vie et la lumière, sans lesquelles nul n'est créé ni ne pourrait subsister. Loin d'être nouvelle par rapport à saint Paul, la pensée de saint Jean est identique à celle de l'apôtre des Gentils. L'évangéliste n'a rien de plus expressif pour marquer le lien qui rattache le Verbe à Dieu que ces fortes paroles de saint Paul : « Le Fils est l'image du Dieu invisible, la splendeur de sa gloire et le caractère de sa substance. » L'acte de la génération éternelle est également énoncé, supposé, de part et d'autre : tous deux emploient à chaque page et dans le même sens le mot Fils pour exprimer le terme de cette procession divine. Enfin saint Jean dira : « Le Verbe s'est fait chair et il a habité parmi nous; » mais saint Paul avait dit : « Le Fils de Dieu a pris la forme d'un esclave, il a été fait semblable aux hommes et il a été trouvé comme un homme par tout ce qui paraissait de lui... Dieu a envoyé son fils formé d'une femme et assujetti à la loi [2]. » Jugez, Messieurs, par ce court rapprochement, si ce prétendu progrès de saint Paul à saint Jean existe autre part que dans l'imagination de ceux qui

---

[1] *Ép. aux Coloss.*, I, 15, 16, 17; *aux Hébreux*, I, 2 et 3.
[2] *Ép aux Philipp.*, II, 7; *aux Galat.*, IV, 4.

l'inventent. Il faut avoir la passion de l'antithèse pour arriver à de pareilles conclusions.

Ce qui trompe sur ce point ceux d'entre nos philosophes qui aiment à s'improviser théologiens, ce sont des différences de mots. Je disais dans ma dernière leçon : rien n'est plus opposé aux intérêts de la vérité que de s'emparer d'analogies verbales pour identifier des principes contraires ; j'ajoute maintenant, et à égal droit : rien ne sert moins la vérité que de relever des différences purement verbales pour mettre en opposition des doctrines identiques. C'est en violant ces deux règles de la critique qu'on est arrivé à ces fantaisies d'artiste qui plaisent aux audacieux et qui trompent les simples. Les mêmes idées peuvent s'exprimer d'une façon différente. Tout en affirmant que nos chercheurs d'antithèses n'ont encore rien trouvé de contradictoire dans les écrits des apôtres, nous sommes loin de prétendre qu'un seul et même écrivain ait rédigé le Nouveau Testament. Comme, en règle générale, l'inspiration divine ne s'étend pas aux mots, elle n'exclut pas dans ceux qui en sont favorisés, l'emploi de locutions particulières, de formules caractéristiques. Je pourrais même ajouter qu'il ne s'ensuivrait absolument rien contre la divinité du christianisme s'il était prouvé que tel apôtre eût reçu sur un point quelconque de la doctrine une révélation plus nette et plus explicite que les autres. Le concile de Trente attribue d'une manière plus spéciale à l'apôtre saint Jacques la promulgation de la loi de l'extrême-onction, sans diminuer le pouvoir du reste des apôtres[1]. A plus forte raison, chaque auteur sacré a-t-il pu se servir, dans l'expression du dogme, d'un terme qui lui est propre de préférence à tel autre. Ainsi saint Jean, écrivant dans l'Asie Mineure en face des premiers gnostiques qui déjà s'essayaient à ces fausses théories sur le Logos dont l'arianisme devait être le dernier terme, saint Jean leur

---

[1] Concil. Trident, sess. XIV, caput I, *de Sacram. extrem. unct.*, canon I.

oppose le même mot dont il précise le sens dans une exposition nette et ferme de la doctrine révélée. Encore ne l'emploie-t-il qu'en commençant, pour faire usage du mot Fils dans le reste de son Évangile. C'est qu'en effet ces deux expressions s'appliquent également bien à la deuxième personne de la sainte Trinité. Peut-être même qu'en raison du langage ordinaire le mot Fils désigne la génération éternelle d'une manière sinon plus expressive, du moins plus populaire ; tandis que le mot Verbe, moins compréhensible par lui-même, laisse entrevoir davantage le mode de la procession divine par voie d'intelligence. De là vient que l'Église, toujours si délicate dans le choix des mots, a employé préférablement le premier dans la profession de foi de Nicée et dans le symbole dit de saint Athanase. C'est vous dire assez que le mot Verbe est loin d'être le seul qui rende le dogme dans toute sa plénitude. Aussi ne paraît-il qu'une seule fois dans saint Paul [1], tandis que le mot Fils de Dieu y revient à chaque page : l'apôtre fait choix de cette dénomination, comme saint Luc se sert pour l'ordinaire du mot Seigneur pour désigner Jésus-Christ. Aujourd'hui encore, ces diverses expressions s'emploient indifféremment dans le langage chrétien sans qu'il vienne à l'esprit de personne d'y voir une ombre de divergence dans les doctrines. Donc, bien que saint Jean lui-même ait fait un usage plus fréquent du mot Fils de Dieu que du mot Verbe, nous pouvons accorder sans crainte que cette dernière formule lui est plus familière qu'au reste des apôtres : écrivant au milieu des gnostiques qui la détournaient de sa véritable signification, il avait une raison particulière de s'en servir au commencement de son Évangile et dans ses Épîtres dirigées contre eux.

Ces nuances dans la terminologie se retrouvent chez les Pères apostoliques à côté d'une identité de doctrines non moins absolue. Nous avons vu, l'an dernier, avec quelle netteté et quelle précision les disciples des apôtres formulent

---

[1] *Ép. aux Héb.*, IV, 12.

le dogme de la divinité de Jésus-Christ. Saint Clément l'appelle le Fils de Dieu fait homme, le sceptre et la splendeur de la majesté divine ; il nomme ses souffrances *les souffrances de Dieu*. Saint Barnabé le représente comme le Seigneur de l'Univers, le Fils de Dieu venu dans la chair, en qui et pour qui toutes choses ont été créées. Hermas dit que « le Fils de Dieu est plus ancien que toutes les créatures, de telle sorte qu'il a servi de conseil à son Père pour créer le monde ; » il ajoute que « le nom du Fils est grand, immense, que tout l'univers est soutenu par lui [1]. » Il ne saurait y avoir de doute sur le sens et la portée de ces paroles. Ici, toutefois, se reproduit cette variété d'expressions pour rendre la même doctrine. Tandis que le mot Fils de Dieu est le terme ordinaire qu'emploient les Pères apostoliques pour désigner la seconde personne de la Trinité, le mot Verbe de Dieu n'apparaît, avec la même signification, que dans saint Ignace d'Antioche et dans l'auteur de l'Épître à Diognète. « Dieu, dit ce dernier écrivain, a envoyé des cieux son Verbe saint et incompréhensible... C'est par le Verbe qu'il a enseigné la vérité au monde... En conversant avec ses disciples, le Verbe leur a fait connaître les mystères du Père, etc. » « Il est un seul Dieu, écrit saint Ignace, qui s'est manifesté par Jésus-Christ son Fils, lequel est son Verbe éternel [2]. » En reproduisant ainsi la formule de saint Jean, ces deux auteurs se rattachent à lui d'une manière plus directe, du moins pour la terminologie. Mais ce lien est encore plus apparent dans saint Justin, le premier d'entre les Pères qui ait fait un usage plus fréquent de cette locution propre à l'Évangile de saint Jean. Il est temps, Messieurs, que nous constations ce rapport d'identité dans la doctrine et dans son expression.

Et d'abord, saint Justin lui-même déclare formellement qu'il a puisé sa doctrine du Verbe dans l'enseignement tra-

---

[1] Voyez *les Pères apostoliques et leur époque*, 193, 308.
[2] *Ép. à Diognète*, VII, XI. — *Ép. de S. Ignace aux Magnésiens*, c. VI.

ditionnel et dans les écrits des apôtres. « Le Christ, dit-il, est le premier-né de Dieu, le Verbe auquel participe tout le genre humain : c'est ainsi que nous avons été enseignés... Il est le Fils unique du Père de toutes choses, il est à proprement parler sa puissance, son Verbe engendré par lui, et né plus tard de la Vierge comme homme : c'est ce que nous ont appris les Mémoires des apôtres [1]. » Vous le voyez, Messieurs, Justin indique en propres termes la source d'où il a tiré la doctrine du Verbe : les Évangiles qu'il a coutume d'appeler les Mémoires des apôtres ; il nous fournit par là une première réponse à ceux qui, le jugeant sans l'avoir lu, réduisent sa notion de Dieu à une pure réminiscence de la doctrine de Philon [2]. Mais, à défaut de cette déclaration si nette et si explicite, les textes suffiraient pour montrer que le philosophe chrétien n'a fait que développer la pensée de saint Jean et reproduire ses expressions. L'apôtre avait dit que le Verbe existait au commencement en Dieu, que toutes choses ont été faites par lui, que Jésus-Christ est le Fils unique de Dieu ; saint Justin dira : « Jésus-Christ est le Fils unique engendré de Dieu, étant son Verbe, son premier-né, sa puissance. Le Fils de Dieu, qui seul est appelé Fils dans le sens propre du mot, le Verbe existant avant toute créature, étant avec Dieu et engendré par lui, alors que dans le principe Dieu créa et orna toutes choses par lui, ce Fils est nommé Christ [3]. » Évidemment, tout ce qu'il y a de caractéristique dans la manière dont saint Jean formule la doctrine du Verbe se retrouve dans les locutions qu'emploie saint Justin, dans le tour particulier qu'il prête à sa pensée. Il en est de même de la célèbre formule dont l'apôtre se sert pour exprimer l'acte de l'incarnation, « le Verbe a été fait chair : » saint Justin la répète et l'amplifie en plus de dix endroits. « Le Sauveur, dit-il, a été fait chair. Le Fils de Dieu qui existait avant la lune et les astres a été

---

[1] 1re *Apol.*, 46 ; *Dial. avec Tryphon*, 105.
[2] M. Vacherot : *Histoire de l'école d'Alexandrie*, p. 229.
[3] 1re *Apol.*, 23 ; 2e *Apol.*, VI.

fait chair. Le Christ, Dieu avant tous les siècles, a été fait homme, ayant une chair. Le Verbe est descendu vers nous portant une chair. Le Christ a été fait corps. Le Verbe engendré par le Père a été fait homme, etc.[1] » Je craindrais d'abuser de votre attention en poussant plus loin une démonstration déjà complète par les textes que je viens de citer. Non-seulement saint Justin reproduit pour le fond la doctrine de saint Jean, en affirmant la divinité du Verbe, sa personnalité, sa génération éternelle et son incarnation ; mais, de plus, il se rattache à l'apôtre par la forme et dans l'expression. Et comme il déclare lui-même avoir tiré cette partie de son enseignement des Évangiles, celui de saint Jean, dont il se rapproche à la lettre, a dû être la source principale de sa doctrine du Verbe. Cette conclusion pourra défier la critique la plus sévère quand nous aurons démontré plus tard que saint Justin a connu et cité les quatre Évangiles.

Mais, Messieurs, saint Justin ne se contente pas d'exposer fidèlement la doctrine de saint Jean sur le Verbe ; il la développe, il la défend contre toute fausse interprétation ; il cherche à la rendre intelligible par des comparaisons aussi exactes que possible. Organe de la tradition, il applique son coup d'œil philosophique aux vérités qu'elle lui transmet, pour les justifier aux yeux de la raison. S'il n'entreprend pas la démonstration directe d'un dogme que la révélation seule peut établir, il est le premier écrivain catholique qui ait tenté de l'éclaircir par des exemples empruntés à l'ordre naturel. C'est chez lui que la philosophie chrétienne prend son premier essor pour s'élever à une conception scientifique du dogme, tout en conservant la tradition pour base et pour règle. De là l'importance particulière de ses écrits et le soin que nous mettons à les étudier. Cette tentative de l'esprit spéculatif se manifeste

---

[1] 1re *Apol.*, 66, 32. — *De la Résurr.*, I. — *Dial. avec Tryphon*, 45, 48, 70, 102.

surtout dans le développement qu'il prête à la doctrine fondamentale du christianisme, celle du Verbe fait chair. Vous allez en juger par les fragments que je vais placer sous vos yeux.

Ce qui préoccupe le philosophe chrétien, c'est la conciliation de la trinité des personnes en Dieu avec l'unité de nature. A cet effet, il s'efforce d'établir que la génération du Fils n'entraîne aucune diminution dans la substance du Père :

« Je vous montrerai aussi par d'autres témoignages de l'Écriture qu'avant toutes choses créées Dieu a engendré de lui-même une puissance rationnelle que l'Esprit saint appelle tantôt gloire du Seigneur, tantôt Fils, ici Sagesse, là Ange, ailleurs Dieu, souvent Seigneur et Verbe. Celui que désignent ces divers noms s'est également appelé lui-même le Chef suprême, en se montrant sous forme humaine à Josué, fils de Navé. Il tire ces dénominations multiples de ce qu'il accomplit les desseins du Père, de ce qu'il est né de la volonté du Père. Or, il se passe quelque chose de semblable en nous. Lorsque nous proférons une parole, nous lui donnons naissance, sans aucune scission dans notre être, sans que la raison qui est en nous se trouve diminuée par cette émission au dehors. Le même fait se reproduit pour le feu. Une flamme naît d'une autre sans amoindrir celle qui l'allume ; elle acquiert une existence ou une lumière propre, sans que l'autre perde la sienne. Je puis invoquer le témoignage du Verbe, de la Sagesse, de ce même Dieu engendré par le Père de toutes choses, lequel est le Verbe, la sagesse, la puissance et la gloire de celui qui l'engendre : il parle ainsi par Salomon : Le Seigneur m'a constitué le principe de ses voies pour toutes ses œuvres, etc.[1] »

Ici, saint Justin cite le célèbre passage du livre des Proverbes pour montrer que le Logos du Nouveau Testament est identique à la Sagesse de l'Ancien, comme nous avons

---

[1] *Dial. avec Tryphon*, 61.

fait également la dernière fois. Revenant ailleurs sur ce sujet, il développe la même pensée sous une autre forme :

« J'ai démontré à diverses reprises que le Christ est le Seigneur, qu'il est Dieu, fils de Dieu, etc... Mais il en est plusieurs qui disent que cette puissance procédant du Père et manifestée à Moïse, à Abraham, à Jacob, est appelée Ange à cause de sa mission vers les hommes auxquels elle fait connaître les volontés du Père, Gloire parce qu'elle apparaît dans des visions dont on ne peut soutenir l'éclat, Homme parce qu'elle se montre sous cette forme selon la volonté du Père, Verbe enfin parce qu'elle transmet aux hommes les paroles du Père. Cette puissance, disent-ils, ne peut être ni disjointe ni séparée du Père, de la même manière que la lumière du soleil sur la terre ne saurait être séparée du soleil qui brille dans les cieux. Quand le soleil vient à se coucher, la lumière disparaît : ainsi, dans leur opinion, le Père laisse-t-il échapper cette force qu'il rappelle à lui selon qu'il lui plaît. Ils expliquent de même l'origine des anges, mais non avec plus de raison. Car j'ai démontré que les anges ont une existence propre, permanente, et qu'ils ne rentrent pas dans l'état d'où ils sont sortis. Quant à cette puissance que la parole prophétique appelle Dieu et Envoyé, elle n'a pas seulement une existence nominale comme le rayon du soleil, mais elle est numériquement quelque chose de différent, selon que je l'ai établi tout à l'heure. Car j'ai dit que cette puissance est engendrée par le Père, par sa puissance et sa volonté, non pas dans le sens que la substance du Père soit divisée par là, comme les choses qui cessent d'être les mêmes après avoir été scindées. C'est pour exprimer cette vérité que je me suis servi de cette comparaison du feu ; car nous voyons une flamme en allumer une autre sans éprouver elle-même ni diminution ni changement[1]. »

Telles sont, Messieurs, les deux comparaisons qu'emploie

---

[1] *Dial. avec Tryphon*, 128-129.

saint Justin pour expliquer le mystère de la génération du Verbe : celles de la parole et du feu. Il va sans dire qu'elles pèchent par quelque endroit comme toute comparaison ; mais de toutes les similitudes qu'on peut imaginer à ce sujet, il n'en est pas de plus exacte que celle d'un flambeau allumé par un autre qui ne perd rien de lui-même, ou celle du verbe intérieur que nous émettons sans que notre âme souffre par là aucune diminution. Du reste, mon intention n'est pas de discuter au long le mérite de ces métaphores ; ce qu'il nous importe de faire remarquer, c'est la précision avec laquelle saint Justin expose le dogme catholique. Il serait difficile de mieux exprimer la distinction des personnes dans l'unité de nature. Le philosophe chrétien dit en propres termes que « le Verbe est Dieu, fils de Dieu ; » donc la nature divine lui est communiquée par le Père. De plus, il établit avec une insistance toute particulière « que la substance du Père n'éprouve ni amoindrissement ni division ; » donc elle reste une et la même dans le Père et dans le Fils. Mais, si l'unité de la nature divine et la consubstantialité du Verbe sont clairement enseignées dans ces deux passages, la distinction réelle des personnes y est encore formulée avec plus de netteté, s'il est possible. Saint Justin s'élève contre ceux qui n'admettraient qu'une distinction nominale : « Le Père, dit-il, est autre que le Fils numériquement : » c'est dire assez que le Père et le Fils ont chacun une substance individuelle, qu'ils sont deux personnes ; sinon, il faut renoncer à tirer une conclusion d'un texte quelconque. Cette exposition est d'une orthodoxie tellement irréprochable que deux siècles plus tard, le concile de Nicée, voulant définir contre les ariens la doctrine du Verbe, a fait usage des mêmes expressions que saint Justin : « Je crois en Jésus-Christ, Fils unique de Dieu et né du Père avant tous les siècles, Dieu de Dieu, lumière de lumière, vrai Dieu du vrai Dieu, qui n'a pas été fait mais engendré, qui est consubstantiel au Père et par qui toutes choses ont été faites. » Si le mot consubstantiel ne se trouve pas dans les écrits de saint Justin, non plus que dans l'Écriture sainte, l'idée exprimée par ce mot y est rendue et développée, comme nous venons de le démontrer.

Vous concevez, Messieurs, que ce témoignage d'un Père, écrivant au milieu du deuxième siècle, suffirait à lui seul pour réfuter ceux qui ont osé prétendre que la doctrine du Verbe n'était pas nettement formulée dans l'Église chrétienne avant le concile de Nicée. Le rationalisme l'a compris : de là, les efforts qu'il a tentés de nos jours pour dénaturer le sens de ces paroles si expresses et si formelles. Afin de vous donner une idée de ces excursions de quelques écrivains modernes sur le terrain théologique, vous me permettrez d'examiner de près l'une ou l'autre assertion échappée à un auteur français que je citais il n'y a qu'un instant.

Dans son Histoire de l'école d'Alexandrie, le critique dont je parle consacre à saint Justin un petit nombre de pages. Il m'est impossible de les parcourir toutes en détail pour relever chaque erreur qu'elles renferment ; je n'en détacherai que l'appréciation de la doctrine du Verbe exposée par le philosophe chrétien. Or, c'est une chose vraiment affligeante de voir avec quelle légèreté un homme de talent s'arroge le droit de juger un Père de l'Église après une lecture rapide et superficielle. Assertions gratuites, contradictions, objections prises pour des réponses, conclusions forcées : tout cela se trouve réuni dans une page, véritable modèle de fantaisie littéraire. Voici comment l'auteur analyse saint Justin : « Le Verbe est ainsi appelé parce qu'il transmet aux hommes les paroles de son Père. C'est une puissance qui ne peut être détachée ni séparée du Père, pas plus que la lumière sur la terre ne peut être séparée du soleil[1]. » Le lecteur confiant s'imagine volontiers être en présence d'un texte de saint Justin. Point du tout : c'est une objection que saint Justin se fait et à laquelle il répond

---

[1] M. Vacherot : *Histoire de l'école d'Alexandrie*, p. 230.

immédiatement après. « Il en est, dit-il, qui parlent ainsi ; mais non, cette puissance n'est pas seulement en Dieu un autre nom, comme la lumière par rapport au soleil, mais c'est un autre subsistant ; ce sont comme deux flambeaux dont l'un allume l'autre. » Assurément, rien n'est plus clair pour quiconque se donne la peine de lire ; mais on trouve plus simple de taire la réponse et de prêter à saint Justin l'objection qu'il combat. Tactique fort commode à l'aide de laquelle on trouvera, quand on le voudra, l'athéisme dans l'Écriture sainte ! Continuons, car le début promet, comme vous le voyez. « La théologie de saint Justin reproduit exactement celle de Philon. Dieu, le Verbe, l'Esprit y sont, non point encore trois hypostases d'une seule et même nature divine, mais simplement trois principes inégaux en nature et en dignité dont le premier seul est Dieu. » Quand on affirme avec tant d'assurance, il faudrait au moins ne pas se contredire dans l'espace de quinze lignes. Or, notre critique commence par dire que dans l'opinion de saint Justin « le Verbe est Dieu lui-même ; » puis, il cite cette phrase de saint Justin : « Le Verbe est Dieu, fils de Dieu » et il conclut enfin, contre toute attente, que selon saint Justin le Verbe n'est pas Dieu. Que croire de tout cela ? Rien, si ce n'est que l'auteur a une rare facilité d'affirmer ce qu'il nie et de nier ce qu'il affirme. Mais, voici la preuve qui doit accabler le Père de l'Église : « Nous plaçons, dit saint Justin, au second rang le Fils du vrai Dieu et au troisième l'Esprit prophétique. Il y a loin de là au dogme de la Trinité. » Non-seulement il n'y a pas loin de là au dogme de la Trinité, mais ces mots en reproduisent la formule exacte. Pour s'en convaincre, le critique n'aurait eu qu'à ouvrir un catéchisme pour y voir que le Père est la première personne, le Fils la deuxième et le Saint-Esprit la troisième. Comme le Fils est engendré par le Père et que le Saint-Esprit procède du Père et du Fils, il est tout naturel de nommer les trois personnes dans l'ordre indiqué par saint Justin. Préférerait-on que l'apologiste eût placé le Fils ou l'Esprit saint en premier lieu et le Père en dernier ? Une pareille terminologie renverserait le langage reçu et blesserait même le dogme. Les deux processions divines exigent nécessairement qu'on fasse précéder la personne qui procède de celle dont elle procède. Cette subordination des personnes, quant à leur origine, comme s'exprime la théologie, n'entraîne nullement une inégalité de nature ou de dignité. Enfin, voici qui dépasse toute mesure : « Sur la divinité de Jésus-Christ, saint Justin ne s'exprime pas formellement. » Il est vrai que l'auteur se réfute lui-même quelques lignes plus loin en disant que « saint Justin affirme la divinité du Christ, » mais déjà nous venons de voir un échantillon de ce procédé qu'il est superflu de relever. Ce qu'il y a de triste, c'est de voir un écrivain sérieux ne pas tenir compte des textes les plus formels. S'il est un article de foi sur lequel saint Justin insiste avec plus de force, c'est la divinité de Jésus-Christ. Je l'ai déjà prouvé à satiété, mais vous me permettrez de revenir là-dessus un instant. « Le Christ est Dieu, dit-il, Fils de Dieu. Il est le Verbe, Fils premier-né de Dieu, Dieu lui-même. Notre médecin, c'est le Christ-Dieu. Il est le Verbe-Dieu, inséparable de Dieu dans sa puissance, et qui a pris sur lui l'humanité. Il est le Dieu engendré par le Père de toutes choses. Il est Seigneur et Dieu, étant Fils de Dieu. Le Christ est Dieu, Fils du Dieu inengendré et ineffable [1]. » Certes, on ne prétendra pas qu'il soit possible de mieux exprimer le caractère de la divinité que par cette parole : Je suis celui qui est ; c'est ce qu'on appelle en terme de philosophie, l'*asséité*, ce qui constitue l'être divin dans son essence. Eh bien! cette célèbre parole de Moïse, saint Justin l'applique à Jésus-Christ [2]. Et l'on viendra nous dire, sans fournir un mot de preuve, que saint Justin ne s'exprime pas formellement sur la divinité du Christ! Voilà de quelle

---

[1] *Dial. avec Tryphon*, 128. — 1re *Apol.*, 63. — *Exhortat. aux Grecs*, 38. — *Dial. avec Tryphon*, 61, 126, etc.
[2] 1re *Apol.*, 63.

manière certains écrivains traitent parmi nous les Pères de l'Église ! C'est ce qu'on appelle de la haute critique ! Vous m'accuseriez, Messieurs, de rechercher des réfutations trop faciles, si je m'arrêtais davantage à un travail dont la valeur scientifique est si contestable.

J'ai donc hâte d'en venir à des objections en apparence plus sérieuses. Car l'auteur que je viens de citer n'a pas même l'air de soupçonner les textes de saint Justin qui sont de nature à créer quelque difficulté. Nous allons suppléer à son silence, pour achever de défendre l'orthodoxie du premier apologiste chrétien. Au dix-septième siècle déjà plusieurs critiques, parmi lesquels je regrette de rencontrer le P. Pétau, avaient abusé de quelques locutions peu précises pour incriminer la doctrine de saint Justin. Il est vrai de dire que le docte jésuite, se ravisant plus tard, revint sur son premier jugement dans la *Préface du deuxième volume de sa Théologie dogmatique*. Il n'hésita pas à reconnaître dans saint Justin « une profession du dogme de la Trinité à laquelle il ne se peut rien ajouter, aussi pleine, aussi entière, aussi efficace qu'on l'aurait pu faire dans le concile de Nicée ; d'où s'ensuit dans le Fils de Dieu la communion et l'identité de substance avec son Père, sans aucun partage, et en un mot la consubstantialité du Père et du Fils. » D'ailleurs, les allégations inconsidérées du P. Pétau avaient été relevées par le savant Bullus qui le réfuta pied à pied dans sa *Défense de la foi de Nicée*. Un peu plus tard, la discussion se ralluma entre Bossuet et le ministre calviniste Jurieu. De nos jours enfin, quelques critiques allemands, tels que Semler, Loffler et Semisch, ont poussé la thèse de Jurieu jusqu'à ses dernières limites[1] ; il s'en est même trouvé qui n'ont voulu voir dans le Logos de saint

---

[1] Semler: *Geschichte der chistlichen Glaubenslehre*, II, p. 43. — Loffler *Darstellung der Entstehungsart der Dreieinigkeitslehre*, p. 438. — Semisch: *Justin der Martyrer*, II, p. 394 et ss.

L'opinion de ce dernier critique est beaucoup plus réservée que celle des deux autres.

Justin qu'une force impersonnelle, sans subsistance propre [1].
Ces diverses attaques, qui dénotent plus d'audace que d'érudition, ont trouvé une vigoureuse défense dans plusieurs savants du même pays, tels que Nifanius, Vogelsang et Moehler [2]. Essayons à notre tour de réduire ces objections à leur juste valeur. Cela est d'autant plus important que nos observations s'appliqueront en partie à d'autres Pères ou auteurs ecclésiastiques qui ont écrit avant le concile de Nicée.

Et d'abord supposons que saint Justin se soit servi, en effet, d'expressions peu exactes pour rendre le dogme de la Trinité ! Que s'ensuivrait-il de là, en bonne logique ? Il est évident que, pour connaître la véritable pensée d'un auteur quelconque, il faut avoir égard à l'ensemble de sa doctrine plutôt qu'à un mot ou à une phrase isolée que le reste explique suffisamment. Il faudrait désespérer de pénétrer jamais le sentiment d'un écrivain, si une métaphore mal choisie suffisait pour obscurcir des textes d'une transparence parfaite. Cette réflexion, dont personne ne contestera la justesse, acquiert une nouvelle force, si l'on considère qu'à l'époque de saint Justin la raison philosophique s'appliquait, pour la première fois, à ces grands mystères de la vie divine révélés par le christianisme : la terminologie n'était pas fixée d'une manière aussi nette, aussi précise qu'à partir de la controverse arienne. Ce que les règles d'une saine critique prescrivent en pareil cas, c'est de constater le fond de la croyance par des passages d'une clarté irrécusable, puis d'expliquer par eux ce qui est moins formel ou plus enveloppé. Or, comme nous l'avons vu, il nous serait impossible, même

---

[1] Ziegler : *Theologische Abhandlungen*, I, p. 92. — Wundemann : *Geschichte der christl. Glaubenslehren*, etc., I, 256. — Augusti : *Lehrbuch der christl. Dogmengeschichte*, p. 287. — Ammon : *Die Fortbildung des Christenthums zur Weltreligion*, II, 106, 107, 115, 162, 167, etc.

[2] Nifanius : *Justinus exhibitus verit. evangel. testis*. — Vogelsang : *Fides Nicæna de filio deo*, p. 29 et ss. — Moehler : *Athanasius der Grosse*, I, p. 37 et ss.

aujourd'hui, d'enseigner plus clairement que ne fait saint Justin, la divinité du Verbe, sa consubstantialité, sa distinction d'avec le Père, sa génération éternelle et sa nativité temporelle. Qu'il soit possible, après cela, de rencontrer dans ses écrits l'un ou l'autre terme dont nous ne nous servirions plus parce que les hérétiques en ont abusé depuis lors : peu importe. Cela est inévitable et résulte de l'imperfection même du langage humain. C'est ce que Bossuet disait à Jurieu, ce novateur hardi qui se permettait sans scrupule ce qu'il blâmait dans les autres : « Telle est la hauteur, et pour ainsi dire la délicatesse de la vérité de Dieu, que le langage humain n'y peut toucher sans la blesser en quelque endroit. C'est ainsi qu'en expliquant la distinction et l'origine du Fils, il est à craindre que vous n'y mettiez quelque chose qui se ressente de l'inférieur. Mais après tout si vous attendez à parler de Dieu que vous ayez trouvé des paroles dignes de lui, vous n'en parlerez jamais. Parlez-en donc, en attendant, comme vous pourrez, et résolvez-vous à dire toujours quelque chose qui ne porte pas où vous tendez, c'est-à-dire au plus parfait. Dans cette faiblesse de votre discours, vous vous sauvez, en songeant que vous aurez toujours à vous élever au-dessus des termes où vous ressentirez de l'imperfection ; puisque dans l'extrême pauvreté de notre langage, il faudra même s'élever au-dessus de tous ceux que vous trouverez les plus parfaits[1]. »

Après avoir posé le principe qui domine toute appréciation de cette nature, Bossuet s'attache à discuter les termes incriminés dans les premiers Pères ; ce sont les mêmes que les rationalistes protestants de l'Allemagne ont relevés de nos jours comme une grande trouvaille, sans tenir compte des réponses faites depuis deux siècles. Ainsi saint Justin appelle le Verbe, le ministre, l'ange ou l'envoyé du Père. « Évidemment, disent nos critiques, c'est là du philonisme, car Philon s'est servi de ces deux termes : saint Justin proclame

---

[1] *Sixième Avertiss. sur les Lettres de M. Jurieu*, p. 61, 62.

l'inégalité de nature du Père et du Fils [1]. » C'est aller un peu vite en besogne. Le prophète Malachie, lui aussi, appelle le Messie « l'Ange du Testament [2], » et l'Évangile dit en vingt endroits que le Fils est envoyé par le Père : c'est non pas du philonisme, mais la doctrine catholique toute pure. Quant au terme de ministre, j'avoue que les ariens en ont abusé ; mais par lui-même il exprime une idée fort juste, savoir, que le Père s'est servi du ministère de son Verbe pour créer et pour racheter le monde : cette expression, se rapportant aux opérations extérieures du Fils, ne le rend pas plus inférieur au Père que celle de serviteur ou d'esclave employée par Isaïe et par saint Paul [3]. Assurément, ce sont là de pures vétilles qui n'ont aucun poids dans la balance de la critique. Nous pouvons en dire autant d'un deuxième grief auquel on a cherché à prêter beaucoup d'importance sans plus de raison. Saint Justin dit dans un endroit, que le Père ne pouvait paraître sur terre sous forme humaine, mais qu'une telle mission ne convenait qu'au Fils [4] : donc, concluent ses adversaires, il enseigne que le Fils n'est pas égal au Père en nature et en dignité [5]. Il n'enseigne pas plus cette erreur que saint Thomas d'Aquin écrivant un article spécial dans sa « Somme théologique » pour prouver qu'il ne conviendrait d'aucune façon au Père d'être envoyé vers les créatures, parce qu'une personne divine ne peut recevoir de mission que de celle dont elle procède ; or, le Père ne procède d'aucune [6]. Vous voyez, Messieurs, avec quelle facilité se résolvent ces difficultés que l'imagination seule pourrait grossir ; si je m'y arrête un peu, c'est que dans les cours publics on s'est efforcé de leur donner tout le relief possible. C'est ainsi que Bossuet n'eut pas de peine à détruire une troisième accusation formulée par Jurieu et

---

[1] Semisch : *Justin der Martyrer*, I, p. 280, 298.
[2] *Malach.*, III, 1.
[3] *Isaïe*, LIII, 11. — *S. Paul aux Philipp.*, II, 7.
[4] *Dial. avec Tryphon*, 60, 127.
[5] Semisch: *libr. citat.*, p. 291.
[6] S. Thomas : *Somme théol.*, 1re partie, quest. XLIII, art. 4.

reprise avec une nouvelle confiance par les auteurs dont je parle. Voici le texte de saint Justin que, d'ailleurs, j'ai déjà eu occasion de citer : « le Fils de Dieu qui seul mérite d'être appelé Fils dans le sens propre du mot, le Verbe existant avant toutes choses créées, étant avec Dieu et engendré par lui, alors que toutes choses ont été faites par lui. — Le Fils, véritablement engendré par le Père, était avec lui avant toute créature, et le Père conversait avec lui [1]. » Croirait-on que l'œil pénétrant de nos critiques a découvert dans ce passage que, selon saint Justin, le Verbe n'a pas été engendré de toute éternité, mais seulement pour la création du monde ; qu'immanent auparavant comme une simple propriété divine, il n'a reçu d'existence personnelle qu'à ce moment-là ; ou, comme disait Jurieu, qu'existant de toute éternité à l'état de germe ou de semence, il n'est devenu personne qu'à l'origine du monde [2]. Et voilà les idées grossières qu'on ne craint pas de prêter à un écrivain qui affirme en vingt endroits divers que le Verbe a été engendré avant toutes choses créées, c'est-à-dire de toute éternité, puisqu'en dehors des choses créées ou du temps il n'y a que l'éternité ; à un écrivain appliquant au Verbe la célèbre parole qui exprime le mieux l'existence essentielle, éternelle de Dieu : Je suis celui qui est ! En vérité, voilà des licences qui dépassent toutes les bornes : si l'on voulait retourner ce procédé contre ceux qui s'en servent, on leur ferait dire des énormités. Rien n'est plus clair que le sens des paroles de saint Justin et des premiers Pères. Lorsqu'ils disent, comme Tertullien, que le Verbe a reçu une sorte de naissance nouvelle par la création du monde, ils prennent ce mot dans le sens métaphorique : ils entendent par là qu'en proférant la parole créatrice Dieu a manifesté au dehors le Verbe ou la parole intérieure renfermée dans son sein. Tout cela est évident pour quiconque ne veut pas s'aveugler soi-même. Il en est ainsi également de cette parole de saint Justin :

---

[1] 2ª *Apol.*, 6 ; *Dial. avec Tryphon*, 159.
[2] Semisch : *libr. citat.*, II, 278 et ss. — Jurieu : 6ª *Lettre*, p. 46 ; 1689.

« Le Fils de Dieu est engendré par la volonté, par le conseil, par la puissance de son Père[1]. » Donc, dit Jurieu et la lignée des rationalistes après lui, la génération du Verbe n'est pas un acte nécessaire ; le Père pouvait ne pas le produire, comme il peut ne pas produire les créatures. Non, répond Bossuet, tel n'est pas le sens des mots de saint Justin. S'il dit que le Fils de Dieu est engendré par la volonté de son Père, c'est pour exclure une nécessité aveugle et fatale qui ne convient point à Dieu. Il ne faut pas souffrir en Dieu une nécessité qui soit hors de lui, qui lui soit supérieure, qui le domine : une telle nécessité n'est point en Dieu : il est lui-même sa nécessité : il veut sa nécessité comme il veut son être propre : il n'y a rien en Dieu que Dieu ne veuille : ainsi il veut produire son Fils à la même manière qu'il veut être : c'est ainsi qu'il le produit volontairement ; c'est ainsi qu'il le produit par conseil[2]. Voilà qui est raisonner en vrai philosophe. Lorsqu'on veut pénétrer dans les profondeurs de la métaphysique chrétienne, il faut savoir y porter une main délicate, légère, et ne pas peser lourdement sur chaque mot qu'il est facile de détourner de son véritable sens.

Jusqu'ici, Messieurs, il faut bien l'avouer, nous n'avons rien trouvé dans la terminologie de saint Justin qui fournisse matière à un reproche sérieux ; et, si vous considérez que nous avons fidèlement rapporté les griefs formulés par ses adversaires, vous jugerez, comme moi, que jamais attaque n'a rendu une défense plus facile. Est-ce à dire, néanmoins, qu'on ne puisse absolument pas trouver dans ses écrits l'une ou l'autre expression peu précise que les longues controverses de l'arianisme, né deux siècles après, ont bannies du langage théologique ? S'il en était ainsi, mon admiration n'aurait d'égale que mon étonnement; et cette parfaite exactitude de langage dans le premier apologiste du christianisme serait un phénomène surprenant dans l'histoire de

---

[1] *Dial. avec Tryphon*, 127 et 128.
[2] *Sixième Avertissement sur les Lettres de M. Jurieu*, p. 57.

l'esprit humain. Je ne crois pas diminuer le mérite de saint Justin en disant qu'il s'est servi de deux ou trois mots dont il n'aurait pas fait usage après le concile de Nicée. C'est ainsi que, pour distinguer le Fils du Père, saint Justin l'appelle quelque part « un autre Dieu et Seigneur au-dessous ou à côté du Créateur de toutes choses [1]. » C'est ici le cas d'appliquer le mot de Bossuet que je rapportais tout à l'heure : « En expliquant la distinction et l'origine du Fils, il est à craindre que vous n'y mettiez quelque chose de l'inférieur. » Aussi après avoir appuyé un peu durement sur la distinction des personnes divines en face des Juifs, saint Justin a-t-il hâte de faire ressortir leur égalité dans une seule et même nature, par la comparaison du flambeau qui en allume un autre sans éprouver ni changement ni diminution. Du reste, il serait ridicule d'imputer la croyance en plusieurs dieux à un écrivain qui a composé un traité spécial pour démontrer l'unité de Dieu. Nous ne dirions pas non plus aujourd'hui sans restriction que le Fils est l'*ouvrage* du Père, quoique le mot employé par saint Justin puisse fort bien signifier que le Père opère par le Fils [2]. De même, la précision du langage théologique ne nous permettrait plus de dire que le Fils est « quelque chose d'autre que le Père » mais « quelqu'un d'autre [3]. » Assurément, c'est peu de chose que ces taches légères dans le premier Père de l'Église qui ait traité ces matières délicates avec quelque étendue ; et il serait fort à désirer qu'on n'en pût rencontrer davantage dans les écrits de ses modernes détracteurs.

Maintenant, Messieurs, est-il besoin d'ajouter que la doctrine de saint Justin sur le Verbe n'est ni du platonisme, ni du philonisme, ni du néo-platonisme ? En prouvant qu'elle ne fait que reproduire et développer l'enseignement de saint Jean et du reste des apôtres, nous avons écarté par cela même

---

[1] *Dial. avec Tryphon*, 56.

[2] Ἐργασία. *Dial. avec Tryphon*, 114. Le contexte autorise parfaitement ce dernier sens.

[3] *Dialog. avec Tryphon*, 128 ; ἕτερον τί au lieu de ἕτερος τίς.

toute source étrangère. Du néo-platonisme ! Mais avant la fin du deuxième siècle et jusqu'à Plotin qui a vécu dans le troisième, nous n'avons sur les commencements de cette école que des données vagues et obscures : si les fragments de Numénius conservés par Eusèbe sont authentiques, nous y trouvons trois principes, à la vérité, mais dont le troisième est le monde, ce qui ne ressemble nullement à la Trinité chrétienne : encore pourrait-on retourner l'assertion contre ceux qui l'émettent, et signaler avec plus de raison l'influence du christianisme sur Numénius comme sur les écrivains postérieurs de la même école. Du platonisme ! Mais, comme nous l'avons vu la dernière fois, il n'y a pas de trace dans Platon de trois personnes divines procédant l'une de l'autre, de génération éternelle au sein de Dieu, etc.: sa triade, ou comme on voudra l'appeler, n'a rien de commun avec le dogme catholique; et si l'on m'objecte que saint Justin lui-même a cru découvrir dans Platon trois principes ou hypostases distinctes, cela prouve tout simplement qu'il les prête à Platon, bien loin de les lui emprunter, qu'il y met du sien, au lieu d'y prendre quelque chose : en effet, il affirme dans le même endroit que le philosophe grec a puisé ce point de doctrine dans les livres de l'Ancien Testament [1]. Du philonisme enfin ! Mais, comme nous l'avons démontré, le Verbe de Philon diffère essentiellement du Verbe de saint Jean identique à celui de saint Justin : le philosophe juif n'attribue au Logos ni la divinité dans le sens propre du mot, ni la personnalité d'une manière constante et uniforme ; et, ce qui emporte le reste, l'incarnation est impossible dans son système. Cela posé, est-on admis à voir une trace de l'étude de Philon dans la comparaison d'un flambeau allumé à un autre, dont le Juif alexandrin s'était déjà servi pour montrer que la science, communiquée au disciple, n'en reste pas moins tout entière dans le maître [2] ? Ou bien faut-il voir un reste de ce commerce litté-

---

[1] 1re *Apol.*, 60.
[2] Philon : *de Gigant.*, 6.

raire dans l'une ou l'autre expression peu précise dont saint Justin a fait usage ? C'est une question que nous abandonnerons à ceux qui prétendent découvrir ces influences secrètes par une sorte de divination, ou qui ne peuvent concevoir que deux auteurs se rencontrent dans une métaphore commune, sans l'avoir empruntée l'un de l'autre. Ce qu'il y a de certain, c'est que dans le cas où saint Justin se serait rattaché à Philon, au lieu de suivre le fil de l'enseignement traditionnel, il se serait perdu, sans le moindre doute, dans les rêveries des gnostiques comme tant d'autres ; il eût donné la main aux Docètes pour nier la réalité de l'incarnation du Verbe ; il eût imaginé à son tour une de ces constructions bizarres où le Démiurge occupe le sommet des Éons ; et l'histoire aurait étudié dans sa personne un chef de secte au lieu d'un gardien fidèle de l'orthodoxie, un hérésiarque en place d'un Père de l'Église.

Nous terminons là l'examen de cette partie de la doctrine de saint Justin. Si nous y avons consacré quelque temps, c'est qu'il est fort intéressant d'observer ces premiers essais de la philosophie chrétienne s'élevant à l'intelligence du grand dogme en face duquel le christianisme venait de placer l'esprit humain. En effet, la révélation évangélique ne s'était pas contentée de proclamer l'unité de Dieu méconnue par les religions polythéistes ; elle avait élevé plus haut le regard de l'homme, en lui permettant de plonger dans le mystère de la vie intime de Dieu. Par là elle reculait l'horizon de la pensée et ouvrait à l'intelligence de nouvelles et de plus vastes perspectives. Il était facile de prévoir que les uns, trop confiants en leurs propres forces, s'élanceraient dans ces régions indéfinies pour s'y égarer, tandis que les autres s'élèveraient par degrés sans perdre pied dans l'enseignement traditionnel : de ces deux voies, l'une a été suivie par les gnostiques, l'autre par les Pères de l'Église. Sans doute, Messieurs, il a dû arriver que, même parmi ces derniers, quelques-uns ne se dépouillèrent pas entièrement, comme dit Bossuet, « de cette crasse du langage humain, de cette rouille dont il faut purifier ses lèvres quand on veut parler de Dieu ; » que, tout en épurant les termes d'une langue qu'ils n'avaient pas faite, mais reçue, « ils n'en sauraient pas toujours ôter le reste comme le marc et la lie². » Cela était inévitable ; et l'abus qu'on a fait de nos jours de ces termes peu exacts ou mal choisis pour incriminer la doctrine des Pères est un des plus tristes côtés de la sophistique contemporaine, si prodigue elle-même de formules équivoques et inintelligibles. Quoi qu'il en soit, de saint Justin à saint Augustin, la philosophie catholique, fidèle à l'orthodoxie la plus rigoureuse, s'appliquera constamment à éclaircir le mystère fondamental de la religion. En effet, toute impuissante qu'elle est à le trouver et à le démontrer directement par elle-même, la raison est capable de pénétrer de plus en plus dans l'intelligence du dogme de la Trinité. En étudiant cette loi mystérieuse qui régit l'être divin, elle en a trouvé le reflet et l'empreinte dans la création tout entière : dans la nature, où nulle réalité ne peut se concevoir qu'avec trois dimensions et sous trois formes distinctes ; dans l'ange ou dans l'homme, où trois facultés différentes se joignent dans l'unité d'une même nature ; dans l'acte principal de l'intelligence, le raisonnement, où trois termes essentiels se combinent dans l'unité d'une même vérité ; dans la famille, dans la société, où trois membres, soit individuels, soit collectifs, sont nécessaires pour assurer la plénitude de la vie. Images imparfaites, ébauches grossières, si vous le voulez, mais qui attestent par leur diversité que le dogme de la Trinité se réfléchit dans tous les êtres, que la raison philosophique en rencontre partout la trace et l'empreinte ; que cette loi suprême de la vie divine est également la loi universelle de l'existence ou de la vie à tous ses degrés ; et qu'enfin le plus profond, le plus impénétrable des mystères est la formule la plus élevée, la formule rationnelle de la nature et de l'esprit, de la conscience et de la société.

---

[1] 6° *Avertissement aux Protestants sur les Lettres de M. Jurieu*, p. 60.

DIX-NEUVIÈME LEÇON

Dialogue avec Tryphon.—État de la controverse juive au deuxième siècle. — L'Écriture sainte, terrain principal de la lutte entre les chrétiens et les Juifs. — Analyse du Dialogue. — Question de droit : la loi mosaïque devait-elle être abrogée dans sa partie cérémonielle et civile ? — Question de fait : l'a-t-elle été réellement ? — Saint Justin établit que la loi mosaïque n'avait, dans sa partie purement rituelle, qu'un caractère local, temporaire, figuratif. — Accomplissement des prophéties messianiques dans la personne de Jésus de Nazareth. — Appréciation doctrinale et littéraire du Dialogue.

MESSIEURS,

La deuxième apologie de saint Justin nous avait amenés à examiner de près la doctrine du Verbe exposée par le philosophe chrétien ; et l'importance de cette étude justifie le temps que nous y avons consacré. Toutefois, pour avoir une idée complète de cette partie de son enseignement, nous ne pouvions pas nous borner aux détails fournis par sa deuxième requête à l'empereur Marc-Aurèle ; il nous a fallu anticiper sur l'analyse d'un autre écrit dont j'ai dessein de vous entretenir aujourd'hui, le Dialogue avec Tryphon.

Pour nous rendre compte de l'origine de cette composition, il faut nous rappeler qu'une triple controverse remplit la carrière théologique et littéraire de saint Justin, selon qu'il tourna ses efforts contre le paganisme, contre le judaïsme et contre les hérésies. Jusqu'ici nous l'avons vu en lutte avec le polythéisme grec et romain, soit pour l'attaquer sur son propre terrain, soit pour défendre contre lui la religion chrétienne. C'est à ce genre de travaux que se rattachent, d'une part, les deux discours aux Grecs et le Traité de la Monarchie ou de l'unité divine, et de l'autre, les deux apologies. Mais là ne se bornèrent pas ses efforts ni son zèle pour la vérité. Enflammé du désir de propager la foi catholique, il n'oublia rien pour la faire pénétrer dans le cœur de tous, juifs ou païens, de vive voix et par écrit. Multiple dans son objet, l'activité de saint Justin ne se produisit pas sur un théâtre unique : de Rome, où il passa une grande partie de sa vie, il étendait aux provinces sa mission d'apôtre et de défenseur du christianisme. C'est ainsi que nous le trouvons tour à tour, réfutant les doctrines païennes dans des discours écrits, engageant à Rome des discussions publiques avec les philosophes, tenant dans sa maison une école de catéchumènes d'où sortit Tatien, le plus célèbre de ses disciples, adressant aux empereurs des apologies de la religion, interprétant les Écritures en face des Juifs, défendant l'orthodoxie contre les hérétiques. Cette variété de travaux qui s'enchaînent dans une vie couronnée par le martyre nous permet de voir dans saint Justin le type le plus complet de l'éloquence chrétienne au deuxième siècle.

C'est dans l'un de ces voyages, entrepris pour la défense et la propagation de la foi, que saint Justin eut occasion de soutenir la controverse qui forme l'objet du dialogue avec Tryphon. Car nous n'avons aucune raison de nier, avec quelques écrivains, la réalité historique de cette discussion [1]. L'auteur déclare lui-même qu'il a consigné par écrit les paroles prononcées de part et d'autre [2]. De plus, le témoignage d'Eusèbe confirme cette assertion [3] : et nous avons entendu saint Justin proposer à Marc-Aurèle d'ouvrir en sa présence une conférence publique avec Crescens : ce qui prouve que le philosophe chrétien ne reculait nullement

---

[1] Leclerc : *Hist. eccl. duorum prior. sœcul.*, p. 632. — Münscher : *an Dialog. cum Tryph. recte Justino adscribatur*, t. I, p. 2, p. 194. — Tzschirner : *Geschichte der Apologetik*, I, p. 236. — Bretschneider : *Probabilia de Evang. Joan.*, p. 116.

[2] *Dialog. avec Tryphon*, 80.

[3] *H. Eccles.*, IV, 18.

devant les discussions orales quand l'occasion s'en présentait. Du reste, de pareilles rencontres étaient inévitables à une époque où plusieurs doctrines venaient se heurter dans le monde et mettre aux prises les uns avec les autres ceux qui les soutenaient. C'est donc une hypothèse toute gratuite de supposer que la conversation avec Tryphon est purement fictive, et que saint Justin a imaginé cet incident pour réfuter le judaïsme sous la forme d'un dialogue, à l'imitation de ceux de Platon. Par là, je n'entends pas soutenir qu'il s'est borné à reproduire servilement la conférence verbale sans l'amplifier ni la développer. Deux raisons suffiraient pour prouver le contraire : la première, c'est qu'une mémoire d'homme est impuissante à retenir dans ses propres termes une si longue conversation : la seconde, c'est que les extraits des psaumes et des prophètes sont trop étendus pour que plusieurs hommes, se rencontrant par hasard dans le xyste d'Éphèse, aient pu les citer littéralement. Ce qui achève la démonstration, c'est que l'entretien a duré deux jours, sans que l'on puisse remarquer où finit la discussion du premier et où commence celle du second. Donc, tout en admettant que le dialogue avec Tryphon reproduit dans le fond une controverse qui a eu lieu réellement, nous sommes obligés d'y voir, pour la forme, un travail de retouche et de remaniement. Quant au lieu où la scène se passa, les critiques se sont partagés entre Corinthe et Éphèse ; mais le témoignage d'Eusèbe fait pencher la balance vers cette dernière ville. Enfin, on ne peut guère s'écarter de la vérité en plaçant le voyage de saint Justin à travers la Grèce et l'Asie Mineure dans l'intervalle de temps qui sépare les deux apologies, car le dialogue mentionne le premier de ces discours [1]. Quelque opinion qu'on puisse se former sur ces détails divers, l'écrit lui-même mérite toute notre attention, parce qu'il nous place au vif de la polémique avec les Juifs au deuxième siècle et qu'il nous permet d'étudier pour

---

[1] *Dial. avec Tryphon*, 120.

la première fois l'éloquence chrétienne sous la forme du dialogue.

En général, Messieurs, cette forme n'est pas des plus favorables pour la clarté de l'exposition et l'arrangement des matières. En effet, du moment que plusieurs interlocuteurs se mettent de la partie, il est impossible que l'ordre du discours n'en souffre quelque peu. On s'interrompt, on laisse tomber le fil de la discussion, on retire des concessions faites à la légère, on entraîne l'adversaire dans des répétitions inévitables, on se perd dans des digressions : bref, l'auteur a besoin lui-même de dominer son sujet de très haut pour ramener à l'unité d'un même tout ces parties divergentes. Dans un thème léger, peu abstrait, ces inconvénients sont moins graves : pourvu qu'on plaise et qu'on brille, le but est atteint ; mais les questions métaphysiques et morales se prêtent difficilement à cette forme du discours. Sans doute, l'exposition y est plus vive, plus animée, l'attention moins sujette à languir parce qu'elle est coupée à chaque instant par les interruptions qui se succèdent ; mais ces qualités ne rachètent pas, dans les matières sérieuses, le défaut d'ordre et de clarté presque inséparable de la forme dialogique. Prenez, par exemple, les dialogues de Platon qui passent généralement pour les modèles du genre. Je suis bien convaincu que cette forme particulière adoptée par le philosophe n'a pas peu contribué à l'obscurité de son système et aux mille interprétations dont il a été l'objet. Quel moyen de saisir la véritable pensée de l'auteur à travers ces longs circuits où il promène le lecteur, de la démêler au milieu de toutes ces opinions qui se heurtent et se croisent ? J'accorde sans peine qu'en préférant une autre méthode, Platon nous aurait privés de grandes beautés littéraires ; mais, à coup sûr, une exposition nette et ferme de quelques pages nous apprendrait plus sur le véritable sens de sa doctrine que cette recherche pénible de la vérité à travers un dialogue où les interruptions, les digressions, les répétitions engendrent une obscurité inévitable. Vous comprenez, d'après cela, que le dialogue avec Tryphon ne pouvait échapper entièrement à cette difficulté. Certainement, le manque d'ordre n'y est pas aussi complet qu'Ellies Dupin le prétendait au dix-huitième siècle ; et Bossuet avait raison de trouver trop sévère la critique de cet écrivain d'ailleurs peu respectueux envers les Pères de l'Église [1]. Comparée aux dialogues de Platon pour l'ordre et la clarté, l'œuvre de saint Justin soutiendrait le parallèle avec un avantage marqué ; et la scène du xyste d'Éphèse vaut bien celle du promontoire de Sunium pour l'importance des questions agitées de part et d'autre. Il n'est pas moins vrai de dire que pour trouver, dans le dialogue avec Tryphon, un arrangement qui puisse satisfaire l'esprit, il faut avoir égard au lien logique des matières plutôt qu'à leur liaison littérale. Avant de nous placer au cœur de l'écrit pour en saisir la pensée principale, voyons d'abord de quelle manière la discussion s'engage entre les interlocuteurs.

Un jour que saint Justin se promenait sous les galeries publiques de la ville où il séjournait, il vit arriver à lui plusieurs hommes dont l'un le salua profondément par respect pour le manteau de philosophe que l'apologiste chrétien n'avait cessé de porter après sa conversion. Cet étranger qui professait une si grande vénération pour les philosophes s'appelait Tryphon : Israélite de naissance, il s'était enfui de la Palestine à la suite du soulèvement excité par Bar-Cochba, sous Adrien. Justin, étonné de trouver une si haute estime de la philosophie dans un homme élevé à l'école de Moïse et des prophètes, lui en témoigna sa surprise. « Mais, lui répondit Tryphon, la philosophie ne s'occupe-t-elle pas également de Dieu ? Ne prouve-t-elle pas son unité, sa providence ? — Sans doute, reprit Justin, la philosophie est une grande et belle chose ; mais il s'agit de savoir où l'on peut la trouver. Moi aussi, je l'ai cherchée, sans le moindre succès, auprès de ceux qu'on appelle philosophes. » Là-

---

[1] Bossuet : *Mémoire sur la Bibliothèque ecclésiastique de Dupin.*

dessus, il se mit à raconter comment, après avoir erré inutilement du Portique au Lycée, de Pythagore à Platon, il avait enfin rencontré la véritable philosophie dans la religion chrétienne. Nous avons étudié, au commencement de l'année, cette longue odyssée philosophique au bout de laquelle Justin avait trouvé le repos dans la foi : c'est pourquoi je ne m'arrête pas à cette partie du dialogue. L'histoire de cette conversion merveilleuse ne fit que provoquer des éclats de rire de la part des compagnons de Tryphon ; et lui-même ne put s'empêcher de dire, en souriant au philosophe converti :

« Je vous approuve pour tout le reste et j'admire le zèle que vous avez mis à vous instruire dans les choses divines. Mais il valait mieux persévérer dans la discipline de Platon ou de quelque autre philosophe, en pratiquant la force d'âme, la sobriété et la tempérance, que de vous laisser tromper par de fausses paroles et d'adhérer à des hommes de rien. En restant attaché aux institutions philosophiques, vous pouviez espérer une meilleure destinée après une vie irréprochable. Maintenant que vous avez abandonné Dieu pour placer votre confiance dans un homme, quel espoir de salut peut-il vous rester ? C'est pourquoi, si vous voulez m'en croire, car déjà je vous regarde comme un ami, faites-vous circoncire tout d'abord ; observez le sabbat, les jours de fête et les nouvelles lunes, pratiquez en un mot tout ce que la loi commande de faire : et alors vous pourrez trouver miséricorde auprès de Dieu. Quant au Christ, si tant est qu'il soit né et qu'il se trouve quelque part, personne ne le connaît et il s'ignore lui-même : il n'est doué d'aucune puissance jusqu'à l'avènement d'Élie qui devra l'oindre et le manifester à tous. Pour vous, vous avez prêté l'oreille à de vaines paroles ; vous vous êtes fait un Christ imaginaire et vous vous exposez étourdiment à la mort pour lui[1]. »

---

[1] *Dial. avec Tryphon*, 8.

Par un revirement d'idées aussi rapide qu'inattendu, l'admirateur enthousiaste de la philosophie grecque était redevenu l'Israélite opiniâtrément attaché à la foi de ses pères et ne voyant pas de salut en dehors de la circoncision et de l'observation des nouvelles lunes. Voyant qu'il avait affaire à un chrétien et non à un philosophe de la gentilité, Tryphon n'avait pu se contenir : sa haine et son mépris pour la religion nouvelle avaient éclaté dans cette tirade à laquelle Justin répondit tranquillement :

« Je vous pardonne les paroles que vous venez de prononcer, Tryphon, car vous ignorez ce que vous dites ; vous répétez de confiance ce que vous ont appris vos maîtres qui n'ont pas l'intelligence des Écritures, et vous proférez tout ce qui vous vient à l'esprit, comme si vous parliez du haut d'un trépied. Si vous voulez me permettre de vous prouver par de bonnes raisons que nous ne sommes dupes d'aucune erreur et que nous ne renoncerons pas au Christ malgré les injures des hommes et les supplices des tyrans, je vous démontrerai, séance tenante, que nous n'avons pas ajouté foi à de vaines fables, mais à des discours pleins de l'Esprit saint, féconds en force, en vertu et en grâce [1]. »

Cette proposition du philosophe chrétien fut accueillie par de nouveaux éclats de rire accompagnés de cris indécents. Alors Justin se leva pour quitter ; mais Tryphon le retint par le manteau en le pressant de tenir parole. Les compagnons de l'Israélite promirent de faire bonne contenance à l'exception de deux qui s'en allèrent en se moquant des autres. Ceux qui étaient restés s'assirent sur des bancs de pierre en face de Justin et de Tryphon, et la discussion s'engagea.

Vous devinez sans peine sur quels points elle devait porter : l'abrogation de la loi mosaïque et la divinité de la loi évangélique prouvées par l'accomplissement des prophéties

---

[1] *Dial. avec Tryphon.*

de l'Ancien Testament dans la personne de Jésus-Christ. Ces deux parties d'une même thèse résumèrent la controverse juive dès l'origine comme, aujourd'hui encore, elles en forment l'objet principal. C'est en ces termes que saint Barnabé, marchant sur les traces de saint Paul, avait posé la question dans son épître que nous avons étudiée l'an dernier ; les Pères de l'Église ont suivi la même voie : « Les Juifs, dira Tertullien, s'accordent avec nous pour dire que le Messie doit venir, mais ils ne croient pas que le Messie soit déjà venu : voilà le grand point de divergence entre eux et nous. » — « Tout le différend entre les Juifs et les chrétiens, écrira saint Jérôme, résulte de ce que les uns regardent comme accomplies les promesses dont les autres attendent encore la réalisation [1]. » Mais le dialogue avec Tryphon est le plus ancien document de l'éloquence chrétienne où cette lutte doctrinale se trouve exposée dans toute son étendue.

En comparant la controverse juive avec la controverse païenne, nous pouvons dire que l'éloquence chrétienne trouvait à la fois, dans la première, plus d'avantages, et plus de difficultés. Il est plus facile de convaincre un païen de la fausseté de sa religion que de persuader à un Juif qu'il est dans l'erreur. On démontre sans peine au premier, par les seules lumières de la raison, que le culte des idoles est insensé ; on lui prouve clairement l'unité de Dieu ; on le détrompe d'une manière sensible de superstitions qui n'ont aucun fondement ; on lui fait sentir les défauts de sa morale, et on l'a bientôt réduit, s'il est raisonnable, à reconnaître la fausseté de sa religion. Mais le mosaïsme est, pour les chrétiens comme pour les Juifs, d'institution divine : la morale qu'il enseigne est très pure ; ses lois, ses cérémonies n'ont rien qui ne soit digne de Dieu : on ne peut combattre l'Israélite obstiné par ces endroits, et toute attaque contre sa religion prise en elle-même serait une atteinte portée au christia-

---

[1] Tertull. : *Apolog.*, c. 21. — S. Jérôme : *Prologue à Jérémie*, c. 30.

nisme. De là une différence essentielle entre la controverse juive et la controverse païenne : l'une porte sur la fausseté du polythéisme ; l'autre, sur l'abrogation d'une loi d'institution divine. Cette différence explique en partie l'opiniâtreté avec laquelle les Juifs se retranchaient dans la divinité de leur religion pour éluder les arguments de leurs adversaires. Du moment que l'altération de l'idée messianique les empêchait de reconnaître dans le Christ le Messie prédit par les prophètes, la difficulté de les réduire s'augmentait de la persuasion même où ils étaient que leur loi avait Dieu pour auteur : c'est ce sentiment invincible qui les a soutenus jusqu'à nos jours dans leur opposition au christianisme : et rien ne fait mieux ressortir la divinité de la religion mosaïque que cette obstination des Juifs à s'en faire une arme contre les preuves les plus palpables et les plus convaincantes.

Car si, par suite d'une contradiction assez ordinaire dans les choses humaines, le sentiment de la divinité du mosaïsme fortifiait les Juifs dans leur incrédulité, l'éloquence chrétienne avait, pour en triompher, un moyen sûr et facile. En face des païens, elle ne pouvait invoquer, en bonne logique, que les principes de la raison naturelle pour les amener insensiblement à l'intelligence de plus hautes vérités ; en présence des Juifs, elle avait un autre témoin dont l'autorité était reconnue de part et d'autre, l'Écriture sainte. Le livre inspiré était le champ de bataille naturel entre les Juifs et les chrétiens ; et, ce qui facilitait la victoire de ceux-ci, c'est que ceux-là appliquaient eux-mêmes au Messie tous les textes dont on se servait contre eux. Le Sauveur avait tracé cette voie à la démonstration évangélique en disant aux Juifs : « Sondez les Écritures, elles rendent témoignage de moi. » Fidèles à cette parole, les apôtres, et les Pères de l'Église après eux, s'efforcèrent constamment de montrer, dans la personne de Jésus-Christ, l'accomplissement de toutes les prophéties de l'Ancien Testament. Ici, deux questions se présentaient, une question de droit et une question de fait : la loi mosaïque devait-elle être abrogée dans sa partie cérémonielle et civile ? L'a-t-elle été effectivement ? Or, la solution de ces deux problèmes s'offrait et s'offre encore à nous avec une clarté irrésistible ; et il a fallu, pour l'obscurcir, la souplesse sans exemple du rabbinisme, toute l'ignorance des basses classes de ce peuple et l'indifférence de la classe élevée, distraite par d'autres intérêts.

Saint Justin commence par la question de droit : la loi mosaïque, qui ne concernait que le peuple juif, devait-elle faire place à une loi applicable à toutes les nations ? « J'ai lu, Tryphon, qu'il y aurait à la fin une loi nouvelle et un testament plus durable que les autres, qui doit être observé par quiconque veut participer à l'héritage de Dieu. Car la loi promulguée sur le mont Horeb est ancienne et ne regarde que vous, tandis que celle-là est donnée pour tous ; or, une loi nouvelle abroge l'ancienne, de même qu'un testament postérieur annule le premier. N'avez-vous pas lu ce que dit Isaïe : « Écoutez, mon peuple, et vous, rois, prêtez l'oreille à ma parole : une loi sortira de moi pour éclairer les nations. Voici que le temps de ma justice est proche, le Sauveur s'avance et les nations espéreront en mon bras ? » Dieu parle du même testament par la bouche de Jérémie : « Voici que les jours approchent, dit le Seigneur, et je donnerai un testament nouveau à la maison d'Israël et à la maison de Juda ; je conclurai avec elles une alliance toute différente de celle que j'ai conctractée le jour où je les ai prises par la main pour les faire sortir de la terre d'Égypte. Donc Dieu a promis un nouveau testament pour porter la lumière aux Gentils [1]. »

Le philosophe chrétien ne se contente pas de citer quelques-uns des nombreux passages de l'Ancien Testament qui annoncent la promulgation d'une loi différente de la loi mosaïque parce qu'elle devait s'étendre à tous les

[1] *Dial. avec Tryphon,* 11

peuples, il s'efforce de mettre dans tout son jour le caractère essentiellement local et temporaire de l'établissement mosaïque, sa forme transitoire et passagère. Ici, l'état dans lequel les Juifs se trouvaient réduits au deuxième siècle déjà lui fournissait un argument sans réplique. Adrien venait de consommer la ruine de Jérusalem commencée par Titus : il avait interdit aux Juifs, sous les peines les plus sévères, l'entrée de la ville sainte et même de la Palestine tout entière, s'il faut en croire Tertullien et saint Jérôme. Dès lors il leur devenait impossible de pratiquer leur culte ; car, c'est à Jérusalem seulement qu'aux termes de la loi ils pouvaient se réunir dans le temple et offrir leur sacrifice. Un tel évènement n'était-il pas de nature à leur faire ouvrir les yeux, à leur démontrer que Dieu avait abrogé leur religion dans sa partie cérémonielle ? Sans doute, à cette époque-là, l'impossibilité où se trouvaient les Juifs d'observer cette partie essentielle de leur culte n'était pas encore aussi frappante qu'elle l'est devenue depuis : un siècle à peine les séparait de la destruction du temple, et l'édit d'Adrien était de date récente. Mais aujourd'hui, Messieurs, cette preuve de l'abrogation du mosaïsme est tellement sensible qu'il faut un aveuglement inexplicable pour ne pas en être touché. Comment ! la loi mosaïque fait du sacrifice le point capital du culte des Juifs, elle leur interdit de le célébrer ailleurs qu'à Jérusalem et dans son temple ; et voilà près de deux mille ans que le temple est détruit, sans que les Juifs aient pu rentrer dans Jérusalem pour y remplir les prescriptions essentielles de leur loi ! L'interruption est plus longue que la durée elle-même du mosaïsme observé dans sa teneur stricte et rigoureuse ! De deux choses l'une, ou Dieu demande l'impossible aux Juifs ou leur loi est abrogée. Jamais les évènements ne sont venus prêter à une démonstration une clarté plus complète. Aussi l'entêtement d'Israël inspire-t-il à saint Justin un mouvement d'une véritable éloquence : « Jérémie élève la voix, et vous ne l'écoutez pas ; le législateur est devant vous, et vous ne le voyez pas ; les pauvres reçoivent l'Évangile, les aveugles recouvrent la vue, et vous ne comprenez pas. Une nouvelle circoncision est devenue nécessaire, et vous continuez à vous glorifier de votre chair. La loi nouvelle vous ordonne de célébrer un sabbat sans fin ; pour vous, vous n'entendez rien au motif des préceptes : rester un jour à ne rien faire, voilà ce que vous appelez la piété ? Pourvu que vous mangiez des pains azymes, le reste vous touche peu : vous croyez avoir accompli la volonté divine. Ce n'est point là ce qui est agréable au Seigneur votre Dieu ! Y a-t-il parmi vous un voleur ou un parjure ? qu'il renonce à ses vices. Y a-t-il un impudique ? qu'il fasse pénitence. Voilà le véritable sabbat, celui qui plaît à Dieu [1]. »

En même temps qu'il fait ressortir par les textes et par les faits le caractère local et temporaire de la loi mosaïque, Justin s'efforce d'établir qu'elle n'avait, dans sa partie cérémonielle, qu'une valeur relative au Rédempteur futur dont elle tirait toute son efficacité. C'est par la foi au Christ à venir et par le fruit de son sacrifice que les Juifs ont pu être sauvés, et non par la circoncision, rit insignifiant en lui-même s'il n'est accompagné des œuvres de la justice. Avant Moïse comme après lui les hommes ont pu arriver au salut sans la circoncision ; donc elle n'est pas d'une nécessité absolue, comme le prétendent les Juifs qui se glorifient outre mesure de leur descendance d'Abraham. Du reste, qu'ils ne se méprennent pas sur l'origine de leur loi et sur les motifs qui en ont déterminé les nombreuses prescriptions. C'est à cause de la dureté de leurs cœurs que Moïse leur a imposé, sur l'ordre de Dieu, cette foule d'observances. C'était un frein destiné à les retenir dans le droit chemin, à les empêcher de glisser sur la pente de l'idolâtrie. En les enchaînant au culte de Dieu par mille pratiques extérieures, la loi leur rappelait à chaque instant ce qu'ils n'étaient que trop tentés d'oublier. Voilà le but du rituel

---

[1] *Dial. avec Tryphon*, 12.

mosaïque, sa valeur, comme moyen de préservation pour un peuple esclave des sens. On ne saurait nier qu'il ne se glisse quelque amertume dans les paroles de saint Justin, lorsqu'il affirme que la circoncision a été donnée aux Juifs pour qu'on pût distinguer à jamais le peuple déicide du reste des nations; mais son sentiment sur la valeur purement relative de la loi mosaïque et sur la correspondance de ces institutions aux besoins, aux instincts grossiers du peuple juif, est exact de tout point; surtout lorsqu'on insiste, comme il fait, sur le caractère figuratif ou typique du mosaïsme [1].

Ici, saint Justin pouvait s'appuyer sur le consentement des Juifs qui reconnaissaient eux-mêmes que l'Ancien Testament préfigurait le règne messianique. Leurs anciens docteurs admettaient à la lettre le principe posé par saint Paul dans sa première épître aux Corinthiens : « Toutes les choses qui arrivaient aux Hébreux étaient autant de figures de l'avenir. » Or, ce nouveau côté de la loi de Moïse fournissait une preuve évidente de son abrogation; car les figures s'évanouissent avec l'avènement de celui qui les réalise dans sa personne. Partant de ce principe, l'apologiste établit sans difficulté qu'en prescrivant les cérémonies de la loi Dieu n'avait fait que dessiner à l'avance et ébaucher, pour ainsi parler, les choses de l'avenir : donc, rien n'est plus absurde que la prétention des Juifs de vouloir attribuer une durée sans fin à des ombres passagères qui devaient faire place à la réalité. Parmi tous ces types, Justin choisit de préférence l'agneau pascal, figure de l'agneau sans tache immolé sur la croix; le bouc émissaire, symbole de celui qui devait se charger du poids de nos iniquités; les offrandes de froment, image du pain eucharistique, etc. Déjà nous avons trouvé ces diverses interprétations dans l'épître de saint Barnabé; et ce n'est pas sans raison qu'on a conclu de nos jours que ce précieux document de l'éloquence

---

[1] *Dial. avec Tryphon*, 18, 19, 20, 22, 30, 67, 92.

chrétienne n'était pas inconnu à saint Justin[1]. Toujours est-il qu'en s'appuyant sur un principe admis par son adversaire, il donnait à son argumentation un fondement inébranlable. Le caractère typique de l'Ancien Testament suffisait, à lui seul, pour prouver aux Juifs que leur loi devait être remplacée par une autre plus parfaite où les signes précurseurs disparaîtraient dans ce qu'ils signifiaient[2].

Restait toujours le point cardinal de la controverse juive : le Messie est-il réellement arrivé? Les prophéties se sont-elles accomplies dans la personne de celui que les chrétiens reconnaissent comme tel ? Si, en effet, le caractère local et temporaire, relatif et typique de l'ancienne loi doit être mis hors de conteste, le moment précis du passage à une loi nouvelle ne peut être déterminé que par la réalisation complète de ce que les livres saints ont préfiguré et annoncé touchant le Messie. Avant d'appliquer à Jésus-Christ les prophéties de l'Ancien Testament, saint Justin cherche à rétablir dans toute sa pureté originelle l'idée messianique altérée par le sens charnel et grossier des Juifs. Il distingue deux avènements du Messie également prédits dans l'Écriture : l'un, sous des dehors pleins d'humilité tels qu'il convient à la grande victime immolée pour le salut du monde ; l'autre, environné d'éclat comme il sied à celui qui doit juger tous les hommes à la fin des siècles. Par là, il coupe court aux difficultés que les Juifs tiraient des passages où les prophètes célébraient en termes pompeux la majesté du règne messianique ; il explique dans le sens d'une rédemption spirituelle ce qui nourrissait en eux l'espoir préconçu d'un affranchissement national. Enfin, pour rendre à l'idée messianique toute sa grandeur méconnue par Israël, il s'attache à démontrer par les Écritures la divinité du

---

[1] *Dial. avec Tryphon*, 90, 111. — S. Barnabé : 12. — *Dial.*, 91, 94. — Barn.: 12.—*Dial.*, 43.—Barn.: 12.—Voyez Semisch: *Justin der Martyrer*, II, 45, Breslaw, 1842.

[2] *Dial. avec Tryphon*, 40, 41, 42.

Rédempteur futur. Depuis la Genèse jusqu'au livre des Proverbes, il discute les passages qui supposent, à côté du Père de toutes choses, une deuxième personne également divine engendrée par le Père, laquelle, après avoir préludé à son incarnation par des apparitions momentanées, devait paraître au milieu des hommes sous forme humaine pour établir son règne parmi eux. On peut, sans nul doute, contester la valeur absolue de quelques-unes des preuves de la Trinité que saint Justin tire de l'Ancien Testament ; mais, à part quelques inductions trop subtiles, sa thèse n'offre prise à aucune attaque sérieuse : la divinité du Messie est clairement proclamée par les prophètes ; et le dogme de la Trinité est insinué dans tous les passages de la Bible qui supposent l'existence de plusieurs personnes divines dans l'unité d'une même nature [1].

Cette démonstration préalable de la divinité du Rédempteur ouvrait à saint Justin le vaste champ des prophéties messianiques : sur ce terrain, la victoire n'était pas douteuse. L'ensemble de ces prédictions forme en quelque sorte l'histoire anticipée du Messie. Son caractère de Rédempteur est marqué à la première page de la Genèse où il est dit qu'il renversera dans le monde la puissance du mal. A partir de cette première annonce, chaque communication de Dieu aux hommes ajoute à cette vérité capitale un nouveau trait de lumière. C'est dans le rejeton d'Abraham, d'Isaac, de Jacob, que seront bénies toutes les nations de la terre. Jacob indique spécialement la tribu d'où naîtra Celui qui est l'attente des peuples et qui doit être envoyé après que l'autorité sera sortie de Juda. Moïse exprime la mission prophétique du Messie en ordonnant à Israël d'écouter le nouveau législateur que Dieu lui enverra. David salue dans sa personne le roi de gloire qui régnera éternellement sur les nations par sa vérité et par sa justice ; pour montrer en même temps que cette royauté sera toute spirituelle, il pré-

---

[1] *Dial. avec Tryphon*, 55, 65.

dit, avec une égale clarté, les humiliations et les souffrances du Messie. Isaïe reprend le même thème qu'il développe avec une précision de détails qui l'a fait surnommer le cinquième Évangéliste. Jérémie annonce l'établissement d'une nouvelle alliance toute différente de celle que Dieu avait conclue jadis avec Israël. A mesure que les temps approchent, les prédictions deviennent plus lumineuses et plus abondantes. Daniel marque le nombre de semaines d'années qui s'écouleront jusqu'à la venue du Messie ; Aggée annonce au peuple juif que le Rédempteur viendra pendant que le second temple de Jérusalem sera encore debout ; Michée indique son lieu de naissance ; Zacharie, son genre de mort. Certes, on ne peut rien désirer de plus littéral ni de plus précis. Après avoir énuméré la plupart de ces prédictions, saint Justin en fait l'application à Jésus-Christ, en qui toutes se sont réalisées à la lettre ; puis il conclut de cet accomplissement des prophéties dans leurs moindres détails que Jésus-Christ est le Messie, le Rédempteur promis au genre humain [1].

Dirigée contre les Juifs, cette argumentation est accablante : pour en éluder la force ils sont obligés d'avoir recours aux interprétations les plus bizarres, de nier le sens prophétique des passages que l'ancienne Synagogue tout entière, les paraphrases chaldaïques plus vieilles que le Talmud appliquaient au Messie. Mais, Messieurs, la preuve de la divinité du christianisme par les prophéties n'a pas seulement une valeur relative au peuple juif ; elle n'est pas moins décisive contre le rationalisme. Il ne s'agit pas en effet d'épiloguer sur l'une ou l'autre prédiction qu'il est toujours facile de détourner de son véritable sens ; c'est l'ensemble des prophéties qu'il faut envisager, ce faisceau de témoignages anticipés que le sophisme ne parvient pas à rompre. Là est la force irrésistible de l'argument tiré des prophéties. Il n'y a que le pyrrhonisme absolu en matière

---

[1] *Dial. avec Tryphon*, 50, 55, 66, 108.

historique qui puisse nier qu'Israël attendait un personnage mystérieux, roi, pontife, prophète ; que ses livres marquaient à l'avance tous les traits de ce libérateur futur, le caractère, le but, l'époque, les détails de sa mission. D'un autre côté, on ne saurait contester que Jésus de Nazareth seul ait réalisé dans sa perfection le type messianique qui se détache de toutes les pages de l'Ancien Testament. Or, cela suffit pour démontrer la divinité du christianisme. Vouloir expliquer ce fait par une coïncidence toute fortuite, c'est imiter ceux qui attribuent au hasard la formation du monde. Dira-t-on que Jésus-Christ s'est appliqué avec beaucoup d'adresse les prédictions de l'Écriture ? Mais il n'est pas au pouvoir d'un homme de choisir son lieu de naissance, de naître à Bethléem plutôt qu'à Rome ou ailleurs, de naître de la race d'Abraham, de la tribu de Juda, de la maison de David, de paraître au temps marqué par Jacob, par Daniel et par Aggée, de faire des miracles, d'obtenir la foi d'une grande partie du genre humain, de se faire adorer dans le monde, de ressusciter après sa mort, d'être glorifié comme le Dieu tout-puissant et éternel ; et cela, parce que c'était prédit ! Dieu seul a pu arranger le cours des choses pour amener ce grand résultat. Si le rationalisme déiste voulait considérer sérieusement d'une part les prophéties, de l'autre leur accomplissement, c'en serait fait de son obstination. Vit-on jamais pareille chose dans l'histoire de l'humanité ? Un an avant leur naissance, qui pensait à Socrate ou à Platon ? Avant que Moïse vînt au monde, qui avait foi en lui, qui espérait en lui ? Bref, jamais homme s'est-il préexisté en quelque sorte, jamais homme a-t-il pu vivre par anticipation dans les espérances, dans les annales d'une nation ? Jésus-Christ naît, et sa vie est écrite à l'avance depuis de longs siècles dans des livres d'une authenticité irrécusable : sa généalogie, son lieu de naissance, l'époque de son avènement, les circonstances de sa passion, sa résurrection, la fondation de son Église, l'universalité et la perpétuité de son règne : tout cela est prédit, trait pour trait, dans des prophéties que l'évènement a rendues claires comme l'histoire. En vérité, si l'on ne savait que Dieu a laissé à la raison de l'homme la liberté de fermer les yeux à l'évidence, l'aveuglement des rationalistes serait un prodige inexplicable.

Mais, laissons là le rationalisme pour revenir au peuple juif, le seul adversaire que saint Justin combatte dans le Dialogue avec Tryphon. En présence des prophéties et de leur parfait accomplissement dans la personne de Jésus-Christ, la cause d'Israël est désespérée. Au deuxième siècle de l'ère chrétienne il y avait encore quelque possibilité de se faire illusion ; aujourd'hui la controverse n'est plus même sérieuse. Ou le Messie n'a jamais dû arriver ou il est arrivé. Les Juifs ont beau raisonner sur le sens de la prophétie de Jacob, pour déterminer quel genre d'autorité devait sortir de la tribu de Juda avant la venue du Messie : ils ne savent plus même de nos jours où est la tribu de Juda ni ce qu'elle est devenue dans la dispersion générale. Qu'ils tourmentent à leur gré la prophétie de Daniel, il est évident que les soixante et dix semaines d'années sont écoulées depuis des siècles. S'ils attribuent à leurs péchés le retard que met Dieu à envoyer le Messie, il n'y a pas trace dans l'Écriture sainte d'une pareille condition mise à l'avènement du Rédempteur : les prophéties marquent une époque fixe, précise, indépendante du bon vouloir des hommes. Du reste, comme disait Bossuet, Dieu a tranché la difficulté, s'il y en avait, par une décision qui ne souffre aucune réplique : la ruine totale des Juifs qui a suivi de si près la mort de Notre-Seigneur et qui dure depuis près de deux mille ans. Cette catastrophe, dont rien ne fait pressentir la fin, est d'autant plus instructive qu'elle forme un contraste frappant avec les destinées du peuple juif avant l'avènement du Christ. Aussi longtemps qu'il conserve le dépôt des espérances du genre humain, sa nationalité résiste à toutes les tentatives de l'étranger ; les grands empires de l'Asie passent sur elle sans la détruire ; et Rome elle-même, maîtresse du monde, respecte sur bien des points l'autonomie du sanhédrin. A peine le Christ mort, tout change de face : depuis près de deux mille ans, la Providence met à empêcher le retour de la nationalité juive le même soin qu'elle prenait de la sauvegarder pendant quinze siècles. Évidemment, Messieurs, il a dû se passer entre ces deux situations si différentes un de ces actes qui décident à jamais de la vie d'un peuple dans la balance de la justice divine : le Calvaire seul peut expliquer cette énigme historique.

Voilà ce que saint Justin disait à Tryphon : « Votre ville a été saccagée, votre terre désolée, et, au lieu d'ouvrir les yeux et de faire pénitence, vous poursuivez de votre haine les disciples du Christ. Dans votre fol orgueil de peuple privilégié, vous n'avez pas compris que le règne messianique ne devait pas se borner à vous seuls, mais s'étendre à toute l'humanité. Et cependant vos prophètes n'avaient cessé de prédire qu'un jour toutes les nations de la terre se convertiraient au vrai Dieu. » Ici, saint Justin passe en revue tous ces magnifiques passages de l'Écriture sainte qui annonçaient la conversion des Gentils par le Messie et la formation de la grande société chrétienne, véritable race d'Abraham selon l'esprit et dans le sens complet du mot. C'est par là qu'il termine, en faisant des vœux pour que Tryphon et ses compagnons arrivent à reconnaître que Jésus est le Christ, fils du Dieu vivant [1].

Tel est, Messieurs, ce célèbre Dialogue, le monument le plus complet de la controverse juive au deuxième siècle. Je l'ai analysé avec quelque étendue, parce que l'éloquence chrétienne s'y montre pour la première fois sous cette forme particulière, et que nous y retrouvons, à peu d'exceptions près, l'état de la controverse actuelle avec les Juifs sur le terrain de l'Écriture sainte ou des prophéties. Toutefois, nous n'aurions pas une idée suffisante de cette lutte opiniâtre qui s'est prolongée jusqu'à nos jours, si, après avoir

---

[1] *Dial. avec Tryphon*, 109-142.

rendu compte des arguments de saint Justin, nous ne cherchions également à examiner les objections de son adversaire. En observant l'attitude de Tryphon en face des preuves tirées de nos livres saints, nous surprendrons dans sa manière d'expliquer les textes et de tourner les difficultés un premier modèle du procédé suivi dans le Talmud et par les écrivains postérieurs du judaïsme. C'est à ce coup d'œil général sur la littérature juive dans sa lutte avec l'éloquence chrétienne que je vais consacrer ma prochaine leçon.

VINGTIÈME LEÇON

Coup d'œil sur la littérature juive dans sa lutte avec l'éloquence chrétienne. — L'attitude de Tryphon dans le Dialogue fait présager celle des écrivains du Talmud. — Calculs du rabbinisme pour échapper à l'argument tiré de l'accomplissement des prophéties messianiques.— Plusieurs de ses adeptes avouent que les temps du Messie sont passés depuis des siècles. — Le rabbinisme défend à ses adhérents de supputer l'époque de la venue du Messie.—Il élude les prophéties messianiques en les détournant de leur véritable sens. — Le Talmud. — Le cantique de R. Lipmann. — Le Nizzachon ou chant de la victoire. — Efforts des docteurs juifs pour enlever aux chrétiens le bénéfice des arguments tirés de l'Ecriture. — Retour offensif du rabbinisme contre la religion chrétienne. — Du temps de saint Justin, les Juifs étaient les auteurs des calomnies répandues contre les chrétiens dans tout l'empire. — Les Toldos Jesu. — Vice radical du rabbinisme signalé par saint Justin. — Le rabbinisme ou le judaïsme moderne issu du Talmud s'est complétement écarté de la religion mosaïque.

Messieurs,

Deux voies bien différentes s'ouvraient à l'éloquence chrétienne au deuxième siècle, selon qu'elle s'adressait aux Juifs ou aux païens. Aux uns, il s'agissait de démontrer, tout d'abord, la vanité des idoles, l'unité d'un Dieu créateur, l'immortalité de l'âme et l'existence d'une vie future comme sanction de la loi morale; aux autres, il fallait prouver, en premier lieu, l'accomplissement des prophéties messianiques dans la personne de Jésus-Christ. Tandis qu'il était facile de réfuter le paganisme à l'aide des seuls principes de la raison naturelle, on ne pouvait combattre le judaïsme avec un plein succès que sur le terrain des Écritures. Dociles aux principes qui doivent diriger toute controverse, les Pères de l'Église variaient leur méthode et leurs arguments suivant les adversaires qu'ils avaient devant eux. A la vérité, ce choix d'armes diverses n'était pas tellement exclusif, qu'ils ne se servaient pas de l'Écriture pour établir aux yeux des païens la divinité du christianisme, ni de la raison naturelle pour montrer aux Juifs qu'ils altéraient la notion de Dieu par leurs idées étroites et charnelles : toutes les erreurs se touchent par quelque endroit et sont frappées de chaque coup que la vérité porte à l'une d'elles. Il n'est pas moins vrai de dire que le caractère spécial d'une polémique détermine l'arme qu'on doit adopter de préférence et le terrain particulier sur lequel il convient de se placer. Nous en avons vu la preuve dans le Dialogue avec Tryphon, le monument le plus complet de la controverse juive au deuxième siècle. S'appuyant sur l'Écriture sainte comme sur une autorité reconnue de part et d'autre, saint Justin prouve par elle que la loi mosaïque était de sa nature transitoire et passagère ; puis, venant de la question de droit à la question de fait, il établit que toutes les prophéties de l'Ancien Testament se sont accomplies à la lettre dans la personne de Jésus-Christ, partant, que le mosaïsme doit céder la place au christianisme dont il n'était que l'ombre et la figure.

En présence d'une démonstration si forte et si claire, il semblerait que les Juifs dussent renoncer à toute résistance et s'avouer vaincus. Mais l'erreur, Messieurs, n'est jamais à bout d'objections, du moment qu'elle s'obstine à vouloir combattre la vérité. Si le dogme de l'existence de Dieu a pu trouver des adversaires dans le monde, il n'est pas étonnant que les preuves de la religion chrétienne n'aient pas triomphé chez tous d'une opposition systématique ou d'une négation de parti pris. Rien n'est à l'abri de l'attaque parce qu'il est au pouvoir de l'homme de tout contester, même sa propre existence ; et vous savez que le pyrrhonisme a étendu jusqu'aux faits de conscience cette liberté de nier qui ne recule pas devant l'absurde. Ne soyons donc pas surpris des efforts qu'a faits le judaïsme pour éluder les preuves les plus certaines : c'est la tactique habituelle de l'erreur quand elle se sent pressée de tous côtés par la vérité. Il est vrai qu'aucune autre controverse ne montre davantage à quels genres de procédés on est obligé de recourir afin d'échapper à l'autorité de l'évidence. Pour s'en convaincre, il suffit de jeter un coup d'œil sur la littérature juive dans sa lutte avec l'éloquence chrétienne.

A l'époque où saint Justin composa le Dialogue avec Tryphon, le Talmud n'existait pas encore. C'est à la fin du deuxième siècle seulement que, selon l'opinion commune, Rabbi Juda rédigea la Mischna qui forme le texte du Talmud. Quant à la Ghemara, qui en est le commentaire et le développement, celle de Jérusalem, due à Rabbi Jochanan, parut un siècle après ; et celle de Babylone, commencée par Rab-Asschi, ne fut terminée par ses disciples qu'au sixième siècle, date probable de la clôture définitive du Talmud. Mais, si la partie la plus ancienne de cette compilation est postérieure au dialogue de saint Justin, l'attitude du Juif Tryphon est déjà celle que prendront les rédacteurs du Talmud et les écrivains plus récents du judaïsme.

S'il est un fait certain, c'est que les Juifs attendaient le Messie à l'époque même où les chrétiens prétendent qu'il est effectivement venu, après les soixante-neuf semaines d'années fixées par Daniel, pendant la durée du second temple et avant que l'autorité sortît de Juda. Aussi, tout occupés qu'ils paraissent, dans l'Évangile, à créer des difficultés au Sauveur, ils ne lui objectent jamais que le temps n'est pas venu, que le terme marqué par les prophéties n'est pas écoulé. Au contraire, ils le somment de déclarer s'il est le Christ, ils le pressent de se mettre à leur tête, ils veulent le nommer roi, selon l'idée qu'ils s'étaient faite d'un Messie conquérant. Il y a plus : à peine Jean-Baptiste a-t-il paru, que les Juifs le prennent pour le Christ, bien qu'il s'en défende ; preuve évidente qu'ils attendaient le Messie pour ce moment-là. Ils s'en cachaient si peu que les païens eux-mêmes n'ignoraient pas qu'ils se croyaient arrivés au terme de leurs espérances. De là ces paroles de Suétone : « Il s'était répandu dans tout l'Orient une antique et constante tradition que, *dans ce temps-là*, des hommes sortis de la Judée seraient maîtres de toutes choses [1]. » De là encore ce témoignage de Tacite : « Un grand nombre était persuadé *qu'à cette époque même*, suivant les anciens livres des prêtres, l'Orient prendrait le dessus et que des hommes partis de la Judée arriveraient à la domination [2]. » Évidemment, les écrivains païens n'auraient pas soupçonné que les Juifs croyaient toucher à l'accomplissement des prophéties, si ces derniers n'avaient manifesté leurs espérances. Que Josèphe ait appliqué à Vespasien le titre de Messie par ironie ou par flatterie, ce fait de l'historien juif n'en prouve pas moins que, pour lui comme pour sa nation, le temps était venu où le Messie devait paraître. Mais ce qui ne souffre pas de réplique, ce sont les propres aveux des docteurs d'Israël, soit avant, soit après la dispersion. Dans le siècle qui précéda la destruction du temple, Néhémie, un des anciens du peuple, avait dit en plein sanhédrin que le Messie ne tarderait pas à venir au delà de cinquante ans [3]. Le célèbre disciple de Hillel, Jonathan-ben-Huziel, qui florissait un demi-siècle avant Jésus-Christ, avait dit, dans sa paraphrase chaldaïque : « Le Roi Messie arrivera avant la ruine de la nation [4] ; » et son autorité doit être d'autant plus grande aux yeux des Juifs que, d'après le Talmud, Jonathan se conformait, dans sa paraphrase, à la tradition des prophètes Aggée, Zacharie et Malachie [5]. Enfin le Talmud lui-même atteste que les anciens Juifs attendaient le Messie pour l'époque à laquelle Jésus-Christ parut. Non-seulement il rapporte que l'autorité du sanhédrin de Jérusalem cessa quarante ans avant la ruine du second temple [6],

---

[1] *In Flav. Vespas.*, IV.
[2] *Hist.*, l. V, n° 3.
[3] Sepp : *Geschichte Jesu*, tome III, 82.
[4] *Paraphrase des paroles d'Isaïe*, LXVI, 7.
[5] Talmud : *Traité Méghilla*, fol. 3, recto.
[6] Ibid., *Traité Sanhédrin*, fol. 41, recto.

mais de plus il indique la date de l'avènement du Messie d'après une tradition orale conservée parmi les Juifs. « Tradition de l'école d'Élie. Le monde subsistera six mille ans. Deux mille ans, confusion ; deux mille ans, la loi ; deux mille ans les jours du Messie [1]. » Quelle que soit la valeur de cette tradition prise en elle-même, elle montre que, dans l'opinion des Juifs, le Messie devait venir quatre mille ans après la création, c'est-à-dire selon l'ancienne chronologie juive, à l'époque où Jésus-Christ se présenta au monde. Si donc, Messieurs, il est un fait avéré par le témoignage des Juifs et des païens, c'est qu'Israël tout entier espérait que le fils de David paraîtrait dans le premier siècle de l'ère chrétienne.

Nous avons vu l'an dernier, à propos de l'épître de saint Barnabé, comment l'altération complète de l'idée messianique dans l'esprit du peuple juif l'empêcha de reconnaître en Jésus-Christ le Messie prédit par les prophètes. Égarée par les interprétations des rabbins, par l'idée chimérique d'un Messie conquérant, par son fol orgueil de peuple privilégié et par sa haine contre les Gentils, une partie de la nation rejeta Celui qui devait détruire le mur de séparation entre les Juifs et les nations pour les réunir dans un même royaume spirituel. Mais grand fut l'embarras des docteurs juifs quand la destruction du temple et la ruine de la nation eurent fait évanouir leurs plus chères espérances. D'une part, ils ne pouvaient nier que l'ère messianique ne fût arrivée ; de l'autre ils avaient laissé passer le terme marqué par les prophètes sans reconnaître le véritable Messie. Il en résulta pour eux une confusion d'idées qui n'a fait que s'accroître avec le temps. D'abord, il y en eut beaucoup qui se laissèrent tromper par de faux Messies. Déjà Theudas et Judas le Galiléen avaient trouvé bon nombre d'adhérents : ce qui prouve une fois de plus que, dans l'opinion des Juifs, le Messie devait arriver précisément à l'époque où Jésus-Christ

---

[1] Talmud, *Traité Sanhédrin*, fol. 97, recto et verso.

a paru. Un peu plus tard, Simon le Mage et Dosithée, son disciple, tirèrent parti de ce sentiment général pour faire quelques dupes. Mais celui qui joua le personnage de Messie avec le plus d'éclat fut Coziba, ou Barcochba, *le Fils de l'Étoile*. Il séduisit ce malheureux peuple en levant l'étendard de la révolte contre les Romains, sous l'empire d'Adrien. Son imposture eut un grand succès, grâce à l'appui du fameux Rabbi Akiba qui n'hésita pas à le déclarer le Messie promis à Israël : ce qui n'a pas empêché le Talmud de recueillir comme autant de décisions judicieuses les sentences de ce docteur coupable d'une fraude si insigne. La mort sanglante de Coziba et d'Akiba, suivie de la destruction de Jérusalem, prouva aux restes d'Israël qu'on s'était cruellement joué de leur crédulité. Mais ils n'étaient pas au bout de leurs déceptions. Pour appliquer les prophéties messianiques à Barcochba, il avait fallu prolonger jusqu'à Adrien la soixante-dixième semaine de Daniel, en la partageant entre le règne de ce prince et celui de Vespasien[1] : l'évènement dérangea le calcul. Alors les habiles de la Synagogue imaginèrent un nouvel expédient pour gagner du temps. Les uns placèrent la naissance de Jésus-Christ sous Alexandre Jannée, un siècle avant l'ère chrétienne ; d'autres, comme Hillel le jeune et le sanhédrin de Tibériade, abrégèrent de trois siècles l'espace de temps écoulé depuis la création du monde : de cette manière on pouvait encore espérer que le Messie paraîtrait. En effet, vers l'année 434, Moïse de Crète s'annonça comme le désiré de la nation ; mais l'illusion fut de courte durée, et Israël retomba dans ses perplexités[2]. L'année 470 après Jésus-Christ, assignée par Rabbi Chanina comme le dernier terme de l'avènement du Messie, passa également sans que cette nouvelle supputation se trouvât justifiée[3]. Le rabbinisme ne se tint pas pour battu : appelant à son aide la cabale avec sa mystérieuse science

---

[1] S. Jérôme : *in Danielem*, c. 9.
[2] Socrate : *Hist.*, l. II, c. 38.
[3] *Traité Avoda sara*, fol. 9, verso.

des nombres, il imagina de nouvelles dates. En 531, un autre imposteur, Julien, invita ses coreligionnaires de la Palestine à secouer le joug des Romains sous l'empire de Justinien : le supplice de Julien et la prompte pacification du pays par les troupes de l'empereur firent ouvrir les yeux aux victimes de cette nouvelle fraude. Adoptant un autre calcul, Rabbi Chasdaï ne se fit pas scrupule de reculer d'un millénaire l'époque fixée par les anciens rabbins ; selon lui et le célèbre Abarbanel, le Messie devait arriver vers l'année 1530[1] ; et, par le fait, un aventurier espagnol, David Moïse, mystifia vers ce temps-là une bonne partie des Juifs en se donnant pour le Messie. L'ère de la réforme avait été également indiquée comme la grande époque fastique pour Israël par R. Gedalja, R. Abraham Sachut, R. Abraham Halévi, R. Vital ; mais ils se trompèrent tous, non moins que Maimonide, qui avait assigné l'année 1216[2]. Depuis lors, on a hasardé d'autres dates sans plus de succès : les années 1714, 1850, etc. ; et, selon toute apparence, le rabbinisme n'a pas épuisé toute la fécondité de son imagination. Un critique allemand, très versé dans ces calculs cabalistiques, n'a pas craint de marquer à l'avance les années qui pourront être, pour les restes dispersés d'Israël, le terme de nouvelles espérances et de nouvelles déceptions : 1940, 2403, 2531 ou 2534, 2574 ou 2840, 2928, etc., etc.[3] Je ne m'arrête à ces détails, Messieurs, que pour vous montrer à quel point l'esprit de l'homme devient le jouet de toutes les illusions, du moment qu'il est sorti du droit chemin de la vérité pour s'engager dans les mille sentiers de l'erreur.

Assurément, ce n'est pas dans les calculs de cette nature, nés de l'arbitraire de la fantaisie, que le rabbinisme pouvait trouver une défense sérieuse. Vaincus par l'évidence, bon nombre de ses adeptes suivirent une autre voie, en avouant

---

[1] Abarbanel : *Majene Haschua*, fol. 81, recto.

[2] R. Gedalja : *Schalscheleth, Hakkabala*, fol. 36. — R. Sachut : *Traité Hattechuna*. — R. Vital : *Traité Ez. Chajim*, etc.

[3] Sepp : *Geschichte Jesu*, IV Band. — erster Abschnitt:cap. XVI, p. 287.

tout simplement que le Messie est déjà venu. C'est ce que le Talmud déclare en propres termes : « Rav a dit : tous les temps déterminés sont passés[1]. » Aussi les talmudistes prononcent-ils les plus terribles anathèmes contre quiconque calculera l'époque de l'avènement du Messie. « Puissent-ils se rompre les os, s'écrie R. Jochanan, ceux qui supputent les jours du Messie, disant : Le temps est passé, et le Messie n'est pas venu, peut-être ne viendra-t-il jamais ! — Il est défendu, dit R. Éphraïm, de rechercher quand le Rédempteur devra venir, comme l'ont dit nos maîtres, bénie soit leur mémoire ! Périsse l'âme de ceux qui comptent les jours du Messie ! — Que l'enfer les engloutisse, s'écrient Abarbanel et R. Matthathia ! » Quant au motif de ces imprécations, Maimonide, le plus savant des docteurs juifs, nous le fait connaître avec beaucoup de sincérité : « A la vérité, dit-il, Daniel nous a enseigné quand le Messie devait venir, mais, comme l'époque de son avènement n'en reste pas moins cachée pour nous, les sages, bénie soit leur mémoire ! nous ont défendu de calculer la date de sa venue, parce que le peuple est scandalisé de voir que le Messie n'arrive pas, bien que les temps soient passés. C'est pourquoi les sages ont dit, bénie soit leur mémoire ! Périsse l'âme de ceux qui supputent les années, parce qu'ils scandalisent le peuple ! Que leur cœur éclate et que leurs calculs s'évanouissent[2] ! » Il est impossible d'avouer plus franchement qu'on défend de calculer le temps où le Messie devra venir, parce qu'il est déjà venu, et qu'il importe avant tout de ne pas éveiller de soupçon dans l'esprit du simple peuple, qui continue de répéter, sur la foi de ses maîtres, le douzième article de la profession de foi dressée par Maimonide au onzième siècle : « Le Messie doit venir, et, quoiqu'il tarde longtemps, je

---

[1] *Traité Sanhédrin*, fol. 97, verso.

[2] Talmud : *Traité Sanhédrin*, fol. 97, verso. — R. Ephraïm : *Ir gibborim*, fol. 28, 1, n° 54. — Abarbanel : *Rosch amana*, c. 1, f. 5, 1. — R. Matthathia : *Nizzachon-num*, 334. — Maimonide : *Iggereth hatteman*, fol. 125, 4.

l'attendrai toujours, jusqu'à ce qu'il arrive. » Le rabbinisme a si peu de confiance dans la bonté de sa cause, qu'il interdit à ses adhérents de rechercher par l'Écriture l'époque de l'avènement du Messie, parce qu'un examen attentif de cette question les mènerait infailliblement à reconnaître que le Fils de David est venu depuis des siècles. Quand un système religieux est obligé d'avoir recours à de telles armes pour entretenir dans l'illusion les consciences qu'il opprime, il trahit d'un seul trait son insuffisance et sa fausseté.

Aussi, Messieurs, il ne suffisait pas au rabbinisme de déclarer, comme fait le Talmud, que les temps du Messie sont passés, ou bien d'en interdire la supputation sous peine d'anathème. Car enfin, si le Messie est venu, quel est-il? Où est-il? Que fait-il? Toutes questions qui demandaient, à tout le moins, une apparence de solution. Ici, nous trouvons, dans la réponse de Tryphon à saint Justin, un échantillon du procédé suivi par les talmudistes. Ce n'est pas que je veuille voir dans l'interlocuteur du philosophe chrétien un docteur juif de ce temps-là : on l'a prétendu, il est vrai, en cherchant à l'identifier avec Rabbi Tarphon, le collègue d'Akiba[1]; mais cette opinion, fondée sur une parole d'Eusèbe, est démentie par toute la suite du dialogue où saint Justin reproche à son adversaire de suivre aveuglément le sentiment de ses maîtres : il ne se serait pas exprimé de la sorte en parlant de l'un des docteurs en Israël[2]. Mais si la physionomie que le dialogue prête à Tryphon ne permet pas de voir en lui un des plus célèbres rabbins de l'époque, celui-ci ne pouvait ignorer quelques-unes des opinions singulières qui devaient trouver place dans le Talmud. C'est ainsi qu'il parle de l'avènement du Messie dans le sens de cette compilation entreprise par Rabbi Juda peu d'années après : « Quant au Christ, si tant est qu'il soit né et qu'il se trouve quelque part, il est inconnu et il s'ignore lui-même,

---

[1] Grabe : *Spicilegium Patrum*, t. II, p. 157. — Lumper : *de Vitâ et Doctrinâ Patrum*, t. II, p. 58.
[2] *Dial. avec Tryphon*, 9, 38, 62.

jusqu'à ce qu'Élie vienne pour l'oindre et le manifester à tous[1]. » Tryphon n'ose pas nier que le Messie soit venu, mais il le croit caché en quelque endroit jusqu'au moment où Élie viendra le révéler au monde. Tel est, en effet, le subterfuge à l'aide duquel les rabbins comptaient échapper aux arguments des chrétiens. Le Messie est né, disaient-ils, à l'époque de la destruction du temple; mais depuis lors il s'est retiré quelque part, pour une cause ou pour une autre. Selon les uns, il a été ravi au ciel; selon les autres, il est enchaîné on ne sait où, ce qui l'empêche de paraître; plusieurs enfin le placent aux portes de Rome, où il exerce des œuvres de bienfaisance. Il n'y a pas de fable, si bizarre qu'elle pût sembler, que l'imagination des rabbins n'ait inventée pour se tirer d'un si mauvais pas. Nous trouvons dans le Talmud le modèle du genre: « R. Josua, fils de Lévi, rencontra Élie qui se tenait à l'entrée de la caverne de R. Siméon-ben-Jochaï, il lui dit : Parviendrai-je au monde à venir (aux temps du Messie)? Élie lui répondit : S'il plaît à ce Seigneur-ci. R. Josua-ben-Lévi lui dit : j'en vois deux, mais j'entends la voix de trois. Il lui demanda aussi : Quand viendra le Messie? Élie lui répondit : Va et demande-le à lui-même. — Mais où se trouve-t-il ? — A la porte de la ville de Rome. — Et à quel signe peut-on le reconnaître ? — Il est assis au milieu des pauvres et des malades, qui tous ouvrent et referment leurs plaies en une seule fois; pour lui, il se contente d'ouvrir et de refermer les siennes l'une après l'autre, disant : Peut-être demandera-t-on que j'arrive et alors rien ne m'empêchera de partir. R. Josua se rendit donc vers lui et dit : Que la paix soit sur toi, mon Seigneur et maître! Le Messie répondit : Que la paix soit sur toi, fils de Lévi! R. Josua lui demanda : Quand viendra le Seigneur ? — Aujourd'hui, repartit le Messie. R. Josua s'en retourna chez Élie, qui lui demanda : Que t'a dit le Messie? — Il m'a dit, répondit R. Josua : Que le paix soit sur toi, fils de Lévi!

---

[1] *Dial. avec Tryphon*, 8.

— Par là, repartit Élie, il t'a promis ainsi qu'à ton père que vous parviendrez au monde futur. R. Josua répondit: Il a menti en disant qu'il viendrait aujourd'hui, car il n'est pas arrivé. — Non, fit Élie; voici ce qu'il a voulu dire : Je viendrai aujourd'hui, si vous écoutez ma voix, etc.[1] » Tel est le conte imaginé par le Talmud pour expliquer le retard que mettait le Messie à paraître, bien qu'il fût déjà né. Vaines échappatoires! En faisant dépendre la venue du Libérateur de la pénitence d'Israël, le rabbinisme ne cherchait qu'à éluder un argument dont il sentait la force : moyennant cette condition, dont il n'y a pas de trace dans les Écritures, il lui devenait facile de se consoler à chaque nouvelle déception en disant: Le Messie ne s'est pas montré parce qu'Israël n'a pas fait pénitence. L'artifice était trop grossier pour que les rabbins eux-mêmes dussent s'en contenter. Plusieurs d'entre eux crurent se tirer d'embarras en admettant deux Messies, l'un, fils de Joseph par la tribu d'Éphraïm, Messie d'opprobre et de douleur qui, selon eux, aurait déjà paru; l'autre, fils de David, Messie de gloire dont l'avènement se fait attendre. Déjà le Talmud réfutait cette distinction en appelant le même personnage fils de David et fils de Joseph[2]. Toutes ces tentatives trahissent évidemment une cause désespérée qui, pour se soutenir, invente toute sorte d'expédients plutôt que de céder à l'empire de la vérité.

Enfin, Messieurs, il ne restait plus au rabbinisme qu'une dernière ressource, celle de nier que les prophéties invoquées par les chrétiens s'appliquassent au Messie. Par là il désertait, il est vrai, le propre terrain de la tradition juive, et donnait la main aux ennemis de la révélation; mais sa haine contre le christianisme ne lui permettait pas de reculer devant cette extrémité. Déjà Hillel, le rival de Schammaï, avait ouvert cette voie nouvelle du temps de Jésus-Christ en disant : « Israël n'a plus de Messie à attendre, car il a

---

[1] Talmud: *Traité Sanhédrin*, fol. 98, recto.
[2] Talmud : *Traité Succa*, fol. 52, recto.

déjà joui de cet avantage aux jours d'Ézéchias[1]. » Mais le Talmud, en rapportant cette sentence, s'était hâté de la contredire par cet autre principe : « Les prophètes, sans exception, ont parlé uniquement pour les jours du Messie[2]. » Toutefois, l'opinion du vieux docteur servait trop bien le rabbinisme pour que celui-ci ne dût pas la mettre à profit afin d'enlever aux chrétiens le bénéfice d'une argumentation tirée des prophètes. Nous voyons par le Dialogue avec Tryphon qu'au milieu du deuxième siècle déjà ce procédé était fort en usage parmi les Juifs. Voyant que les chrétiens cherchaient à les confondre par les textes prophétiques, ils restreignirent à David, à Salomon, à Ézéchias, à Josias, à Zorobabel, les passages que l'ancienne Synagogue tout entière et les paraphrases chaldaïques appliquaient au Messie. Mais les Pères de l'Église n'eurent pas de peine à déjouer cette nouvelle manœuvre. Saint Justin examine l'une après l'autre les prophéties messianiques, pour montrer que l'ignorance ou la mauvaise foi seule pourrait les détourner de leur véritable sens : il s'attache particulièrement à la prophétie de Jacob, aux psaumes XXI et CIX, aux chapitres VII et LIII d'Isaïe. Cette discussion remplit d'un bout à l'autre le Dialogue avec Tryphon, ce qui prouve que les Juifs de ce temps-là plaçaient une grande confiance dans cette tactique déloyale. Comment, disait-il à Tryphon, osez-vous restreindre à divers personnages de votre histoire des textes qui, dans leur signification complète, ne sauraient convenir qu'au Messie ? Ézéchias a-t-il été prêtre pour l'éternité selon l'ordre de Melchisédech, comme le porte le psaume CIX ? Salomon a-t-il été adoré par tous les rois de la terre, a-t-il régné d'une extrémité du monde à l'autre, comme dit le psaume LXXI ? Vous rapportez à Ézéchias la célèbre prophétie d'Isaïe : voici qu'une vierge concevra et enfantera un fils qui aura nom Emmanuel ; vous traduisez, contrairement aux

---

[1] Talmud, *Traité Sanhédrin*, fol. 99, recto.
[2] Ibid., *Traité Sanhédrin*, fol. 99, recto. — *Traité Schabbat*, fol. 63, verso. — *Traité Berahhot*, fol. 34, verso.

Septante : *voici qu'une jeune fille*, etc.; mais votre stratagème est en pure perte: s'il ne s'agissait pas de la conception merveilleuse par une vierge, Isaïe n'appellerait pas miracle un fait naturel et ordinaire[1]. Il vous plaît de limiter à vos rares prosélytes ces magnifiques prédictions d'Isaïe qui étendent à toutes les nations le royaume futur du Messie; mais vos interprétations étroites font violence aux textes. Il est question dans ces passages d'une loi nouvelle, différente de la vôtre, sous laquelle viendront se ranger les peuples de la terre[2]. C'est ainsi que saint Justin rappelait aux Juifs de son temps les explications que leurs pères avaient données des prophéties messianiques. A son exemple, les écrivains postérieurs du christianisme ont retourné contre eux les armes que leur fournissait la tradition juive. Mais le rabbinisme a tenu bon dans cette position qu'il s'est choisie: plutôt que de se rendre à l'évidence, il a préféré abandonner le sentiment de l'ancienne synagogue, en niant le sens messianique des psaumes et des prophéties.

Cette tactique, inspirée par la haine du christianisme, se retrouve chez les auteurs juifs qui ont écrit dans des temps plus rapprochés de nous. Éluder les prophéties messianiques par de vains subterfuges, ou bien dénaturer complétement le sens des prédictions, telle a été l'œuvre constante du rabbinisme. Ainsi, pour échapper aux conséquences de la prophétie de Jacob, le Talmud s'était prévalu d'une ombre d'autorité que les débris d'Israël conservaient à cette époque en Babylonie. « *Le sceptre ne manquera pas en Juda :* ce sont, dit-il, les echmalotarques, princes de la captivité à Babylone, qui tiennent le sceptre d'Israël; *et le législateur en sa postérité*, ce sont les descendants d'Hillel qui enseignent la religion au peuple[3]. » Malheureusement pour le

---

[1] Voyez l'excellente dissertation qu'a faite sur cette prophétie le chevalier Drach dans son livre *de l'Harmonie entre l'Église et la Synagogue*, t. II, p. 109 et suiv.

[2] *Dial. avec Tryphon*, 32, 33, 34, 43-52, 67-72, 77-107, 117-123.

[3] *Traité Meghilla*, fol. 3, recto.

Talmud, quatre siècles plus tard disparaissaient à jamais les Académies de Babylone et leurs recteurs, balayés tous ensemble par le roi de Perse. Des hommes moins obstinés que les docteurs juifs se laisseraient instruire par les évènements ; mais le rabbinisme reste sourd aux leçons de l'histoire comme à la voix des prophètes : pourvu qu'il puisse se flatter d'avoir enlevé un argument aux chrétiens, il fera bon marché des prédictions de l'Écriture et du Messie lui-même. Quoi de plus universellement admis dans l'ancienne Synagogue que le sens messianique de la prédiction des soixante et dix semaines de Daniel ? Mais, pour se tirer d'embarras, Abarbanel et Salomon Yarchi, appelé communément Rasschi, ne craindront pas de soutenir qu'il s'agit uniquement, dans ce célèbre passage, de Cyrus et d'Agrippa II[1]. La paraphrase chaldaïque, le Sohar, les Médraschim, le Talmud lui-même, avaient appliqué au Messie ce texte d'Isaïe : « Un enfant nous est né, un fils nous est donné : il porte sur son épaule le signe de la domination, et il sera nommé l'Admirable, le Conseiller, Dieu, le Fort, le Père de l'éternité, le prince de la paix. » Mais à la fin du quatorzième siècle, R. Lipmann, sentant la force de l'argument, trouva plus commode de prétendre qu'Isaïe avait voulu désigner le roi Ézéchias. Nulle part cette tendance hostile du rabbinisme n'est plus manifeste que dans le libelle composé par cet auteur pour fournir à ses coreligionnaires une sorte d'arsenal portatif où ils trouveraient des armes contre les chrétiens. Je n'en citerai qu'un trait : « Si l'hérétique (le chrétien) s'en vient vers toi avec ce dicton vulgaire : l'autorité est sortie de Juda, donc le Messie est arrivé, ferme-lui la bouche en disant : notre nation possède encore en Égypte un descendant de David[2]. » Vous le voyez, le rabbinisme ne recule devant aucune invention : il forge une liste de descendants de David avec la même

---

[1] Basnage : *Hist. des Juifs*, t. IV, p. 356 et ss.
[2] *Carmen Memoriale R. Lipmanni*, apud Wagenseil, *Tela ignea Satanæ*, 1681.

facilité qu'il inflige un démenti à ses ancêtres : c'est toujours le cas d'appliquer à ces pauvres victimes d'une illusion éternelle le mot d'Horace : *Credat Judœus Apella !* Le Nizzachon, ou livre de la victoire, composé au douzième siècle par un rabbin inconnu, n'est pas moins violent ni plus sensé que le cantique de R. Lipmann destiné par son auteur à être gravé dans la mémoire de tous les Juifs. S'agit-il, par exemple, d'enlever aux chrétiens la preuve de la divinité du Messie, que leur fournit le psaume cix, le Seigneur a dit à mon Seigneur : Assieds-toi à ma droite, etc., le pamphlétaire se retourne dans tous les sens pour placer dans le psaume Abraham, David, Saül, Abisaï, tout, excepté le Messie [1]. En vain la paraphrase chaldaïque, antérieure à l'ère chrétienne, le Sohar, les Médraschim, une foule d'anciens docteurs témoignent-ils que la Synagogue tout entière appliquait au Messie ce psaume célèbre : le rabbinisme s'inquiète peu de l'autorité des ancêtres quand elle ne sert pas sa haine. Ce n'est pas que ses principaux adeptes s'accordent le moins du monde entre eux : la confusion la plus complète n'a jamais cessé de régner dans le camp d'Israël. Il suffit de choisir une prophétie quelconque, telle que l'enfantement miraculeux du Messie prédit par Isaïe, pour voir Salomon Yarchi, Abenezra, David Kimki, Abarbanel, etc., se réfuter les uns les autres sans qu'on ait guère besoin d'y rien ajouter [2]. Ce qui donne un semblant d'unité à ce système suranné, c'est l'opposition aveugle de ses partisans au christianisme : cette hostilité les porte à s'insurger contre la tradition juive elle-même, du moment qu'elle rapporte au Messie des textes prophétiques qui sont de nature à favoriser la cause des chrétiens.

Nous venons, Messieurs, de voir l'attitude du rabbinisme en face des prophéties messianiques. Tantôt, se berçant d'un fol espoir, il se livre à des calculs de fantaisie que

---

[1] *Nizzachon vetus*, apud Wagenseil, *opere citato*, p. 177 et ss.
[2] Voyez la dissertation déjà citée de M. le chevalier Drach, t. II, p. 206 et ss.

l'évènement vient détruire l'un après l'autre. Tantôt il avoue que le Messie est arrivé, mais distinguant entre sa naissance et sa manifestation, il imagine les contes les plus bizarres pour expliquer le retard que le Libérateur met à paraître. D'un côté, il trahit son peu de foi dans l'avènement futur du Messie en lançant des imprécations contre ceux qui en calculent l'époque ; de l'autre, il invente toutes sortes d'expédients pour concilier le texte des prophéties avec l'état présent des Juifs. Enfin il se jette, en désespoir de cause, dans la voie du rationalisme en niant le sens messianique des prédictions qu'on lui oppose. Certes, jamais système religieux n'a mieux laissé voir son embarras et sa faiblesse ; et l'on peut dire qu'au point où elle est arrivée, la controverse juive est de toutes la moins sérieuse. Toutefois, nous n'en aurions pas une idée complète, si nous ne l'envisagions sous une deuxième face. Acculé sur son propre terrain, celui des prophéties messianiques, le rabbinisme a tenté dès l'origine un retour offensif contre la religion chrétienne : c'est dans cette attaque surtout qu'il a montré son vrai caractère et l'esprit qui l'anime. Travestir le récit évangélique, répandre sur la naissance et la vie de Jésus-Christ les bruits les plus odieux, exciter la haine contre les chrétiens par ces contes ridicules et indécents dont il a le secret : telle est la tâche qu'il n'a cessé de se donner avec une persévérance infatigable. Déjà du temps de saint Justin l'arme préférée des Juifs était la calomnie, et le Dialogue avec Tryphon les dépeint tels qu'ils se sont montrés par la suite. Ce Père de l'Église n'hésite pas à leur imputer une partie des accusations que le paganisme dirigeait contre les chrétiens, et son témoignage est confirmé par celui de Tertullien et d'Origène[1] :

« C'est à vous, Juifs, dit-il à Tryphon, que remontent les calomnies qui circulent parmi les Gentils contre le Christ et

---

[1] Tertull. : *adv. Marcionem*, III, 23 ; *adv. Judæos*, 13 ; *ad Nat.*, I, 14.— Origène : *contre Celse*, VI, 27.

contre nous : vous en êtes les auteurs ; après avoir attaché à la croix le Juste, dont les blessures guérissent ceux qui par lui ont accès auprès du Père, vous ne vous êtes pas bornés à cet acte criminel. Vous n'ignoriez pas qu'il était ressuscité d'entre les morts et monté au ciel, comme les prophètes l'avaient prédit ; mais, loin de faire pénitence, vous avez envoyé de Jérusalem des hommes pour annoncer dans le monde qu'une secte impie venait de naître, celle des chrétiens, et pour répandre parmi ceux qui ne nous connaissent pas, les bruits qu'ils répètent sur notre compte [1]. » Ailleurs il revient sur le même reproche qu'il formule à peu près dans des termes analogues : « Sachant bien que le Christ était ressuscité d'entre les morts, vous avez néanmoins persévéré dans votre opposition. Bien plus, vous avez envoyé en tous lieux des émissaires pour publier qu'un imposteur, Jésus le Galiléen, venait de former une secte impie. Vous n'avez pas craint d'ajouter qu'il nous a enseigné ces crimes détestables qu'on nous impute parmi les païens, grâce à vous qui accréditez ces rumeurs [2]. »

En effet, la fureur des Juifs augmentait avec les progrès du christianisme dont ils étaient témoins. Déjà, comme saint Justin nous l'apprend, ils avaient introduit dans l'office de la synagogue l'infâme coutume d'ajouter à leurs prières une formule d'imprécation contre le Christ et ceux qui croient en lui [3]. Mais ces malédictions stériles ne pouvaient satisfaire le rabbinisme. Pour détruire l'effet que pouvait produire sur l'esprit des Juifs la lecture des Évangiles, il leur défendit d'abord d'entrer en discussion avec les chrétiens [4] ; puis, pour atteindre plus sûrement son but, il résolut de faire la parodie du Nouveau Testament, en imaginant une vie de Jésus-Christ. Quand Mahomet voulut opposer le Coran à l'Évangile, il n'osa pas du moins souiller la divine figure

---

[1] *Dial. avec Tryphon*, 17.
[2] *Dial. avec Tryphon*, 108.
[3] *Ibid.*, 16 et 137.
[4] *Ibid.*, 38.

du Sauveur ni le Caractère de sa sainte mère dont la pureté virginale le forçait au respect et à la vénération[1]; mais de pareils scrupules n'arrêtèrent pas le rabbinisme. Tout ce que le cynisme le plus éhonté peut concevoir de plus obscène devint la pâture d'une multitude ignorante et imbécile. Disséminées dans le Talmud et dans bon nombre de traités rabbiniques, ces historiettes, dont l'absurdité le dispute à l'indécence, ont été ramassées dans les *Toldos Jesu*, ou livres de la génération de Jésus, l'ouvrage le plus abominable qui soit sorti de la main des hommes. Des auteurs chrétiens, tels que Basnage et Wagenseil, se sont donné la peine de relever tout ce qu'il y a de niaiseries et de platitudes dans ces livres écrits avec de la boue[2]. Pour vous en donner une idée, je laisserai de côté ce que l'imagination impure de quelques rabbins a su imaginer touchant la naissance de Jésus-Christ ; je m'en tiendrai à ce qu'une plume honnête peut transcrire, en vous montrant de quelle manière le rabbinisme prétend expliquer les miracles du Sauveur qu'il n'ose pas révoquer en doute : « Jésus se retira dans la Galilée supérieure où il demeura de longues années. Or il y avait alors dans le temple une pierre sur laquelle était sculpté le nom ineffable de Dieu. Car, lorsque le roi David creusait les fondements de l'édifice, il y avait trouvé cette pierre qu'il déposa dans le Saint des saints. Pour empêcher les jeunes gens qui venaient étudier dans le temple, d'enlever le nom de Dieu, les sages avaient formé par un art magique deux lions d'airain qu'ils placèrent l'un à la droite, l'autre à la gauche du Saint des saints. Ces deux lions rugissaient toutes les fois qu'on sortait, et leur rugissement était si terrible qu'il faisait perdre la mémoire à ceux qui l'entendaient. Mais Jésus évita le piège en se coupant la peau sous laquelle il glissa le nom de Jéhovah qu'il avait enlevé. Après l'avoir retiré de dessous la peau, il se rendit

---

[1] Coran: *Surates*, III, XIX, XXI, LVII, LXVI, etc.

[2] Basnage: *Hist. des Juifs*, t. IV, p. 449 et ss. — Wagenseil: *Tela ignea Satanœ*, p. 25 et ss.

à Bethléem où il ressuscita un mort et guérit un lépreux : ce qui le fit adorer par le peuple comme étant le Fils de Dieu[1]. »

Voilà de quelle manière les *Toldos Jesu* expliquent les miracles du Sauveur, par le larcin du nom de Jéhovah : le reste est à l'avenant. Vous concevez, Messieurs, qu'on ne discute point de pareilles sottises : c'est en faire suffisamment justice que de les citer. Comment raisonner avec des gens qui font aboyer des lions d'airain et qui attribuent à quatre lettres que tout Israël connaissait une vertu magique dont un seul aurait profité ? Remarquez bien que la scène se passe sous Alexandre Jannée, un siècle avant la naissance de Jésus-Christ ; qu'on fait intervenir je ne sais d'où une reine appelée Hélène qui prend le Sauveur sous sa protection, etc.; mais le rabbinisme ne s'est jamais mis en peine de la chronologie : dates ou personnages, il arrange ou forge tout selon qu'il lui plaît. Quand les défenseurs d'un système religieux en viennent à une telle extrémité, ils se mettent eux-mêmes au ban de l'histoire et du sens commun.

Mais, Messieurs, si le Dialogue avec Tryphon laisse entrevoir les artifices employés par le rabbinisme pour travestir les faits évangéliques, il montre à découvert le vice radical du système, cet attachement exclusif à la lettre qui se perd dans les minuties et fait consister la religion dans un amas de pratiques extérieures, sans le moindre souci du culte intérieur, de la sainteté de l'âme. Vous savez par l'Évangile dans quels termes énergiques le Sauveur avait flétri ce sensualisme pharisaïque, cette hypocrisie du cœur qui se couvre du masque de la piété et ne se fait aucun scrupule de fouler aux pieds la loi morale, pourvu qu'elle affecte les dehors d'une rigidité exemplaire. « Vous autres, disait saint Justin à Tryphon, vous prenez toutes choses dans un sens charnel ; vous appelez piété la pratique de vos observances légales,

---

[1] *Toldos Jesu*, dans Wagenseil, p. 7 et 8.

lors même qu'elle est accompagnée de tous les vices. A quoi bon un baptême extérieur qui ne fait que laver votre corps ? Purifiez votre âme de la colère, de l'avarice, de l'envie, de la haine : voilà la véritable pureté ! En vous prêchant le baptême de la pénitence, Isaïe ne vous a pas envoyés dans un bain matériel : tous les flots de la mer ne seraient pas capables de vous laver de vos péchés [1]. » Ailleurs, il caractérise parfaitement ces recherches minutieuses, ces calculs cabalistiques dans lesquels les rabbins se sont égarés à perte de vue : « Au lieu de vous exposer le sens des prophéties, vos maîtres s'abaissent à des niaiseries : ils s'inquiètent beaucoup de savoir pourquoi il est question de chameaux mâles dans tel ou tel endroit, ce qu'il faut entendre par les femelles, pourquoi telle quantité de farine ou d'huile entre au juste dans vos oblations. Ils recherchent avec un soin religieux pourquoi un alpha fut ajouté au nom primitif d'Abraham et un rau à celui de Sara. Voilà l'objet de leurs investigations. Quant aux choses importantes et vraiment dignes d'étude, ils n'osent pas en parler, ils n'entreprennent pas de les expliquer ; ils vous défendent de nous écouter quand nous les interprétons. Ils méritent en toute vérité ce que Jésus disait d'eux : sépulcres blanchis qui à l'extérieur paraissez beaux et qui au dedans êtes pleins d'ossements de morts ; vous payez la dîme de la menthe, mais vous avalez un chameau ! Si vous ne méprisez l'enseignement de ces hommes qui veulent être appelés Rabbi, vous ne retirerez aucun fruit des oracles prophétiques [2]. »

Ainsi, dans l'opinion de saint Justin, le rabbinisme a perverti la religion mosaïque en la surchargeant d'une foule de pratiques extérieures et de prétendues traditions que la loi écrite n'autorisait pas. Rien n'est plus vrai. Pour s'en convaincre, il suffit de comparer le Talmud à l'Ancien Testament et le judaïsme moderne à la loi de Moïse. Tandis que

---

[1] *Dial. avec Tryphon*, 13 et 14.
[2] *Dial. avec Tryphon*, 112, 113, 115.

l'Ancien Testament ne renferme aucune prescription qui ne soit digne de Dieu, le Talmud est un tissu de fables et d'absurdités auprès duquel le Coran lui-même paraît un chef-d'œuvre de bon sens et de raison. Je ne veux point parler des décisions immorales qui s'y trouvent [1], des préceptes qui ordonnent de faire l'usure aux non-Juifs, d'exterminer sans pitié les idolâtres, c'est-à-dire les chrétiens [2], des commandements qui défendent de secourir un païen en danger de se noyer, de lui restituer ce qu'il a perdu, de lui donner un bon conseil [3] ; cette casuistique qui étouffe tous les sentiments d'humanité mérite plus de pitié que d'indignation. Je ne m'arrête pas davantage aux fables ineptes qui fourmillent dans le Talmud : celle de Léviathan et de Béhémoth créés chacun mâle et femelle ; celle de la rivière Sambation, qui s'arrête et se repose le jour du Sabbat ; celle des six cent mille anges qui donnèrent deux couronnes à chaque Israélite au pied du mont Sinaï ; celle d'Israël reculant de douze milles à chaque commandement qu'il recevait de Dieu ; celle des rabbins de tous les âges futurs assistant par miracle à la promulgation de la loi sur le Sinaï; celle de la Mischna et de la Shemara données à Moïse sur la montagne en même temps que la loi des deux tables [4] : toutes ces folles imaginations ne valent pas la peine qu'on les prenne au sérieux. Mais, Messieurs, ce que je vous prie de bien remarquer, c'est que le système religieux sorti du Talmud ou du talmudisme diffère essentiellement de la religion mosaïque. Pour justifier leurs inventions, les rabbins vou-

---

[1] *Traité Calla ou de la Mariée.* — *Traité Sanhédrin,* fol. 58, verso.— *Traité Nédarim,* fol. 20, verso.

[2] Ces deux préceptes sont les 185ᵉ et 198ᵉ parmi les 613 dont se compose la loi d'après le Talmud. Voyez l'ouvrage déjà cité de M. le chevalier Drach : t. I, p. 170.

[3] *Traité Hilcholh akkoum,* c. x, 1, — *Hilcholh Rotzeach,* c. xx, 15. — *Hilcholh Gezelah,* c. xii.—Voyez *Sentiers d'Israël,* p. 28 et 46.

[4] *Bara Bathra,* fol. 74, verso. — *Sanhédrin,* fol. 65, verso. — *Schabbath,* fol. 88, recto et verso. — *Medrasch-Rabba.* — *Berachoth,* fol. 5, recto.

draient nous faire accroire que Moïse a reçu de Dieu, à côté de la loi écrite, une loi orale qui n'est autre chose que l'ensemble des préceptes talmudiques. Il n'y a pas trace dans l'Écriture sainte d'un pareil fait : ni Moïse ni les prophètes n'ont mentionné par une syllabe cette deuxième loi qui est devenue la substance du judaïsme moderne. Au contraire, Dieu a dit à Moïse : « Je te donnerai des tables de pierre, et la loi et le commandement *que j'ai écrits*, afin que tu instruises les enfants d'Israël[1]. » Ces paroles excluent formellement toute autre loi que la loi écrite. Que l'ancienne Synagogue ait été chargée d'interpréter cette loi et de l'appliquer dans les cas particuliers suivant des usages et un enseignement traditionnels, c'est ce que nous accordons sans la moindre peine ; mais cette fonction ne suppose pas le moins du monde l'existence d'une deuxième loi telle que serait l'ensemble des prescriptions contenues dans les douze infolio du Talmud. Certes, la loi mosaïque était assez détaillée par elle-même et chargée d'observances pour qu'on n'eût pas besoin d'y ajouter un iota : ce que le législateur avait, du reste, expressément défendu. Donc la Mischna et son commentaire sont de pures superfétations condamnées par le texte et le caractère général de la loi mosaïque. Le judaïsme moderne qui en est sorti n'est plus, à beaucoup près, la religion des anciens Juifs. Le rabbinat, sur lequel est fondé tout l'édifice du Talmud, n'a rien de commun avec le sacerdoce lévitique dont il n'est pas le prolongement ; car il ne suffit pas d'être appelé rabbin pour être de la tribu de Lévi ou de la famille d'Aaron. Ce fait seul suffit pour renverser l'établissement rabbinique comme dénué de tout fondement légitime : le rabbinat détruit la constitution de Moïse d'après laquelle le gouvernement spirituel du peuple juif et les fonctions du ministère sacré sont exclusivement réservés à la tribu de Lévi : or, depuis la dispersion d'Israël, la généalogie des Lévites ne présente qu'incertitude et confu-

---

[1] *Exode*, XXIV, 12.

sion. J'ai déjà dit comment l'impossibilité de sacrifier à Jérusalem et dans son temple établit une différence essentielle entre le judaïsme moderne et la religion de Moïse. Enfin, le rituel rabbinique est rempli de prescriptions auxquelles le législateur des Hébreux ne songeait aucunement : tels sont, par exemple, les préceptes relatifs à l'ablution des mains et à l'abatage des animaux : « Quiconque se lave les mains doit prendre garde à quatre choses : à l'eau elle-même, qu'elle ne soit pas illicite pour l'ablution des mains ; et à la mesure, qu'il y ait un quart pour les deux mains ; et au vase, que l'eau avec laquelle on se lave soit dans un vase ; et à celui qui lave, que l'eau vienne avec force de celui qui verse[1]. » Ces réserves demandent de nouvelles explications. Ainsi, quatre choses rendent l'eau illicite, comme, par exemple, quand elle a servi à quelque ouvrage. Ceci nécessite d'autres recherches pour déterminer le sens du mot ouvrage. Viennent ensuite les directions touchant l'étendue de l'ablution, la position des mains, si on doit les tenir hautes ou basses, et de quelle manière on doit les sécher, etc., etc.[2] Voilà les subtilités ridicules contre lesquelles Jésus-Christ s'élevait avec tant de force, lorsqu'il disait aux Pharisiens : « Vous détruisez les commandements de Dieu par des traditions humaines, que vous avez établies vous-mêmes[3]. » C'est qu'en effet toutes ces observances sont étrangères à la loi de Moïse qu'elles détruisent en la surchargeant outre mesure. S'agit-il de l'abatage des animaux, la casuistique des rabbins est encore plus féconde en inventions de tout genre : « Cinq choses invalident l'abatage, et le point essentiel dans les constitutions relatives à cette coutume, c'est de porter une attention sérieuse à chacune d'elles. Or, les voici : 1° si pendant l'abatage le boucher fait une pause ; 2° si le larynx est tranché d'un seul coup, comme avec une épée ; 3° si le couteau y entre trop profondément, à

---

[1] *Hilchoth Berachoth*, VI, 6.
[2] *Sentiers d'Israël*, 83 et ss.
[3] S. Marc : VII, 1-23.

tel point qu'il est caché ; 4° si le couteau glisse vers le haut ou vers le bas de l'endroit convenable ; 5° si la trachée-artère ou l'œsophage se tourne et sort avant l'accomplissement de l'acte [1]. » Je vous laisse à juger si ce code de boucherie a rien de commun avec la loi de Moïse. Ces rapprochements, qu'il me serait facile de multiplier, suffisent pour établir que le rabbinisme a complétement altéré la religion mosaïque, dont il a méconnu l'esprit, dénaturé le caractère, détruit les éléments constitutifs. Sous cet amas de fables et de superstitions il a étouffé la révélation du Sinaï ; il a tué la loi écrite par ce qu'il lui a plu d'imaginer sous le nom de loi orale.

Tel a été le point d'arrivée du rabbinisme. Nous l'avons trouvé dans le Dialogue avec Tryphon, sous les mêmes traits qu'il n'a cessé de présenter depuis cette époque, éludant les prophéties messianiques, travestissant le récit des Évangiles, substituant à la religion de la Bible celle du Talmud. Quel que soit l'avenir réservé par la Providence aux restes d'Israël, il est impossible que les superstitions rabbiniques ne touchent pas à leur fin, du moins dans la partie éclairée de ce peuple. En se dégageant de l'enveloppe épaisse que les talmudistes ont su jeter sur la loi de Moïse, les Israélites intelligents se retrouveront dans la voie qui conduit au christianisme. Une fois rentrés dans la véritable religion de leurs pères, bien différente de celle que le rabbinisme s'est faite, ils comprendront que, par sa nature, par son caractère, par son objet, la loi mosaïque n'était applicable qu'à un peuple pour un temps déterminé et devait faire place à une loi universelle et permanente. Quant à ceux qui ne cherchent dans le judaïsme qu'une opposition systématique et haineuse à la religion chrétienne, un ennemi intérieur accélère de plus en plus la ruine de leurs croyances. Le rationalisme, ce dissolvant actif des religions fausses et des cultes sans avenir, le rationalisme, dis-je, envahit les

---

[1] *Hilchoth Schechitah*, c. III.

intelligences que le talmudisme n'a pu retenir sous le joug. Pour lui, il ne s'agit plus de prophéties, d'inspiration des livres saints, de Messie personnel et visible ; le Messie des rationalistes juifs n'est pas le Fils de David prédit par les prophètes, mais une espèce de rêve humanitaire, le signal d'une ère d'émancipation pour la pensée, ou bien le dieu Mammon, le bien-être, le progrès matériel. Arrivé à ce point extrême, le rationalisme juif peut donner la main au rationalisme protestant : tous deux, en effet, se touchent par plus d'un endroit et préparent la dissolution des systèmes religieux qui leur ont donné naissance et dont ils épuisent lentement le dernier reste de vie.

VINGT ET UNIÈME LEÇON

Saint Justin, interprète de l'Écriture sainte. — Il affirme l'inspiration de l'Ancien et du Nouveau Testament. — Livres saints cités par l'apologiste.—Il reproduit d'ordinaire les passages de la Bible d'après la version grecque des Septante. — Ses citations sont-elles textuelles, littérales, ou bien use-t-il d'une certaine liberté en cette matière ? — Parties du Nouveau Testament citées par saint Justin. — Ses écrits sont une preuve irréfragable de l'authenticité des quatre Évangiles canoniques. — Examen de cette question. — Œuvres perdues de saint Justin. — Il résume le mouvement doctrinal et littéraire de l'époque au sein du christianisme. — Saint Justin envisagé comme apologiste. — Comme témoin de la foi. — Comme philosophe chrétien. — Comme critique et comme érudit. — Comme écrivain. — Son rang dans l'histoire de l'éloquence sacrée.—Résumé et conclusion.

Messieurs,

C'est sur le terrain des Écritures que saint Justin avait engagé le débat avec les Juifs de son temps. Cette position lui était indiquée par la nature de la controverse et le genre d'adversaires qu'il avait devant lui. Aussi Tryphon avait-il soin de lui dire : « Nous n'écouterions pas vos discours si vous ne rameniez toutes choses à l'Écriture [1]. » De son côté, le philosophe chrétien était si convaincu de l'efficacité de cette méthode qu'il disait à ses interlocuteurs : « Si je ne prouvais point par l'Écriture que le Christ devait subir les ignominies de sa passion, vous pourriez voir dans mes paroles de l'obscurité et de l'incertitude. Mais, comme je puise tous mes arguments dans des livres que vous-mêmes tenez pour saints et prophétiques, j'ai lieu d'espérer qu'il s'en trouve parmi vous que la grâce de Dieu conduira au

---

[1] *Dial. avec Tryphon*, 56.

salut éternel¹. » Un peu plus loin, il exprime la même pensée avec plus de force : « Si je tirais mes preuves d'un enseignement humain pour démontrer l'incarnation, je comprendrais que vous eussiez peine à me supporter ; mais, loin de là, je ne fais qu'alléguer des passages de l'Écriture, en vous priant de vouloir bien en pénétrer le sens ; c'est donc à l'intelligence des pensées et des volontés divines que vous fermez vos cœurs². » Ce mode d'argumentation biblique caractérise le Dialogue avec Tryphon qui, par le grand nombre de textes enchâssés l'un dans l'autre, peut passer pour un véritable commentaire de l'Ancien Testament.

Car, vous le concevez sans peine, l'Ancien Testament devait être le champ principal de la discussion, parce qu'il renferme les prophéties messianiques. Or, c'est dans l'accomplissement des prophéties que saint Justin voyait la preuve la plus éclatante de la divinité du christianisme, celle qu'il opposait avec le plus de complaisance aux Juifs et aux païens. Cette préférence s'explique d'elle-même. L'étude des prophètes avait décidé de sa propre conversion : dès lors, il lui paraissait tout naturel de proposer aux autres ce qui l'avait frappé lui-même. De là, ces citations fréquentes de la Bible qui dénotent une science peu commune et prêtent à plusieurs de ses écrits l'aspect d'une mosaïque de textes. Ceci nous amène à examiner une dernière question : comment et dans quelle mesure l'apologiste chrétien cite ou interprète l'Écriture sainte. Ce point d'étude est d'une haute importance parce qu'il nous permet d'apprécier le mérite théologique de saint Justin, en même temps qu'il nous fournit une preuve irrécusable de l'authenticité de nos livres saints.

Et d'abord, l'inspiration divine de l'Ancien et du Nouveau Testament est pour saint Justin un dogme qu'il formule sans la moindre hésitation. « C'est le souffle de Dieu qui animait

---

[1] *Dial. avec Tryphon*, 32.
[2] *Ibid.*, 68.

les prophètes, dit-il, le Verbe divin qui les mettait en mouvement... Voilà pourquoi leurs livres ne contiennent pas leurs propres pensées, mais celle de Dieu[1]. » Pour déterminer davantage le mode de l'inspiration divine, saint Justin se sert d'une comparaison devenue célèbre : « Ces saints hommes se prêtaient à l'opération du Saint-Esprit comme une harpe ou une lyre à l'archet qui en tire des sons, afin que Dieu nous révélât par leur organe les choses célestes[2]. » Cette image est tellement forte que plusieurs critiques allemands en ont abusé pour imputer à saint Justin une erreur. A les entendre, l'apologiste réduirait le rôle des écrivains sacrés à celui d'instruments purements passifs. Mais, sans compter que tout rapprochement d'un fait physique avec un phénomène de l'ordre moral pèche nécessairement par quelque endroit, on peut restreindre les paroles de saint Justin à ce degré supérieur de l'influence divine où l'inspiration devient une révélation proprement dite : il ne s'agit, en effet, dans le texte cité que de vérités révélées. C'est ainsi qu'en rapportant une vision du prophète Zacharie, il se sert du mot extase pour exprimer le ravissement d'esprit dans lequel se trouvait l'auteur sacré[3]. Mais ce serait, à coup sûr, une conclusion tout à fait arbitraire de prétendre que, dans l'opinion de saint Justin, l'inspiration divine se confond avec l'extase : l'une est un état exceptionnel ; l'autre, une influence permanente qui détermine le choix des pensées dans l'écrivain sacré et l'empêche de tomber dans l'erreur. Cette confusion apparente entre l'inspiration et la révélation proprement dite provient de ce que saint Justin applique indifféremment le nom de prophètes à tous les auteurs de l'Ancien Testament. C'est dire assez qu'il étend l'inspiration divine à tout le canon des Écritures, aux livres sapientiaux et historiques non moins qu'aux livres prophétiques. Je n'en donnerai qu'une preuve. Parlant des livres de Moïse,

---

[1] 1re *Apol.*, 33, 35, 36 ; *Exhortat. aux Grecs*, 8, etc.
[2] *Exhortat. aux Grecs*, 8.
[3] *Dial. avec Tryphon*, 115.

il s'exprime de la sorte : « Longtemps avant les olympiades existait l'histoire du prophète Moïse, qu'il avait écrite en langue hébraïque sous le souffle de Dieu [1]. » Puis, non content d'affirmer le dogme, il cherche à le justifier. L'Écriture est pour lui le livre de Dieu, parce qu'il règne un accord parfait entre toutes ses parties composées à des époques bien diverses, tandis que la contradiction est le cachet ineffaçable des œuvres humaines. De plus, l'accomplissement des prophéties de l'Ancien Testament prouve qu'il est l'ouvrage de Dieu, c'est-à-dire d'hommes inspirés d'en haut et revêtus d'une mission divine [2]. Quant aux écrits du Nouveau Testament, le but de sa polémique avec les Juifs et les païens l'obligeait moins d'insister sur leur inspiration. Toutefois, en les plaçant sur le même rang que les écrits des prophètes, en attribuant à une vertu d'en haut la fidélité que mettaient les apôtres à rapporter les enseignements du Christ, il montre assez que l'assistance divine n'était pas moindre pour eux que pour les écrivains sacrés de l'ancienne alliance [3].

Ainsi, Messieurs, les écrits de saint Justin nous permettent de tirer cette première conclusion, que l'inspiration divine de l'Écriture sainte était admise sans difficulté par l'Église chrétienne dans la première moitié du deuxième siècle, c'est-à-dire quelques années après la mort des apôtres. Voyons à présent quels sont en particulier les livres saints cités par le philosophe chrétien. Ce qu'on remarque tout d'abord, c'est que saint Justin ne fait pas mention des livres deutéro-canoniques de l'Ancien Testament, tels que la Sagesse et l'Ecclésiastique. Cette omission n'a rien qui doive nous étonner. Comme ces livres, hormis la prophétie de Baruch, ne contenaient guère de prédictions, il n'avait aucune raison de s'en servir contre les païens : en face des Juifs qui ne les admettaient pas dans leur canon, une allé-

---

[1] *Exhortat. aux Grecs*, 12.
[2] *Dial. avec Tryphon*, 7 et passim.
[3] 1ʳᵉ *Apol.*, 39, 50.

gation de cette nature eût été une imprudence. En effet, parmi ces livres appelés deutéro-canoniques, il s'en trouvait dont l'original hébreu s'était perdu, comme la prophétie de Baruch, ou qui avaient échappé à l'attention des collecteurs, lorsque Esdras et Néhémias réorganisèrent la bibliothèque du Temple, tels que les livres de Tobie et de Judith : d'autres, comme l'Ecclésiastique, la Sagesse, les livres des Machabées, avaient été composés, l'un en grec, l'autre hors de la Palestine, tous à une époque récente où la cessation du ministère prophétique dans Israël ne permettait plus de rien ajouter au canon. L'historien Josèphe dit positivement que l'absence d'une autorité suffisante pour décider la question les avait fait exclure du catalogue officiel des Écritures divinement inspirées [1]. Saint Justin aurait donc manqué son but en faisant valoir contre les Juifs cette partie de l'Ancien Testament, bien qu'elle fût annexée à la version des Septante dont il se servait pour l'ordinaire. Une seule fois il juge à propos d'y faire allusion, en parlant d'Ananias, d'Azarias et de Misaël [2]. Pour combattre les Juifs sur leur propre terrain et couper court à toute contestation, il fallait se borner aux livres contenus dans leur canon. Saint Justin en cite les deux tiers par fragments détachés. C'est le Pentateuque, les Psaumes et les Prophètes, Isaïe surtout qu'il met le plus à profit. Il ne mentionne dans aucun de ses écrits arrivés jusqu'à nous le deuxième livre des Paralipomènes, les livres des juges, de Ruth, d'Esdras, de Néhémias, d'Esther, ni l'Ecclésiaste et le Cantique des cantiques, pas plus que les prophètes Aggée, Sophonie, Habacuc, Nahum et Abdias. Comme les sujets qu'il traitait ne l'obligeaient d'aucune façon à citer toutes les parties de l'Ancien Testament, nous n'avons pas à rechercher le motif du silence gardé sur plusieurs. Celles qu'il discute ou insère dans ses divers traités sont assez nombreuses pour nous autoriser à con-

---

[1] Josèphe : *contre Appion*, I, 8. — Voyez Scholtz: *Einleitung in die heiligen Schriften*, I, 209 et ss. Cologne, 1845.

[2] 1re *Apol.*, 46.

clure qu'il s'était livré à une étude approfondie de la Bible.

J'ai dit, Messieurs, que saint Justin a coutume de citer l'Ancien Testament d'après la version grecque des Septante. Il ne paraît pas, en effet, qu'il ait fait un usage fréquent du texte original pour cette partie de l'Écriture. Ce n'est pas qu'il ignorât complétement la langue hébraïque : Michaélis, juge fort compétent en pareille matière, n'hésite pas à lui attribuer cette connaissance [1]. D'abord, sa naissance en Palestine, son contact fréquent avec les Juifs, la polémique qu'il soutenait contre eux, rendent cette hypothèse vraisemblable. De plus, saint Justin explique l'étymologie de certains mots hébreux, comme ceux d'Israël et de Satan. Enfin, malgré son profond respect pour la version des Septante, il s'en écarte dans plus de dix endroits pour se rapprocher davantage du texte original. Si l'on ne peut inférer de là qu'il possédait l'hébreu à fond, il est permis d'en conclure qu'il ne l'ignorait pas absolument. Quoi qu'il en soit, la conformité de ses citations avec la traduction grecque des soixante-dix interprètes suffirait pour prouver qu'il employait de préférence cette dernière. La raison de ce fait est toute simple. C'est surtout avec les Juifs hellénistes répandus dans l'empire que saint Justin entrait en discussion. Or, la version des Septante tenait lieu, chez ceux-ci, du texte hébreu que la plupart d'entre eux ne comprenaient plus. On peut juger combien rare était devenue parmi les Juifs la connaissance de leur langue, lorsqu'on songe que Philon, qui a passé toute sa vie à commenter l'Écriture sainte, ne savait pas l'hébreu. Il résulta de cette prédominance du grec sur l'idiome national que la version des Septante finit par remplacer le texte primitif, du moins chez les Juifs hellénistes : on la lisait dans leurs synagogues [2]; Aristobule, Philon, Josèphe s'en servaient avec d'autant

---

[1] *Orientalische und exegetische Bibliothek*, IX, p. 217.
[2] Talmud : *Traité Sota*, fol. 7. — Tertull. : *Apol.*, 18. — Josèphe : *de Bello Jud.*, VII, 10, § 4; *Antiq. Jud.*, XX, 10, § 1.

plus de confiance qu'ils la croyaient parfaitement conforme à l'original hébreu [1]. Bien plus : un grand nombre de Juifs la tenaient pour inspirée, selon le témoignage de Philon et du Talmud lui-même [2]. Plus tard seulement, voyant quel parti les chrétiens en tiraient, la Synagogue s'éleva contre elle jusqu'à décréter un jour de jeûne pour expier la traduction en grec des livres saints [3]. Mais jusqu'au troisième siècle elle resta pour les Juifs une version authentique de l'Écriture, de même que la langue grecque était devenue la langue populaire en Palestine et dans une partie de l'Orient. Voilà pourquoi les apôtres citaient pour l'ordinaire l'Ancien Testament d'après la traduction des Septante. A leur exemple, les premiers Pères de l'Église s'en servaient dans leurs discours et dans leurs controverses. Comme elle n'émanait pas des chrétiens, mais des Juifs, elle présentait à ces derniers toutes les garanties d'impartialité qu'ils pouvaient désirer. Je ne veux pas discuter en ce moment le mérite relatif de cette version comparée à l'original hébreu : cet examen trouvera mieux sa place quand nous traiterons des travaux exégétiques d'Origène. Il me suffit d'avoir établi qu'en adoptant la traduction des Septante comme authentique et faite avec l'assistance toute particulière de l'Esprit-Saint, saint Justin s'appuyait sur un texte dont les Juifs eux-mêmes ne pouvaient nier la fidélité sans contredire le sentiment général qui régnait parmi eux.

Ceci nous conduit à une nouvelle recherche, pour déterminer le mérite de saint Justin envisagé comme interprète de l'Écriture sainte. De quelle manière a-t-il coutume de reproduire l'Ancien Testament ? Ses citations sont-elles généralement textuelles, littérales ? ou bien, use-t-il d'une certaine liberté en cette matière ? Ici, Messieurs, il faut distinguer une double méthode également suivie par le phi-

---

[1] Philon: *de Vitâ Mosis*, II, p. 140. — Josèphe: *Antiq. Jud.*, XII, 2, § 2.
[2] Talmud, *Megilloth.*, fol. 62.
[3] *Baba kama*, fol. 82, verso; *Sota*, fol. 49, recto, dans Ligktfott, *Hor. hebr.* — Talmud, *Traités Thaanith* et *Sopherim*.

losophe chrétien. Tantôt il reproduit les psaumes entiers ou des chapitres d'Isaïe et des autres prophètes avec une exactitude scrupuleuse. La même fidélité se trouve dans des passages moins étendus où le changement des mots pouvait altérer la pensée et diminuer la force de l'argument. C'est ainsi qu'il s'en tient moins sévèrement à la lettre de l'Écriture dans son exhortation aux Grecs et ses deux apologies que dans le dialogue avec Tryphon, où le genre d'adversaires qu'il a devant lui l'oblige à une reproduction plus rigoureuse. Dans ces moments-là, il avait sous les yeux un manuscrit de l'Ancien Testament, ou bien sa mémoire le servait plus heureusement. Mais si l'on ne peut contester l'identité parfaite d'un grand nombre de ses citations avec le texte des livres saints, il n'est pas moins vrai, d'autre part, que cette coïncidence verbale fait souvent défaut dans ses écrits. Sous ce rapport, il a moins frayé la voie à saint Irénée ou à saint Cyprien, dont les citations sont en général textuelles, qu'à Tertullien, à Clément d'Alexandrie, à saint Épiphane et à saint Éphrem, qui ont usé, sur ce point, d'une plus grande latitude. Comme eux, saint Justin cite de mémoire le plus souvent : ce qui n'a rien d'étonnant lorsqu'on réfléchit à la rareté des manuscrits et à la difficulté de s'en servir. Il ne faudrait pas s'imaginer qu'il y eût alors, comme depuis l'invention de l'imprimerie, un nombre infini de Bibles de tout format, divisées en chapitres et en versets : ce qui rend le recours au texte prompt et facile. Pénétrés qu'ils étaient de l'esprit et du sens des Écritures, les apologistes des premiers siècles ne consultaient pas le manuscrit dont ils étaient en possession, chaque fois que l'occasion se présentait de citer un passage de la Bible : peu soucieux, pour l'ordinaire, d'une reproduction servile, ils s'appliquaient davantage à faire passer dans l'esprit de leurs lecteurs le fond ou la substance des livres saints. En face des païens, il importait peu qu'on transcrivît le texte avec un soin minutieux, pourvu qu'on leur fît connaître la doctrine elle-même. Quant aux Juifs, ils connaissaient assez l'Ancien Testament pour qu'une légère déviation dans la forme ne les empêchât pas de distinguer l'endroit auquel on les renvoyait. Sans nul doute, une reproduction textuelle devenait plus nécessaire lorsqu'il s'agissait des prophéties. Aussi, dans ce cas, saint Justin a-t-il coutume de s'en tenir plus strictement au texte qu'il interprète. Mais, quand la nature du sujet n'exige pas cette exactitude littérale, il prend plus de liberté dans ses citations. Il abrège ou amplifie la pensée de l'écrivain sacré, l'étend ou la resserre ; il remplace tel mot dont il ne se souvient plus au juste par une expression équivalente ; il omet l'un ou l'autre membre de phrase pour se contenter de l'idée principale ; il réunit en un seul groupe plusieurs textes parallèles ou correspondants qui se rapportent à son sujet, lors même qu'ils se trouvent disséminés çà et là dans divers auteurs ; il fond enfin, dans le corps de son discours, les passages de l'Écriture qui se pressent en foule dans son esprit, de telle façon que son style s'identifie avec celui des livres saints. Il lui arrive quelquefois de reproduire librement un texte qu'il transcrit ailleurs avec une fidélité scrupuleuse[1] : ce qui prouve qu'il n'avait pas toujours sous les yeux le manuscrit de la Bible pour suppléer à l'insuffisance de ses souvenirs. On ne saurait nier qu'en citant de mémoire le plus souvent, saint Justin ne soit tombé dans quelques méprises : il attribue en tel endroit à Sophonie et à Osée ce qui se trouve dans Zacharie, à Jérémie ce que disent Isaïe et Daniel, à Isaïe et à Zacharie ce qu'on lit dans Jérémie et dans Malachie[2]. Mais de pareilles erreurs sont peu fréquentes. Ce qui surprend bien davantage, c'est l'aisance avec laquelle l'apologiste parcourt le vaste champ de la Bible avec le seul secours de sa mémoire. On n'arrive à ce degré de connais-

---

[1] C'est ainsi que le texte d'Isaïe, LXV, 2, est littéralement reproduit dans le *Dialogue avec Tryphon*, c. 24, tandis qu'il reparaît avec quelque changement de forme dans cinq autres endroits: 1re *Apologie*, 35, 38, 49 ; *Dial. avec Tryphon*, 97, 114.

[2] 1re *Apol.*, 35 ; *Dial.*, 14 ; 1re *Apol.*, 51 ; *Dial.*, 12 ; 1re *Apol.*, 53 ; *Dial.*, 49.

sance qu'après s'être assimilé l'Écriture sainte par de longues études.

Passons maintenant au Nouveau Testament. J'ai déjà fait observer que les controverses de saint Justin avec les Juifs et les païens ne l'amenaient pas à citer les écrits des apôtres aussi souvent que ceux des prophètes. Il est probable que si nous possédions encore son grand ouvrage contre les hérésies, nous y trouverions plus de textes du Nouveau Testament ; car la nature du sujet exigeait un recours plus fréquent à l'autorité des apôtres. Le silence qu'il garde sur quelques épîtres ne saurait donc autoriser à conclure qu'il n'en avait nulle connaissance, puisque rien ne l'obligeait à en faire mention dans ceux de ses écrits qui sont arrivés jusqu'à nous. En nous bornant à ces derniers, nous y rencontrons des emprunts formels ou des allusions manifestes à la moitié des livres du Nouveau Testament. D'abord, on ne saurait désirer de témoignage plus explicite pour l'authenticité de *l'Apocalypse* de saint Jean que ces paroles de saint Justin : « Parmi nous, un homme appelé Jean, l'un des apôtres du Christ, a dit dans son *Apocalypse*, etc.[1] » Cette phrase prouve évidemment que *l'Apocalypse* a été répandue parmi les chrétiens dans la première moitié du deuxième siècle, c'est-à-dire immédiatement après sa composition. Quelques écrivains modernes ont trouvé fort étrange que saint Justin n'ait pas fait une mention aussi explicite des *Épîtres* de saint Paul : ils n'ont pas craint de bâtir sur cette omission tout un système de conjectures. Leur surprise me semble provenir de ce qu'ils méconnaissent le caractère des œuvres de saint Justin et le but qu'il se proposait. Ce n'est pas auprès de Marc-Aurèle, d'Antonin et des païens en général que l'autorité de saint Paul eût été d'un grand poids ; on était plus sûr de frapper leur esprit en leur montrant des prédictions faites dix siècles avant l'évènement et accomplies à la lettre. Cet argument tiré

---

[1] *Dial. avec Tryphon*, 81.

des prophéties était également, de tous, le plus propre à faire impression sur les Juifs : voilà pourquoi l'apologiste y revient à chaque pas. S'il s'était adressé aux fidèles ou aux hérétiques, il n'aurait pas manqué de faire valoir le témoignage de saint Paul pour instruire les uns et pour réfuter les autres ; mais sur des Juifs et des païens de pareilles citations n'auraient produit aucuneffet. Peut-être même un excès de précaution lui faisait-il éviter de prononcer devant Tryphon le nom de celui que la synagogue abhorrait comme un renégat et un transfuge. Est-ce à dire qu'on ne découvre aucune trace des épîtres de saint Paul dans les œuvres de saint Justin ? Nullement. L'enseignement de l'apôtre lui est si familier qu'il coule sous sa plume dans la forme particulière à saint Paul. Des critiques fort distingués ont relevé, avec un soin digne d'éloges, ces analogies frappantes avec plusieurs passages des épîtres aux Romains, aux Colossiens, aux Corinthiens, aux Thessaloniciens et aux Hébreux[1]. Ce qui ne souffre pas de réplique, c'est que Justin cite parfois l'Ancien Testament, non suivant le texte hébreu ou la version des Septante, mais d'après saint Paul. Ainsi l'apôtre réunit quelque part en une seule cinq citations tirées de divers endroits de la Bible, des psaumes XIV, V, CXL, X, et du LXIX° chapitre d'Isaïe : saint Justin reproduit le même groupe de textes dans le même ordre : preuve évidente qu'il connaissait l'épître aux Romains et qu'il s'en servait[2]. Du reste, Messieurs, ces emprunts faits à saint Paul sont de moindre importance que la mention des quatre Évangiles. Cette question est trop grave pour que je ne doive pas m'y arrêter quelques instants.

---

[1] Lardner: *Credibility of the Gospel*, II, 1. — Münscher: *Handbuch der Christ. — Dogmengeschichte*, II, p. 211. — Münter: *Handbuch der æltesten Christ. — Dogmengeschichte*, II, p. 317. — Bahr: *Die Lehre der Kirche in den ersten drei Jahrhunderten*, p. 52, Saltzbourg, 1832. — Semisch: *Justin der Martyrer*, II, 6 et ss., Breslau, 1842. — *Aux Hebr.*, IX, 13. — *Dial. avec Tryphon*, 13. — *Aux Rom.*, II, 4. — *Dial.* 47. — 1re *aux Corinth.*, V, 7. — *Dial.* 111. — 2e *aux Thessal.*, II, 3. — *Dial.* 110. — 1re *aux Corinth.*, XII, 7. — *Dial.* 39.

[2] *Ép. aux Rom.*, III, 11-18. — *Dial. avec Tryphon*, 27.

A l'époque où la critique protestante entreprit pour la première fois d'enlever aux quatre Évangiles canoniques leur caractère d'authenticité, elle rencontrait sur son chemin le premier apologiste de la religion chrétienne. Né du vivant de saint Jean ou peu de temps après sa mort, écrivant dans la première moitié du deuxième siècle, saint Justin devenait un témoin trop incommode pour qu'on ne dût pas songer à s'en défaire. Jusqu'alors on avait cru, sans la moindre hésitation, qu'en nommant ou en citant les *Mémoires des apôtres,* saint Justin avait voulu désigner nos quatre Évangiles. Mais le rationalisme ne trouvait pas son compte dans ce sentiment universel. Il avait besoin de mettre en place quelque production apocryphe qui lui permît d'éluder l'argument. Prenant l'imagination pour guide, ses adeptes ne manquèrent pas d'aller à la recherche de toute espèce de paradoxes. Selon les uns, les documents évangéliques cités par saint Justin ne sont autres que l'Évangile apocryphe des Hébreux [1] ; selon d'autres, le débris d'une composition imaginaire appelée l'Évangile primitif [2]. Quelques-uns y virent une harmonie de quelques Évangiles [3] ; plusieurs, l'Évangile apocryphe de saint Pierre [4]. On imaginerait difficilement des conclusions plus prétentieuses tirées de prémisses plus modestes. Aussi ces diverses hypothèses ont-elles croulé l'une après l'autre sous les coups que leur a portés la critique positive, celle qui pèse les raisons sans s'arrêter aux jeux

---

[1] Stroth.: *Endeckte Fragmente des Evang. nach den Hebræern in Justin dem Martyrer*, Leipzig, 1775, I, p. 1 et ss. — Semler: *Programmata academica*, Halle, 1779, p. 427. — Weber: *Beiträge zur Geschichte des Canons*, Tubingen, 1791, p. 110 et ss. — Rosenmüller: *Historia interpret. lib. sacr. in Ecclesiâ christ.*, Hildburg, 1795, I, p. 55 et ss., etc.

[2] Eichhorn: *Einleitung in das Neue Test.*, I, p. 84 et ss., 114 et ss., 555 et ss.

[3] Paulus: *Das Ev. Justin's*, I, p. 70-92. — Emmerich: *Dissertatio de Evangeliis Justini*, Strasbourg, 1807, p. 10-40.

[4] Credner: *Beiträge zur Einleitung in die bibl. Schriften*, Halle, 1832, I, 92, 104, 209. — Schwegler: *Nachapostolisches Zeitalter*, I, 216 et ss.— Ritschl: *Das Ev. Marcions und das Ev. des Lucas*, Tubingue, 1846, p. 130 et ss.

de l'imagination. Le témoignage de saint Justin est resté après ces tentatives réitérées ce qu'il était auparavant, une preuve irréfragable de l'authenticité des quatre Évangiles canoniques [1].

J'avoue, Messieurs, qu'en citant les Évangiles saint Justin ne nomme pas leurs auteurs ; mais je demanderai à tout homme de bonne foi quel avantage il y aurait eu à faire connaître aux païens les noms de Matthieu et de Luc, de Marc et de Jean : l'autorité de ces inconnus n'était guère mieux faite pour émouvoir les Juifs. Il suffisait à l'apologiste d'indiquer que le récit évangélique émane de ceux qui avaient vécu dans la compagnie du Christ, pour montrer qu'il était digne de foi : une désignation d'auteurs plus expresse était indifférente au but qu'il se proposait ; or la critique n'est jamais en droit d'exiger d'un écrivain plus que son sujet ne demande. Si l'on oppose que saint Justin a coutume de citer le nom des auteurs de l'Ancien Testament, on peut répondre, en premier lieu, qu'il se dispense de cette règle près de cent vingt fois : il s'en faut bien, par conséquent, qu'elle soit rigoureuse. Mais, de plus, il n'y a nulle parité entre les deux cas. Tandis que le nom des évangélistes ne faisait rien à la question qu'il traitait avec les Juifs et les païens, celui des prophètes était souvent d'une haute importance. L'antiquité de Moïse et des écrivains hébreux est un fait qu'il ne pouvait mettre en relief aux yeux des Gentils, sans les désigner par leur nom propre. Certes, les noms d'Isaïe et de Jérémie avaient pour les Juifs

---

[1] Mynster: *Ueber den Gebrauch unserer Ev. in den Schriften Justins*, Copenhague, 1825. — Schütz : *De Ev. quæ in usu Eccl. fuisse dicuntur*, Kœnigsberg, 1812, II, p. 1 et ss. — Winer: *Justinum ev. canonicis usum fuisse*, Leipzig, 1819. — Olshausen: *Die Æchteit der vier canon. Ev.*, Kœnigsberg, 1823, p. 286 et ss. — Zastram : *de Justini biblicis studiis*, 1832, p. 3 et ss. — Norton: *The Evidences of the Genuineness of the Gospels*, Boston, 1837, I, p. 181 et ss. — Bindemann : *Theologische Studien und Kriticken*, II, 355 et ss., 1842. — Semisch: *Die apost. Denckwürdigkeiten des Martyrers Justinus*, Hambourg, 1848. L'ouvrage de ce savant est de beaucoup le plus complet qui ait paru sur cette matière.

une tout autre autorité que ceux de Matthieu et de Luc ; et pourtant, comme je viens de le dire, saint Justin les omet fort souvent en citant l'Écriture. Il use du même procédé pour les écrivains profanes : il reproduit des passages de Platon et d'Euripide avec cette simple formule : « Un ancien l'a dit [1]. » Du reste, cette omission du nom des évangélistes lui est commune avec des auteurs ecclésiastiques qui, de l'aveu de tout le monde, ont connu nos quatre Évangiles. C'est ainsi que saint Cyprien ne nomme pas une seule fois les évangélistes qu'il cite, excepté dans son recueil des sentences de l'Écriture. Le nom de saint Luc seul apparaît dans un endroit des Constitutions apostoliques, bien qu'on y trouve des textes de tous les Évangiles. Clément d'Alexandrie, dont les écrits sont émaillés de citations évangéliques, n'ajoute qu'une fois le nom de saint Marc, trois fois celui de saint Jean, et deux fois ceux de saint Matthieu et de saint Luc. Rien n'est plus facile à expliquer que ce fait. Aux yeux des Pères, les quatre Évangiles formaient moins des œuvres distinctes qu'un seul corps d'ouvrage pénétré d'un même esprit et tendant au même but : dès lors il leur paraissait indifférent de marquer au juste lequel des évangélistes avait rapporté telle parole ou tel fait. De là ces locutions qui leur étaient familières : Le Seigneur a dit dans l'Évangile. — Il est écrit dans l'Évangile. — Nous lisons dans l'Évangile, etc. Donc, en résumé, on ne saurait tirer une objection sérieuse de ce que saint Justin n'a pas désigné chaque évangéliste par son nom, s'il est prouvé d'ailleurs qu'il a connu et cité les quatre Évangiles canoniques.

Or, Messieurs, cela est de toute évidence. Pour nous en convaincre, voyons d'abord comment saint Justin désigne les Évangiles. A cet effet, il se sert d'un mot qui lui est propre et qui exprime fort bien le caractère des récits évangéliques, celui de *Mémoires*. Il est de fait que les apôtres et leurs disciples avaient enregistré dans leurs

---

[1] 1re *Apol.*, 43, 39.

écrits ce que leurs propres souvenirs et la tradition chrétienne avaient retenu touchant les actions ou l'enseignement du Sauveur. C'est dans ce sens que Xénophon avait intitulé « Mémoires de Socrate » l'ouvrage dans lequel il se proposait de retracer les entretiens du philosophe. Il est probable que saint Justin, très versé dans la littérature grecque, lui a emprunté cette dénomination particulière qu'il emploie plus de vingt fois [1]. Ce n'est pas qu'il exclue le mot Évangile ; au contraire, il a soin de dire que les deux expressions désignent les mêmes écrits : « Les Apôtres nous ont transmis cette doctrine dans leurs Mémoires qu'on appelle Évangiles [2]. » Ailleurs, il indique, sans les nommer, les auteurs de ces Mémoires appelés Évangiles : « Dans les Mémoires composés par les apôtres et par leurs disciples, il est écrit que des gouttes de sang tombaient sur la face du Christ au mont des Olives [3]. » Ces paroles suffiraient à elles seules pour prouver que saint Justin n'avait pas d'autre Évangile sous les yeux que les nôtres. Il est clair, en effet, que l'apologiste veut en désigner plusieurs, puisqu'il se sert du nombre pluriel : cela ruine d'un seul coup toutes les hypothèses qui restreignent les Mémoires à un document unique, tel que serait l'Évangile apocryphe des Hébreux, ou celui de saint Pierre. De plus, en indiquant les auteurs des Mémoires, il ne pouvait avoir en vue que les Évangiles canoniques, composés par deux apôtres, saint Matthieu et saint Jean, et par deux disciples des apôtres, saint Marc et saint Luc. Nous ne connaissons pas d'Évangile apocryphe qui ait été attribué à un disciple des apôtres ; donc la phrase de saint Justin ne peut s'appliquer qu'aux Évangiles reçus dans toute l'Église, parmi lesquels il s'en trouve deux qui doivent leur origine aux disciples de saint Pierre et de saint Paul. Mais, ce qui coupe court à toute discussion, c'est la place

---

[1] 1re *Apol.*, 33, p. 66-67. — *Dial. avec Tryphon*, 88, 100, 101, 102, 103, 104, 105, 106, 107, etc.

[2] 1re *Apol.*, 66.

[3] *Dial. avec Tryphon*, 103.

que saint Justin assigne aux Mémoires des apôtres dans l'office liturgique de l'Église[1]. D'après lui, on les lisait tous les dimanches dans l'assemblée des fidèles avec les écrits des prophètes. Et remarquez bien, Messieurs, qu'il ne s'agit pas ici d'une coutume particulière, locale ; s'adressant aux empereurs païens au nom de l'Église persécutée, il décrit le culte catholique tel qu'on le célébrait en tous lieux. Conséquemment, l'Église entière vénérait les Évangiles à l'égal des livres prophétiques dont personne ne méconnaissait le caractère divin. Dira-t-on qu'il faut entendre par là des Évangiles apocryphes qui auraient fini par faire place à ceux que nous avons aujourd'hui ? Mais de grâce, qu'on nous signale le moindre vestige de ce changement radical dans la vie de l'Église ! Que le rationalisme veuille bien nous expliquer comment on aurait pu retirer des mains des fidèles, subitement ou peu à peu, les Évangiles jusqu'alors en usage pour y substituer et faire lire à la place, dans les assemblées du culte, des Évangiles tout nouveaux dont personne n'avait eu connaissance, et cela sans soulever la moindre réclamation, tandis qu'il suffisait d'une erreur de calendrier relative à la fête de Pâques pour exciter des tempêtes dans l'Église ! Est-ce croyable ? Et ne faut-il pas un parti pris de nier l'évidence pour avancer de pareilles hypothèses ? Comment ! saint Irénée qui touche à saint Justin cite nos quatre Évangiles avec le nom de leurs auteurs, comme étant seuls reçus dans l'Église entière ; Clément d'Alexandrie, Tertullien et Origène, qui viennent immédiatement après, n'en connaissent pas d'autres ; et l'on voudra nous faire accroire que peu d'années auparavant toute l'Église lisait publiquement, à l'office des dimanches, des Évangiles tout différents, des productions apocryphes dont on connaît à peine le nom ! En vérité, cela n'est pas sérieux. Toutes ces prétendues découvertes, dont on a fait grand bruit de nos jours, ne résistent pas plus au sens

[1] 1re *Apol.*, 67.

commun qu'à la science. Il faut qu'une doctrine soit bien établie pour qu'on soit réduit à l'attaquer avec de pareilles armes.

Cela posé, nous pourrions nous dispenser d'entrer dans les détails pour prouver que l'apologiste a connu et cité nos quatre Évangiles. Toutefois, pour ne laisser subsister aucun doute sur ce point, nous allons déterminer dans quelle mesure saint Justin s'est rapproché du texte de chaque évangéliste dans ses citations. C'est au récit de saint Matthieu qu'il emprunte le plus de faits et de sentences. Le motif de cette prédilection est manifeste. Prouver l'accomplissement des prophéties dans la personne de Jésus-Christ, relever l'excellence de la morale évangélique, tel est le but que se proposait saint Justin. Or, c'est dans saint Matthieu qu'il trouvait le plus de détails sur la vie du Sauveur et le plus grand nombre de préceptes moraux : le sermon de la montagne en particulier, cet abrégé de la loi évangélique, y est reproduit d'une manière plus complète que dans les autres évangélistes. Plusieurs critiques se sont donné la peine de dresser la liste des passages de saint Matthieu que le philosophe chrétien a insérés dans ses écrits [1]. Parmi ces

---

[1] S. Matth.: v, 16; 1re *Apol.*, 16. — S. Matth.: v, 20; *Dial* avec *Tryphon*, 105. — S. Matth.: v, 22 ; 1re *Apol.*, 16. — S. Matth., v, 22, 28, 29; 1re *Apol.*, 15. — S. Matth. : v, 34, 37, 41 ; 1re *Apol.*, 16. — S. Matth.: v, 46 ; 1re *Apol.*, 15. — *Dial.*, 96, 133. — S. Matth.: vi, 1, 19, 21, 32; 1re *Apol.*, 15. — S. Matth. : vii, 1; *Dial.*, 115. — S. Matth.: vii, 15-19, 21, 23 ; 1re *Apol.*, 16 ; *Dial.* 35, 76. — S. Matth.: viii, 11; *Dial.*, 76, 120, 140. — S. Matth.: ix, 13; 1re *Apol.*, 15. — S. Matth., x, 22; *Dial.*, 82. — S. Matth. : xi, 12, 15; *Dial.*, 51. — S. Matth.: xi, 5 ; *Dial.*, 12. — S. Matth.: xi, 27 ; 1re *Apol.*, 63; *Dial.*, 100. — S. Matth.: xiii, 42 ; 1re *Apol.*, 16. — S. Matth. : xvi, 1, 4; *Dial.*, 107. — S. Matth., xvi, 15, 21; *Dial.*, 76, 100.— S. Matth. : xvi, 26; 1re *Apol*, 15. — S. Matth.: xvii, 1-13; *Dial.*, 49. — S. Matth.: xix, 12; 1re *Apol.*, 15. — S. Matth.: xix, 16; 1re *Apol.*, 16. — S. Matth. : xxii, 37-40; 1re *Apol.*, 16. — S. Matth.: xxiii, 6, 15, 23, 27 ; *Dial.*, 17, 112.—S. Matth.: xxiv, 11, 24; *Dial.*, 35, 82. — S. Matth.: xxv, 41 ; *Dial*, 76, etc., etc.—Voyez Semisch: *opere citato*, p. 100 à 104; de Wette : *Einleitung ins Neue Testam.*, I, 76-83 ; Lardner : *Credibility of the Gospel*, II, p. 130-131; Norton : *the Evidences of the Genuineness of the Gospel*, Cambridge, 1846, p. 211.

nombreuses citations, il en est qui reproduisent le texte de l'évangéliste avec une fidélité si littérale qu'il est impossible de ne pas conclure à un emprunt formel. Telles sont ces célèbres paroles : « Si votre justice n'est pas meilleure que celles des scribes et des pharisiens, vous n'entrerez pas dans le royaume des cieux. — Ce n'est pas celui qui dira : Seigneur, Seigneur, qui entrera dans le royaume des cieux, mais quiconque fera la volonté de mon Père qui est dans les cieux. — Beaucoup viendront de l'Orient et de l'Occident et s'assiéront avec Abraham, Isaac et Jacob dans le royaume des cieux, mais les enfants du royaume seront jetés dans les ténèbres extérieures [1]. » Pour atténuer la force de cette preuve, il ne suffit pas de faire observer que la tradition orale aurait pu transmettre à saint Justin ces sentences évangéliques ; car, en les rapportant, il emploie souvent cette formule: *Il est écrit* dans les mémoires des Apôtres, ou simplement, *il est écrit* [2] : ce qui suppose évidemment un livre auquel il renvoie ses lecteurs. On peut ajouter qu'il fait un usage fréquent des locutions particulières à saint Matthieu, comme « le royaume des cieux, le Père céleste, » qui ne se trouvent dans aucun autre écrivain sacré [3]. Mais ce qui fait disparaître jusqu'à une ombre de doute, c'est que, citant l'Ancien Testament, saint Justin s'écarte sept fois du texte des Septante et de l'original hébreu, pour suivre au pied de la lettre saint Matthieu reproduisant les mêmes

---

[1] S. Matth.: v, 20; *Dial. avec Tryphon*, 105. — S. Matth.: vii, 21; 1re *Apol*, 16. — S. Matth.: viii, 11; *Dial. avec Tryphon*, 76.

[2] *Dial. avec Tryphon*, 17; S. Matth.: xxi, 13. — *Dial.*, 49; S. Matth.: xvii, 11-13. — *Dial.*, 107; S. Matth.: xvi, 1, 4. — *Dial.*, 105; S. Matth.: v, 20. — *Dial.*, 100; S. Matth.: xi, 27. — *Dial.*, 103; S. Matth.: iv, 9, etc.

[3] Βασιλεία τῶν οὐρανῶν — ὁ πατὴρ οὐράνιος. — S. Justin emploie la première expression onze fois, la seconde trois fois. Comment ne pas admettre chez lui la connaissance de l'Évangile de S. Matthieu, lorsqu'on y trouve cette réminiscence manifeste? « Le Christ guérissait toute maladie et toute langueur. » Θεραπεύειν πᾶσαν νόσον καὶ πᾶσαν μαλακίαν. (S. Matth.: iv, 23; ix, 35; x, 1. — 1re *Apol.*, 31.) — Jamais deux auteurs ne se rencontrent tout à fait dans ces réunions de mots synonymes, dont rien n'exige l'emploi.

passages [1]. Nous avons déjà trouvé une coïncidence pareille avec l'Épitre de saint Paul aux Romains ; or, les preuves de ce genre sont décisives. Il est clair qu'en abandonnant la traduction des Septante dont il a coutume de faire usage pour s'attacher à la version de saint Matthieu, saint Justin prouve qu'il avait sous les yeux le texte de l'évangéliste.

Après saint Matthieu, c'est saint Luc qui fournit à l'apologiste le plus de détails sur la vie et sur l'enseignement du Sauveur. Saint Justin se sert de l'un pour compléter l'autre. Il réunit leurs textes, quand ils se rapportent au même sujet, ou bien les combine de telle manière qu'il n'est pas toujours facile de les distinguer. Cette fusion de saint Luc avec saint Matthieu est un trait caractéristique de sa méthode : elle apparaît surtout dans les groupes de textes que renferment les chapitres XV et XVI de la première apologie, où il s'agissait de tracer aux yeux des païens le tableau de la morale évangélique. Moins nombreuses que celles de saint Matthieu, les sentences empruntées à saint Luc ne s'élèvent pas moins à un chiffre assez élevé [2]. Parfois, la coïncidence verbale est telle qu'on ne peut s'y méprendre, comme dans les endroits suivants : « Marie répondit : qu'il me soit fait selon votre parole. — Si quelqu'un vous frappe sur une joue, présentez-lui l'autre, et si quelqu'un vous ôte votre manteau ou votre tunique, ne l'en empêchez pas. — Je vous donne puissance de marcher sur les serpents, sur les scorpions, sur les scolopendres et sur toute la force de l'ennemi. — Ce qui est impossible aux hommes est possible à Dieu.

---

[1] S. Matth. : I, 23 ; Dial., 66. — S. Matth. : II, 5 ; 1re Apol., 34. — S. Matth. : II, 18 ; Dial., 78. — S. Matth. : XII, 18 ; Dial., 123. — S. Matth. : XXI, 4 ; 1re Apol., 35. — S. Matth. : XXI, 13 ; Dial., 17.

[2] S. Luc : VI, 36 ; 1re Apol., 15 ; Dial., 96. — S. Luc : VI, 29, 32, 34 ; 1re Apol., 15. — S. Luc : IX, 22 ; Dial., 76, 100. — S. Luc : X, 16 ; XII, 48 ; 1re Apol., 16, 63. — S. Luc : X, 19 ; Dial., 76. — S. Luc : XI, 42, 52 ; Dial., 17. — S. Luc : XII, 4, 22, 24 ; XIII, 26 ; 1re Apol., 19, 15, 16 ; Dial., 76. — S. Luc : XVIII, 18 ; 1re Apol., 16 ; Dial., 101. — S. Luc : XIX, 46 ; Dial., 17. — S. Luc : XVI, 16 ; Dial., 51. — S. Luc : XVIII, 27 ; 1re Apol., 19. — S. Luc : XX, 34-35 ; Dial., 81, etc. — Voyez Semisch, opere cit., p. 137 et 138.

— Ils ne se marieront plus et ne seront plus mariés, mais ils seront semblables aux anges et aux enfants de Dieu, puisqu'ils sont les enfants de la résurrection. — Mon Père, entre vos mains, je remets mon esprit. [1] » Les formules particulières à saint Luc ne se retrouvent pas moins chez saint Justin que les locutions propres à saint Matthieu : « Le Très-Haut, le Fils du Très-Haut, la vertu du Très-Haut vous couvrira de son ombre [2]. » Enfin, il est un texte qui suffirait à lui-seul pour prouver que saint Justin connaissait et citait l'Évangile de saint Luc. « Il est écrit dans les commentaires, composés par les apôtres et par leurs disciples, que la sueur tombait du front du Christ comme de grosses gouttes de sang, pendant qu'il priait, disant : « que ce calice s'éloigne de moi, s'il est possible [3]. » Or, le fait de la sueur de sang n'est rapporté dans aucun document apostolique, si ce n'est dans l'Évangile de saint Luc. Il serait ridicule d'opposer que saint Justin aurait pu connaître cette particularité par la tradition ; car il a soin de nous dire qu'elle était consignée par écrit dans l'Évangile. La remarque que nous faisions tout à l'heure pour les citations de saint Matthieu s'applique également aux textes de saint Luc : l'apologiste ne les tenait pas seulement de la tradition orale, mais il les avait lus dans son manuscrit ; sinon il n'ajouterait pas en les rapportant : « Comme l'ont enseigné ceux qui ont mis par écrit tout ce qui concerne le Sauveur, — comme je l'ai appris par les *Mémoires* des apôtres [4]. »

Vous ne serez pas étonnés, Messieurs, d'apprendre que saint Justin a cité moins souvent saint Marc que saint Matthieu et saint Luc. La raison de ce fait n'est pas difficile à deviner. Tout le monde sait que l'Évangile de saint Marc

---

[1] S. Luc : I, 38 ; *Dial.*, 100. — S. Luc : VI, 29 ; 1re *Apol.*, 16. — S. Luc : X, 19 ; *Dial.*, 76. — S. Luc : XVIII, 27 ; 1re *Apol.*, 19. — S. Luc : XX, 34-36 ; *Dial.*, 81. — S. Luc : XXIII, 46 ; *Dial.*, 105.

[2] 1re *Apol.*, 33 ; *Dial. avec Tryphon*, 100.

[3] S. Luc : XII, 42-44 ; *Dial. avec Tryphon*, 103.

[4] 1re *Apol.*, 33 ; *Dial. avec Tryphon*, 105.

ne fait, pour ainsi dire, que reproduire en abrégé celui de saint Matthieu. A peine s'il est possible de signaler une trentaine de versets qui soient particuliers au disciple de saint Pierre, c'est-à-dire qui ne se retrouvent d'une manière équivalente dans saint Matthieu ou dans saint Luc. Et cependant il suffit d'un passage de saint Justin pour démontrer un rapport d'origine ou d'emprunt avec le plus court de nos Évangiles. Le voici : « Il est écrit dans les *Mémoires* du Christ : il changea le nom de l'un de ses apôtres qu'il appela Pierre, et de plus il appela les deux fils de Zébédée, Boanergés, ou fils du tonnerre[1]. » Évidemment, saint Justin déclare que l'un des Évangiles mentionne le changement de nom des deux fils de Zébédée ; or, l'Évangile de saint Marc est le seul qui renferme cette particularité ; et, ce qui n'est pas moins concluant, il la rapporte immédiatement après avoir rappelé le changement du nom de saint Pierre, dans l'ordre que suit saint Justin. Vous me permettrez de m'en tenir à ce seul fait pour établir que l'apologiste se servait de l'Évangile de saint Marc, là où le disciple de saint Pierre suppléait au silence de ses devanciers.

Reste l'Évangile de saint Jean. Déjà nous avons vu, dans l'une de nos leçons, que l'identité absolue de la doctrine du Verbe exposée par saint Justin avec l'enseignement du disciple bien-aimé suppose la connaissance des écrits de ce dernier. Est-il croyable, d'ailleurs, que le philosophe chrétien ait pu ignorer l'Évangile de saint Jean, lui qui cite l'Apocalypse comme une œuvre de l'apôtre ? Ici, les preuves abondent. Je ne veux point faire valoir ces locutions caractéristiques de saint Jean qui fourmillent dans les écrits de saint Justin : « Le Christ est la lumière de Dieu envoyée aux hommes. — Nous sommes les véritables enfants de Dieu, nous qui gardons les commandements du Christ : — Le sang du Christ n'est pas de la semence de l'homme, mais de la volonté de Dieu. — Le Christ est le Fils unique de Dieu. —

---

[1] *Dial. avec Tryphon*, 106 ; S. Marc,. III, 16.

Il est la source d'eau vive désaltérant ceux qui veulent en boire. — Nous adorons Dieu en esprit et en vérité. — Le démon a été le père du mensonge dès l'origine, etc [1]. » Il faudrait être complétement étranger à l'Évangile de saint Jean pour ne pas reconnaître que ces expressions sont particulières à l'apôtre : l'emploi qu'en fait saint Justin, dans le cours de ses écrits, prouve que le style de l'évangéliste avait passé dans le sien propre. Mais voici des citations textuelles qui dissipent toute obscurité : « Le Christ a dit : si vous ne naissez de nouveau, vous n'entrerez pas dans le royaume des cieux ; or, il est évident pour tous qu'une fois nés nous ne saurions rentrer dans le sein de nos mères [2]. » Ces paroles sont tirées de l'entretien du Christ avec Nicodème ; or l'Évangile de saint Jean est le seul document apostolique qui nous l'ait transmis. Enfin, une conformité étonnante entre saint Jean et saint Justin dans la reproduction d'une prophétie messianique achève de prouver que l'apologiste citait d'après l'apôtre. En rapportant un texte de Zacharie, saint Jean s'éloigne également de l'original hébreu et de la traduction des Septante pour adopter cette version : « Ils regarderont vers moi qu'ils ont percé [3]. »

---

[1] S. Jean : I, 4; *Dial.*, 17. — S. Jean : I, 12; *Dial.*, 123. — S. Jean : I, 13; *Dial.*, 63. — S. Jean : I, 14, 18; III, 16, 18; *Dial.*, 105. — S. Jean : IV, 17; VII, 37; *Dial.*, 14, 69, 114. —S. Jean : IV, 24; 1re *Apol.*, 6.—S. Jean, VIII, 44; *Exhort. aux Grecs*, 21.

[2] 1re *Apol.*, 61 ; S. Jean, III, 3 et 4.

[3] S. Jean : XIX, 37; Zacharie, XII, 10-12; 1re *Apol.*, 52. — On a opposé à ces diverses preuves que saint Justin cite une parole de J.-C. qui ne se trouve dans aucun Évangile : « Les choses où je vous surprendrai seront celles où je vous jugerai. » (*Dial.*, 47.) Mais d'abord il s'en faut bien que toutes les paroles du Sauveur soient consignées dans les quatre Évangiles : la tradition orale a pu en conserver plusieurs. De plus, saint Justin, citant de mémoire, a pu donner une autre forme à une pensée mainte fois exprimée dans l'Écriture. On a fait valoir, en outre, une particularité mentionnée par saint Justin et qui, d'après saint Épiphane, se lisait dans l'Évangile des Ébionites. Selon l'apologiste, un feu s'alluma dans le Jourdain au moment où Jésus descendit dans l'eau. (*Dial.*, 88.) Rien n'empêche, à coup sûr, d'admettre qu'une tradition peu autorisée avait fait parvenir jusqu'à lui la nouvelle de ce fait dont il est resté des

Saint Justin, voulant insérer la même prédiction dans sa première apologie, suit à la lettre la leçon de l'évangéliste : cette identité ne peut s'expliquer que par un emprunt formel ; car nul document, d'origine chrétienne ou juive, ne présentait le texte de Zacharie sous cette forme particulière, si ce n'est l'Évangile de saint Jean.

Nous pouvons donc conclure en toute assurance que saint Justin a connu et cité les quatre Évangiles canoniques, partant, qu'ils étaient dans le domaine public pendant la première moitié du deuxième siècle, c'est-à-dire peu de temps après leur composition. Sans nul doute, cette preuve serait encore plus complète si nous possédions tous les écrits du philosophe chrétien, ceux-là surtout dont le caracère particulier l'obligeait à chercher ses armes dans le Nouveau Testament. Parmi ces œuvres dont l'éloquence chrétienne doit regretter la perte, aucune n'aurait pu nous offrir plus d'intérêt que son grand traité contre toutes les hérésies et son livre contre Marcion [1]. Il eût été beau de voir avec quelle ardeur saint Justin repoussait les tentatives d'un dogmatisme prétentieux qui aspirait à faire plier l'enseignement traditionnel à ses fantaisies. Mais cette partie de son activité théologique nous échappe entièrement. Tout ce que nous pouvons supposer par divers endroits de ses ouvrages, c'est qu'il portait dans la réfutation des hérésies autant de vigueur et d'énergie que dans ses autres controverses [2]. Suivant Eusèbe, saint Justin aurait composé divers autres écrits qui se trouvaient dans les mains des chrétiens, par exemple, un traité sur les opinions des philosophes touchant l'âme humaine. Anastase le Sinaïte lui attribue un Hexaméron, ou explication des six jours de

---

traces dans la liturgie syriaque. (Hugo Grotius *ad Matth.*, XII, 16.) Il faut beaucoup d'imagination et peu de savoir pour en conclure que saint Justin se servait d'un Évangile apocryphe.

[1] 1re *Apol.*, 26. — Irénée : *Adv. Hæres.*, IV, 14. — Photius : *Biblioth. Cod.*, 125, t. I, p. 85.

[2] 1re *Apol.*, 26, 57, 58. — *Dial. avec Tryphon*, 35, 80, 82.

la création ; saint Maxime, un opuscule sur la Providence et la foi ; saint Jérôme paraît y joindre un commentaire de l'Apocalypse. Enfin, nous possédons de saint Justin, sur la résurrection de la chair, un fragment dont l'authenticité est révoquée en doute.

Ces travaux, si nombreux et si variés, assignent à saint Justin le premier rang parmi les apologistes du deuxième siècle. Nul autre, Messieurs, ne résume d'une manière plus complète le mouvement doctrinal et littéraire de l'époque au sein du christianisme. Contemporain des Pères apostoliques, il inaugure une nouvelle période dans l'histoire de l'éloquence sacrée, celle des luttes de la parole chrétienne avec le monde païen. Sa voix franchit le cercle des fidèles pour s'élever au milieu du paganisme et retentir jusqu'au trône des Césars. S'il n'a pas créé ce genre de discours qui a jeté tant d'éclat sur la littérature chrétienne, il lui a donné, par ses deux apologies, la forme qu'on a conservée dans la suite. Ses discours aux Grecs sont également le premier modèle de ces traités sur l'idolâtrie et le polythéisme que nous rencontrons plus tard. Dans cette partie la plus importante de sa tâche, saint Justin a su frayer une voie large et sûre, soit qu'il attaque les religions de l'antiquité, soit qu'il défende le christianisme. Sa réfutation de l'idolâtrie est une critique vive et animée qui n'embrasse pas le polythéisme antique sous tous ses aspects, bien qu'elle en dévoile les principales erreurs. Sorti des rangs de la philosophie grecque, Justin l'apprécie avec équité et largeur : il sait rendre justice à Socrate et à Platon sans dissimuler le vide ou les défauts de leurs systèmes. En prouvant la divinité du christianisme, il fait valoir les arguments qui sont restés la base de la démonstration évangélique : l'accomplissement des prophéties de l'Ancien Testament, les miracles du Sauveur qui se prolongent dans l'Église, la rapide propagation de la foi malgré les nombreux obstacles qui semblaient devoir l'entraver, le changement de vie opéré dans les fidèles par la doctrine chrétienne, l'héroïque constance des martyrs au milieu des supplices, l'excellence et la supériorité du dogme, de la morale et du culte catholiques. L'apologétique chrétienne n'a fait que développer depuis lors ces moyens de défense indiqués par saint Justin. Il en est de même des droits de la conscience et de la vérité, que ce grand homme revendique et formule en face d'une légalité arbitraire ou d'une procédure inique : Tertullien et Origène se borneront à éclaircir ce point juridique défini par le premier des apologistes chrétiens. Enfin, sa controverse avec les Juifs détermine le terrain et les armes qu'il convient de choisir pour triompher dans cette lutte qui s'est prolongée jusqu'à nos jours. Il est à regretter que la perte d'une partie de ses écrits nous empêche d'apprécier sa polémique avec les hérésies : ces précieux documents achèveraient de prouver que saint Justin est, avec saint Irénée, l'expression la plus complète de l'éloquence chrétienne au deuxième siècle.

Si maintenant nous considérons en lui l'organe et l'interprète de la tradition, ses écrits prennent une importance qui n'a pas dû vous échapper dans le cours de nos études. Où trouver ailleurs un témoignage plus exact sur l'état des croyances dans l'Église primitive, que chez un homme dont la naissance touche au temps des apôtres et dont la mort ne dépasse guère la première moitié du deuxième siècle? Saint Justin est un des premiers anneaux de cette chaîne traditionnelle qui s'étend des apôtres aux Pères du troisième siècle par une suite non interrompue de pontifes et de docteurs : c'est entre le règne d'Adrien et celui de Marc-Aurèle que ses œuvres s'échelonnent de distance en distance dans un espace de trente années. Dès lors, quelle n'est pas l'autorité d'un témoin dont les écrits attestent que les dogmes de la Trinité, de la divinité de Jésus-Christ, de la présence réelle, de la transsubstantiation, du sacrifice de la Messe, de l'inspiration de l'Ancien et du Nouveau Testament, étaient admis comme la foi universelle de l'Église à l'époque la plus reculée ? Le témoignage du premier apologiste de la religion chrétienne n'écrase pas moins le protestantisme soi-disant orthodoxe que le rationalisme, en prouvant que les croyances, la liturgie, les livres saints reçus dans l'Église au deuxième siècle répondent, trait pour trait, aux usages et à l'enseignement de l'Église catholique. Mais saint Justin n'est pas seulement un interprète autorisé de la tradition; il applique l'esprit philosophique au dogme révélé. C'est dans ses ouvrages qu'on surprend les premières tentatives de la raison chrétienne essayant d'éclaircir les données de la révélation à l'aide des connaissances naturelles, de les coordonner entre elles, de construire, en un mot, la philosophie du dogme ou la science de la foi. Nous avons suivi cette tendance spéculative dans la doctrine du Verbe exposée par l'apologiste : effort hardi mais heureux pour ouvrir au génie chrétien ces voies larges et spacieuses, où la foi, cherchant l'intelligence, trouve le progrès dans la lumière.

Certes, Messieurs, en face de ces travaux presque sans précédents, on ne saurait refuser à saint Justin une grande pénétration et un vaste savoir. Ses études philosophiques, commencées dès le jeune âge, l'avaient préparé et mûri pour les combats de la foi. En passant par les écoles de la Grèce, il y avait pris des habitudes littéraires et puisé un fonds d'érudition profane vraiment remarquable. Tout le champ de la littérature grecque lui est ouvert; il le parcourt d'un bout à l'autre avec l'aisance d'un homme qui n'en ignore aucune partie. Poètes, philosophes, historiens de l'antiquité, rien ne lui est inconnu : il cite, discute, commente leurs ouvrages. Le grand nombre d'extraits qu'il en tire n'est dépassé que par l'abondance de ses citations bibliques. Sans doute, le choix discret des matières n'égale pas, dans saint Justin, la profusion des textes, et sa critique ne marche pas toujours de pair avec son érudition. Il accepte parfois avec trop de confiance des documents dont l'authenticité, admise de son temps, ne résiste pas à un examen sévère. Sous ce rapport, l'école juive d'Alexandrie a exercé sur lui, comme sur Clément et sur Origène, une influence fâcheuse. C'est sur la foi d'Aristobule et de Philon qu'il admet la théorie des emprunts directs faits aux livres saints par les philosophes grecs, et qu'il s'efforce de retrouver quelques dogmes chrétiens dans des passages évidemment apocryphes. Le même défaut de sévérité en matière de critique se remarque dans la facilité avec laquelle il ajoute foi à certaines traditions qui avaient cours, comme l'inspiration des Septante et l'histoire merveilleuse de la Sibylle de Cumes. Enfin l'opinion des Millénaires qu'il adopte, sans dissimuler qu'elle était rejetée par un grand nombre, des recherches trop subtiles dans l'interprétation des Écritures, l'abus de l'allégorie et du sens figuré, ces traits divers prouvent que sa méthode n'était pas à l'abri de tout reproche. Mais ce sont là des taches bien légères dans un auteur qui a remué tant de questions, à une époque où ces points d'histoire et de critique n'avaient pas subi l'épreuve d'une longue discussion. En tous cas, elles n'effacent pas le mérite de l'apologiste, qu'elles font plutôt ressortir par leur peu d'importance et leur rareté.

Envisagé comme écrivain, saint Justin marque également une nouvelle période dans l'histoire de l'éloquence sacrée, celle où l'influence grecque commence à se faire sentir dans les lettres chrétiennes. Si l'homélie ou la lettre pastorale, destinée aux fidèles, pouvait n'être qu'une exhortation simple et pathétique, sans le moindre souci de la forme littéraire, l'apologie adressée à l'Empereur et au Sénat romains devait s'approprier à l'esprit des lecteurs. C'était un plaidoyer d'un autre genre, il est vrai, que les harangues de la Grèce ou de Rome, mais qui ne pouvait manquer de s'en rapprocher pour le ton et la couleur, sous peine d'être écarté par les juges comme l'œuvre d'un barbare. Indiquée par le but de l'apologétique, cette forme nouvelle de l'éloquence chrétienne empruntait à ceux qui l'employaient son origine et sa raison d'être. Les premiers défenseurs du christianisme étaient des rhéteurs ou des philosophes convertis qui, sortant des écoles du paganisme, avaient emporté avec eux le goût et le souvenir des modèles sur lesquels ils s'étaient formés. C'est ainsi qu'en commençant son Exhortation aux Grecs saint Justin imite l'exorde du plaidoyer de Démosthène en faveur de Ctésiphon. Assurément un pareil soin n'aurait jamais préoccupé saint Ignace ou saint Polycarpe. On s'explique donc sans peine que la première influence de l'éloquence grecque sur les Pères de l'Église coïncide avec l'origine des apologies. Toutefois, ce serait une erreur de s'imaginer que les apologistes du deuxième siècle se soient élevés, comme écrivains, à la hauteur de Démosthène et de Platon, ou même qu'ils aient visé à égaler ces maîtres de la parole. Malgré le soin qu'ils prenaient, en s'adressant aux païens, de ne pas les rebuter par un langage trop éloigné des formes classiques, ils auraient cru rabaisser la vérité en cherchant leur triomphe dans les artifices de la rhétorique. Ils regardaient cette recherche de l'élégance comme frivole et peu digne de la sévérité de l'Évangile [1]. Le sublime défi jeté par saint Paul à l'éloquence humaine retentissait encore avec trop de force pour qu'on pût songer aux apprêts de la diction. D'ailleurs la littérature grecque était en pleine voie de décadence ; et les travaux des grammairiens ou des rhéteurs n'étaient pas de nature à la relever : ce soin était réservé aux Pères des siècles suivants. Gardons-nous donc d'exagérer le mérite de saint Justin envisagé comme écrivain. A la vérité, son style a deux grandes qualités, la simplicité et la clarté ; mais on y chercherait en vain l'élégance et la distinction. Il exprime sa pensée sans la moindre emphase, toujours avec netteté, souvent avec chaleur. Quand le sentiment l'échauffe, son ton s'élève par intervalle et sa diction se colore : hors de là, son langage est calme et contenu, son

---

[1] Théophile d'Antioche : *Ad Autolicum*, I, 1 ; II, 12. — Voyez également saint Irénée : *Adv. Hœres.*, liv. I, 4 ; Arnob. : *Adv. Gentes*, I, 59 ; Clément d'Alexandrie : *Stromates*, I, 10, 48 ; Lactance : *Instit. div.*, v. 1.

style sobre jusqu'à la sécheresse. Il y a parfois des incorrections dans sa phrase ; elle semble se traîner plutôt qu'elle ne marche ; de longues parenthèses la coupent et l'embarrassent. Justin ne suit guère l'ordre logique dans le développement de son sujet : la régularité du plan et l'exacte distribution des parties font presque toujours défaut à ses traités ; seul, le Discours aux Grecs forme, sous ce rapport, une heureuse exception. Il passe facilement d'une idée à l'autre, laisse là un argument inachevé pour le reprendre un peu plus loin, se laisse aller à des digressions fréquentes, sans perdre de vue la fin qu'il poursuit. Rien n'offre mieux l'image d'une improvisation écrite que ce discours spontané, familier, libre, où les pensées se pressent comme elles se présentent à l'esprit dans le seul but de convaincre et de persuader. Évidemment, les écrits que nous possédons de saint Justin ne sont pas des ouvrages composés avec grand soin dans les loisirs d'une vie non troublée : ils naissaient de la circonstance, avec le péril auquel ils faisaient face, avec l'ennemi qu'ils étaient destinés à combattre.

Mais, Messieurs, qu'est-ce que les qualités ou les défauts du style devant la grandeur de la cause et le caractère de l'homme ? Justin avait paru à l'une de ces époques où l'erreur cherche à triompher de la vérité par la persécution. Le spectacle de cette lutte enflamma son âme. Dès lors, il ne connut plus qu'une passion, celle de défendre et de propager la foi qu'il avait reçue lui-même. C'est à cette noble mission qu'il consacra sa vie entière. Tous ses écrits respirent ce sentiment du droit, cet amour de la justice et de la vérité que donnent les grandes causes et qui font les grandes âmes. Ardent comme sa foi, son zèle n'a rien d'amer : en défendant les opprimés, il prie pour les oppresseurs. C'était le caractère de ces hommes intrépides et doux qui allaient détruire le paganisme en se laissant tuer par lui ! Justin est à leur tête : il les précède par ses œuvres, il les égale par son sacrifice. Quand l'heure du témoignage fut venue, il n'hésita pas à sceller de son sang la sainte cause qu'il avait servie de sa parole et défendue par ses écrits. La philosophie et l'éloquence, la science et la foi s'étaient rencontrées dans le martyre comme dans l'acte suprême du sacrifice de l'homme à Dieu. Tels sont les titres avec lesquels saint Justin se présente à l'admiration des siècles : c'est sa grandeur dans l'histoire et sa gloire devant Dieu.

APPENDICE

SUR L'AUTHENTICITÉ DES ŒUVRES DE SAINT JUSTIN.

Lorsqu'un écrivain de l'antiquité a joué un grand rôle dans l'histoire, il est rare que la critique ne soulève quelques doutes sur l'authenticité d'une partie de ses œuvres. Si la recherche de la vérité était le but unique de ces sortes de discussions, la science ne pourrait qu'en faire son profit. Malheureusement l'esprit de parti inspire le plus souvent ces négations intéressées. On rejette tel écrit comme apocryphe parce qu'il renferme un témoignage gênant pour la cause qu'on veut soutenir. A l'appui de cette opinion préconçue, on imagine des invraisemblances, des différences de style ; on abuse des difficultés apparentes que présente l'explication de tout livre composé dans un milieu différent du nôtre, et le tour est joué. Tout le monde sait quels résultats ce criticisme outré a obtenus en Allemagne, où, du reste, il perd chaque jour de son terrain. Saint Justin ne pouvait échapper à des tentatives de cette nature. Ses écrits ont une trop grande importance dogmatique pour que l'esprit de secte n'ait pas dû songer à en ébranler l'autorité. D'autre part des écrivains mieux intentionnés ont défendu les droits de l'apologiste avec quelque mollesse, en faisant des concessions malhabiles. C'est ce qui nous fait un devoir de soumettre la question à un examen sérieux.

Je commence par dire que, dans les éditions ordinaires de saint Justin, on a coutume d'ajouter des écrits que personne n'est plus tenté d'attribuer au philosophe martyr. Telles sont « les Questions aux orthodoxes suivies des réponses. » Il suffit de faire observer que, dans cet ouvrage, composé au cinquième siècle selon toute apparence, on fait mention de saint Irénée, d'Origène, du manichéisme, de la vie des Pères du désert [1]. Les « Demandes des chrétiens aux Grecs et des Grecs aux chrétiens » ne sauraient être non plus l'œuvre de saint Justin : la réfutation du manichéisme qui s'y trouve les rejette à une époque postérieure [2]. De même, la critique ne peut hésiter un instant sur l'écrit qui a pour titre « Exposition de la vraie foi : » il porte tout entier sur les controverses suscitées par Nestorius et par Eutychès au cinquième siècle. On ne comprend pas que Tentzel et Grabe aient pu admettre l'authenticité de « l'Épître à Zéna et à Sérénus [3] : » cette lettre suppose les institutions monastiques, telles qu'elles étaient en pleine vigueur au quatrième et au cinquième siècles. Aussi, je le répète, ces divers ouvrages sont regardés comme apocryphes par tous les écrivains qui, de nos jours, se sont occupés de ces matières : l'accord est unanime sur ce point.

Mais, s'il faut éliminer du débat les écrits que je viens de citer, il ne convient pas moins d'en écarter, pour une raison toute contraire, les deux apologies et le Dialogue avec Tryphon. L'authenticité de ces trois documents ne peut être mise en question que par ceux qui, en matière de critique, ne suivent d'autre règle que leur caprice. A l'exception du P. Hardouin, je ne connais aucun auteur qui ait songé à disputer à saint Justin ses deux apologies ; et les excentricités de cet érudit sont trop connues pour qu'on doive s'y arrêter.

Toute l'antiquité chrétienne atteste d'une même voix que saint Justin est l'auteur de ces pièces mémorables. Eusèbe et Photius les comptent parmi les œuvres du philosophe chrétien [4]. De plus, le premier de ces deux écrivains en

---

[1] *Quest.*, 86, 115, 127.

[2] *Réponse à la 1re question*, v.

[3] Tentzel: *Exercitat. selectæ*, t. I, p. 179 et ss., 433 et ss. — Grabe: *Spicileg. patr.*, t. II, p. 153-157, 163-166.

[4] Eusèbe : *Hist. Eccl.*, IV, 18. — Photius : *Biblioth. cod.*, 125, t. I, p. 94.

rapporte des extraits d'une conformité parfaite avec le texte que nous possédons aujourd'hui[1]. Les deux apologies étaient si répandues immédiatement après leur apparition que Tatien, saint Irénée, Athénagore, Théophile d'Antioche, Minutius Félix et Tertullien en ont imité plusieurs passages[2]. Enfin, les circonstances de temps, de lieu et de personne, exprimées dans ces deux écrits, coïncident parfaitement avec le milieu du deuxième siècle et avec le rôle que l'histoire assigne à saint Justin. On conçoit donc sans la moindre peine que la science moderne se soit accordée avec l'antiquité chrétienne pour y voir l'œuvre incontestable de ce grand homme.

L'authenticité du dialogue avec Tryphon n'est pas sujette à plus de difficulté, bien qu'elle ait été attaquée dans ces derniers temps. En 1686, un critique distingué, Tentzel, pouvait encore écrire : « Personne jusqu'ici n'a révoqué en doute l'origine du dialogue avec Tryphon[3]. » Mais le dix-huitième siècle commençait à peine qu'un autre écrivain se hâtait d'ouvrir l'attaque[4]. Le silence que saint Irénée garde sur le dialogue, le nom de Tryphon qu'il porte en tête, la mention qu'il fait des marcionites, de prétendues locutions étrangères au deuxième siècle, portèrent Koch à rapporter l'écrit à un disciple d'Origène nommé Tryphon. La réponse à cette dissertation peu remarquable ne se fit pas attendre. En 1700, Albert de Felde reprit une à une ces objections inattendues qu'il n'eut pas de peine à détruire[5]. Une fois engagée, la discussion se prolongea pendant plusieurs années sans

---

[1] Eusèbe : *Hist. Eccl.*, IV, 8. — Justin : 1re *Apol.*, 29, 31, 68. — Eusèbe IV, 11 ; 1re *Apol.*, 26. — Eusèbe : IV, 12 ; 1re *Apol.*, 1. — Eusèbe : IV, 8 ; 2e *Apol.*, 12. — Eusèbe : IV, 16 ; 2e *Apol.*, 3. — Eusèbe : IV, 17 ; 2e *Apol.*, 2.

[2] Tatien : *Orat. c. Gentes*, 28 ; 1re *Apol.*, 27. — *Irénée*, II, 54, 56 ; III, 2 ; IV, 72 ; 1re *Apol.*, 22, 15, 12, 43. — Athénag. : *Legat. pro Christ.*, 2. — Just. : 1re *Apol.*, 2, 4. — Théoph. : *ad Autol.*, III, 4 ; 1re *Apol.*, 2. — Minut. Félix : *Octav.*, 29 ; 1re *Apol.*, 55. — Tertull. : *Apol.*, I, 12 ; 1re *Apol.*, 55.

[3] Tentzel : *Exercit. selectæ*, I, p. 182.

[4] Koch : *Dial. cum Tryph. secundum regulas criticas examin.* Kiel, 1700.

[5] *Epistola de dial. cum Tryphone.* Slesswig, 1700.

sortir du cercle dans lequel on l'avait renfermée[1]. » Wetstein fut le premier qui fournit un nouvel aliment au débat [2]. Il crut observer que les citations bibliques du dialogue se rapprochent des versions de Théodotion et de Symmaque ; et comme ces dernières ont été faites après la mort de saint Justin, il en conclut que ce dialogue ne pouvait être l'œuvre de l'apologiste. L'argumentation de Wetstein péchait par la base. S'il est vrai que certaines citations bibliques de saint Justin paraissent offrir plus de conformité avec la version de Symmaque et de Théodotion, il est certain que la plupart d'entre elles reproduisent exactement le texte des Septante [3]. Quant à cette conformité partielle avec des versions dont Justin n'avait pu profiter, Gallandi l'expliquait en disant que l'apologiste avait fait usage de la traduction d'Aquila dont Théodotion et Symmaque s'étaient servis [4]. Comme, d'après le témoignage de saint Épiphane, Aquila exécuta son travail sous Adrien, l'hypothèse de Gallandi valait à tout le moins les conjectures de Wetstein [5]. Marchant sur les traces du P. Pétau, Stroth voulut rendre compte de la coïncidence remarquée par ce critique, en reculant de plusieurs années l'époque à laquelle Symmaque et Théodotion entreprirent leur traduction [6]. Eichhorn et Krom suivirent une autre voie. Selon eux, la ressemblance de quelques citations bibliques de saint Justin avec le texte des deux interprètes judaïsants provient des copistes qui les ont remaniées ou qui ont mis en marge des

---

[1] Ittig: *Hist. Eccles. sæculi sec.*, p. 7 et ss. — Stolle: *Von dem Leben den Schriften und Lehren der Kirchenvater*, p. 53. Iena, 1733. — Fabricius: *Biblioth. gr.*, éd. de Harlem: t. VII, p. 63. — Walch: *Biblioth. patristica*, p. 285. — Flügge: *Versuch einer Geschichte der theol. Wissensch*, I, 142 et ss.

[2] *Prolegom. in Nov. Test.*, I, 66.

[3] Krom: *Diatribe de auth. dial.*, p. 81 et ss.

[4] Gallandi: *Biblioth. vet. Patrum*, t. I, p. 84 et ss.

[5] Saint Épiph.: *De Mensur. et Ponderibus*, c. 15.

[6] Petavius: *Animadv. in Epiphan. Opera.*, 2, II, p. 399. — Stroth: *Beiträge zur Kritik über die LXX*, II, p. 76 et ss.

variantes introduites plus tard dans le corps du dialogue [1].

Credner émit une opinion toute différente. D'après lui, saint Justin aurait eu entre les mains un exemplaire des Septante analogue à celui que Théodotion et Symmaque consultèrent pour leur travail [2]. On voit que les raisons ne manquent pas pour expliquer cette particularité. Aussi, les critiques modernes qui ont écrit là-dessus, tels que Münscher, Semisch et Néander, n'ont pas cru que cette difficulté fût de nature à contre-balancer les preuves qui militent en faveur de l'authenticité du dialogue [3].

Si l'on examine, en effet, les fondements sur lesquels repose le sentiment qui attribue cette composition à saint Justin, on reste étonné qu'il ait pu s'élever sur ce point la plus légère contestation. Le Dialogue avec Tryphon était si répandu à la fin du deuxième siècle que saint Irénée et Tertullien en ont fait usage dans plusieurs endroits [4]. Eusèbe le rapporte au philosophe martyr, et le décrit de manière à ne laisser aucun doute sur l'identité de l'œuvre qu'il avait sous les yeux avec celle que nous possédons aujourd'hui [5]. Saint Jérôme et Photius confirment son témoignage [6]. Si, de l'aveu de tout le monde, les deux apologies sont l'ouvrage de saint Justin, on ne saurait assigner un auteur différent au dialogue avec Tryphon. Même style de part et d'autre, même caractère dogmatique, même choix d'arguments. Si cette ressemblance générale n'est pas jugée suffisante par une critique sévère, des coïncidences plus spéciales et plus frap-

---

[1] Eichhorn : *Einleitung in das Alte Testament*, dritte Auflage, p. 367 et ss. — Krom : *Diatribe de authent. Dial.*, 1778, p. 77 et ss.

[2] *Beitrage zur Einleitung in die biblischen Schriften*, II, p. 83, 236, 242, 272, 288, 298, 312, 317.

[3] Münscher : *Dissert. an dial. cum Tryph. recte Justino adscribatur*, 1799. — Semisch : *Justin der Martyrer*, Breslau, 1840, t. I, p. 75-103. — Néander : *Hist. Eccles.*, Gotha, 1856, 1re partie, p. 367.

[4] S. Irénée : *adv. Hær.*, II, 64 ; III, 27 ; IV, 67 ; *Dial.*, 6-84, 110 et 77. — Tertull. : *adv. Marcion.*, III, 13, 18 ; V, 8, 9, *adv. Judæos*, 2, 10, 13 ; *Dial.*, 77, 78, 90, 91, 94, 87, 34, 83, 19, 86.

[5] Eus. : *Hist., Eccl.*, IV, 18

[6] Saint Jérôme : *de Viris illustr.*, 23. — Photius : *Biblioth. cod.*, 125.

pantes ne laissent place à aucune hésitation. C'est ainsi que le mot particulier à Saint Justin pour désigner les Évangiles, « Mémoires des apôtres, » revient dans le dialogue comme dans les apologies. Ici et là, les citations de l'Écriture reparaissent avec la même déviation du texte des Septante et de celui des Évangiles [1]; ce qui trahit évidemment une même main d'auteur. Enfin, le dialogue avec Tryphon contient sur la personne de saint Justin, sa vie, les motifs de sa conversion à la foi, des détails qui s'accordent trop bien avec les renseignements de la tradition pour qu'il y ait le moindre sujet d'en suspecter l'origine.

Nous pouvons donc conclure que l'authenticité du dialogue avec Tryphon égale en évidence celle des deux apologies. En contestant ce fait, on s'engagerait dans un système qui ébranle toute certitude historique. Restent les deux discours aux Grecs et le traité de l'unité divine, qui ont subi des attaques plus vives et en apparence mieux fondées. Mais, en les examinant de près, on trouve que les raisons alléguées par quelques critiques contre l'authenticité de ces écrits ne sont guère solides. D'abord, l'exhortation aux Grecs me paraît devoir être attribuée à saint Justin, malgré l'opinion contraire de plusieurs écrivains parmi lesquels je regrette de rencontrer le docte et judicieux Mœhler [2]. Supposons un instant, comme on l'affirme, qu'Eusèbe, saint Jérôme et Photius n'aient pas nommé ce discours parmi les œuvres de saint Justin: leur silence ne serait pas une preuve ; car Eusèbe a soin de dire qu'outre les ouvrages du philosophe chrétien

---

[1] *Levit.*, XXI, 8; 1re *Apol.*, 60; *Dial.*, 94. — Isaïe, I, 19 ; 1re *Apol.*, 53; *Dial.*, 140. — Isaïe : LXVII, 1re *Apol.*, 3 ; *Dial.*, 22. — *Ps.* XIX, 6 ; 1re *Apol.*, 54; *Dial.*, 69. — Saint Matth : V, 44; 1re *Apol.*, 15 ; *Dial.*, 133. — Saint Matth. : VII, 15 ; 1re *Apol.*, 16 ; *Dial.*, 35. — Saint Luc. : VI, 36 ; 1re *Apol.*, 15; *Dial.*, 96.

[2] Hülsemann : *Patrolog.*, p. 983, Leipzig, 1670. — Oudin : *Comment. de scriptor. Eccl. antiq.*, t. I, p. 187 et ss. — Ziegler : *Theolog. Abhandlungen*, p. 93, Gœttingen, 1798. — Néander : *H. Eccles.*. I, 366. — Herbig. : *Comm. de scriptis Justini*, p. 50 et ss. — Arendt : *Kritische Untersuchungen*, 1834. — Mœhler : *Patrologie*, I, p. 224 et ss.

dont il a fait une mention expresse, il s'en trouvait bien d'autres du même auteur entre les mains des chrétiens [1]. Mais rien n'empêche de voir l'Exhortation aux Grecs dans l'ouvrage désigné par l'historien ecclésiastique sous le titre de « Réfutation adressée aux Grecs [2]. » Saint Jérôme et Photius se servent du même terme qui répond mieux au caractère du livre que celui d'exhortation [3]. L'argument négatif qu'on fait valoir contre l'écrit devient une preuve positive de son authenticité. Suivant le témoignage de Photius, un trithéiste du sixième siècle, Étienne Gobar, faisait usage de ce discours de saint Justin; et des analogies trop frappantes pour être purement fortuites prouvent que saint Cyrille d'Alexandrie en profitait au cinquième siècle [4]. Il s'en faut bien, par conséquent, qu'on ne trouve aucune mention de cet ouvrage dans l'antiquité chrétienne. La raison tirée de la différence du style n'est guère plus forte. On ne saurait nier assurément que l'Exhortation aux Grecs ne l'emporte pour l'élégance du style sur les deux apologies. De plus on ne rencontre pas dans celles-ci certaines locutions particulières à celle-là. Mais, sauf de rares exceptions, ces sortes de preuves sont en général peu concluantes. Le style d'un auteur peut varier selon les diverses époques de sa vie et avec les sujets qu'il traite. Il en est des écrivains comme des peintres chez lesquels le progrès du talent ou des influences du dehors déterminent successivement plusieurs manières différentes. Ainsi l'on s'explique sans peine que telle expression, telle tournure usitée dans une partie des écrits de saint Justin, aient plus tard disparu de ses ouvrages pour faire place à d'autres. Toutefois, cette différence de langage entre l'Exhortation aux Grecs et les deux apologies est loin d'être auss

---

[1] Eusèbe : *H. Eccl.*, IV, 18.
[2] Eusèbe : *H. Eccl.*, IV, 18.
[3] Saint Jérôme : *de Vir. ill.*, 23. — Photius : *Biblioth. cod.*, 125.
[4] Photius : *Opere citato*, 232. — Justin : *Exhort.*, 6, 7, 15 ; Cyrille, *adv. Julianum*, l. II, I. — Just., 20 ; Cyrille, I. — Just., 12 ; Cyrille, I. — Just., 9 ; Cyrille, IV, etc. — Saint Cyrille a fréquemment imité l'Exhortation aux Grecs dans son livre contre Julien l'Apostat.

notable qu'on l'a prétendu. Les critiques qui défendent notre thèse ont signalé bon nombre de traits particuliers au style de saint Justin et qu'on retrouve de côté et d'autre : tels sont les substantifs d'une certaine désinence, des alliances de mots ou des constructions que l'apologiste semble affectionner davantage, l'emploi simultané de deux expressions à peu près synonymes pour rendre la même idée, etc. [1] Il en est de la différence du style comme du silence de l'antiquité ; de part et d'autre, l'objection se tourne en preuve et fortifie ce qu'elle veut combattre.

Nous ne saurions attacher plus d'importance aux contradictions apparentes qui existeraient entre l'Exhortation aux Grecs et les autres ouvrages de saint Justin. Si l'auteur appelle les prophètes « ses ancêtres, » cela ne prouve nullement qu'il ait été de la race d'Abraham : en les nommant « ses ancêtres selon Dieu [2], » il montre assez qu'il s'agit purement d'une descendance spirituelle : dans ce sens, les Hébreux ont été nos pères dans la foi, selon l'expression analogue de Théophile d'Antioche et de Lactance [3]. Il y a, dit-on, quelques divergences de détail entre l'Exhortation et la première apologie touchant l'origine de la version des Septante que ces deux ouvrages rapportent également : mais, dans l'espace de temps qui s'est écoulé de l'une à l'autre, saint Justin a pu recevoir de nouvelles données sur ce fait ou même rectifier les premières. Les adversaires de l'authenticité n'ont pas été plus heureux en relevant ce qu'ils appellent les différences dogmatiques. A les entendre, l'auteur de l'Exhortation se montre fort hostile à la philosophie grecque, tandis que saint Justin professe un grand respect pour elle dans ses deux Apologies. C'est dans cet argument que Mœhler, Arendt et Néander ont placé le plus de confiance, mais à tort, car cette prétendue opposition

---

[1] Semisch : *Justin der Martyrer*, I, 118 et suiv.
[2] *Exhort. aux Grecs*, I.
[3] *Theoph. à Autolyque*, III, 20. — Lactance : *Instit. div.*, IV, 10, *Judæi majores nostri...*

n'existe nullement. D'un côté comme de l'autre saint Justin loue ce que la philosophie grecque a de bon et blâme ce qu'elle a de répréhensible. C'est ainsi qu'à son exemple Clément d'Alexandrie déclare, tantôt, que la philosophie des Hellènes est d'origine céleste, qu'elle prépare à la connaissance de la vérité, qu'elle renferme une partie de la sagesse ; tantôt, que les philosophes de l'antiquité n'ont pas connu le vrai Dieu, qu'ils ont altéré la vérité par orgueil, qu'ils se sont perdus dans de vains systèmes, etc.[1] Saint Justin fait de même, selon qu'il veut mettre en relief les qualités ou les défauts de la philosophie grecque. Sans doute, l'attaque paraît plus vive dans l'Exhortation où il s'agissait de réfuter l'hellénisme, tandis que le caractère des Apologies exigeait un procédé moins agressif et plus conciliant. Ici, il convenait davantage de gagner la faveur des empereurs en relevant la concordance partielle de la philosophie ancienne avec le christianisme ; là, il fallait de préférence mettre en saillie les erreurs des sages de la Grèce pour conduire les esprits vers la révélation. Le but de la controverse, défensive d'une part, offensive de l'autre, déterminait l'emploi alternatif de ces deux méthodes. Mais on chercherait vainement dans tout cela une ombre de contradiction. Dans l'Exhortation, comme dans ses autres écrits, saint Justin avoue que les philosophes possédaient une connaissance partielle de la vérité qui les rapprochait du christianisme[2] ; il ajoute également des deux côtés, qu'ils n'ont jamais pu connaître la vérité tout entière[3], qu'ils sont tombés dans des contradictions flagrantes[4], qu'ils n'ont pas même su résoudre la question de l'âme[5], qu'ils ont emprunté aux prophètes et aux livres saints la partie la

---

[1] *Stromat.*, I, 1, 18 ; I, 7, 37 ; VI, 10, 33 ; VII, 1, 1 ; VI, 17, 149 ; VI, 7, 56 ; VIII, I, 1 ; VI, 18, 165, etc., etc.

[2] *Exhort.*, 22 ; 2ᵉ *Apol.*, 13. — *Exhort.*, 1 ; 1ʳᵉ *Apol.*, 8.

[3] *Exhort.*, 8, 14, 38 ; 1ʳᵉ *Apol.*, 20 ; 2ᵉ *Apol.*, 13.

[4] *Exhort.*, 35 ; 2ᵉ *Apol.*, 10 et 13.

[5] *Exhort.*, 6 ; *Dial. avec Tryph.*, 4.

plus saine de leurs doctrines, etc.¹ Quoi qu'on ait pu en dire, saint Justin ne se montre nulle part admirateur enthousiaste de la philosophie grecque : il sait mêler aux éloges qu'il lui donne des reproches qui en restreignent la portée.

C'est avec la même facilité qu'on résout des objections analogues soulevées par quelques critiques. Selon Herbig, l'auteur de l'Exhortation aux Grecs ne rapporte pas au Fils de Dieu les manifestations divines de l'Ancien Testament que saint Justin lui attribue dans la première apologie et dans le Dialogue avec Tryphon. La réponse est aisée. Ici l'apologiste, distinguant les personnes divines, désigne celle qui apparut aux patriarches ; là, il parle du Dieu unique, sans distinction de personnes ; il est plus explicite dans un endroit que dans l'autre, mais ne se contredit pas le moins du monde². Saint Irénée et Tertullien s'expriment également des deux manières dans la suite d'un seul et même ouvrage³. Suivant le même critique, il y aurait une différence radicale dans l'appréciation de l'idolâtrie entre l'Exhortation où les dieux du paganisme semblent n'avoir aucune existence réelle, et les apologies où saint Justin les confond avec les démons. Cette opinion n'est pas mieux fondée que la précédente. Si l'auteur de l'Exhortation appelle les fausses divinités, des êtres qui n'existent pas, οἱ μὴ ὄντες, c'est par opposition à l'Être par excellence, ὁ ὤν : il se refuse à voir en elles la réalité divine, mais non toute réalité quelconque. Saint Justin pouvait dire à la fois, et avec une égale vérité, que les dieux du paganisme n'existaient pas et qu'ils étaient de véritables démons : d'une part, les divinités que les païens adoraient sous le nom de Jupiter ou de Junon n'avaient aucune existence ; de l'autre, c'étaient les démons qui poussaient les hommes vers ces personnifications du

---

¹ *Exhort.*, 36, 14 ; 1ʳᵉ *Apol.*, 44 ; 2° *Apol.*, 10.
² *Exhort.*, 21 ; *Dial.*, 56, 58, 113 ; 1ʳᵉ *Apol.*, 62.
³ Irénée: *adv. Hær.*, IV, 23 ; III, 3, 12. — Tertull.: *adv. Marc.*, II, 27 ; III, 10.

mal pour se faire adorer par eux. Au lieu de ne voir partout qu'antithèses et contradictions, il faut avoir égard aux divers points de vue sous lesquels un même auteur peut envisager une question.

S'il est impossible de trouver aucune opposition entre l'Exhortation aux Grecs et les autres ouvrages de saint Justin, il n'est pas difficile de signaler entre eux de nombreux points de contact. On y trouve des propositions énoncées presque dans les mêmes termes, savoir, que la Bible appartient aux chrétiens plutôt qu'aux Juifs, que l'Écriture présente beaucoup de difficultés à cause de son sens mystérieux [1]. De part et d'autre, l'antiquité des prophètes, la sainteté de leur vie, leur illumination d'en haut, sont opposées d'une façon à peu près identique à l'époque récente des philosophes, à leurs contradictions et à leurs égarements [2]. On retrouve dans l'Exhortation plusieurs traits caractéristiques qui frappent dans les deux Apologies et dans le Dialogue avec Tryphon : telle est l'image de « rempart » destinée à marquer la confiance que les Grecs plaçaient dans leurs philosophes [3]; telle est une variante assez remarquable dans un passage bien connu de Platon : « Il n'est pas facile, dit l'auteur du Timée, de trouver le Père et le Créateur de toutes choses, et il est *impossible* de le faire connaître à tous les hommes après l'avoir trouvé. » Seul, parmi tous les Pères de l'Église, saint Justin a remplacé le mot impossible par celui de « peu sûr; » or, cette leçon particulière se rencontre dans l'Exhortation aux Grecs et dans la deuxième apologie [4]. On n'explique cette coïncidence d'une manière satisfaisante qu'en attribuant les deux ouvrages à un seul et même auteur.

La critique n'a donc aucune raison valable pour rayer l'Exhortation aux Grecs du nombre des écrits de saint Jus-

---

[1] *Exhort.*, 13; *Dial.*, 29; — *Exh.*, 29; *Dial.*, 90. — *Exp.*, 31; *Dial.* 112.
[2] *Exhort.*, 8, 10, 20, 22, 36, 38; *Dial.*, 7.
[3] Τεῖχος, *Exhort.*, 3; *Dial.*, 5.
[4] *Exhort.*, 22; 2º *Apol.*, 10, ἀδύνατον — οὐκ ἀσφαλὲς.

tin. Nous pouvons ajouter qu'elle n'a pas plus de motif pour révoquer en doute l'authenticité du Discours aux Grecs et du Traité de la Monarchie.

Néander s'étonnait à bon droit qu'après avoir admis comme authentique l'Exhortation aux Grecs des critiques tels que Semisch aient cru devoir rejeter le Discours aux Hellènes. Il existe, par le fait, une différence moins grande entre ce dernier et l'Exhortation qu'entre l'Exhortation et les Apologies. Il importe peu qu'Eusèbe et Photius n'aient pas mentionné le Discours aux Grecs, bien que rien ne soit moins démontré[2]; car ni l'un ni l'autre ne se proposaient de nommer tous les écrits de saint Justin, comme nous l'avons fait observer plus haut. Si l'on remarque dans ce petit traité un langage plus élégant et plus pompeux que dans les ouvrages postérieurs de l'apologiste, cette différence s'explique d'elle-même. Encore tout pénétré des souvenirs classiques, le jeune philosophe venait à peine de quitter l'hellénisme pour le christianisme, quand il adressa ce discours à ses anciens coreligionnaires. Quant aux divergences doctrinales qu'on a cru saisir entre ce fragment et les autres écrits de saint Justin, elles sont encore moins justifiées que celles dont nous parlions tout à l'heure. L'apologiste ne prétend pas, comme Semisch le lui fait dire, que le christianisme ne forme pas de philosophes; mais il déclare que la religion du Christ fait de ses adhérents plus que des philosophes, des hommes qui se rapprochent de la divinité. Ces prétendus contrastes n'existent que dans l'esprit de ceux qui les imaginent. Aussi la plupart des critiques ont-ils regardé le Discours aux Hellènes comme l'œuvre authentique de saint Justin[3].

---

[1] Néander : *Hist. Eccl.*, I, 366. — Semisch : *lib. cit.*, 163 et ss.

[2] Rien n'empêche absolument de voir le Discours aux Grecs dans l'écrit qu'Eusèbe et Photius appellent Λόγος πρός Ἕλληνας; car, en disant que Justin y parle de la nature des démons, ces deux écrivains ont pu entendre par là les dieux du paganisme, que saint Justin combat effectivement dans le Discours aux Grecs.

[3] Tentzel: *Exercitat. selectœ*, t. I, p. 174, 426 et ss. — Nourry: *Appar.*

Il en est de même du Traité de la Monarchie ou de l'unité de Dieu. Toutes les raisons qu'on a fait valoir contre l'authenticité de cet écrit ont été réfutées depuis longtemps par un grand nombre d'auteurs [1]. Eusèbe, saint Jérôme et Photius attribuent en propres termes à saint Justin un traité de la Monarchie ou de l'unité divine. A la vérité, le premier de ces trois écrivains nous apprend que saint Justin se proposait, par cet ouvrage, de chercher des preuves « non-seulement dans les livres qui avaient cours parmi les chrétiens, mais encore dans ceux qui étaient d'origine grecque [2]. » Or, il est de fait que les arguments de la première catégorie manquent absolument dans le texte dont nous sommes en possession, où l'on ne trouve plus que des citations d'auteurs profanes. Mais on peut répondre avec Tentzel et Grabe que nous n'avons plus le traité tout entier, mais un fragment assez court, ou bien, avec Dom Maran, que les paroles d'Eusèbe excluent les citations bibliques plutôt qu'elles ne les supposent [3]. Pour ce qui est des nuances particulières de style ou de doctrine qu'on a cru remarquer dans cet écrit, elles ne sont point assez sensibles pour autoriser une conclusion quelconque. Tout ce qu'on a fait valoir à ce sujet se réduit à quelques locutions qui ne se trouvent pas dans les

---

ad Biblioth. maxim., 2, I, p. 354. — Ruinart: *Acta martyrum*, p. 47. — Prudentius Maranus : *Prolegom. ad opera Justini*, III, 2, 2, p. 69. — Kestner: *Die Agape*, p. 333. — Tzschirner: *Fall des Heidenthums*, I, p. 206. — Junius: *de Justino. Apol. adv. ethnicos.*, p. 11, etc., etc.

[1] Dupin: *Nouv. biblioth. des auteurs ecclés.*, t. I, p. 58. — Cave : *Scriptor. eccles. hist. litterar.* (Genève, 1720), p. 38. — Tentzel, *ibid.*, I, 177. — Nourry: *ibid.*, I, 381. — Ruinart: *ibid.*, 48. — Grabe : *Spicileg. Patrum*, II, 153. — Prudentius Maranus: *ibid.*, III, 2, 6, p. 71. — Kestner: *ibid.*, 341. — Tzschirner: *ibid.*, 206. — Junius : *ibid.*, 13.

[2] Eusèbe: *Hist. Eccles.*, IV, 18. — Saint Jérôme: *de Vir. illustr.*, 23. — Photius : *Biblioth. cod.*, 125.

[3] D'après le docte bénédictin, Eusèbe aurait voulu dire: « Non-seulement Justin ne voulait pas chercher des preuves dans l'Écriture, mais bien plutôt dans les écrits des païens eux-mêmes. » En effet, οὐ μόνον se prend quelquefois chez les écrivains ecclésiastiques dans le sens de οὐ μόνον οὐ. (Tatien : *Orat. contra Græcos*, 36. — Athénagor: *Legat. pro Christianis*, I.)

autres ouvrages de saint Justin ; mais, peut-on sans injustice exiger d'un auteur qu'il se serve partout des mêmes expressions, sans introduire le moindre changement dans son vocabulaire? Si, dans le Traité de la Monarchie, saint Justin ajoute l'apothéose aux diverses formes du polythéisme qu'il développe ailleurs, il complète, sans les contredire, les idées qu'il a exposées précédemment.

Les critiques se sont partagés sur l'authenticité du fragment touchant la résurrection de la chair, attribué à saint Justin[1]. Bien qu'elle ne nous paraisse pas reposer sur des preuves incontestables, nous inclinons à la regarder comme suffisamment établie. Les raisons qu'on a prétendu tirer de la différence du style ou des pensées sont à peu près nulles, ou du moins n'ont pas plus de force que celles dont nous venons de discuter la valeur. De plus, on ne saurait y méconnaître des rapports d'identité ou d'analogie avec d'autres écrits de saint Justin[2]. Enfin, saint Jean Damascène a inséré ce fragment dans ses Parallèles sous le nom de l'apologiste. Si l'époque assez récente où ce Père a vécu ne permet pas de tirer de son témoignage un argument sans réplique, il ne serait pas raisonnable de n'en tenir aucun compte, d'autant plus que le sentiment de saint Jean de Damas n'est pas isolé dans la tradition. D'après Photius, saint Méthode s'appuyait, dans son Traité de la Résurrection, sur les paroles de saint Justin qui se rapportent au même sujet ; et dans son commentaire sur le troisième chapitre de la Genèse, Procope de Gaza attribuait au philosophe martyr un écrit

---

[1] Plusieurs se sont prononcés pour l'authenticité du fragment : Tentzel : *Exercit. selectæ*, I, 198. — Grabe : *Spicileg. Patrum*, II, 169. — Teller : *Justini M. de Resurr.*, p. 81, Halle, 1766. — Münscher, *Handbuch der Dogmengeschichte*, II, 443. — Semisch : *Justin der Martyrer*, I, 146 et 85.
— D'autres l'ont regardé comme apocryphe : Tillemont : *Mémoires*, II, 170. — Nourry : *Appar. ad biblioth. max.*, I, 465. — Jebb, *Justini cum Tryph. dialogus*, Londres, 1719, præfat., p. 4. — Néander : *Hist. Eccles.* — Mœhler : *Patrologie*, I, 324, etc.

[2] *De Resurr.*; *Dial. avec Tryph.*, 7. — *De Resurr.*, 5 ; 1re *Apol.*, 19. — *De Resurr.*, 4, 9 ; *Dial. avec Tryph.*, 69.

sur la résurrection de la chair [1]. Rien ne nous empêche de voir dans le fragment que nous possédons aujourd'hui une partie de l'ouvrage dont parlaient les anciens.

En résumé, un criticisme outré pourrait seul soulever des doutes sur l'authenticité du Dialogue avec Tryphon et des deux Apologies de saint Justin. Les raisons les plus graves nous obligent à Maintenir le philosophe chrétien dans la possession de l'Exhortation aux Grecs, du Discours aux Grecs et du Traité de la monarchie ou de l'unité divine. Nous n'avons pas de motif suffisant pour lui disputer le fragment sur la Résurrection de la chair.

[1] Phot. : *Biblioth. cod.*, 234. — Grabe : *Spicileg. Patr.*, II, 194.

FIN.

TABLE ANALYTIQUE

Préface de la première édition...................... 5

PREMIÈRE LEÇON

Objet du cours. — La parole chrétienne aux prises avec le monde païen. — Grandeur et beauté de cette lutte. — L'apologétique, une des formes essentielles de l'éloquence sacrée. — Son point de départ dans l'Évangile, son développement à travers les siècles. — Motifs et caractère de l'opposition du paganisme au christianisme. — Les gens d'esprit, les hommes d'État et le peuple. — Attitude des premiers en face de la religion nouvelle. — Orgueil aristocratique des lettres de la Grèce et de Rome. — Leur indifférence ou leur mépris pour une religion populaire. — Les littérateurs : Lucien de Samosate. — Les historiens : Tacite, Suétone. — Les philosophes : Épictète, Marc-Aurèle. — Conditions faites à l'apologétique chrétienne par cette première opposition.　　　　　　　　　　　　　　Pages 9 à 31.

DEUXIÈME LEÇON

Attitude des hommes d'État païens en face du christianisme. — L'Évangile peut s'adapter aux diverses formes politiques et sociales. — Notion païenne de la religion d'État. — Absorption de la religion par l'État dans le système antique. — L'oppression des consciences, résultat de cet état de choses. — Théorie romaine de l'intolérance civile en matière de culte. — Les circonstances amènent les hommes d'État romains à se relâcher dans la pratique. — Contradictions entre le droit et le fait. — La raison d'État ou l'intérêt politique décide seul s'il faut tolérer ou proscrire un culte. — Raisons générales et particulières qui déterminent les hommes d'État romains à persécuter le christianisme. — La persécution érigée en système légal par Trajan. — Conditions faites à l'apologétique chrétienne par cette deuxième opposition.　　　　　　　　　　　　Pages 32 à 51.

TROISIÈME LEÇON

Attitude du peuple ou des masses païennes en face du christianisme. — Le polythéisme au deuxième siècle est plus vivace que jamais dans l'esprit des populations. — Recrudescence de superstition et d'attachement aux cultes idolâtriques. — Impressions que produisent sur les classes populaires le dogme, la morale et les assemblées religieuses des chrétiens. — L'imagination toute sensuelle des païens défigure et travestit la religion nouvelle. — Leur fanatisme impute aux chrétiens des crimes imaginaires. — Conditions faites à l'apologétique par cette troisième opposition. — Preuve de la divinité du christianisme tirée de son triomphe sur cette coalition des forces ennemies. Pages 52 à 68.

QUATRIÈME LEÇON

Origine de l'apologétique chrétienne. — Quadratus, Aristide, saint Justin. — Ce dernier mérite de figurer en tête des apologistes du deuxième siècle. — Sa naissance et la première période de sa vie. — Il entreprend de chercher la vérité dans les diverses écoles philosophiques de son temps. — Sa première halte dans le stoïcisme. — Vice radical de ce système, l'absence d'un enseignement dogmatique qui pût servir à la morale de base et de point d'appui. — Ce vice se retrouve dans le traité *des Devoirs* de Cicéron et dans toutes les théories qui veulent construire la morale en dehors d'un dogme certain. — De l'école stoïcienne saint Justin passe à l'école d'Aristote, ses déceptions dans le péripatétisme. — Il quitte Aristote pour Pythagore. — Cette troisième tentative n'est pas plus heureuse que les précédentes. — Conclusion de ces divers faits. — Comment la philosophie ancienne pouvait être à la fois un obstacle et une préparation à l'Évangile. Pages 69 à 88.

CINQUIÈME LEÇON

Suite de l'odyssée philosophique entreprise par saint Justin. — Il croit avoir trouvé la vérité dans le système de Platon. — Qualités et défauts du platonisme. — Comment cette théorie pouvait frayer les voies au christianisme. — Elle amenait parfois un résultat tout contraire. — Raison de ce fait. — L'insuffisance du platonisme fait incliner saint Justin vers la religion du Christ. — Un incident particulier décide de sa conversion. — L'étude des livres saints le confirme dans la foi. — Nécessité morale d'une révélation extérieure et positive pour faire arriver l'homme à la vérité complète. — Caractère historique du récit et de la conversion de saint Justin. — Époque et lieu où il faut placer cet évènement. Pages 89 à 108.

SIXIÈME LEÇON

La défense et la propagation de la vérité, mobile unique de la conduite de saint Justin. — Triple controverse qui remplit sa carrière théologique et littéraire. — Sa polémique avec les païens, avec les Juifs et avec les hérétiques. — Le *Discours aux Grecs*, premier monument de la controverse païenne. — Analyse de ce traité. — Appréciation. — L'apologétique chrétienne a-t-elle bien saisi le mouvement doctrinal des siècles païens ? — Le polythéisme grec dans ses origines et dans ses formes diverses. — Contraste entre la civilisation avancée des Grecs et leur infériorité religieuse. — Les études mythologiques en France et en Allemagne.— L'argumentation des Pères contre le polythéisme n'a rien perdu de sa force ni de sa justesse. — Le monothéisme a été la croyance primitive du genre humain.—La déchéance originelle point de départ de l'idolâtrie. — La démonolâtrie, première forme du polythéisme. — Comment l'homme est arrivé à déifier la nature. — Le naturalisme panthéistique, deuxième forme du polythéisme. Pages 109 à 127.

SEPTIÈME LEÇON

Suite de l'étude du polythéisme envisagé dans ses origines et dans ses formes diverses. — Passage du naturalisme panthéistique à l'anthropomorphisme ou à la déification de l'homme, troisième forme des religions polythéistes. — C'est sous cet aspect particulier que saint Justin a considéré les cultes de la Grèce. — Leur point de départ et leurs développements. — Naturalisme des Pélasges.— Anthropomorphisme des Hellènes. — Transition de l'un à l'autre, marquée par les poèmes d'Hésiode et d'Homère.—Réaction des écoles philosophiques contre l'anthropomorphisme grec. — Saint Justin signale les conséquences déplorables de cette déification de l'homme et de ses passions. — L'incarnation du Verbe a mis fin à ces tentatives désespérées de rabaisser la divinité à la forme humaine. Pages 128 à 147.

HUITIÈME LEÇON

Le fétichisme ou l'idolâtrie proprement dite, quatrième et dernière forme du polythéisme antique. — Erreurs de quelques mythologues modernes sur ce point. — Le culte des idoles, comme telles, a occupé une grande place dans toutes les religions païennes. — C'est avec raison que les apologistes ont signalé dans le fétichisme la conséquence extrême des cultes polythéistes. — Les évolutions diverses de la pensée païenne sont plutôt indiquées que décrites avec ordre dans leurs écrits. — L'Écriture sainte, source de l'éloquence chrétienne dans la réfutation des religions de l'antiquité. — La démonolâtrie et le fétichisme attaqués dans les Psaumes, dans Isaïe et dans Jérémie. — Le naturalisme et l'anthropomorphisme réfutés dans le Livre de la Sagesse. — Résumé et conclusion. Pages 148 à 169.

NEUVIÈME LEÇON

L'*Exhortation* de saint Justin *aux Grecs*, deuxième monument de la controverse païenne. — Analyse de ce discours. — La mythologie poétique et son tissu de fables. — La philosophie grecque et ses contradictions. — L'unité, marque de la vraie doctrine, n'existe que dans les livres saints. — Haute antiquité des écrits de Moïse et des prophètes comparés aux monuments poétiques, historiques et philosophiques de la Grèce. — Comment saint Justin fait valoir cet argument pour amener les païens à l'Évangile. — Cette partie de l'apologétique chrétienne a conservé de nos jours toute sa force. — Vains efforts du rationalisme moderne pour dépouiller les écrits de Moïse de leur antiquité. Pages 170 à 192.

DIXIÈME LEÇON

Le *Traité de la monarchie ou de l'unité divine*, troisième monument de la controverse païenne. — Le polythéisme réfuté par les poètes et les philosophes eux-mêmes. — Témoignages rendus par ces derniers à l'unité de Dieu et à plusieurs autres dogmes. — Livres sybyllins, poésies orphiques, fragments d'Eschyle, d'Euripide, de Sophocle et de Ménandre. — Examen de l'authenticité de ces diverses citations.— Origine de ces écrits apocryphes qui ont mis en défaut la critique de saint Justin. — Les écrivains de l'école juive d'Alexandrie sont probablement les auteurs de ces documents supposés. — Dans quel but ils s'efforçaient de placer leurs doctrines dans la bouche des philosophes et des poètes du paganisme. Pages 193 à 211.

ONZIÈME LEÇON

Rapport de similitude entre le christianisme et certaines doctrines religieuses ou philosophiques de l'antiquité. — D'où provenait cette ressemblance? — Concordance des faits de l'histoire profane avec ceux de l'histoire sainte. — Comment l'expliquer? — Saint Justin admet un emprunt direct fait aux livres de Moïse par les philosophes grecs. — Examen de ce sentiment. — Éléments traditionnels dans l'enseignement philosophique de la Grèce. — Aveux de Platon, d'Aristote, de Cicéron sur ce point. — Ce qu'il y a de vrai et de contestable dans l'opinion de saint Justin. — L'hypothèse d'une influence directe des livres saints sur la philosophie grecque est admise pour la première fois par l'école juive d'Alexandrie. — Saint Justin voit dans les fables païennes une altération des faits bibliques.— Examen de ce système embrassé par Clément d'Alexandrie, Origène, Eusèbe, et défendu par Huet, Vossius, Bochart, Thomassin. — Conclusion. — Controverse philosophique parallèle à cette discussion historique. — Saint Justin n'est ni rationaliste ni traditionaliste. — Il fait la part de l'élément rationnel et de l'élément traditionnel dans les connaissances de l'antiquité. Pages 212 à 232.

DOUZIÈME LEÇON

Première apologie de saint Justin. — L'attaque et la défense. — Analyse du discours. — Grandeur et beauté des sentiments qui s'y trouvent exprimés. — Dans quel sens l'apologiste revendique pour les chrétiens le libre exercice du culte ou la tolérance civile. — Il réclame le droit commun accordé aux diverses religions de l'empire. — Caractère et forme de cet argument personnel ou *ad hominem*. — Deuxième base de l'argumentation: le droit essentiel et inhérent à la vérité. — La liberté de conscience revendiquée par l'apologétique chrétienne n'a rien de commun avec les théories imaginées sur ce point par le rationalisme contemporain. — Examen de ces systèmes dans leur comparaison avec la doctrine et la pratique des premiers apologistes.
Pages 233 à 255.

TREIZIÈME LEÇON

Preuve de la divinité du christianisme par l'excellence de sa morale. — Caractère et valeur de cet argument. — Forme dans laquelle saint Justin le présente. — Adressée aux Antonins, cette démonstration pouvait être décisive. — Comparaison de la morale stoïcienne avec la morale évangélique. — Analogie et différence. — Défauts essentiels de la théorie morale d'Épictète. — Les *Pensées* de Marc-Aurèle. — Qualités de ce recueil de sentences morales. — Vice radical du système. — Le stoïcisme éloigne les Antonins de la religion chrétienne plutôt qu'il ne les en rapproche. — Action indirecte de la doctrine évangélique sur le stoïcisme romain au temps d'Épictète et de Marc-Aurèle. — En constatant l'efficacité de l'Évangile pour la réformation des mœurs, l'apologétique s'appuyait sur un fait surhumain.
Pages 256 à 274.

QUATORZIÈME LEÇON

L'éloquence chrétienne quitte tour à tour la défensive pour l'offensive en face des païens. — En démontrant la divinité de l'Évangile, elle prouve la fausseté des religions polythéistes. — Saint Justin attribue au démon l'origine de l'idolâtrie. — Rôle du démon dans le paganisme. — Examen et justification de ce sentiment. — Rapport de cette question avec celle de l'origine du mal. — Les trois solutions du problème: la solution manichéenne, la solution panthéiste et la solution chrétienne. — Satan a introduit dans l'humanité le mal individualisé dans sa personne. — L'idolâtrie, règne du mal ou de Satan. — Croyance universelle du genre humain à l'action des puissances infernales sur la création terrestre. — Rôle du démon dans les oracles du paganisme. — Controverse entre Fontenelle et le P. Baltus au dix-huitième siècle. — Réhabilitation de Satan dans quelques écrit-

modernes. — *La mystique* de Gœrres, défense philosophique de la thèse de saint Justin et des Pères sur le rôle du démon dans l'histoire de l'humanité. Pages 275 à 295.

QUINZIÈME LEÇON

Description de la liturgie catholique dans la première apologie de saint Justin. — Le baptême ou le rit sacré de l'initiation chrétienne. — Caractère éminemment rationnel de la théorie catholique des sacrements. — Tableau du sacrifice de la Messe. — Haute importance de ce passage. — Il suffit à lui seul pour condamner le protestantisme qui n'a pas de sacrifice. — La description de saint Justin répond trait pour trait au sacrifice de la Messe tel qu'il est célébré dans l'Église catholique. — Recueil des anciennes liturgies envisagées au point de vue littéraire et sous le rapport dogmatique. — Ce rituel de la prière publique dans l'Église primitive permet d'apprécier la révolution morale opérée par le christianisme dans le monde. — La prière publique ou privée chez les païens. — Les Éleusinies et les Thesmophories. — Comparaison avec les cérémonies du culte chrétien. — Esprit nouveau qui respire dans la prière chrétienne telle qu'elle est formulée dans les liturgies primitives. — Caractère surnaturel de cette transformation de la prière par le christianisme. Pages 296 à 315.

SEIZIÈME LEÇON.

Deuxième apologie de saint Justin. — Analyse. — Rapport avec la première apologie. — *Analogie et différence*. — Doctrine du Verbe divin. — Place qu'elle occupe dans le système théologique de saint Justin. — Dans quel sens l'apologiste admet les anciens philosophes à la participation du Verbe ou de la vérité éternelle. — Le Verbe est la lumière qui éclaire tout homme venant en ce monde. — Avant l'incarnation, le monde ancien ne possédait que la semence du Verbe ou une connaissance partielle de la vérité. — Le monde chrétien participe au Verbe lui-même ou à la vérité complète. — Saint Justin appelle du nom de chrétiens ceux d'entre les anciens philosophes qu; ont conformé leur vie à ce qu'ils avaient pu connaître du Verbe. — Condition dans laquelle se trouvait le monde païen par rapport au salut éternel. — Sentiment des Pères à cet égard. Pages 316 à 338.

DIX-SEPTIÈME LEÇON

Source de la doctrine du Verbe exposée par saint Justin. — Opinions diverses soutenues sur ce point par le rationalisme contemporain. — Développement de l'idée du Verbe ou de la Sagesse divine à travers l'Ancien Testament. — La Sagesse dans le Livre de Job. — Dans les Proverbes de Salomon. — Dans l'Ecclésiastique. — Dans le Livre de la Sagesse. — Rapport d'identité entre la Sagesse ou *Sophia* de l'Ancien Testament et le Verbe ou *Logos* du Nouveau. — Le Verbe de saint Jean diffère essentiellement du Logos de Platon. — Analyse du Logos de Philon. — Différences essentielles entre le Logos de Philon et le Verbe de saint Jean. — Absurdité de l'hypothèse d'un emprunt quelconque fait par saint Jean à Platon ou à Philon. Pages 339 à 357.

DIX-HUITIÈME LEÇON

Saint Justin ne fait que développer la doctrine du Verbe exposée par saint Jean. — Preuves de cette identité pour le fond et pour la forme. — Exemples dont saint Justin se sert pour éclairer le mystère de la génération du Verbe. — Exposition nette et précise de l'unité de nature et de la distinction des personnes en Dieu. — Défense de l'orthodoxie de saint Justin contre les attaques de quelques écrivains du dix-septième siècle et des rationalistes du dix-neuvième. — Quelques expressions peu exactes expliquées par l'ensemble des doctrines de l'apologiste. — Peut-on surprendre quelques traces de platonisme, de philonisme ou même de néo-platonisme dans cette partie de l'enseignement de saint Justin ? Pages 358 à 382.

DIX-NEUVIÈME LEÇON

Dialogue avec Tryphon. — État de la controverse juive au deuxième siècle. — L'Écriture sainte, terrain principal de la lutte entre les chrétiens et les Juifs. — Analyse du Dialogue. — Question de droit : la loi mosaïque devait-elle être abrogée dans sa partie cérémonielle et civile ? — Question de fait : l'a-t-elle été réellement ? — Saint Justin établit que la loi mosaïque n'avait, dans sa partie purement rituelle, qu'un caractère local, temporaire, figuratif. — Accomplissement des prophéties messianiques dans la personne de Jésus de Nazareth. — Appréciation doctrinale et littéraire du Dialogue. Pages 383 à 402.

VINGTIÈME LEÇON.

Coup d'œil sur la littérature juive dans sa lutte avec l'éloquence chrétienne. — L'attitude de Tryphon dans le Dialogue fait présager celle des écrivains du Talmud. — Calculs du rabbinisme pour échapper à l'argument tiré de l'accomplissement des prophéties messianiques. — Plusieurs de ses adeptes avouent que les temps du Messie sont passés depuis des siècles. — Le rabbinisme défend à ses adhérents de supputer l'époque de la venue du Messie. — Il élude les prophéties messianiques en les détournant de leur véritable sens. — Le Talmud. — Le cantique de R. Lipmann. — Le Nizzachon ou chant de victoire. — Efforts des docteurs juifs pour enlever aux chrétiens le bénéfice des arguments tirés de l'Écriture. — Retour offensif du rabbinisme contre la religion chrétienne. — Du temps de saint Justin, les Juifs étaient les auteurs des calomnies répandues contre les chrétiens dans tout l'empire. — Les Toldos Jesu. — Vice radical du rabbinisme signalé par saint Justin. — Le rabbinisme ou le judaïsme moderne issu du Talmud s'est complétement écarté de la religion mosaïque.

Pages 403 à 427.

VINGT ET UNIÈME LEÇON

Saint Justin, interprète de l'Écriture sainte. — Il affirme l'inspiration de l'Ancien et du Nouveau Testament. — Livres saints cités par l'apologiste. — Il reproduit d'ordinaire les passages de la Bible d'après la version grecque des Septante. — Ses citations sont-elles textuelles, littérales, ou bien use-t-il d'une certaine liberté en cette matière ? — Parties du Nouveau Testament citées par saint Justin. — Ses écrits sont une preuve irréfragable de l'authenticité des quatre Évangiles canoniques. — Examen de cette question. — Œuvres perdues de saint Justin. — Il résume le mouvement doctrinal et littéraire de l'époque au sein du christianisme. — Saint Justin envisagé comme apologiste. — Comme témoin de la foi. — Comme philosophe chrétien. — Comme critique et comme érudit. — Comme écrivain. — Son rang dans l'histoire de l'éloquence sacrée. — Résumé et conclusion.

Pages 428 à 457.

APPENDICE sur l'authenticité des œuvres de saint Justin.

Pages 458 à 472.

www.ingramcontent.com/pod-product-compliance
Lightning Source LLC
Chambersburg PA
CBHW072111220426
43664CB00013B/2070